読本シリーズ

日本経済地理読本

［第10版］

小田宏信
［編著］

東洋経済新報社

はしがき

本書は一九六七年に初版が刊行された『日本経済地理読本』の第一〇版である。旧作の第九版が刊行されてから一〇年ぶりの新版であり、名実ともに全面改訂版としての位置づけである。田中啓爾・富田芳郎らによる監修の初版のはしがきは、日本経済を分析し、将来展望を見出すためには経済学的な知見だけでなく地域的な考え方が不可欠であるという旨の問題提起から始まっている。その上で、国民経済活動の地域的展開の状態、経済地域の実態を動態的に把握する点を同書の目的に掲げた。

本書の目的も初版以来の目的と変わるわけではないが、当時とは時代背景が大きく変化した。工業化が経済発展を主導する時代は終わり、様々なサービス活動が付加価値を生み出すようになった。人口増加の時代は終わり、大幅な人口減少の時代に突入した。また、グローバル化ばかりが進んだ時代は過ぎ去り、過度な国際分業依存に由来する国内経済、地域経済の脆弱性も明らかになってきた。気候変動への取り組みも待ったなしの状況になっている。そして、二〇世紀には国土の均衡ある発展という目的で政府が大きな力でもって取り組んでいた国土・地域政策も大きく変貌し、地域の主体性が重んじられるとともに、市民や企業の参画が求められるようになった。こうした点を踏まえ、第一〇版の本書では、国土および地域経済社会の持続性というものを強く意識した改訂となった。

本書が想定する読者層は、主として大学で地理学や地域経済を学ぶ大学生である。これに加え、同様の関心をお持ちの社会人の方々や中学や高校で「地理」を担当される教諭の方々などである。

昨今、学生諸君に限らず、地域づくりに関心を寄せる人々がこれまでになく増えている。このような関心をお持ちならば、まずは各々の土地に固有の地域資源や文化性、また、広域の中で各々の土地の置かれた地理的条件と地域間の関係性、また、何が地域的諸問題をもたらしているのかについて目を向ける視点を持って欲しいと願っている。そして、本書の刊行を通じて持続可能な社会の実現に向けての経済地理的な視点の重要性に共感してくださる読者の方の一人にでも出会えるならば望外の喜びである。

執筆者の一覧と執筆分担については別に示したが、今回も第一線の経済地理学研究者たちの参画を得た。また、第九版までの永きにわたって本書の編集に中心的な役割を果たした故・竹内淳彦先生、作図や編集に多大な貢献をされた森秀雄先生には心から敬意を捧げるとともに、今回の思い切った改訂をお許し頂けたらと思う。

東洋経済新報社出版局の矢作知子氏には、本書の第七版の刊行時よりお世話になっている。今回の改訂に際しても数々の有益なご助言を頂戴したことに、深甚の謝意を表したい。

二〇二三年一二月

小田　宏信

目次

第3章 日本の主要大都市圏

第4章 広域ブロック別にみた地域経済 163

執筆者一覧（執筆順、二〇二四年四月一日現在）

小田　宏信（成蹊大学経済学部教授）第一章、第二章第三節一〜三項、第二章第六節、第三章第一節一〜四項、第五章
平井　誠（神奈川大学人間科学部教授）第二章第一節
宮地　忠幸（日本大学経済学部教授）第二章第二節
栗林　慶（愛国学園大学人間文化学部専任講師）第二章第三節四項
兼子　純（愛媛大学法文学部教授）第二章第四節
小室　譲（帝京平成大学人文社会学部専任講師）第二章第五節
遠藤貴美子（敬愛大学経済学部准教授）第三章第一節五項
伊藤　健司（名城大学経済学部教授）第三章第二節
山本俊一郎（大阪経済大学学長）第三章第三節、第四章第六節
杉浦　勝章（下関市立大学経済学部教授）第三章第四節
佐々木　達（法政大学文学部准教授）第四章第一節
山本　匡毅（成城大学社会イノベーション学部教授）第四章第二節
藤田　和史（和歌山大学経済学部准教授）第四章第三節
岡本　勝規（富山高等専門学校教授）第四章第四節
加藤　秋人（会津大学短期大学部准教授）第四章第五節
川瀬　正樹（広島修道大学商学部教授）第四章第七節
貝沼　恵美（立正大学地球環境科学部教授）第四章第八節
鹿嶋　洋（熊本大学大学院人文社会科学研究部教授）第四章第九節
鍬塚賢太郎（龍谷大学経営学部教授）第四章第一〇節

日本経済地理読本（第10版）

第1章 日本経済の構造変容と国土・地域経済

第1節 日本経済の七〇年と変化する経済地理

日本経済の変動とそれに随伴する様々な制度的環境の変化は、日本の経済地理的状況、すなわち産業立地や地域経済の様相に大きな影響をもたらしてきた。現在みられる様相というものは、過去の積み重ねの結果でもあり、また、今日特有の問題が何であるのかを理解するためには、ひとまずは時間軸上でものを考えてみる必要がある。本書の始まりに、高度経済成長期以来の約七〇年間の日本経済の歩みと、各時期に生起した経済地理的諸問題について駆け足で概観してみよう。

高度経済成長期の経済地理

高度経済成長期とは一九五〇年代の半ばより、一九七三年まで二〇年近くに及んだ、日本の経済規模の拡大期である。新長期経済計画、国民所得倍増計画など、政府の経済計画が主導し、官民協調で日本の奇跡がもたらされたと考えられている。途中、一九六五年には東京オリンピック後の不況に直面するが、岩戸景気、神武景気、いざなぎ景気といった景気拡大期を内包した。一九五〇年前後にもたらされたベビーブームによる人口増加と大都市への人口集中と都市的生活様式の普及、これらがあ

経済計画

政府がその国の一定期間内の経済目標・目的を設定して、その実現のための方策を体系的に示したものである。日本では、鳩山内閣時の一九五五年に策定された『経済自立5カ年計画』が始まりであり、小渕内閣時の一九九八年に策定された『経済社会のあるべき姿と経済新生の政策方針』まで一四次にわたって策定された。内閣総理大臣から経済審議会への諮問という形をとった。

らゆる部門に行き渡る需要の増大を生んだ。

都市への人口集中は、住宅や都市的インフラストラクチャーの整備を必要とし、建築・建設、またこれらに必要な中間財・資本財の需要を高め、郊外に居住した人たちは「三種の神器」といわれた耐久消費財の絶好の需要源となった。また、これらの需要増が、家電類を製造する加工組立型産業のみならず、そこに必要資材を投入する鉄鋼業や石油化学工業などの基礎素材型産業の製品市場を形成した。そしてまた、そのような基礎素材型産業を成り立たせるためには、海外からの原料調達が必要であり、その輸入のため大型船舶の需要が造船業の発展も支えた。こうして、四大工業地帯を含む太平洋ベルトの工業化が進展した。工業化や様々な建設需要の高まりは、東北地方など非大都市圏の農村部に生まれ育った人たちのさらなる向都離村を促した。これらの工業は内需のみならず、輸出をも指向し、従来の繊維品などの軽工業品に加えて、重工業品が国際市場の中で一定のシェアを獲得するようになった。政府は、全国総合開発計画（一全総、一九六二年）で拠点開発方式を掲げ、既存の工業地帯から離れたところに新産業都市を建設することで、加工貿易の一層の発展を目指そうとした。

大都市を中心とした地域での急激な人口増加は、巨大な食料需要が生み出されたということであり、政府は大規模な圃場整備事業等で稲作地域における生産性を高めるとともに、蔬菜(そさい)類や果樹などで主産地形成を図る政策を講じた。稲作地域での労働効率の上昇は、余剰労働力を生み出し、そのことも人々を大都市圏や工業地域へと向かわせる重要な要因となった。

こうした地理的舞台の上での累積的作用に基づく経済発展は、日本を世界でも有数の工業国へと押し上げる一方で、様々な「ひずみ」をもたらした。そのひずみとは、人口の大都市集中、過疎・過密、地域間の経済格差、公害問題、住宅問題、都市のスプロール問題等、多種多様である。国民所得倍増計画に続く日本の経済計画においても「ひずみ是正」、「均衡がとれ充実した経済社会への発展」と

三種の神器

本来的には日本神話に由来して天皇が代々引き継いできた三種の宝物を意味する。そこから転じて、高度経済成長期に生産が伸びた家電三品目（白黒テレビ・洗濯機・冷蔵庫）をいうようになった。一九六〇年代には耐久消費財三品目（カラーテレビ・クーラー・自動車）に置き換わった。

太平洋ベルト

国民所得倍増計画を答申した経済審議会のなかの産業立地小委員会が提起した地域開発理念。四大工業地帯の周辺地域開発および四大工業地帯の相互の間の中間重要地域の開発などを含んだ。

拠点開発方式

限られた地点への選択的投資を前提にした地域開発手法。国民所得

倍増計画で提起され、全国総合開発計画（一全総）で具体化した。

スプロール問題

都市基盤整備がなされないうちに無秩序に市街地化が進行すること。

日本列島改造論

田中角栄が一九七二年に発表した政策要綱。同書と同じ考え方が自民党の都市政策調査会（田中会長）が刊行した『都市政策大綱』（一九六八年）にすでに示されており、それが新全総に影響を与えた。

固定相場と変動相場

対ドル為替相場は一九四九年来、一ドル＝三六〇円に固定されていたが、一九七一年一二月のスミソニアン協定で一ドル＝三〇八円になった後、一九七三年に変動相場制に移行した。

表1-1　高度経済成長期の経済計画

名称	策定年月	策定時内閣	計画期間（年度）	計画の目的	実質経済成長率（計画期間平均）
経済自立5カ年計画	1955.12	鳩山一郎	1956～60	経済の自立 完全雇用	4.9%
新長期経済計画	1957.12	岸信介	1958～62	極大成長 生活水準向上 完全雇用	6.5%
国民所得倍増計画	1960.12	池田勇人	1961～70	極大成長 生活水準向上 完全雇用	7.8%
中期経済計画	1965.1	佐藤栄作	1964～68	ひずみ是正	8.1%
経済社会発展計画 ——40年代への挑戦	1967.3	佐藤栄作	1967～71	均衡がとれ充実した経済社会への発展	8.2%
新経済社会発展計画	1970.5	佐藤栄作	1970～75	均衡がとれた経済発展を通じる住みよい日本の建設	10.6%
経済社会基本計画 ——活力ある福祉社会のために	1973.2	田中角栄	1973～77	国民福祉の充実と国際協調の推進の同時達成	9.4%

（資料）内閣府による.

いった計画目標に転じた（表1-1）。

そのような中現れたのは、田中角栄による日本列島改造論であった。日本列島改造論は、日本列島の全般にわたって高速道路や新幹線鉄道のネットワークを構築し、大都市から非大都市圏へと工業活動を分散させることで、日本中どこに暮らしていても大都市と同水準の生活水準を享受できる国土を構築しようというものであった。列島改造論の考え方を濃厚に反映していたのが新全国総合開発計画（新全総、一九六九年）である。一全総での拠点開発方式から新全総では大規模開発プロジェクトに転じたが、一九七三年からの低成長で開発は頓挫した。

❷ 高度経済成長の終焉からバブル経済へ

高度経済成長が幕切れを告げたとされるのは一九七三年である。一九七三年二月一四日にそれまでの固定相場制が変動相場制へと代わり、また、同年一〇月以降は第四次中東戦争の影響を受けて中東産油国の原油価格の高騰がもたらされた。後者を第一次石油危機というが、その後も原油価格が低下しないままに一九七八年にはイラン革命が原因となって第二次石油危機がもたらされた。

原油価格の値上げは電力価格の高騰等を通じて様々な原材料コストの高騰を招き、変動相場制への移行に伴う円高の進行によっても輸出産業は苦境に立たされることになった。その結果、平炉・電気炉製鉄、アルミ製錬、化学肥料、造船、繊維、織物などの業種は、構造不況に直面し、「特定不況産業」に指定された。日本は、産業調整、すなわち産業構造の根本的転換を余儀なくされたのである。

こうした構造不況業種に代わって台頭してきたのが加工組立型の業種である。特に日本製の小型乗用車は燃費がよく、石油危機後の合衆国市場に強い訴求力を持った。また、ベータマックス、VHSといった規格の出現によって、日本製の家庭用VTRは世界市場を席巻することになった。そして、こうした成功に電子計算機製造分野の躍進も続いた。

構造不況業種に依存していた地域においては、地域経済の主導をする企業において設備処理や雇用削減が続き、また、その影響が関連中小企業にまで及び一九八〇年代に至るまで苦境に立たされた。政府はこうした地域を「特定不況地域」に指定することで救済を図ろうとした。また、政府による管理が強かった織物産業においても、産地組合ごとに設備の共同廃棄事業が段階的に進められた。他方、加工組立型産業は、その組立部門において労働集約的色合いが強く、労働力を求めた工場の地方展開が景気回復とともに加速した。政府の地域開発政策も、大規模な地域開発プロジェクトというよりは、工業再配置促進法や農村地域工業等導入促進法に基づく地道な工場分散に力が注がれ、また、産官学連携によって非大都市圏に先端技術産業の拠点をつくろうというテクノポリス計画も浮上した。

大企業や中央の主導による開発へのアンチテーゼとして、「地域主義」「地方の時代」「内発的発展」

構造不況

周期的な景気変動に起因する不況ではなく、産業構造や貿易構造の変化によって生じる不況。

テクノポリス計画

先端技術産業の育成のために、産業施設と学術研究機関の結合と、住環境整備を一体的に推進しようとした地域開発計画。一九八三年施行の高度技術工業集積地域開発促進法に基づいて、全国二六地域が指定され、テクノポリス開発構想がまとめられた。

田園都市国家構想

大平正芳の抱いた国家・国土理念。全国数百の「田園都市圏」がネットワークをなして、地域の自主性と個性・多様性を生かした均衡のとれた多彩な国土を導くというものである。梅棹忠夫・山崎正和・香山健一らが関わった研究会の報告書が発表されたのは大平の死後であった。

首都改造計画

一九七九年から一九八三年の四年をかけて旧国土庁によって策定された。東京大都市圏を多核多圏域型の連合都市圏として再整備しようというのが骨子であった。その内容は、第四次首都圏基本計画に引き継がれるとともに、四全総にも影響を与えた。

プラザ合意

一九八五年九月二二日

図1-1　対ドル円レート の月次推移（1970年～2023年8月）

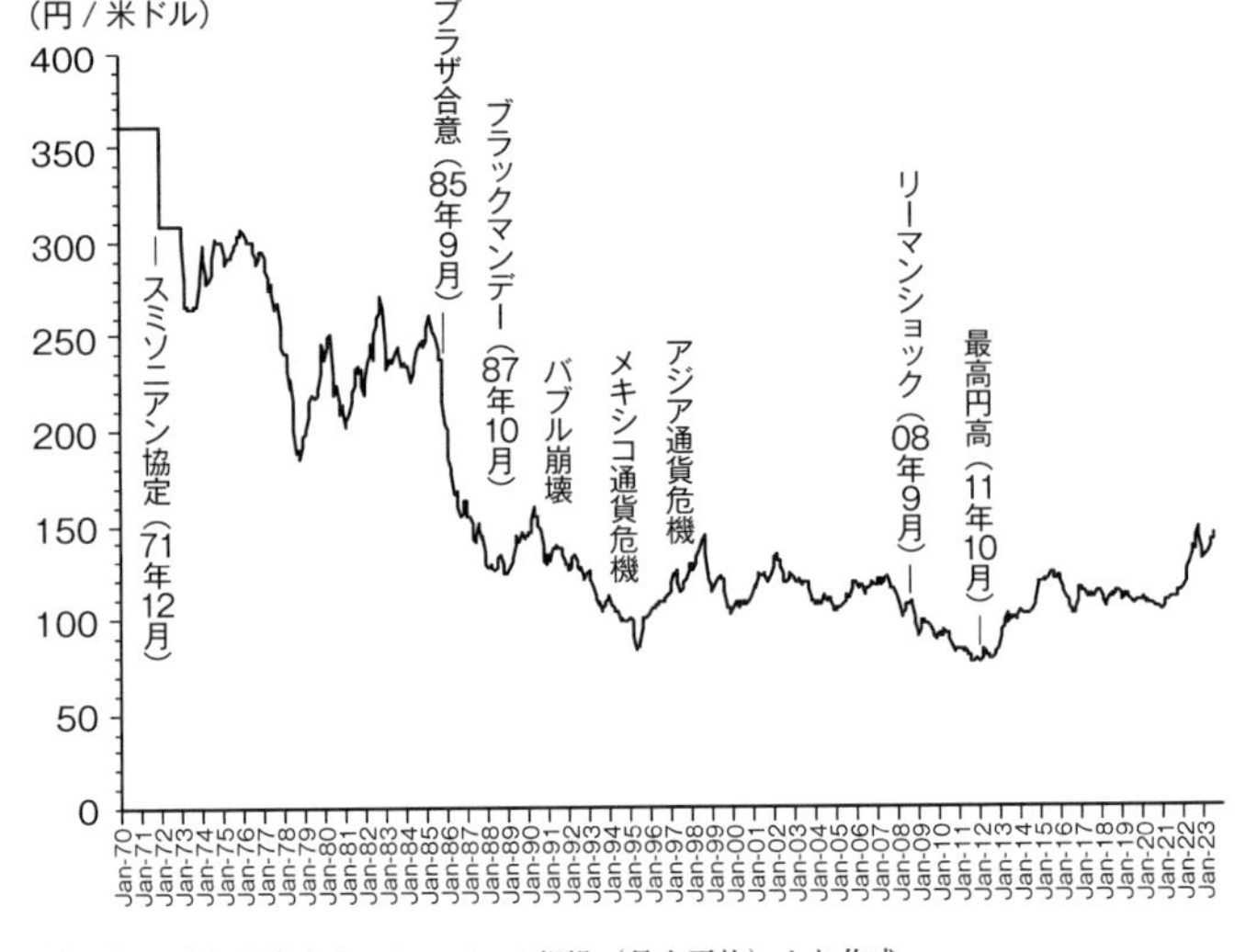

（資料）日本銀行東京インターバンク相場（月中平均）より作成.

といった考え方が、学者や主に革新系の知事から出てきたのもこの頃である。政府・与党側も福田赳夫内閣によって一九七七年に閣議決定された第三次全国総合開発計画（三全総）にて「人間居住の総合的環境」の整備をうたい、大平正芳内閣は一九八〇年に田園都市国家構想を打ち出した。

こうした論調・動きとは対極的に、一九七九年から旧国土庁では首都改造計画の策定が始まり、東京のテコ入れが準備され始めていた。そして、一九八三年、三公社の民営化を方向づけた第二次臨時行政調査会の最終答申がなされたのと同じ年に首都改造計画の素案がまとめられ、中曽根内閣は「アーバン・ルネッサンス」というフレーズを用いて東京中心部の容積率緩和の検討を指示した。ここでは、すでに旧国鉄用地の活用が念頭に置かれており、その後の地価高騰への伏線をなすものであった。

一九八五年九月のプラザ合意で、日本経

ニューヨーク市のセントラルパークを臨むプラザホテルにて、先進五カ国の財務大臣等が集まり、ドル高の是正のために協調介入することに合意した。

地上げ

開発行為のために地権者より土地を買い上げること。隣り合った土地を合筆（がっぴつ）することでビル建設用地としての価値を生み出す。そのような業務を専ら行う業態を「地上げ屋」という。本来は、合法的な行為であるが、バブル期には反社会的勢力集団の関わる悪質な地上げ行為が横行した。

済はそれまで以上の円高に直面する（図1−1）。当然、これが原因で輸出工業には打撃がもたらされる。しかし、円高不況と言われたのはわずかな期間で、不況に対処するための公定歩合引き下げと当時目まぐるしく展開した国際経済環境が、余剰資金を土地や株式の投資へと向かわせた。こうして訪れたのが一九九一年二月までのバブル景気の時代であった。

バブル期の東京では、不動産取引が異常なまでに活発化し、いくつかの大規模再開発が着手される一方で、地権者の意思に反した地上げ行為は社会問題化した。都心を中心に極端な人口減に見舞われ、昼夜間人口比率も急上昇した。一方、住宅開発の波は、郊外の五〇～六〇キロメートル圏にまで及んだ。

バブル期において策定された第四次全国総合開発計画（四全総、一九八七年）では、多極分散型国土の形成がうたわれたが、産業構造転換の影響で京阪神経済の相対的地位が弱まる中、東京圏一極集中は強まる一方で、多極分散型の東京大都市圏、多極分散型の東京の実現というものに矮小化されていった。非大都市圏において目立ったのは、総合保養地域整備法（リゾート法）の制定（一九八七年）に刺激されたスキーリゾートやマリンリゾート、テーマパークの開発ラッシュであった。リゾート開発が自然環境破壊や住民生活の侵害を招くという懸念から日本弁護士連合会がリゾート法の廃止を求める決議（一九九一年）を発表するにまで及んだ。

3 経済のグローバル化と「空洞化」問題

一九八五年以降の円高局面は、一見すると華やかではあるが非常に脆弱なバブル経済をもたらすとともに、国内製造業に対してはその後三〇年超に及んで厳しい条件を作り上げた。プラザ合意直後から特に各地の地場産業地域における輸出用消費財生産は大きな打撃を受けた。自動車メーカーなどでは、為替変動上のリスク、また関税障壁を克服するために現地市場に進出して相手国で製造するという現地生産が広がった。一九八六年頃には早くも「産業空洞化」の危惧が識者たちによって語られていた。しかしながら、バブル期には旺盛な国内需要があり、また、分野によっては依然国際競争力が維持されており、一九九一年まで製造業雇用は増加し続けた。特に電子機器の分野では、一九九〇年代の初頭まで国内設備投資が続き、国内における広域的分業体制を作り上げていた。

潮目が変わったのは、一九九〇年代半ばからのさらなる円高局面である。メキシコ通貨危機を契機として一九九五年には一ドル八〇円台が常態化するようになった。こうしたさらなる円高局面の中で、製造業の海外への生産移管が一気に本格化した。二〇〇〇年のIT不況を挟んで二〇〇二年にかけて国内各地で工場閉鎖や雇用削減が相次いだ。国内に残る製造業でも、外国人労働者を含む業務請負などの活用で労働コストの切り下げに動いた。一九八〇年代末の出入国管理及び難民認定法の改正で日系外国人の就労が可能になっており、東海や北関東を中心に外国人労働者の姿が一層目立つようになった。

国内製造業には新分野・新事業への展開が求められるようになり、この目的から二〇〇一年度から講じられたのが産業クラスター計画である。この計画は、地域の中堅・中小企業等が大学、研究機関、同業種・異業種企業とネットワークを構築することで、地域の資源や強みを生かした新事業が生み出されていくような事業環境を整備するというものであった。同時に、加工組立型の基盤をなす各種加工や資本財生産の維持を図る必要から、地域産業集積活性化法（一九九七年）が時限立法で講じられた。

この間、日本の商業にも大きな変化がもたらされた。第二次流通革命が進行し、専門量販店チェーンが台頭した。急激な円高は、海外からの商品輸入には有利に働き、ファストファッション・チェー

クラスター

合衆国の経営学者マイケル・ポーターによって提起された競争戦略の単位。クラスターとは、ブドウの房を意味し、企業や公的研究機関などの主体が結びついて集積を作り上げているものと捉える。クラスターにおいて「要素条件」「需要条件」「関連産業・支援産業」「企業戦略・競争戦略」という四つの条件が効果的に結びついた時、競争優位性を獲得できるものと考えた。クラスター論は、日本の経済産業省主導の産業クラスター計画をはじめ、各国の地域産業政策に強い影響力を持った。

地域産業集積活性化法

農水産加工や地場産業を対象にした特定中小企業集積活性化法の発展的解消によって、一九九七年に成立・施行された法律。前法を継

ンや一〇〇円均一ストアなど様々な業態で開発輸入が本格化した。日米構造協議（一九八九～九〇年）の結果として、大規模小売店舗法（大店法）の段階的規制緩和がなされたことが、ロードサイド型量販店、また大型のショッピングセンターが都市郊外に乱立する要因になった。大店法の規制が強かった時期には、既存商業地と大型店の共存共栄が図られていた場合が少なくなかったが、規制緩和はそうした関係性を打ち破ることになった。二〇〇〇年に大店法による規制自体が撤廃されると、「巨艦型」ともいわれるショッピングモールが田園の中にそびえ立つような風景が各地で現れた。大店法に代わる大規模小売店舗立地法、中心市街地活性化法、改正都市計画法からなる「まちづくり三法」の導入によって、大型店新設による影響を抑える仕組みづくりはなされたが、実効力を伴わなかった。

単純に大型店の郊外立地のみに原因を求めることもできないが、地方都市では中心市街地の商店街の「シャッター通り化」「空洞化」が進んだ。地方都市では、製造業雇用の減退に加え中心市街地の活力低下という二重苦を背負ったわけであるが、これらだけではなく、第二次流通革命の進行は流通・物流の拠点としての地方中核都市の役割をも減退させた。かつて地方都市に支店や営業所のネットワークを構築した大手企業も新幹線整備の進展によって、支所群を統廃合する傾向が出てきた。

日本農業においても、グローバル化による影響と無関係ではなかった。ウルグアイ・ラウンドでの最終合意に基づいて日本の農産物市場は対外開放されていった。その合意とは、一九九五年から二〇〇〇年までの六年間で、輸入制限等の非関税障壁を関税に置き換え、しかも関税を平均で三六％削減するというものであった。こうした背景もあって、一九九九年、従来の農業基本法の改正により、食料・農業・農村基本法が施行になった。農産物市場の対外開放に関して、その後も様々な枠組みでの自由貿易協定で協議が進められていくことになる。

承した「特定中小企業集積活性化計画」（B集積）と、新たに取り入れられた「基盤的技術産業集積活性化計画」（A集積）よりなった。後者に関しては、全国二五地域に活性化計画が立案された。

日米構造協議

一九八九年から一九九〇年にかけて五回にわたって開催された二国間協議。米国の対日貿易赤字を伴う貿易摩擦の解消が目標となった。大型店の出店規制の撤廃のほか、公共投資の拡大、系列取引の排除などを米国側が日本に要求した。

ウルグアイ・ラウンド

南米のウルグアイにて交渉開始が宣言された多国間通商交渉。一九八六年から一九九四年まで八年近くに及んだ。関税貿易一般協定（GATT）の大規模交渉としては八回目にあたる。

❹ 経済構造改革の時代――都市再生と地域再生

日本の完全失業率は、バブル崩壊以降、二〇〇二年に五・四％に達するまで一貫して上昇し続けた。二〇〇〇年代に入った頃には日本の地域経済の活力低下は広く共通認識になっていた。これは右で述べた地方都市の問題だけではなく、過疎地域から大都市地域までに及んで様々な問題状況が示されていた。

過疎地域についていえば、旧国土庁が一九九九年度に実施・発表した「過疎地域等における集落再編成の新たなあり方に関する調査報告書」では、全国の山間地の基礎集落を中心に二一〇九集落に消滅の可能性があることを報告した。消滅可能性のある集落はその後の調査で増加していくが、集落機能の低下が、耕作放棄地の増加や管理放棄林の増加、文化的・歴史的資源の喪失を通じて、市町村レベル・広域レベルにも影響する国土保全上の問題が惹起されつつあるという認識から、その後、国土交通省と総務省において集落機能の再編成が検討されていくことになった。

一方、東京をはじめとする大都市においては、バブル崩壊後の一九九二年から地価下落が始まり、その後、概ね二〇〇五年まで下落が続いた。そうした中、不良債権に関わる土地（バブル期に融資の担保になった土地）の低・未利用化が目立ち、また、臨海部を中心に産業構造変化によって遊休化した土地が発生していた。一九九七年二月に政府は「新総合土地政策推進要綱」を閣議決定して、従前の地価抑制の土地政策から土地の有効利用へと政策を転じた。

二〇〇一年春、小泉内閣が「聖域なき構造改革」を掲げてスタートした。「小泉構造改革」といわれることになるが、その基本的な方向性は、一九九九年の経済戦略会議の答申「日本経済再生への戦略」に示された内容をトレースしたものであった。その答申では、「小さな政府」の実現が重ねて強

経済戦略会議

小渕政権下の一九九八年に設けられた内閣総理大臣の諮問機関。その答申、『日本経済再生への戦略』は、アサヒビール会長の樋口廣太郎が議長をつとめたことから「樋口レポート」としても知られる。中谷巌、竹中平蔵ら経済学者も同会議の委員をつとめた。

調され、地方行財政に関しては、「地方主権」の確立を目指して市町村合併を前提に、また地方の自主財源を強化する税制改革、地方交付税の縮小、補助金の見直し等、の改革の必要性、また、人々の労働に関しては、努力した人が報われるような税制改革、労働者派遣および職業紹介の自由化等を通じた労働市場の流動化などが提起された。都市再生の必要性も不良債権処理のための重要手段として強調された。

本来であれば十分な国民的議論が必要な「大転換」であったのだろうが、「小さな政府」を強調する政府の大号令の下、社会の随所で構造改革路線への対応・調整に追われることになった。地域活性化に関わる施策としては、中心市街地活性化法（一九九八年施行）に続いて、構造改革特別区域法（二〇〇三年施行）、都市再生特別措置法（二〇〇二年施行）、地域再生法（二〇〇五年施行）が立法化されていった。中でも都市再生政策は即効性があり、東京の丸の内地区を皮切りに各所で再開発が進行した。地域再生法は、その後の「地方再生」「地域創生」を推し進めるための重要なプラットフォームになった。また、地方行財政改革は「三位一体の改革」の名の下で進められ、二〇一〇年に終結する平成の大合併を促進する要因になった。

この間、公定歩合の引き下げや不動産開発などが功を奏して二〇〇二年二月から世界金融危機に直面するまでの二〇〇八年にかけて長期的な景気回復傾向（いざなみ景気）が看取できた。製造業においても、設備投資の国内回帰が認められるようになり、シャープ亀山工場などが国内回帰のシンボルとみなされるようになった。また、都心地区、湾岸地区などでの都市再生に加えて、首都高速中央環状線の工事の進捗をみた。また、宅鉄法の適用によって、首都圏新鉄道つくばエクスプレス線が開業し、沿線開発が進捗したというトピックも挙げられる。景気が回復したとはいえ、大都市圏中心の景気回復であり、広く行き渡ったものとはいえなかった。

宅鉄法
大都市地域における宅地開発及び鉄道整備の一体的推進に関する特別措置法（一九八九年）の略。鉄道計画線の沿線の土地区画整理事業を鉄道建設と一体的に進めることで、鉄道用地の取得を容易にした。

5 地方再生戦略から地方創生へ

約五年半にわたった小泉政権が終焉した後、第一次安倍内閣、福田康夫内閣、麻生内閣とほぼ一年単位で内閣の顔ぶれが変わっていった。この間、福田内閣は、二〇〇七年に「地方再生戦略」を打ち出した。「増田プラン」ともいわれるこの計画では、「地方再生五原則」を掲げて、非大都市圏の地域を①地方都市、②農山漁村、③基礎的条件の厳しい集落、の三つに分類して、それぞれの地域課題に応じた施策を展開しようとした。続いて、二〇〇八年に麻生内閣は「地域力創造プラン（鳩山プラン）」を発表し、地域おこし協力隊の制度を導入した。それまでの構造改革路線が大都市の再生に力点を置いていたのに比べると「地方」へと若干の揺り戻しがあったとみるべきである。

なお、二〇〇六年一二月には観光立国推進基本法が従前法（観光基本法）の改正によって施行された。この法律では、「国際競争力の高い魅力ある観光地の形成」「観光産業の競争力強化」がキーフレーズとなった。また、翌二〇〇七年には、企業立地促進法が公布・施行された。同法は、地域が自地域の将来的な産業集積計画（基本計画）を立案してそれを国が承認した場合に、各種支援が受けられるというものであった。地域が自らの特性を踏まえ将来像を描くという点でこれまでにない施策であったが、翌年から始まる世界金融危機の影響から目にみえる成果は見出せなかった。

世界金融危機の只中に民主党政権が誕生した。当時の民主党の基本的な考え方は、地域でできることは地域でやるという「補完性の原理」の徹底であり、国の権限を地方（特に基礎自治体）に人員を含めて移譲し、「小さな中央政府」にしていこうというものであった。同時に少なくとも民主党政権の初期においては、公共投資の削減という点では小泉自民党以上に徹底していた。また、その地域政策は明解であり、成長力重視の前提にたって国際競争力を牽引できる地域（大都市圏等）とそうでは

補完性の原理

欧州が起源の考え方で、住民・世帯が自らできることは自ら行い（自助）、できないことはコミュニティやNPO団体等が行い（共助）、それでもできないことを基礎自治体、県、政府の順に行っていく（公助）という原理である。地方制度調査会の二〇〇三年の答申「今後の地方自治制度のあり方に関する答申」の中に示された。

ない地域を峻別して、それぞれに応じた成長を誘導しようとした。特に羽田空港の国際ハブ化等による東京圏のテコ入れがみてとれた。民主党政権下で二〇一一年に公布・施行された総合特別区域法においては、経済成長のエンジンとなる機能の集積拠点の形成をねらった国際戦略総合特区と、地域資源の活用によって地域力の向上をねらった地域活性化総合特区の二本立ての施策体系を講じていた。

東日本大震災を経て、震災復興の公共投資に加えて、国土強靭化の名のもとで、公共投資が重要視されるようになる。世界金融危機からの立ち直りの時期ということもあり、一時的な景気の落ち込みはあったが、比較的長期間の景気上昇が二〇一八年まで続いた。二〇一三年九月の東京オリンピック招致決定も景気浮上の追い風となった。

第二次安倍改造内閣下で取り組まれるようになったのが「まち・ひと・しごと創生（地方創生）」である。閣議決定によって二〇一四年九月三日にまち・ひと・しごと創生本部が設置されたのを始まりとしている。さらに同年一一月に「まち・ひと・しごと創生法」が公布・施行となった。この取り組みのきっかけになったのは、増田寛也元総務大臣を座長とする日本創成会議人口減少問題検討分科会が公表した提言「ストップ少子化・地方元気戦略」である。大都市とそれ以外を比較すると後者の出生率の方が高く、日本の少子化を鑑みると大都市圏から地方への人口誘導が肝要であると考えられた。このことから、人口の長期ビジョンの作成と総合戦略を策定することが全国の都道府県と市町村にも求められた。

全国版の「まち・ひと・しごと創生総合戦略」の基本目標には、①地方にしごとをつくり、安心して働けるようにする、②地方への新しいひとの流れをつくる、③若い世代の結婚・出産・子育ての希望をかなえる、④時代に合った地域をつくり、安心なくらしを守るとともに、地域と地域を連携する、以上の四つが掲げられた。また、それぞれの基本目標に対応する評価指標として、①二〇二〇年

日本創成会議

日本生産性本部を母体にして二〇一一年五月に設けられた会議体。約五年の間、エネルギー問題や少子高齢化問題に対する政策提言をまとめ、その成果を意欲的に発信した。

までの五年間で累計三〇万人の地方における若者雇用創出、②二〇二〇年までに地方・東京圏の転出入均衡、③安心して結婚・妊娠・出産・子育てできる社会を達成していると考える人の割合四〇％以上、④立地適正化計画を作成する市町村数一五〇市町村、が据えられた。これらのうち、少なくとも②については、いくつかの施策が講じられたものの実現からは全く程遠い結果であった（図1-2）。

地方創生が声高に叫ばれる一方で、二〇一四年の中央リニア新幹線着工を受けて、国土交通省を中心にスーパー・メガリージョン構想の考え方が提起された。これは、三大都市圏の一体化によって国際競争力のあるイノベーションを生み出しやすい巨大経済圏を作り上げようとする考え方である。

6 グローバル化時代の終焉と日本の経済地理

二〇一八年頃からの米中経済対立、二〇二〇年春からの新型コロナウイルス感染の拡大、二〇二二年からのウクライナ危機と円安の進行は、現在、日本経済とその地理に新たな転換を促している。

図1-2　東京圏をめぐる転入者数・転出者数・転入超過数の推移（1954～2022年）

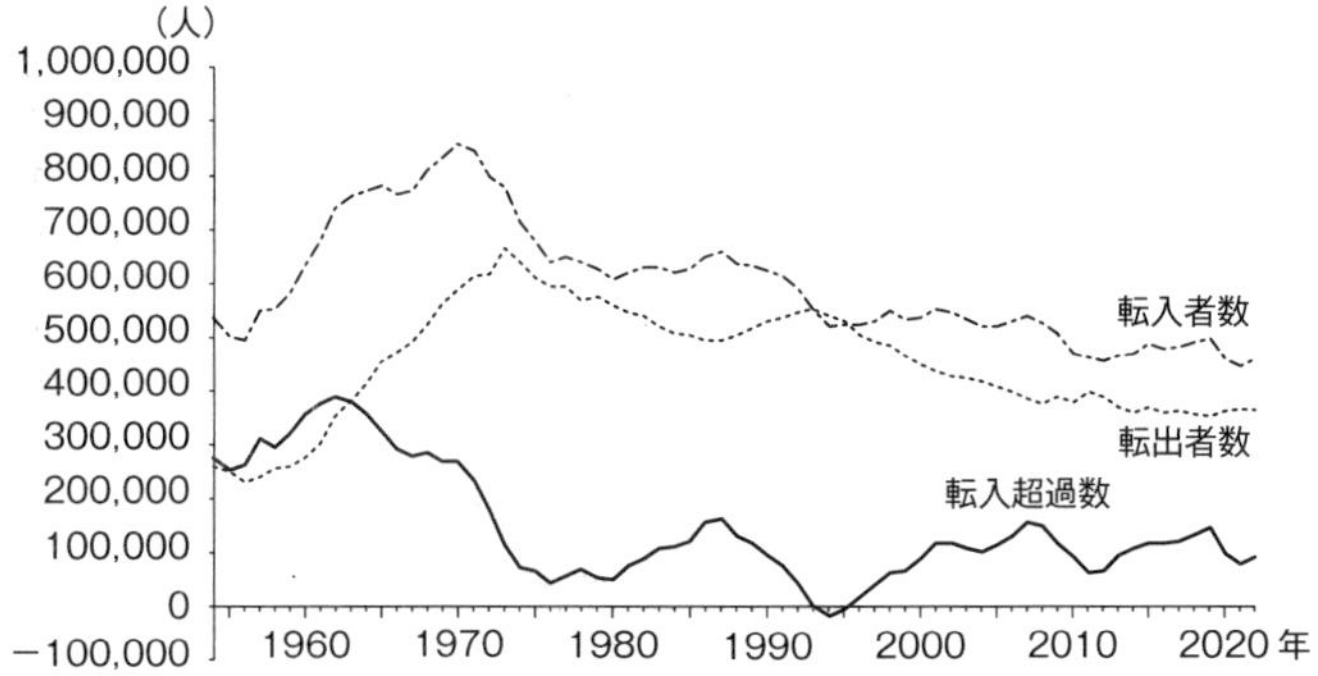

（注）東京圏は，埼玉県・千葉県・東京都・神奈川県.
（資料）総務省統計局『住民基本台帳人口移動報告年報』より作成.

メガリージョン

複数の大都市圏が連なって相互依存する巨大な経済複合体。人口規模に加え、市場規模や経済力が大きく、イノベイティブな活動が盛んで、高度な技術を持った人材が多数集まる地域を指す。都市研究者リチャード・フロリダらは、夜間の衛星画像を用いて地球上の光源分布から世界のメガリージョンを特定した。この分析によれば、日本には、札幌、東京、名古屋・大阪、北部九州の四つのメガリージョンがあり、これらが高速交通機関で結合してスーパー・メガリージョン化しつつあるのだという。

第一には、グローバルなサプライチェーンに過度に依存してきたことからの方向転換である。この点については、新潟県中越沖地震（二〇〇七年）や東北地方太平洋沖地震（二〇一一年）、また、タイのチャオプラヤ川の氾濫（同）の際の出来事が記憶に新しい。特定の自動車部品を製造する工場が被災することで、世界の自動車組立工場が操業停止を余儀なくされた。近年は、災害に起因するもののみならず、グローバル・サプライチェーンの国際政治経済情勢の変化やパンデミックに対する脆弱性を露呈することになった。コロナ禍以降は、世界的な半導体不足がサプライチェーンの混乱をきたしている。こういったことが加工組立型産業のみに看取できるわけではなく、食料品（農畜産品）・日用品に始まり、有形の財を生産する（もしくはそれを使用する）産業全般に及んでいる。特に、ウクライナ危機以降の穀物や飼料の輸入価格の高騰が国内の畜産や食品工業に大きな混乱を引き起こしている。国内で輸入飼料を用いる畜産農家・酪農家は生産費の上昇に経営が逼迫した状況となった。また、それより以前の二〇二一年からの肥料価格の高騰は畑作農家の生産価格の高騰にもつながっている。

国家権力が突然に強権を発動するような国に分業の一部を委ねることの脆さもみえてきており、国内に生産を戻す製造業も目立つようになっている。また、そのような国からではなくとも生活必需品を輸入に委ねることにリスク管理上の問題もみえてきた。二〇二二年秋からの円安がそのことに拍車をかけている。少なくとも、一九八〇年代半ばより三〇年超続いた「グローバル化の時代」から次の局面に移行していると考えてよく、日本国内あるいはローカルなレベルでの産業連関、資源循環を一定程度までいかに取り戻していくかが焦眉の急の課題である。

第二は、非常に古典的な問題であるが、東京を中心とする大都市・大都市圏への過度な集中という視点からである。阪神・淡路大震災、東日本大震災を経て、首都直下型地震がいかなる事態をもたらすかということは、イメージしやすいものとなったはずであった。それでもなお、震災後、東京への機能集中は弱まる様子はみせなかった。当然、都市再開発は、災害に強い都市づくりのためには不可欠であるが、容積率の拡大なしには進行しない再開発は巨大都市の密度を格段に引き上げている。

一九五〇年代の第一次首都圏基本計画の策定時の議論では東京都区部に収容できる人口の限界は当時の容積率等から八四八万人が限界と考えられていた。ところが二〇二〇年の国勢調査人口では、九七〇万を突破するに至っている。バブル期の余波で一九九五年に底を打った当時が七九七万であり、その後の四半世紀で高度経済成長期並みの人口急増が生じてきたのである。

そのような中にあって、事業継続計画（ＢＣＰ）という観点などから自社の持つ機能の地理的配置を見直そうとする企業が出てきたのも事実であるし、大都市に暮らしてきた人々の中に地方移住を志向する人々が少なからず出てきたというのも事実である。持続可能な社会という価値観が日本社会にすっかり定着し、コロナ禍も職住分離が顕著な巨大都市構造への反省を迫った。それでもなお、現在のところ、「大都市から地方へ」という動きは大きな潮流にはみえてこない状況である。

とはいえ、受け入れ側からすれば、人口数千人の町村にわずかに数名の若年層が移住しただけでも、その効果は計り知れない。地域おこし協力隊の受け入れや、被災地ボランティアの受け入れをきっかけに、また、先覚的な企業等の受け入れ、「新しい公共」ともいわれる組織体の導入によって、自らの持つ地域資源を再認識し、地域内での資源循環を高め、創造的な地域づくりに成功している地域が出てきているというのも事実である。「地方の時代」といわれた時代よりもはるかに創造的な展開が、各地において進んでいるのである。二〇二一年に発足した岸田文雄内閣が打ち出したデジタル田園都市国家構想もまた突如生まれてきた構想というわけではなく、概ね行政改革期以降の政策の積み重ね、また、いくつかの地域での先駆的事例に着想を得たものであると理解できる。

事業継続計画（ＢＣＰ）

自然災害やパンデミック等の緊急事態に遭遇した場合に備えて、企業がその中核となる事業の継続や早期再開のための段取りを予め整えておくこと。事業所立地上は、バックアップオフィスやデータバックアップセンターを設置するなどの対応が考えられる。

新しい公共

官（行政）だけでなく、市民、ＮＰＯ、ソーシャルビジネスなどが公共的な財・サービスの提供主体となって、教育や子育て、まちづくり、介護や福祉などの分野において共助の精神で活動すること。

デジタル田園都市国家構想

二〇二一年に岸田文雄内閣が発表した構想。「新しい資本主義」実現に向けた戦略の重要な柱で、「デジタル実装を通じて地方が抱える課題を解決し、誰一人取り残されずすべての人がデジタル化のメリットを享受できる心豊かな暮らしを実現する」構想とされている。情報インフラ整備や情報人材の育成が強調されるほか、従来からのまち・ひと・しごと創生をデジタルの力でテコ入れするという性格が強い。

ここで述べた観点に加え、今世紀半ばに予想される加速度的人口減少、徐々に表面化している気候変動、これらの差し迫った問題への対策・対応・適応は、今日の国土・地域を考える上で避けては通れない課題である。いい換えれば、持続可能性という見地から日本の経済地理をみつめることが求められている。

第2節　経済地理的な見方・考え方

「地域」への様々なアプローチ

「地域」を対象にした学問には、様々な分野がある。一般的に「地域研究」といった場合には、アメリカ合衆国でArea Studiesと呼ばれているものの訳語であり、自国以外のほかの国もしくは大陸規模の地域（もしくは地理的連続性を伴った国家連合の範囲）における諸事情を明らかにするアプローチである。諸事象には空間性を持つ場合もあるし、そうではない場合もある。依って立つ学問は、文化人類学、文学、政治学、開発経済学など多様である。もちろん、この中には地理学も含まれ、地理学においては伝統的には「外国地誌」と表現してきた。

もちろん、広義に「地域研究」といった場合には、国家大・超国家大というよりは国内における部分地域を扱った研究も含まれる。この場合にもそこにアプローチしようとする学問分野は広く、人文・社会科学においては民俗学、地域社会学、村落社会学、都市社会学、地域経済学、都市経済学、農業経済学、地方財政学、中小企業論、産業学、都市計画学、そして、人文地理学、経済地理学などが一国内の部分地域を対象にした研究を重ねてきている。

国家大もしくは超国家大の「地域」、一国内の「地域」を対象にするにしても、また、いずれの学問分野に立脚するにしても、理論・演繹的アプローチであるのか、帰納的アプローチであるのかに大きな違いがある。現代の主流派の経済学においては、一般に抽象度が非常に高い。その下にある空間経済学や都市経済学、もしくは地域科学と呼ばれる分野でも当然、抽象的なモデルがある。こうした論理実証主義に立脚する研究の営みの中軸は、モデル構築とその計量的実証である。この場合、空間や「地域」がターゲットであっても、いずれかの具体的な地域における産業や人々の具体的な営みについては少なくとも前景には登場しない。

経済学の中には、政治経済学と呼ばれるアプローチもある。主流派の経済学が市場経済が歴史を超えて存在するものと捉えるのに対し、このアプローチでは、様々な経済のあり方が人類史上に存在し得て、また資本主義という経済にも多様性があることを前提とする。別のいい方をすれば、狭い意味での経済のみならず、様々な社会関係、制度・文化、政治体制などと関係づけて経済を分析するのが、政治経済学アプローチである。政治経済学派の研究者たちは、資本主義社会で生起する、様々な種類の貧困、環境問題、地域問題、そしてグローバリゼーションに随伴する諸問題へと切り込んできた。ここでは詳述しないが、今日の政治経済学のアプローチにおいては、新自由主義的なグローバル化に警鐘を鳴らし、互酬的な地域共同体や地域内での資源循環の再生にオルタナティブを見出そうとする論客が多い。

経済地理学のアプローチ

経済地理学は、地理学、特に人文地理学の中軸をなす一分野であり、同時に広義の経済学を担う一分野である。経済地理学は、地表空間と人間の経済活動との関わりの解明を第一課題とし、その中で

地域科学

文字通り理解すると「地域を対象とした科学」となるが、通常は限定的に使われており、人間活動の空間的側面を数理モデルおよび計量的手法によって分析する分野である。経済学者ウォルター・アイザードが一九五〇年代の前半に提起した。

商業地理学

今日では、小売業・卸売業などの商業活動を対象にした地理学を意味するが、もともとは、植民地開発や貿易活動に資する情報提供を目的にした教育体系を「商業地理学」と呼んでいた。

立地論

経済行為としての立地選択について研究する学問分野であり、チューネンの『孤立国』、アルフレート・ヴェーバーの『工業立地論』をはじめ、フーバー、レッシュ、アイザード、グリーンハットらによって理論的発展がもたらされてきた。

経済・産業活動の地域的性格や空間的パターン、地域間関係、また、それらの生成と変化のメカニズムをさぐっていこうとする分野である。経済地理学の起源はいくつかの場所に求めることができ、一つには地理学そのものであり人間と環境の相互作用を明らかにしようとする学派、二つめに、特にイギリスで発展した商業地理学、三つめにはドイツで生まれた立地論を基軸とする経済地理学が挙げられる。最近では、イギリスのアルフレッド・マーシャルの経済学にみられる空間的議論も経済地理学的な知的営みの源流の一つと考えられるようになっている。日本の場合には、明治半ばから大正期に各地に開設された高等商業学校に、商業地理の講座が開設されたことが経済地理学の端緒である。それとは別に、高等師範学校や、帝国大学の文学部や理学部に地理学の講座が設けられ、ここでも人文地理学、経済地理学の営みが形成された。その後、一九三〇年代になるとドイツ等から、立地論的な経済地理学のアプローチがもたらされた。

なお、本書『日本経済地理読本』の初版（田中啓爾・富田芳郎監修、板倉勝高・井出策夫・竹内淳彦共著）が出されたのは一九六七年のことであるが、その源流には、石橋五郎著『日本経済地理』（一九一七年、冨山房刊）および田中啓爾著『日本経済地理』（一九三〇年、目黒書店刊）の存在がある。前者の序文には，甲種商業学校向けの教科書として編纂したとあり，それまで「商業地理」「実業地理」の名で呼んできたものを「経済地理」と称したいという旨のことが記されている。

経済地理学の発生が、地質学、生物学、歴史学、商品学などに近い位置にあったために、まずは現実を観察し、それを記載、分類するという営みが非常に重視される。一方で、産業立地論を中心に演繹的なアプローチも重視され、経済学と同様の論理実証主義の影響もある。さらには、政治経済学からの影響も非常に強く世界的にみれば経済地理学が批判的社会科学の一翼を担っているという部分もある。したがって、方法論的には比較的寛容であって、理論を軽視するわけではないが、具体的な現

石橋五郎（一八七六〜一九四六）

小川琢治とともに京都帝国大学文学部地理学教室の創生期を担った地理学者。ラッツェルの『人類地理学』の影響を受けて自然条件と経済活動の関わりの視点を重視した、人文地理学の方法論を構築した。京都帝国大学に転ずる以前は神戸高等商業学校に勤務した。

田中啓爾（一八八五〜一九七五）

東京高等師範学校および東京文理科大学に勤務した人文地理学者。フィールドワークを基礎にした地誌研究のスタイルを確立した。その研究には、景観を年代層序的にとらえる視点が濃厚であった。

実に近いところで、ほどほどの抽象度で議論するという学問的伝統がある。

経済地理学における地域研究（経済地誌）の特徴は、一つには地域の中での諸事象の相互関係に着目することである。当然、地形環境や気候環境、土壌・水文（すいもん）状況がその地域の経済に与えている影響、また、それら諸条件の克服も考察に含まれる。支配的企業とそれ以外の企業、もしくは地域経済の関係といったことも、この場合の相互関係に含まれる。もう一つは地理的位置に起因して生じる諸事象の地域性に関わる理解である。空間的相互作用の視点ともいわれる。また、もう一つには、その時々の経済環境の影響ということを考察の中で重きをおいていることである。こうしたことを通じて、仮にある経済危機に地域経済が直面したとしても、それぞれの地域が置かれた状況（地域内の関係性と他地域との位置関係）によって、異なったインパクトを受けると考える特徴もある。さらにいえば、何らかの公共政策を投じる際にも、すべての地域に共通する処方箋はあり得ないと考えることでもある。いい換えれば、一般性と個別性とをたえず選り分けていくことに地域研究の真髄がある。

経済地理学における地域研究にさらにもう一つの特徴があるとすれば、それは「地域」というものの存在自体を所与のものとは考えておらず、「地域」の範囲の吟味から研究が始まることと、またその「地域」とは、人々の徒歩圏での地域から複数の国家を含んだエリアまでの大小様々なものからなるということである。また、「地域」が行政地域と一致する場合もあれば、そうではない場合もある。

❸「地域」の捉え方

社会の中で「地域」という語は、実に様々な使われ方をしており、また、地表上の特定の空間的範囲を示す際には「地域」以外にも様々な表現がある。

伝統的に経済地理学の分野では、地域というものを「等質地域」と「機能地域」に分けて論じてきた。前者は、住宅地域、工業地域というように、あるいは所得や生産性の低い地域・高い地域のように、何らかの指標によって、質・水準が同じ空間的範囲を示している。一方、後者は、機能的に一体となった空間的範囲を意味し、「結節地域」と同義に扱われることが多い。結節地域とは、単一もしくは複数の結節点を中心に結節流で結びついた相対的なまとまりのことである。中心市を核として通勤流で結びついた大都市圏、ある商業中心地を核にして買物流で結びついた商圏というのが身近な事例である。二〇〇九年三月限りで廃止になった広域市町村圏も地理学における結節地域概念の応用であった。仙台を結節点とした「東北経済圏」、福岡を結節点とした「九州・山口経済圏」「西南経済圏」というのも、その実態はともあれ、経済地理学が対象としてきた重要な結節地域である。

「機能地域」のもう一つの種類は、「集積地域」である。かつての東京の城南地域のように、町工場が複雑な取引連関（リンケージ）で結びついて一体的なまとまりを示していれば、これは「工場密度が高い」という意味で等質地域であると同時に機能地域でもあるのである。集積地域の概念は、地理学の入門書では扱われてこなかったが、今日の経済地理学では、最重要な地域の単位となっている。

等質地域にせよ、機能地域にせよ、大小様々なスケールで地域というものは論じられている。また、一つの結節地域が成長・発展を遂げる中でその内部を空間的に秩序化して、多様な等質地域的な機能分化をもたらしていく場合も少なくない。大都市圏でいえば、中心市の成長の中で、中核にはCBD（中心業務地区）がもたらされ、その周囲が小零細工場等の卓越するインナーシティが生まれ、さらにその外側に周辺市街地、郊外といった分化がなされていく。国民経済のスケールでいえば、強力な求心力を持つ二〜三の大都市圏が「中心地域」を構成し、その下で国土空間が秩序化されてきた。そうした中心地域との関係の中で、国土の周辺部が周辺化し、両者の中間がまさに中間的な位置づけを呈するという分化を示してきた、というのが経済地理学の捉え方である。他方で、日本には、札仙広福とも俗称される広域中心都市が地方経済の要になってきた。これら四都市と東京・大阪・名古屋の三大都市の合わせて七都市、もしくは金沢、高松まで合わせて八都市ないし九都市が核となって、七～九の経済圏を形成しているとも捉えられてきた。

このように機能地域としての経済地域、すなわち、経済圏は東京を中枢とする国民経済の下で多層的・重層的に編成されており、それぞれのスケールの内部では中心と周辺という関係性を有してきた。

広域中心都市
一県域の規模を超えた範囲を後背地として発展した都市のうち、三大都市圏以外の都市を指して用いられる。政府の出先機関や大手企業の支社・支店などの中枢管理機能が集積する。地理学者、北川建次が最初に用いて以降、広まった。地方中枢都市と同義である。

第3節　本書のねらいと構成

本書の基本的な目的は、わが国の経済活動の地域的仕組み＝経済地域構造を概説し、併せて経済地域の実態を動態的に把握することにある。動態的な把握にあたっては本章の第1節に示した時間軸の中でも概ね一九九〇年以降の三〇年というタイムスケールの中での変容を重視しつつ、日本の経済地理状況を概説するというのが本書の基本的ねらいである。「一九九〇年以降の三〇年」としたのは、一九八〇年代半ば来の円高基調のもとで、日本経済で急速に進行したグローバル化、また少子高齢化に直面して、規制緩和と構造改革、行財政改革に日本政府が舵をきり、そうした影響が地域経済にも濃厚に出てきたからである。そして、二〇二〇年代初頭という時期がもし今後の時代にとっての重要なターニングポイントとなり得るのだとすれば、今後の展望につながるような萌芽的事象を見出すこともねらっている。

本書では、以下、グローバル化期以降における日本の経済地域構造を動態的に理解するために、まず、第2章においては、人口集積とその動向を把握した上で、農業、工業、小売業、卸売業、ツーリズム・観光業の順に地域的展開の仕組み、またその変化について分析を行い、最終節に、行政地域の制度的変遷に関する概説を加えている。本書の第九版までは、ツーリズム・観光業に関わる節や行政地域制度に関わる節を設定していなかったが、この一〇年でツーリズムに関する理解は地域経済の現状をみる際に不可欠の前提になってきた。また、二〇〇〇年代に遂行された地方行財政改革の理解抜きには、その後の各地の地域が置かれた状況や諸施策について理解することができない。こういった理由から新たな節を設けた。

続く第3章・第4章は地域編である。第3章では北九州・福岡大都市圏を含む日本の四大都市圏に着目し、その実態と課題を明らかにする。第4章では、日本の全国一〇の広域ブロックごとの記載を行う。その記載にあたっては、各地域の成り立ちや基幹産業についての概説に加え、各地の地域資源を活用した、また新しい公共というスキームの下での地域づくりの事例、田園回帰とも表現されるようなUIJターンの動きにも可能な限り着目した。第5章においては、それらの分析結果を踏まえ、従来の国土・地域政策の推移を概説した上で、持続可能な地域づくり、持続可能な国土づくりの方向性について考えていく。

本書の第二版以降前回版までは、日本の国土を、高密度（中心）地域・低密度（周辺）地域・中間地域の三地帯に区分し、その大枠のもとで全国一四地域を概説するというスタイルをとったが、今回の改訂で思い切ってそれを改め、主要な大都市圏域別の記述と広域ブロック別の記述とに再編した。その理由は一言で表現すれば、何らかの基準・視点によって四七都道府県を三地域へと類型的に区分することの意義が見出しにくくなってきたためである。

なお、日本の経済活動の地域的仕組みを明らかにするためには、まずはその第一歩として、様々な経済活動についての地域統計を入手した上で可視化していく作業が不可欠である。本書の執筆にあ

田園回帰
大都市圏から（とくに過疎地域の）農山漁村地域への移住の動きが活発化している動き。東日本大震災後に顕在化し、小田切徳美氏は、二〇一五年を「田園回帰元年」であるとした。

たっては『地域経済総覧』(東洋経済新報社)を共通の基本資料としているが、典拠にあたっては極力、原資料(一次資料)にまでさかのぼっていることを付記しておく。この分野での初学者の方々には地域統計のソースと活用の仕方を含めて学んでもらえることを願っている。

第2章　経済活動の地域構造とその変容

第1節　人口集積とその動向

経済活動の担い手である「人」は、原則的に経済活動の活発な地域に多く集まり、その結果、人口密度は高くなり、逆に不活発な地域の人口密度は低くなる。経済活動が活発な地域では就業機会も多く高収入を得やすいため、人々が集まることになる。一般に、人口移動は、好景気の時には多く、不景気時には不活発になるが、経済活動の地域差の指標としては、まず、人口分布とその動向について検討するのが基本である。

日本の人口は、二〇二〇年の国勢調査では一億二六一五万人である（経年比較の都合上、本稿は基本的に国勢調査の数値を用いることとする）。第一回国勢調査が行われた一九二〇年の人口は五五九六万人であるから、その後一〇〇年間に人口が二・三倍に増えたことになる。その一方で、二〇一〇年の調査（一億二八〇六万人）以降、二〇一五年調査で〇・八%の減少、二〇二〇年調査で〇・七%の減少を記録しており、人口の縮小傾向が鮮明になっている。また、その地域差はますます拡大しつつあり、その実態を知ることは、わが国経済の地域的動向を推察する鍵となる。

国勢調査

国の指定統計第一号であり、一九二〇年の第一回調査以来、原則として五年ごとに実施されている。調査年の一〇月一日現在に日本国内に常住するすべての者を対象として行われる。常住者は三カ月以上その場所に住んでいる人をいう。調査項目は各調査時点で若干変わるが、最近では、個人に関しては氏名、性別、生年月日、世帯における地位、配偶者の有無、国籍、就業、就学状況などであり、世帯に関しては、世帯の種類、人数、住居の種類や部屋数などを調査している。調査方法は市区町村単位に平均五〇世帯ごとに調査区を設け、調査員を委嘱し調査しているが、二〇一五年調査よりインターネット回答も導入された。

1 人口の分布とその変化

(A) 人口の分布

都道府県別の人口は、東京都の一四〇五万人を筆頭に、神奈川(九二四万人)、大阪(八八四万人)、愛知(七五四万人)、埼玉(七三五万人)、千葉(六二八万人)、兵庫(五四七万人)、北海道(五二三万人)、福岡(五一四万人)の九都道府県が五〇〇万人を超える人口を有している。これに対して、人口が一〇〇万人に満たない県も鳥取の五五万人を最低に、島根、高知、徳島、福井、山梨、佐賀、和歌山、香川、秋田の一〇県に及ぶ。人口五〇〇万以上の都道府県のうち北海道、大阪、兵庫を除く六都県は二〇一五年に比べ人口が増加しているが、人口一〇〇万未満の一〇県はいずれも人口が減少しており、人口規模の格差は拡大している。東京、神奈川、埼玉、千葉が人口増加を継続する一方で、大阪、兵庫の人口は減少しており、東京大都市圏への一層の集中傾向を示すものといえよう。

ところで、人口分布の状態は、単に行政単位による人口数だけが問題になるわけではなく、土地の広さとの関係、すなわち密度についての検討を欠くことはできない。

わが国の人口密度(一平方キロメートル当たり)は三三八人である。これは、先進諸国の中ではオランダやベルギーと肩を並べる高い数値である。しかも、日本の場合、山国であり生活に適した可住地は少ないため、実質的な人口密度はさらに高い。

このような人口高密度国の日本の中にも、北海道(六九人)や岩手(八四人)のように一〇〇人を割る低密度の地域もある。そこで、全国の人口密度を基準に、二倍以上の地域を「人口密集地域」、全国の水準以上で二倍未満の地域を「人口集中地域」、さらに全国の水準未満の地域を「人口希薄地域」としてその分布をみると図2-1のようになる。それによると、人口密集地域は、東京、神奈川、

日本の国土と可住地

日本の国土の七三%は山地と丘陵で占められ、また、農用地は一二%、宅地は五%に過ぎない。そのため、可住地一平方キロメートル当たりの人口密度は、一〇二六人に達する。

埼玉、千葉の東京大都市地域と、大阪、愛知の三大都市地域および福岡の四地域であり、いずれも一平方キロメートル当たり一〇〇〇人を上回る。三大都市域の中でも、都心に当たる東京区部（一万五五一一人）、大阪市（一万二二一六人）の人口密度は際立って高い。なお、東京、大阪、名古屋を中心に設定される三大都市圏は全国の五三％の人口を占めている（二〇二〇年）。人口集中地域は、三大都市地域とその周辺の茨城、京都、奈良、兵庫など、さらに、三大都市地域の中間あるいは延長に当たる静岡、滋賀、香川、および沖縄などである。これ以外の三二道県は人口希薄地域であり、日本の人口の約六割が国土の約二割の範囲に集中して分布しているのである。

　以上、都道府県を基域として人口分布をみてきたが、一つの行政単位の中でも人口の疎密の差は大きく、都市への人口集中傾向が強い。実質地域としての都市的地域を示す人口集中地区（DID）は日本の国土の三・五％を占めるに過ぎないが、八八二八万人（全人口の七〇％）が分布して

図2-1　都道府県別人口密度（2020年）

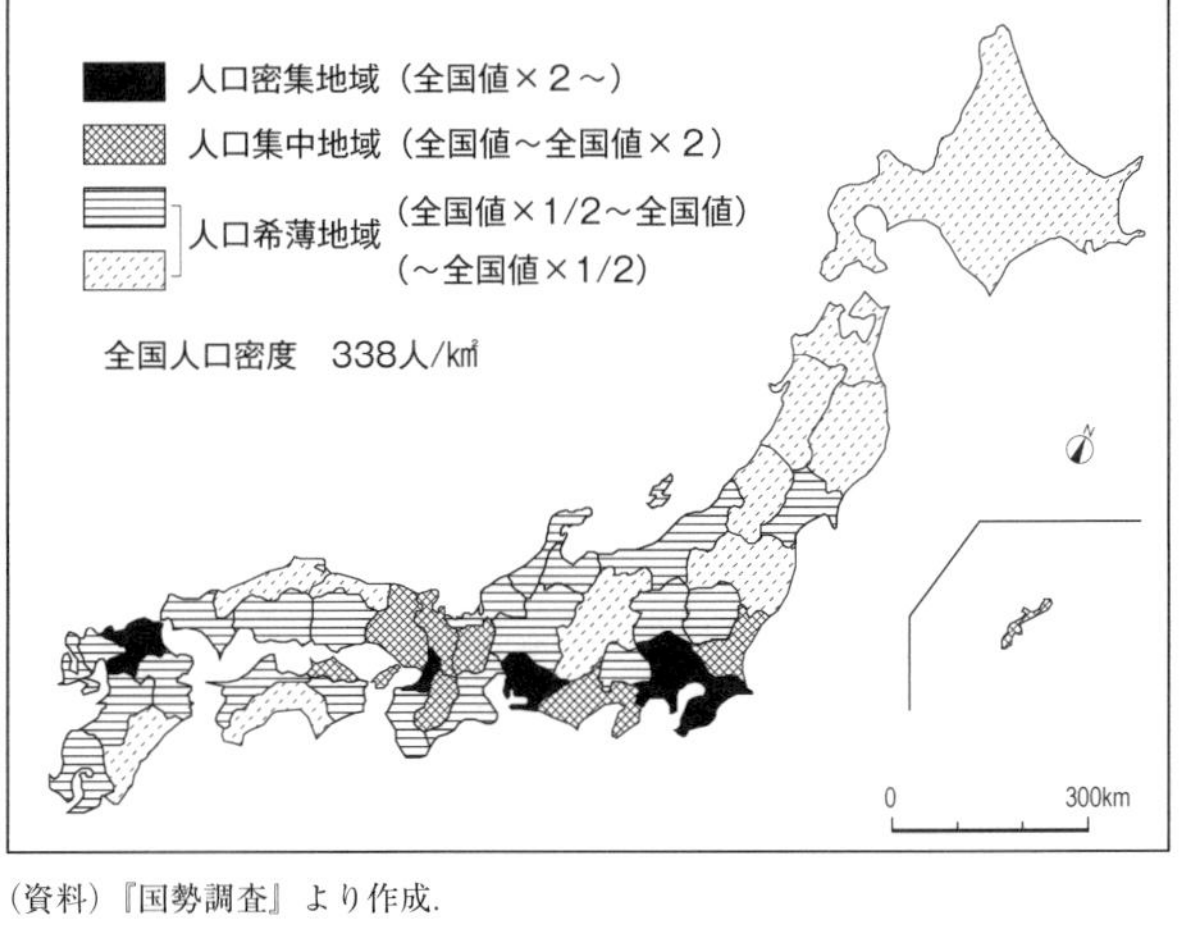

（資料）『国勢調査』より作成.

三大都市圏の人口密度

東京、大阪、名古屋を中心に設定される関東大都市圏、中京大都市圏、近畿大都市圏の人口密度を比較すると、関東圏が一平方キロメートル当たり二八〇五人で、一四六五人の近畿圏、一三二三人の中京圏を大きく上回っている（二〇二〇年国勢調査）。

実質的な都市的地域

平成の大合併によって、「市」の数は大幅に増加し、市部が全国面積に占める面積も二八％から五七％へ増加した。この中には、農村的地域の複数の自治体が合併し「市」となったものも含まれる。従来、日本の都市人口を示す指標として市部人口が用いられることが多かったが、平成の大合併によって「市部」地域の持つ意味合いが変化したた

め、時系列的な分析に用いる際は注意が必要である。今後は、客観的な指標から都市的地域を示すために設定された「人口集中地区」の人口を都市人口とすることが、現実的であると思われる。人口集中地区は一九六〇年以来、各回の国勢調査結果から設定されている。

図2-2　都道府県別人口変化（2015～20年）

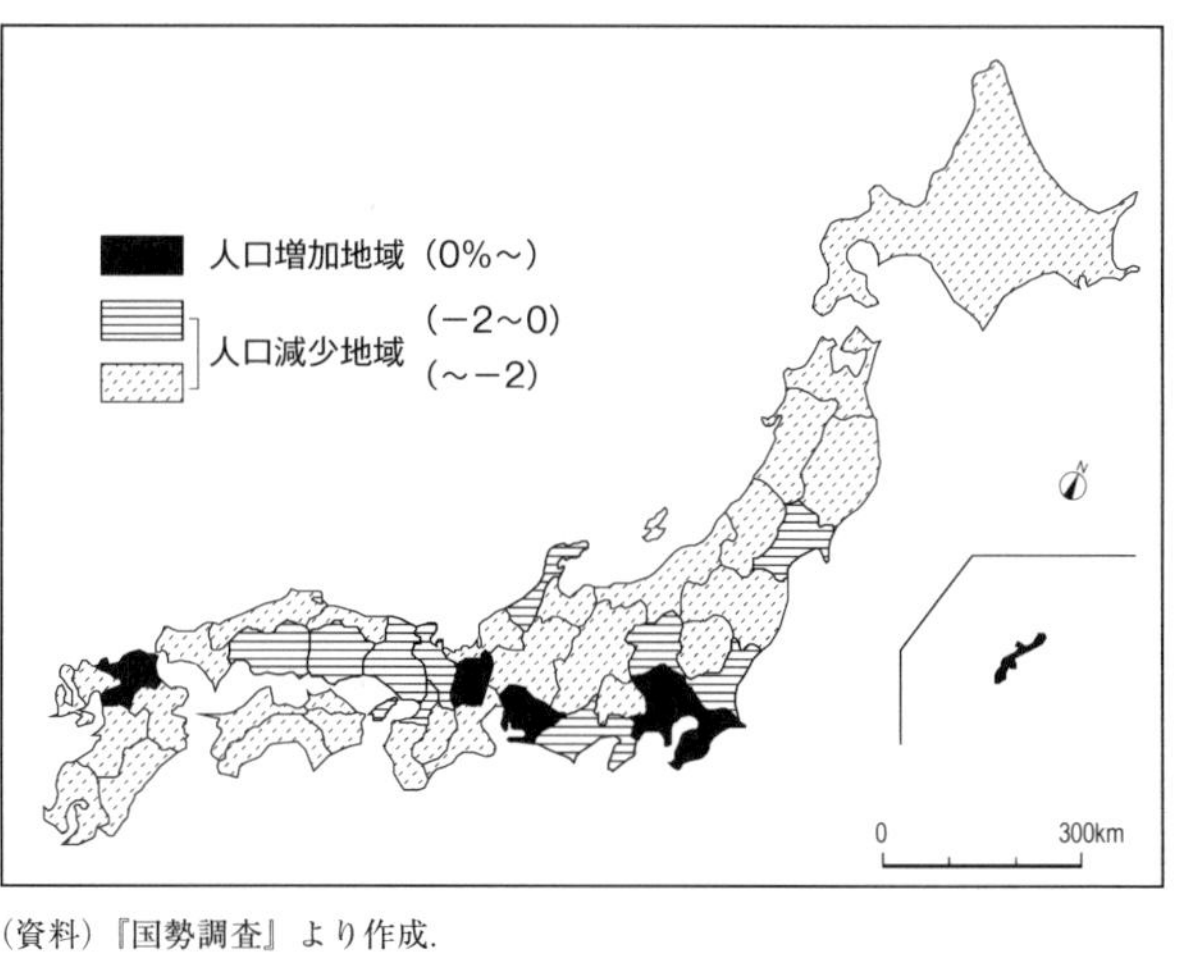

（資料）『国勢調査』より作成.

おり、その割合は年々高まっている。

（B）人口動向の地域差

二〇一五年から二〇二〇年において総人口は九五万人減少し、増加率はマイナス〇・七％であった。二〇一〇年調査をピークとして人口の減少傾向は継続している。総人口が減少傾向にある中で、多くの道府県において人口は減少している（図2−2）。「人口増加地域」は埼玉、千葉、東京、神奈川、愛知、滋賀、福岡、沖縄の八都県のみであり、大都市とその周辺県、および沖縄だけである。他方、絶対減を示す「人口減少地域」は三九県であり、東北、北陸、中国、四国、福岡を除く九州など非大都市圏の全域に及んでいる。

このような地域に人口減少県が分布することは高度経済成長期以降の基本的なパターンであるが、人口減少をもたらす要因には変化がみられる。これらの人口減少地域は、人口の流出（社会減）の多い地域であるが、従来は自然増加によってその減少分を補い、全体としては人口増加を示すことも多かった。しかし近年の出生数の減少や高齢化の進展に伴う死亡数の増大によって、自然減を示す地域が増加している。現在の人口減少地域のうち東北、四国、九州などの三一道県は、自然増加・社会増加の両者ともマイナスであり、それにより人口減少が加速している。

(C) 人口属性の地域差

人口の動向をみるためには、男女や年齢による構成、就業者の比率など、いわゆる人口構成を明らかにしてかかることが大切であり、人口とその増減の中身の分析は地域経済を考える際の要件である。

二〇二〇年の人口のうち年少人口と老年人口を合わせたいわゆる従属人口が人口に占める割合は四〇・五%であった。一九二〇年のそれは四一・八%であり、従属人口の割合はほぼ同じ水準を示している。しかしその内訳をみると一九二〇年には年少人口が三六・五%、老年人口が五・三%であったのに対して、二〇二〇年は年少人口が一一・九%、老年人口は二八・六%と大きく変化している。つまり、老年人口割合は五倍以上に増加しているのに対して、年少人口割合は三分の一以下に減少している。かつての従属人口は年少人口の割合がはるかに高く、生産人口予備軍としての意味合いが強かった。しかし今日では、少子化により将来の生産活動の担い手である年少人口の割合は年々低下しており、国際的に比較しても日本の大きな社会問題と言える。

老年人口の割合についてみると、全国の水準を下回るのは沖縄、東京、千葉、埼玉、神奈川、滋賀、大阪、および愛知、宮城、福岡である。これら大都市地域は、相対的にみると高齢化の進行が遅れている。しかしこれら大都市地域は、高度経済成長期に第一次ベビーブーマーを中心とする多くの人口が流入した地域であり、都市圏に定着した彼らが加齢とともに高齢層に加わることで、高齢人口の絶対数も増加している。特に東京および大阪、名古屋の三大都市圏ではその傾向が顕著である。日

年少人口と老年人口

〇～一四歳までを年少人口、一五～六四歳までを生産年齢人口、六五歳以上を老年人口として三区分する。出生率の低下、平均寿命の伸長によってわが国の老年人口は急速に増加している。国連の資料では、老年人口の割合が七%を超えると「高齢化社会」、一四%を超えると「高齢社会」としている。わが国で老年人口の割合が七%を超えたのは一九七〇年、一四%を超えたのは一九九四年である。

年齢構成の国際比較

二〇二〇年現在、日本の年少人口の割合は一一・九%で、国際的にみてもかなり低い値である。他方、老年人口は二八・六%で、世界で最も高齢化の進んだ国の一つである。日本と類似した年齢構成の国はヨーロッパに多

く、特にドイツ（年少人口一三・七％、老年人口二一・八％）、イタリア（同一三・〇％、二三・二％）は、少子高齢化において日本に迫っている。

表2-1　外国人人口の推移（1970～2020年）

		1970年	1980年	1990年	2000年	2010年	2020年
外国人	（千人）	604	669	886	1,311	1,648	2,402
韓国・朝鮮	（千人）	520	558	568	529	423	375
中国	（千人）	45	44	109	253	460	667
その他	（千人）	39	67	209	529	765	1,360
外国人の割合	（%）	0.6	0.6	0.7	1.0	1.3	2.2

（資料）『国勢調査』による.

本全体では二〇一五～二〇二〇年における六五歳以上人口の増加率は五・六％であったが、これら大都市地域の都府県では全国の水準を上回る増加率を示している。大都市地域では、今後一層の高齢化の進行が見込まれる。なお、生産年齢人口の割合をみると、東京地域、大阪地域、愛知および宮城などは全国を上回る構成割合を示しており、次節以降で述べる第二次・第三次産業の発展を支えている。

人口の減少局面にある現在の日本の人口構造を考える上で、外国人の存在は重要性を増している。表2-1に、日本における外国人人口の推移を示した。一九八〇年代まで、外国人人口は六〇万から六七万で推移し、日本の総人口の〇・六％程度を占めていた。この傾向は八〇年代末の出入国管理及び難民認定法の改正などを契機に変化し、一九九〇年代以降外国人人口は増加傾向となった。二〇二〇年には外国人人口は二四〇万人に達し、総人口の二・二％を占めている。この外国人人口の増加は、出身国の多様化を伴うものであった。一九七〇年および一九八〇年において、韓国・朝鮮および中国出身者が外国人全体に占める割合は九割超だった。しかし一九九〇年以降その割合は低下し二〇二〇年における両地域出身者の割合は四三・四％と半数を下回った。中国および韓国・朝鮮に次いで人口が多いのはベトナム（三二万人）、フィリピン（二三万人）、ブラジル（一八万人）である。

外国人人口の分布に注目すると、東京（四八万人）、愛知（二三万

図2-3　都道府県別外国人割合（2020年）

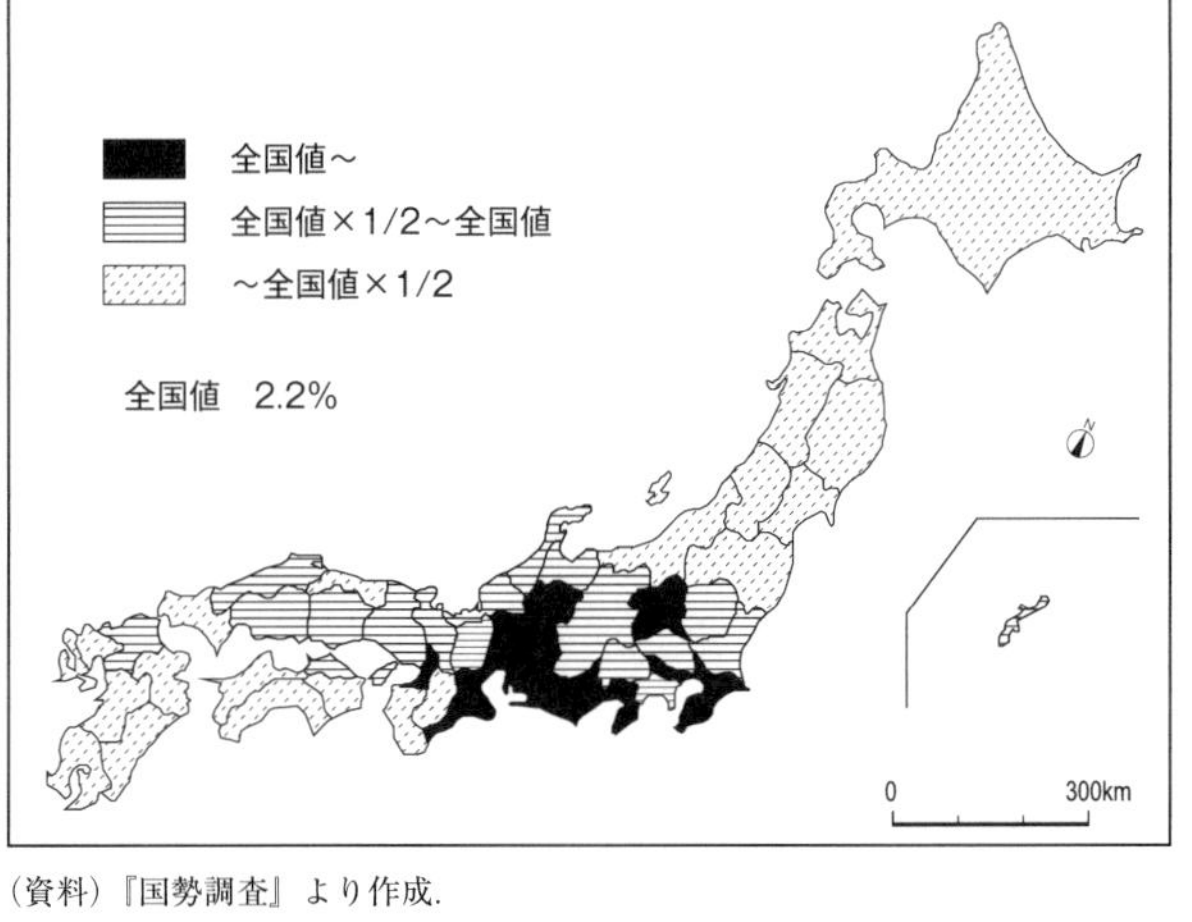

（資料）『国勢調査』より作成.

人）、大阪（二二万人）、神奈川（二〇万人）、埼玉（一六万人）、千葉（一四万人）が一〇万人を超え、これらの六都府県で全体の約六〇%を占める。東京、愛知、大阪の大都市圏への集中傾向が認められる。また、都道府県人口に占める外国人の割合を示した図2-3をみると、東京や大阪のみでなく、群馬や静岡、三重、岐阜などにおいて、全国水準（二・二%）を超える割合を示している。これらの県は、ブラジル人が多く居住している。ブラジル人の六六%は製造業に従事しており、国内における製造業の分布と対応していることが示唆される。

❷ 人口移動の地域的関係

(A) 長期的な向都離村

日本経済は、農業を中心とした体制から第二次、さらに、第三次産業を中心とした体制へと、高い成長率を伴いながら急成長を遂げたが、経済が急激に変化する時期の人口変化は激しく、逆に低成長期の人口移動は小さい。したがって、急激な経済変動は短期間の人口動向で捉えられるが、低成長期の動向を明確に捉えることは困難である。そこで、経済水準の低かった段階から、世界の先進国に成長を遂げた段階までの長期的な人口動向をみると、全体として向都離村の傾向がみられる。すなわち、高度経済成長期に中学、さらに高校の新規卒業者が工業の集積する三大都市域とベルト地帯に大量に移動し、各地域の人口急増の原因となり、それらの人々が定着し、大規模な都市化をもたらしてきた。

(B) 人口移動と地域問題

国内諸地域の人口増減の原因をなす人口移動についてみると、全体的に一九七〇年代以降減少傾向にあるものの、年々ほぼ五〇〇万人を数えており、そのうち、県内移動が県間移動を上回っている。県間移動の内訳をみると、一九七〇年代までは非大都市圏から三大都市圏への移動、大都市圏内の移動が多かったが、一九八〇年代以降は大都市圏内移動が他の類型を大きく上回っている。

三大都市圏の内部では、中心部の人口減少と周辺部における増加現象という、いわゆるドーナツ化が進行してきた。これは、大都市圏においては、新たな居住者が高い地価のために、都市の内部あるいは近郊に居住することができず、次第に都心から遠隔地に住居を求めざるを得ないこと、および居住条件の悪化した大都市内部から郊外への移住が進行していることの結果である。こうした人口の郊外への移動の結果形成された郊外の住宅地域には、現在急激な高齢化が進行しているところも少なくない。これは、住宅地域の中で成長した子ども世代が進学や就職の時期を迎え独立した結果、高齢となった親世代のみが住み続けるためである。このような状況の中で、住宅地域における高齢者の孤独死なども大きな社会問題となっている。先にも触れたように、大都市圏の高齢化対策は緊急の課題となっている。

他方、長期的にみると、全国の広い範囲で人口減少が進行しているが、それとともに過疎市町村も

過疎市町村

過疎法に基づいて政府が定める市町村。四〇年間もしくは二五年間の人口減少率が人口減少市町村の平均を上回り、かつ財政力指数が全市町村の平均を下回る、ということが基本的な要件となり、高齢化率などで要件が緩和される。合併前の市町村の単位で要件をみたす等の場合にも準じた扱いがなされ、総称して「過疎市町村」の名称で呼ばれる。二〇二二年四月一日現在で全市町村のほぼ半数にあたる八八五市町村が過疎市町村である。

表2-2　都道府県間移動の年齢階級別純移動率（2015 ~ 20年）

(%)

	2020年時点の年齢階級（歳）								
	5~14	15~24	25~34	35~44	45~54	55~64	65~74	75~84	85~
東京都	−0.86	12.20	2.51	−1.65	−0.17	−0.98	−1.29	−0.76	−1.36
愛知県	−0.68	1.58	1.47	−0.34	−0.18	−0.32	−0.23	0.03	0.22
大阪府	−0.79	2.84	−1.00	−1.16	−0.31	−0.34	−0.46	−0.13	0.02
鳥取県	0.13	−5.70	−0.91	0.30	0.15	0.48	0.46	0.12	0.01
島根県	0.66	−7.39	2.15	1.37	1.08	1.03	0.51	−0.21	−0.91
高知県	−0.38	−6.48	−2.41	0.06	−0.01	0.45	0.36	−0.06	−0.42

（資料）『国勢調査』による.

増加しているが、その割合は人口減少地域で高まっている。現在、全国の四割近い市町村が過疎とされているが、その割合は人口減少地域で高まっている。過疎化が進む山間村では人口減少の結果商業、医療サービス、学校などが成り立たなくなっており、さらにコミュニティの崩壊が進んでいる。

一方、近年はUターン、あるいはJターンと呼ばれる地方への移住が注目され、田園回帰と呼ばれる移動も指摘されている。表2-2は、三大都市圏の中心である東京都、大阪府、愛知県および、人口規模が小さく人口減少傾向を示す鳥取県、島根県、高知県について、年齢階級別の純移動率を示したものである。この表によると、東京都、愛知県、大阪府は、一〇~二〇歳代において流入超過を示しているが、それ以上の年齢層になると純移動率はマイナスを示し、他県への流出超過傾向を示す。一方、人口規模が小さな県では、一〇~二〇歳代では人口の流出傾向が強いが、それ以上の年齢階級は流入超過を示している。こうした傾向は人口減少傾向にある多くの県に共通しており、地方圏から大都市圏への一方的な人口流出ではなく、年齢層によっては、地方圏への流入傾向にあるといえよう。

こうした人の流れは、日本国内における人口分布にも影響

コーホート

出生や結婚のような事象を同時期に経験した集団を意味する。同時期に出生した集団を出生コーホートと呼ぶ。

人口集中指数

人口が各地域の面積に応じた配分（均等分布）であるか、特定地域に偏った不均等な分布であるかを示す指標。均等分布の場合○を示し、特定地域に偏るほど数値は大きくなる。

表2-3　出生コーホート別人口集中指数の変化（1990 ~ 2020年）

出生コーホート	年齢階級		人口集中指数			
	1990年	2020年	1990年	2000年	2010年	2020年
1986-'90	0-4	30-34	40.4	39.7	47.6	48.4
'81-'85	5-9	35-39	39.7	41.7	47.2	47.4
'76-'80	10-14	40-44	39.7	46.8	46.6	46.7
'71-'75	15-19	45-49	44.0	47.0	47.3	47.4
'66-'70	20-24	50-54	49.6	47.1	47.3	47.5
'61-'65	25-29	55-59	45.6	44.2	44.6	44.5
'56-'60	30-34	60-64	41.8	40.9	41.2	40.9
'51-'55	35-39	65-69	40.7	40.4	40.5	39.9
'46-'50	40-44	70-74	42.5	42.3	42.1	41.6
'41-'45	45-49	75-79	44.2	43.9	43.5	43.2
'36-'40	50-54	80-84	42.2	41.7	41.5	41.2
'35以前	55歳以上	85歳以上	35.6	35.7	36.0	36.9
人口総数			41.1	41.7	43.2	44.9

（注）都道府県別人口に基づき算出.
（資料）『国勢調査』による.

を与えている。表2-3は、都道府県人口に基づく人口集中指数を出生コーホート別に示したものである。一九九〇年から二〇二〇年にかけて、人口全体の集中指数は四一・一から四四・九に増加しており、大都市圏を中心とする特定地域への集中傾向が強まっていることが確認できる。しかし出生コーホート別に二〇一〇年から二〇二〇年にかけての変化に着目すると、一九六六年以降に生まれたコーホートでは、人口集中指数は上昇し特定地域への集中傾向が強まっているのに対し、一九三五年から一九六五年までに生まれたコーホートでは、集中指数は低下しており、世代によっては集中傾向が緩和されていることが理解できる。

日本の人口の新たな局面

本節は二〇二〇年に実施された国勢調査を基礎資料として、日本の人口の概要を記述してきた。日本の人口は二〇一〇年調査以降減少傾向が継続しているが、人口増加を維持する大都市圏地域と、自然減・社会減の両面で人口減少が進む非大都市圏の違いがより大きくなっている。また人口の高齢化が進む中で外国人人口は増大し、その出身地域も変化している。人口減少期における地域人口の多様性を理解することが重要である。

第2節　農業生産の動向

日本農業の特徴

今日、日本の農業を取り巻く様々な問題が注目されている。農業については、二〇二一年から飼料や肥料価格が上昇し、農業経営に大きな影響が出ている。他方で「みどりの食料システム法」（二〇二二年成立）の下で、有機農業の取り組みや農業DXなどイノベーションの促進などが注目されている。二〇一〇年代にはEPA（経済連携協定）の発効数が増加した。すでに一九九〇年代に農産物市場の自由化率が一〇〇%となっていた日本は、関税率の交渉に踏み出したのである。一方で、食料自給率の低迷や近年の国際的な穀物価格の高騰、国内外の農産物に起因した食品の安全性問題の発生等は、農業のあり方が食料問題にもつながっていることを示している。また、主たる農業生産の場である農村は、住民の減少や高齢化の中で、産業のみならず生活基盤に関わる問題が顕在化している。農村問題の深刻化は、農業生産の縮小にもつながっているのであり、農業問題は農村問題とも密接な関わりをもって展開あるいは深刻化している。

日本における農業生産額約五・二兆円は、国内総生産五四九・四兆円の一・〇%に過ぎない（二〇

みどりの食料システム法

「環境と調和のとれた食料システムの確立のための環境負荷低減事業活動の促進等に関する法律」の略称で、二〇二二年に公布・施行された。この法律の下では、農林漁業者のみならず食品産業等を含めた生産から販売・消費までのフードシステム各段階における環境負荷の低減を図る取り組みが促進されている。

農業DX

農林水産省が二〇二一年三月に公表した「農業DX構想」は、「農業者の高齢化や労働力不足が進む中で、デジタル技術を活用して効率の高い営農を実行しつつ、消費者ニーズをデータで捉え、消費者が価値を実感できる形で農産物・食品を提供していく農業への変革の実現」を目的として

二一年度、内閣府「国民経済計算」による）。また、農業就業者数約一八五万人は、総就業者数六七二三万人の約二・八%にとどまっている（二〇二二年度、総務省「労働力調査」による）。このように農業の日本経済全体に占める割合は低い。

しかし、農業は農村を中心に今日なお重要な役割を果たしている。二〇一〇年の国勢調査結果によれば、特に中山間地域においては、サービス業、製造業に次いで農林漁業の就業者数が多い。また、先に述べたように農林漁業の生産額は小さいものの、食品工業や資材供給産業を含めた関連製造業、関連流通業、飲食業等の生産額を合計した国内の農業・食料関連産業の生産額（二〇一五年）は約七二・七兆円であり、同年の国内総生産の約一三・五%を占めている。さらに農林水産省は、産業連関分析を通して、農林水産業から産出される約一一・三兆円（輸入食用農林水産物の約一・六兆円を含む）が、最終消費段階で八三・八兆円（生鮮品等：約一四・一兆円、加工品：約四二・三兆円、外食：約二七・四兆円）へと膨らむ実態を試算し、食関連産業の重要性を説いている。グローバル化による日本の農林水産業への影響は大きいが、今日なお農林水産業が地域の産業として重要な意義をもっている。特に今日の農村では、外来資本に依存した地域開発ではなく、地域の資源を活用した地域振興モデルの構築が求められており、その意味でも農林水産業を軸にした新しい産業の構築が期待されている。

日本の農業は、諸外国と比較して小規模で分散錯圃（さくほ）を特徴とする零細な経営を特徴としている。そうした中で、多くの労働力や生産資材を投入することによって高い生産性を実現している。労働・土地・資本集約的な農業を特徴とする日本は、アメリカ合衆国に代表される農業大国と比較して、農産物の価格競争力が乏しい。生産性の向上は、国内における産業間の生産性とそれに起因する所得の格差是正とともに、グローバルな農産物の市場競争への対応という意味でも、重要な課題となってい

いる。生産現場ではスマート農業を本格的に普及させるとともに、デジタル技術を活用した新たなつながりの形成による地域課題の解決、物流の効率化などが二〇三〇年を展望しながら実行するとされた。

食料自給率

それぞれの国の食料供給に対する国内生産の割合を示す指標のこと。食料自給率の算出に際しては、いくつかの方法があるが、日本では総合熱量（カロリー）ベースと生産額ベースの総合食料自給率が示されている。品目別の自給率は、重量ベースの算出方法が採用されている。

中山間地域

一般的に「山間地から平野の外縁部に至る地域」であり「自然的、経済的条件が不利な地

る。

2 日本農業の変化

第二次世界大戦後、日本ではGHQの占領政策の下で農地改革が行われた。その結果、多くの自作農が新たに誕生した。一九四七年には農業協同組合法が、一九五二年には農地法がそれぞれ施行され、自作農主義の農業生産の体制が構築された。併せて食糧確保のための臨時措置政令（一九四九年）、食糧増産五カ年計画（一九五二年）が示される中で、積雪寒冷単作地帯振興臨時措置法（一九五一年）や飼料需給安定法（一九五二年）、酪農振興法や臨時肥料需給安定法（一九五四年）が施行された。こうした動きは、戦後すぐに食料増産政策が農業政策の柱として展開したことを意味している。

ところが一九五〇年代の半ばになると、日本は「日米同盟」の下でアメリカ合衆国において生じた余剰農産物（小麦、トウモロコシなど）を「食料援助」として受け入れ始めた。また、一九五七年の『農林白書』が示した「日本の農業　五つの赤信号」に象徴されるように、農業問題が日本経済の高度成長の下で顕現してきた。こうした事態を受けて登場したのが農業基本法（一九六一年）であった。同法は「農業の発展と農業従事者の地位の向上」を目的としており、農工間の所得・生産性格差の是正を図ることで、「自立経営農家」の育成を目指した。同法の下で実施された主な政策が「作物の選択的拡大」と「農業構造改善事業」の実施であった。前者は、需要の拡大が見込まれる品目の生産拡大を奨励したものであり、一九六〇年代以降、果樹や畜産、野菜の（主）産地形成が進むことになった。後者は、圃場整備事業やかんがい施設の整備、農産物の集出荷施設の整備など、生産および流通の合理化を目指したものである。圃場整備事業の進展は、水稲作部門を中心に農業機械の普及を進め

域」を指している。具体的には、①農林統計における農業地域類型区分の「中間農業地域」と「山間農業地域」を合わせた地域、②地域振興法、過疎法〔時限立法〕、半島振興法、離島振興法、特定農山村法〔略称〕）の指定地域を包含する地域、③中山間地域の活性化を目的とした法律である特定農山村法の指定地域、が該当する。

分散錯圃

経営農地が分散して、権利関係が錯綜している状況のこと。圃場間が離れているため、移動時間や管理労働に時間がかかる上に、一般的には一団地当たりの経営面積も小さいため、合理的、効率的な作業体系を構築することが難しい。

ることに連なり、同時に進行していた農薬や化学肥料の普及と相まって、労働生産性と土地生産性を向上することにつながった。一方で、これらの政策は、都市市場（都市部で増加した消費者）へ農産物を安定的に供給する役割や、機械工業、化学工業に新たな市場を提供する役割、余剰労働力を他産業へ「供給」する役割などを果たすことにもつながった。

農業政策の主たる目的が食料増産から高生産性農業の実現へと政策転換された一九六〇年代以降、日本農業は大きく変化することになった。一九六〇年には、日本の総農家数六〇五・七万戸のうち専業農家が二〇七・八万戸（全体の三四・三％）、第一種兼業農家が二〇三・六万戸（同三三・六％）だったことからも明らかなように、家計収入を農業に依存する農家が多かった（表2–4）。しかし、一九六〇年代から一九七〇年代にかけて兼業化（第二種兼業農家化）が進展した。その後一九八〇年代半ば以降になると、自給的農家数、高齢専業農家数とその総農家に占める割合が増加している。また、近年では土地持ち非農家も増加しており、このことが耕作放棄地の拡大にもつながっている。総農家数の減少率は、特に一九八五年から一九九五年、二〇〇五年以降に高かった。この時期は、農産物の価格支持政策が後退する一方で、農産物自由化の最終局面にあたる時期（一九八〇年代後半から一九九〇年代前半）であるとともに、品目横断的経営安定対策をはじめとする「選別農政」が特に進展した時期でもあった。一九九〇年に新設された主業副業別農家は、主業・準主業農家が一貫して減少するとともに、副業的農家も九〇年代は増加したものの、その後減少が続いている（表2–4）。

この間、農業就業人口は一四五四万人（一九六〇年）から二一〇万人（二〇一五年）へ、基幹的農業従事者数は一一七五万人（一九六〇年）から一三六万人（二〇二〇年）へ、それぞれ八割以上減少している（表2–5）。一方で、同時期の総農家数の減少率は六四・五％であったことに、日本農業の一つの特徴がみてとれる。すなわち、脱農化よりも兼業化によって「農業離れ」が進んでいるのであ

自立経営農家

一九六一年に施行された農業基本法が目指した農家像。他産業並みの労働時間で他産業並みの所得を得ることのできる農家のこと。

圃場整備事業

労働生産性向上と水田の高度利用のために、農地基盤の改善を行う一連の事業で、一九六三年より国の土地改良補助事業制度の中に新しく設けられた。圃場の区画整理や農道整備、用排水整備、暗渠排水の設置、土地改良、土壌保全、客土のほかに、各農家の分散耕地の集団化や農業用施設用地などをつくりだすことも含まれている。

自給的農家と販売農家

『農林業センサス』では、経営耕地面積が一〇アール以上の農業を営む世帯および経営耕

地面積が規定に達しないかまったくないものでも、一年間における農産物販売額が一五万円以上あった世帯を農家としている。そのうち、経営耕地面積が三〇アール以上または農産物販売額五〇万円以上のものを販売農家、それに達しないものを自給的農家としている。

主業副業別農家

農家世帯員の高齢化に伴って新設された農家概念。販売農家は主業・準主業・副業的農家に分類されている。主業農家は、六五歳未満の農業従事六〇日以上の者がいる農家。準主業農家は、農外所得が主で、六五歳未満の農業従事六〇日以上の者がいる農家。副業的農家は、六五歳未満の農業従事六〇日以上の者がいない農家。

表2-4　日本における専兼別・主業副業別農家戸（経営体）数の変化

（千戸）

年	専業	第1種兼業	第2種兼業	自給的	主業	準主業	副業的
1960	2,078	2,036	1,942	—	—	—	—
1965	1,219	2,081	2,365	—	—	—	—
1970	831	1,802	2,709	—	—	—	—
1975	616	1,259	3,078	—	—	—	—
1980	623	1,002	3,036	—	—	—	—
1985	498	759	2,058	1,061	—	—	—
1990	473	521	1,977	864	820	954	1,196
1995	428	498	1,725	793	678	695	1,279
2000	426	350	1,561	783	500	599	1,237
2005	443	308	1,212	885	429	443	1,091
2010	451	225	955	897	360	389	883
2015	443	165	722	825	294	257	779
2020	—	—	—	—	231	143	664

（注）1985年から新基準．主業副業別農家戸数は1990年から登場．専兼別農家戸数は2000年センサスで廃止．2020年は経営体数．
（資料）『農林業センサス』より作成．

る。その結果、担い手の高齢化が進展し、六五歳以上の占める割合は六〇%を超えるまでに高まり、農業就業人口と基幹的農業従事者それぞれの平均年齢も高齢化してきた。

農業の担い手の変化とともに、土地利用も大きく変化してきた。耕地面積は、一九六一年の六〇八・六へクタールをピークに減少してきた。一九六〇年代半ばから一九七〇年代前半にかけては普通畑が、一九七〇年代前半から半ばにかけて田が、一九七〇年代後半から樹園地がそれぞれ大きく減少している（図2-4①）。この背景には、いも類、豆類などの縮小、米の生産調整政策の開始、価格暴落を背景としたみかんを中心とする果樹栽培の縮小、養蚕不況による桑園の縮小等があると考えられる。その結果、耕地利用率も低

農業就業人口と基幹的農業従事者

前者は、一五歳以上の農家世帯員のうち、調査期日前一年間に農業のみに従事した者または農業と兼業の双方に従事したが、農業従事日数の方が多い者のこと。後者は、農業就業人口のうち、ふだんの主な状態が「主に仕事に従事していた者」のこと。

表2–5　日本における農業就業人口・基幹的農業従事者の変化

年	農業就業人口			基幹的農業従事者数		
	合計（千人）	内，65歳以上（千人）	平均年齢（歳）	合計（千人）	内，65歳以上（千人）	平均年齢（歳）
1960	14,542	—	—	11,750	—	—
1965	11,514	—	—	8,941	—	—
1970	10,252	1,823	—	7,048	829	—
1975	7,907	1,660	—	4,889	691	—
1980	6,973	1,711	—	4,128	688	—
1985	5,428	1,443	—	3,465	677	—
1990	4,819	1,597	—	2,927	783	—
1995	4,140	1,800	59.1	2,560	1,018	59.6
2000	3,891	2,058	61.1	2,400	1,228	62.2
2005	3,353	1,951	63.2	2,241	1,287	64.2
2010	2,606	1,605	65.6	2,054	1,262	66.1
2015	2,097	1,331	66.4	1,757	1,140	67.1
2020	—	—	—	1,363	949	67.8

（注）農業就業人口の項目は2020年センサスでは廃止.
（資料）『農林業センサス』より作成.

下し、一九九三年に一〇〇％を割っている。

農業総産出額は、一九六〇年以降増加傾向で推移したが、一九八四年の一一・七兆円をピークにそれ以降減少傾向にある（図2–4②）。特に一九九〇年代半ば以降、米の産出額が減少しているのと軌を一にして総産出額も大きく減少している。一九六〇年当時、四七・四％であった米の総産出額に占める割合は、二〇二〇年に一八・四％まで二九・〇ポイントも低下している。これに代わって、畜産が二〇・六％から三六・二％（一五・六ポイント増）へ、野菜が九・一％から二五・二％（一六・一ポイント増）へ、果実が六・〇％から九・八％（三・八ポイント増）へ、花きが〇・五％から三・四％（二・九ポイント増）へ、それぞれ構成比率が上がっている。

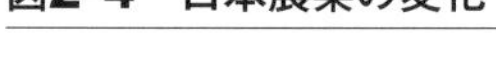

図2-4　日本農業の変化

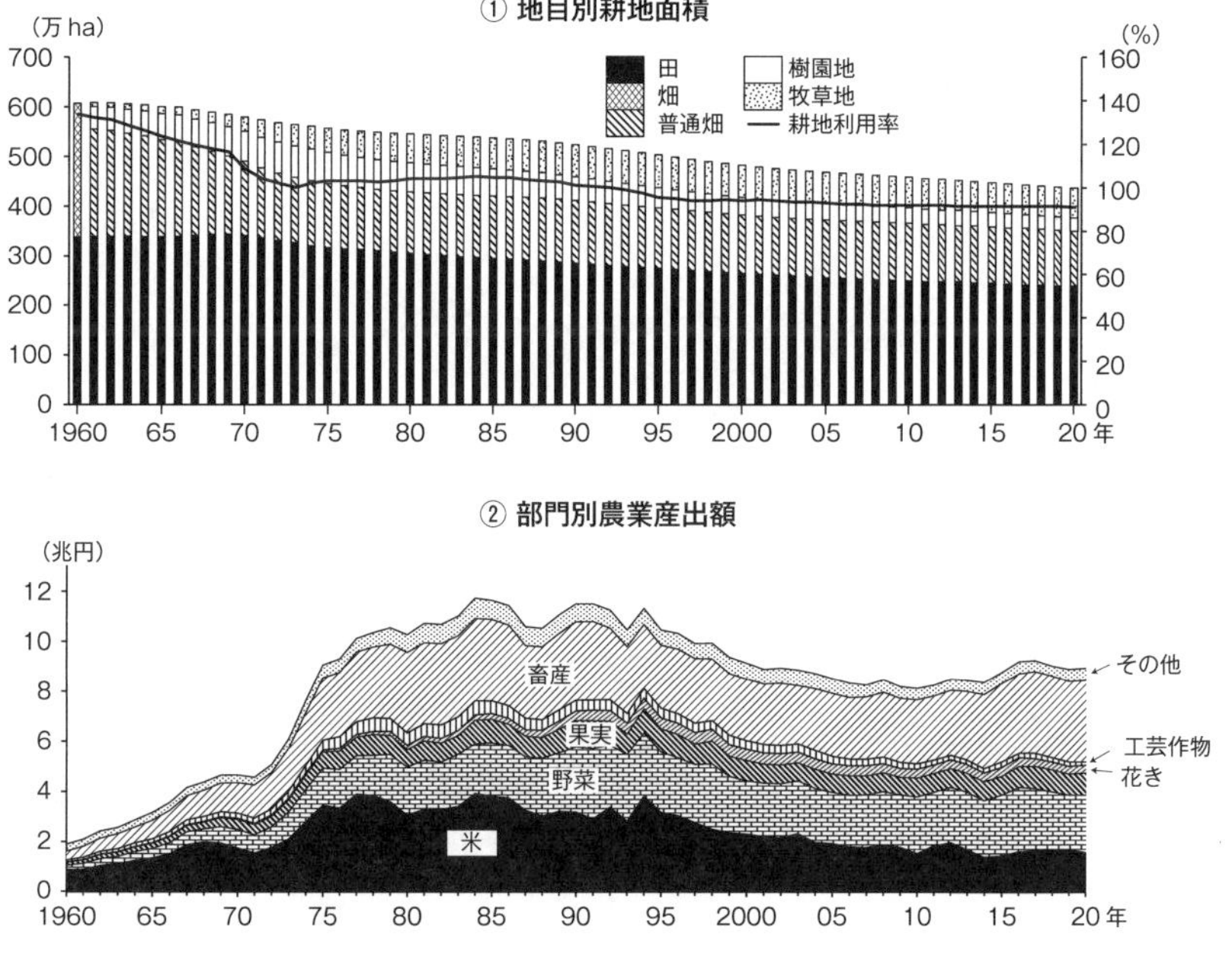

（資料）『耕地及び作付面積統計』『生産農業所得統計』より作成.

以上から、日本農業は一九六〇年頃を転機に、大きく変化することになった。一九七〇年代は兼業化が、一九九〇年代は全般的な農業の縮小と担い手の高齢化が顕著に進展した。そうした事態が進行した背景には、製造業や非製造業に牽引された日本経済の特質が存在しており、その下で日本農業は変化を余儀なくされてきた。米に代わって畜産、野菜、果実などの諸部門が産出額を相対的に増大させた現象もまた、そうした「変化」の一端であると理解することができる。

③ 日本農業の地域性

農業生産は自然環境や社会環境に大きく影響を受けて、地域

図2-5　主要な指標による日本農業の地域差

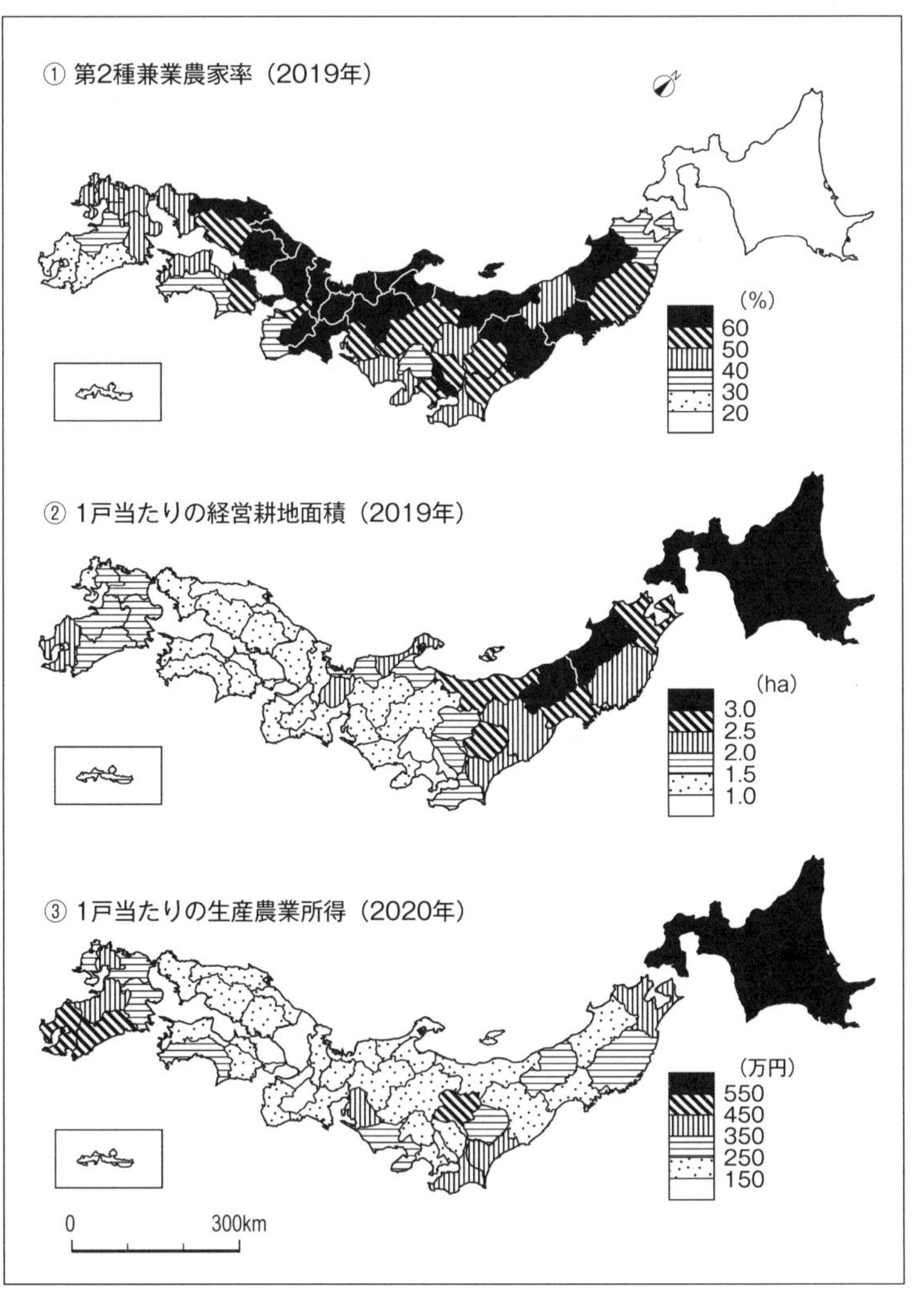

（資料）『農業構造動態調査』『生産農業所得統計』より作成.

図2-6　地方別にみた農業産出額とその構成（2020年）

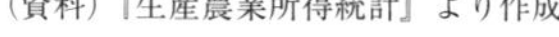

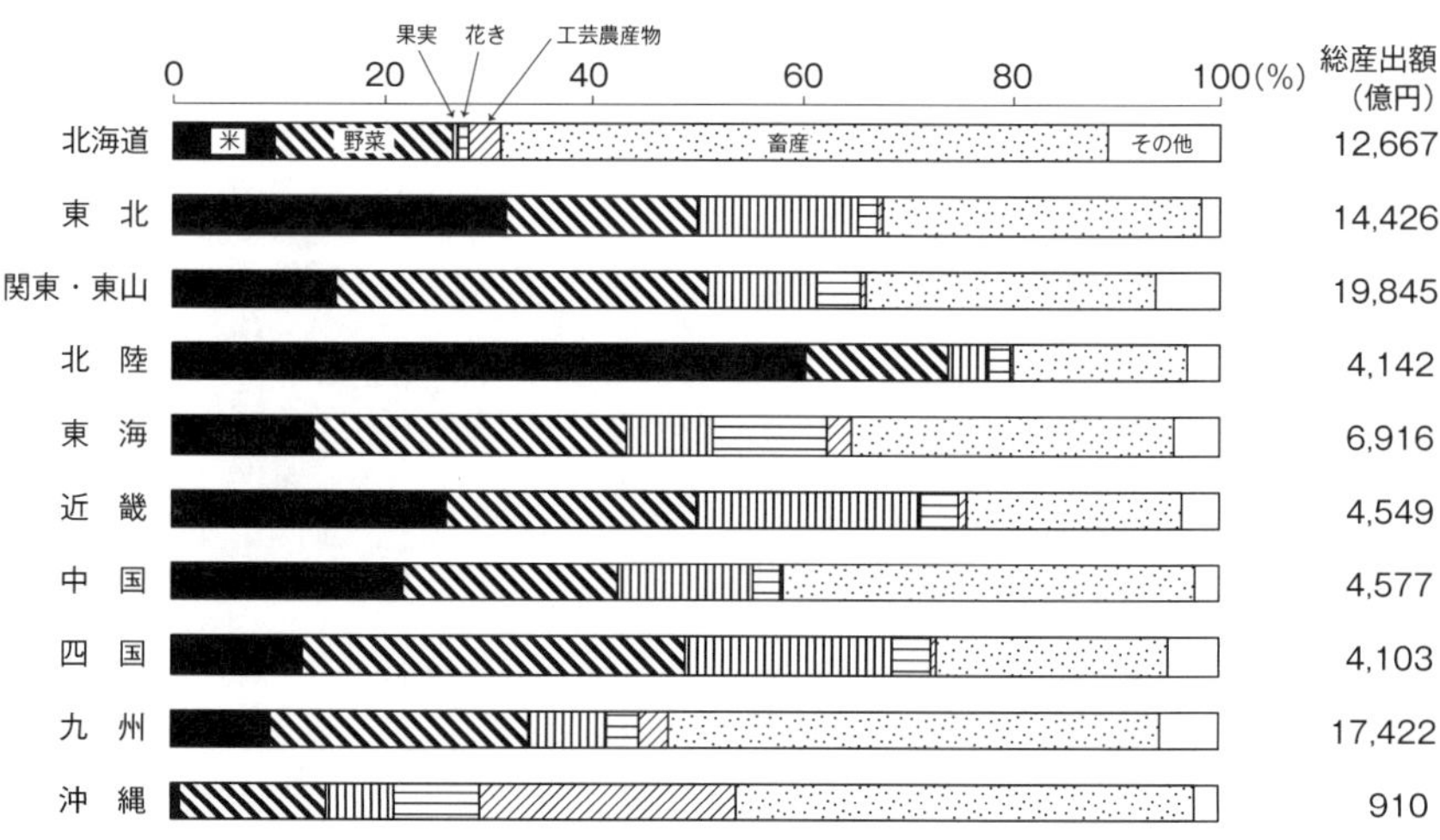

（資料）『生産農業所得統計』より作成.

的に多様な展開となる。日本の農業の地域性をいくつかの指標から明らかにしたい。まず、第二種兼業農家率は、東北地方や北陸地方、近畿地方から中国地方の特に山陰地方で高くなっている（図2-5①）。その一方で、北海道、山梨県、和歌山県、高知県、鹿児島県をはじめとする南九州の各地方では、第二種兼業農家率が低い。これらの地域は、野菜、果樹などの商品作物生産や畜産が盛んであり、農産物産出額は全国の中でも上位にあるところが多い（図2-6）。近年では、従来の家族農業による農業経営のみならず、法人化が進んだり、アグリビジネスによる農産物調達戦略の変化の中で、産地の再編が進んだりしている。第二種兼業農家率が高い地域では、米の生産額が多く、その構成比率も高い。水稲作部門は、農業部門の中で最も機械化が進んでいる部門であり、このことが（第二種）兼業農家の増加の一要因となっている。一戸当たりの平均経営耕地面積（図2-

5②）は、北海道の二五・四ヘクタールが突出して大きい。北海道以外では、秋田県と山形県が三・〇ヘクタールを超え、青森県、宮城県、栃木県、新潟県が全国平均の二・五ヘクタールを超えており、経営規模が大きい。傾向として、東日本の各地域は相対的に規模が大きく、西日本の各地域は滋賀県と九州地方を除いて規模が小さい。最後に、一戸当たりの生産農業所得額は、北海道、青森県、茨城県、群馬県と千葉県、愛知県、南九州地方の各県で多い（図2-5③）。この点は、既述した経営規模や経営部門の内容によって条件づけられているように思われる。すなわち、北海道は「規模の経済性」によって労働生産性が高い農業を実現できている一方で、関東地方や九州地方では「規模の経済性」の現れている地域もあるが、相対的に高収益な農産物の生産が盛んであり、土地生産性の高い農業を実現していると考えられる。

これらの地域における農業のうち、今後の存続が最も懸念されるのが中山間地域の農業である。次に、この点をみてみたい。

4 中山間地域問題と公益的機能論

日本農業において中山間地域の農業を看過することはできない。国土面積の約六五％を占める中山間地域は、耕地面積、農家人口、農家世帯数、販売農家数、農業産出額でそれぞれ日本全体の約四割を占めており、日本の農業生産において重要な役割を担っている。

中山間地域という用語は、一九八九年度の農業白書において初めて本格的に取り上げられた。その後、「新しい食料・農業・農村政策の方向（新農政）」（一九九二年）等では、中山間地域における農林業・関連産業の振興による就業と所得機会の創出、生活環境整備についての方向性が打ち出されるなど、中山間地域対策の必要性が指摘された。同年六月に初めての政府提案立法として登場した「特定農山村法（特定農山村地域における農林業等の活性化のための基盤整備の促進に関する法律）」の指定地域は、林野率や農林業従事者数の割合、農林地面積の割合とともに、田や畑の傾斜地の面積率が基準指標として重視されている。中山間地域という用語が登場し多用されるようになった時期は、ガット・ウルグアイ・ラウンド農業合意受け入れをはじめとして、日本の農産物市場の自由化が最終的に進展した時期であるとともに、国内の農産物価格政策が後退した時期と重なっている。また「新農政」の下で、効率的・安定的に農業経営を行う農業者（認定農業者）に農地を集積させ、担い手の選別化を進める「農業経営基盤強化促進法」（一九九三年）が制定された時期でもある。これらのことから、中山間地域は日本農業の国際競争力が問われるようになった時期に、「条件不利地域」として注目されるようになったのである。

中山間地域における基幹的農業従事者の平均年齢は、中山間地域で六八・六歳（全国平均六七・一歳：二〇一五年）と高くなっている。日本における耕作放棄地面積の五五・二％は中山間地域にある（二〇一五年）。傾斜地の多い中山間地域は、平地農村と比較して圃場整備等の農業基盤の整備コストも高くなることから、事業の進展が立ち遅れている。耕作放棄地は、自宅から遠く農道の幅員が狭いことからアクセスが悪く、小規模で土地条件の悪い農地ほど多くなる傾向にある。耕作放棄地が増加した地域では、集落の共同作業で維持されてきた農道や用水路なども維持が困難になり、野生鳥獣による農作物被害も拡大しやすい。また、中山間地域に広がる森林の多くは、戦後の造林政策で植えられた人工林が一九六〇年代以降の外材輸入の本格化によって伐採適期を超えたまま放置されている。管理されなくなった林地は、倒木に伴う土砂崩壊などが起こりやすくなる。さらに、廃棄物が不法に投棄される場にもなりかねない。このように中山間地域では、農業の縮小のみならず資源管理問題も深刻化してきている。しかし、中山間地域は、土壌浸食防止機能や水源涵養機能などの公益的な多面

農業経営基盤強化促進法と認定農業者制度

「効率的かつ安定的な農業経営を育成し、これらの農業経営が農業生産の相当部分を担うような農業構造を確立する」ために制定された法律。認定農業者制度は、同法の下で、都道府県は農業経営基盤の強化の促進に関する基本方針を、市町村は基本構想をそれぞれ定め、この目的を目指して農業者が作成した農業経営改善計画を認定する制度のことである。認定を受けた者（認定農業者）は、低利融資制度や各種の支援を重点的に受けることができる。

耕作放棄地

農林業センサスにおいて「以前耕地であったもので、過去一年以上作物を栽培せず、しかもこの数年の間に再び耕作する考えのない土

的機能を果たしているとされる。多面的機能の定量的な評価額の算出は容易ではないが、二〇〇八年度の『食料・農業・農村白書』には年間約八・二兆円の貨幣評価（試算値）が示されている。

こうした事態を受けて、一九九〇年代以降、中山間地域対策が農政上大きな課題となった。一九九二年の「新農政」では、高付加価値型、複合型農業、有機農業等の振興が明示された。一九九九年に公布・施行された「食料・農業・農村基本法」では、多面的機能の発揮が基本理念の一つとして明記され、中山間地域がその役割を果たす場として位置づけられていた。これを受けて二〇〇〇年度から中山間地域等直接支払制度が始まった。この制度は、日本の農政史上初めての直接支払制度であり、WTO農業協定において「緑」の政策に位置づけられるものである。このような直接支払制度は、一九七五年にEU（欧州連合）の前身であるEC（欧州共同体）において条件不利地域に対して導入されたことを端緒としているが、欧州とは異なり交付金の受け皿として集落協定（および個人協定）の締結を条件としている点に、「日本型直接支払制度」の特質があると指摘されている。このことは、日本の場合、水田農業において不可欠である集落での共同作業を意識して制度設計がなされているがゆえの特質であろう。直接支払制度は、五年ごとに制度の見直しが図られ、現在も第五期対策が継続されている。第四期対策の最終年度である二〇一九年度には、全国で二・五万を超える協定が締結され、約六六・四万ヘクタールの農地が維持されてきた（交付面積率は八三・七％：数値はいずれも二〇一九年度）。しかし、この制度の活用実態には少なくない地域差があり、制度活用できる集落とできない集落の二極化、第三セクターや企業を含めた担い手の性格、新たな土地利用秩序の構築の実態、条件不利性の定量的な把握などが求められている。

地」と定義されている。類似した用語に「遊休農地」がある。これは、農地法において、①現に耕作の目的に供されておらず、かつ、引き続き耕作の目的に供されないと見込まれる農地、②その農業上の利用の程度がその周辺の地域における農地の利用の程度に比し、著しく劣っていると認められる農地（①を除く）と定義され、農地の有効利用に向けて、遊休農地に関する措置を講ずべき農地とされている。

食料・農業・農村基本法

一九九九年に公布・施行された法律。一九六一年に公布・施行された農業基本法が「農業の発展と農業従事者の地位の向上」を目的としていたのに対して、本法は「国民生活の安定向上および国民経済の健全な発展」を目的としている。農林水産省は、同法の基本理念として、①食料の安定供給の確保、②多面的機能の発揮、③農業の持続的発展、④農村の振興、を掲げ、概ね五年ごとに「食料・農業・農村基本計画」を策定・見直すこととしている。

5 日本農業の課題と新たな展開

日本農業は、大きな岐路に直面している。高齢者が日本農業を支えていること自体は、積極的に評価すべき現象であるとも言えるが、中長期的にみれば生産力の縮小は避けられない状況にある。

このような状況に拍車をかけそうなのが、WTO等の自由貿易を推進するための農業交渉の進展である。加盟国間の自由貿易を促進することを目的としたWTO農業交渉は、現在のところ妥結に至らず行き詰まっている。一方で、二カ国（あるいは数カ国）で取り決めるEPA（経済連携協定）やFTA（自由貿易協定）の締結が進んできた。二〇二三年一月現在、日本は二一のEPAを締結している。

二〇一〇年代に大きな話題を呼んだTPPはEPAの一つであり、物品市場アクセス（農産物の関税の撤廃・削減）やサービス貿易をはじめ、非関税分野のルールづくり等など包括的な協定を締結すべく交渉が続けられた。当時、TPP交渉の影響に関して試算がなされていた。中でも内閣官房による試算（二〇一三年）では、TPP交渉によって関税が撤廃された場合、概ね一〇年程度後の農林水産物の生産額が約三・〇兆円減少すると想定された。特に生産額の減少が大きい品目とその生産減少額は、米（約一兆一〇〇万円減）、豚肉（約四六〇〇億円減）、牛肉（約三六〇〇億円減）、牛乳・乳製品（約二九〇〇億円減）、砂糖（約一五〇〇億円減）等である。それぞれの品目の主要な産地を考えると、北海道や東北、北陸、南九州や沖縄の各地方において特に大きな影響が出ると想定された。

また、上記の生産額の減少とは別に、食料自給率は供給熱量ベースで四〇%（二〇一一年度）から二七%程度へ、生産額ベースで七〇%（二〇一一年度）から五五%程度へと低下するとともに、農業の多面的機能の喪失額は一・六兆円程度と見込まれた。その反面、消費や輸出、投資の拡大によって日本経済全体としては三・二兆円の波及効果が期待できるとされた。アメリカ合衆国の離脱もあって、貿易環境が変化しているが、農林水産省は農林水産物の約二割を関税撤廃の例外とする合意を取り付けるとともに、重要五品目を中心に現行の国家貿易制度や長期の関税削減期間の確保などの措置を獲得している。こうした貿易交渉の評価には賛否両論あるが、日本農業に対する国民の認識や評価が問われていることは確かである。

このような状況の中で、近年、日本の農業にも次のような新たな傾向がみてとれる。

一点目は、大規模経営農家や法人の台頭である。五ヘクタール以上の経営規模を持つ農業経営体率は、近年一貫して増加しており、二〇二〇年には全体の九・六%を占めるようになった。これらの担い手の農地集積率は約五八%であり、効率的な経営の構築へ向けた動きが進展している。法人経営体も二〇〇〇年以降、急速に増加してきており、二〇二〇年には全国で二万七一一四法人が立ち上がっている。法人経営体は株式会社や農事組合法人が多く、特に北陸地方と九州地方では、その増加率が大きい。こうした規模拡大農家や法人経営体の多くは、認定農業者にもなっている。北海道や新潟県などで特に認定農業者の割合が高くなっている（図2-7）。農地の権利移転面積の推移からみても、一九九〇年代後半から、毎年五万ヘクタール以上の「利用権設定」がなされており、特定の農家および法人の経営規模の拡大につながっていると考えられる。このような規模拡大の動きには、外国人人材の受け入れも一部で関わっている。二〇一二年に約一・六万人であった外国人人材は、二〇二二年に約四・四万人へ、この間約二・七倍増加している。このような新たな農業分野に関わる人材の受け入れ制度や態勢のあり方が問われている。積極的な規模拡大を指向しているわけではないが、集落営農数も一定数を維持している点も注目しておきたい。今後、より効率的な経営を実現していくためには、規模拡大とともに農地の面的集積を進めていく必要がある。

環境保全型農業

「農業の持つ物質循環機能を生かし、生産性との調和などに留意しつつ、土づくり等を通じて化学肥料、農薬の使用等による環境負荷の軽減に配慮した持続的な農業」のことを指している。有機農業は狭義の意味での環境保全型農業として位置づけられるが、特別栽培農産物の生産、エコファーマーの認定農業者が行う農業も環境保全型農業の一つである。

図2-7　都道府県別にみた認定農業者割合（2020年）

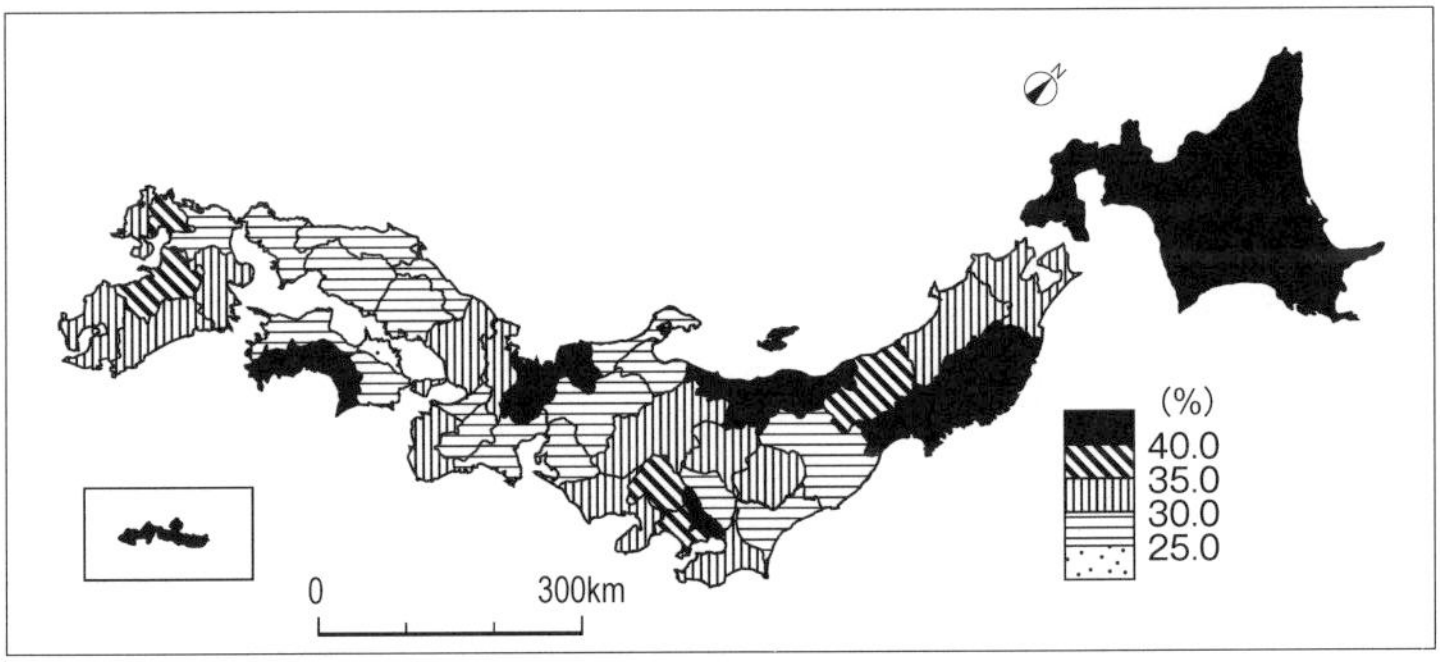

（資料）『農業経営改善計画の認定状況』より作成.

二点目は、環境保全型農業や有機農業が拡大傾向にある点である。農薬や化学肥料の低減、堆肥による土づくりに取り組む農家は、全国の販売農家の約三割にのぼる。また、「エコファーマー」認定件数は、制度発足の二〇〇〇年以降増加し、特に東北、関東、九州の各地方で認定農家数が多い。このような動向の背景には、「持続性の高い農業生産方式の導入の促進に関する法律」（一九九九年度〜）、「農地・水・環境保全向上対策」（二〇〇七〜二〇一〇年度、二〇一一年度から「農地・水保全管理支払交付金」、二〇一四年度から「多面的機能支払交付金」として実施）、「環境保全型農業直接支払対策」（二〇一一年度〜）など、各種の支援措置が講じられていることがある。また、生産者や農業関連団体の中には、環境保全型農業の実践が農産物の優位販売につながることを期待して、取り組む事例も少なくない。さらに、環境保全型農業の実践が、地域づくりと結びついて、地域振興に役割を果たしている事例もある。二〇二二年に成立した「みどりの食料システム法」の下で、農業者のみならず関連産業も含めた環境保全型の産業振興が目指されている。

三点目は、地元の農産品を活用してそれに価値を付加すべく、農業生産者をはじめ様々な経済主体や研究機関等が連携して、新たな商品開発を進める取り組みが各地でみられるようになっている点である。これらの取り組みは、それぞれの経済主体が持つ経営資源を有効活用しながら、経営の向上や改善を図り、地域経済の活性化を図るために実施されているものである。二〇〇七年に施行された地域資源活用促進法（二〇二〇年廃止）や二〇〇八年に施行された農商工等連携促進法、二〇一〇年に施行された六次産業化・地産地消法は、こうした取り組みを政策的に支援する根拠となっている。近年では、農外資本の出資を受けて農産物の加工や消費者への直接取引の開始、観光農園などの新たな事業展開を図る農業経営体もみられる。農福連携（農業と福祉の連携）の取り組みも、今後の地域社会において多面的な役割を果たすことが期待されている。

四点目は、生産者と消費者を結ぶ様々な取り組みがみられる点である。その一つが、農産物直売所である。二〇二〇年現在、全国における農産物直売所は約二万三六〇〇の事業体で運営されている（六次産業化総合調査による）。都市部における農業体験農園の増加、南関東や東山を中心に増加しつつあるグリーンツーリズム、学校給食における地場産農産物の活用、小中学校における農業・農村体験学習の普及などは、取り組みに多くの課題を抱えているとはいえ、生産者（農家）と消費者（非農家）の交流、理解を深める上で重要な意義をもっている。

農産物のグローバルな市場競争の進展と、諸制度のコモディティ化の中で、いま改めて問われているのは、宮口侗廸（みやぐちとしみち）氏が主張してきたように、多様で異質なものの中から新たな価値を生み出すことの意義をとらえ直すことではないだろうか。農業という産業や農村という生活の場では、私たちの生命を支える農産物を生産したり、それを加工したりする技術が、改良されながら継承されてきた。また、生活を維持するための相互扶助制度や「結（ゆい）」の精神など、農村には価値ある生活文化が残されている。農業ＤＸのようなイノベーションを生み出す源泉も、農業や農村の価値を評価してのことであ

六次産業化

原材料供給に特化した従来型の農林漁業者から脱却し、自ら加工・流通・販売に取り組むなど経営の多角化を進め、農山漁村の雇用確保・所得向上など地域の活性化を目指す取り組みを指す。六次の名称は、一次産業・二次産業・三次産業にわたることから、これらの数値の総和ないし総乗に由来している。

農商工連携

農山漁村には様々な有形・無形の資源が存在する。これらを有効に活用するために、農林漁業者と商工業者がそれぞれの技術やノウハウを持ち寄って、新しい商品やサービスの開発や提供、販路拡大などに取り組むことを農商工連携という。

る。日本の農業や農村が、そこに暮らす人々の主体的な思考や行動によって新たな地平を切り拓くことのできるような社会の構築へ向けて、生産者のみならず多様な主体の「農」への理解と参画のあり方が問われている。

第3節　工業生産の動向

日本工業の構造変化

一八八〇年代後半（明治中期）から二〇世紀初頭（明治末期）にかけて、「離陸」を達成した日本の工業は、第一次世界大戦を経て、大戦間期に重工業化、装置化の基礎を形成し、第二次世界大戦後の高度経済成長期には基礎素材型産業・加工組立型産業の両面にわたる爆発的な設備投資を伴って著しい工業生産の伸びが認められた。一九七〇年代には一時苦境に立たされるが、一九八〇年代には、名実ともに「工業大国」、「技術立国」の地位をわがものにすることになった。

主要業種の従業者数の推移（図2-8）をみることによって、この半世紀の日本工業の趨勢を把握しておこう。戦前期より日本工業の主役であった繊維工業は、一九六〇年代初頭には成長が頭打ちになるが、それに代わって、電気・電子機器、一般機器、輸送用機器といった加工組立系の業種が台頭し始める。高度経済成長の半ば、六五年不況の時期には一時的に伸びが鈍化するが、石油危機に見舞われた一九七三年まで、加工組立系の三業種に通じた雇用拡大が認められた。

第一のターニングポイントになるのはやはり、第一次石油危機と変動為替相場制への移行が重なった一九七三年であり、この年を境に、繊維系の業種、金属系の業種で雇用減少が明示的なものにな

経済的離陸

経済学者W・ロストウの経済発展段階説における概念で、国民所得に対する投資率の拡大、主導産業による他産業の成長の誘発、成長持続のための制度的枠組みの成立などが基準になる。

基礎素材型産業と加工組立型産業

重化学工業を二分する場合に用いる表現。前者は、鉄鋼、非鉄金属、化学、石油精製、パルプなど、他産業に投入する中間財を製造する業種群であり、後者は、前者から供給された中間財を、切削、プレス、成形などの加工によって部品を得た上で、加工された部品の組立によって、産業用機械、自動車、電気・電子機器などの最終財を産出する業種群である。後者は、機械工業とほぼ同義である。

図2-8　主要業種の従業者数推移（1950～2020年）

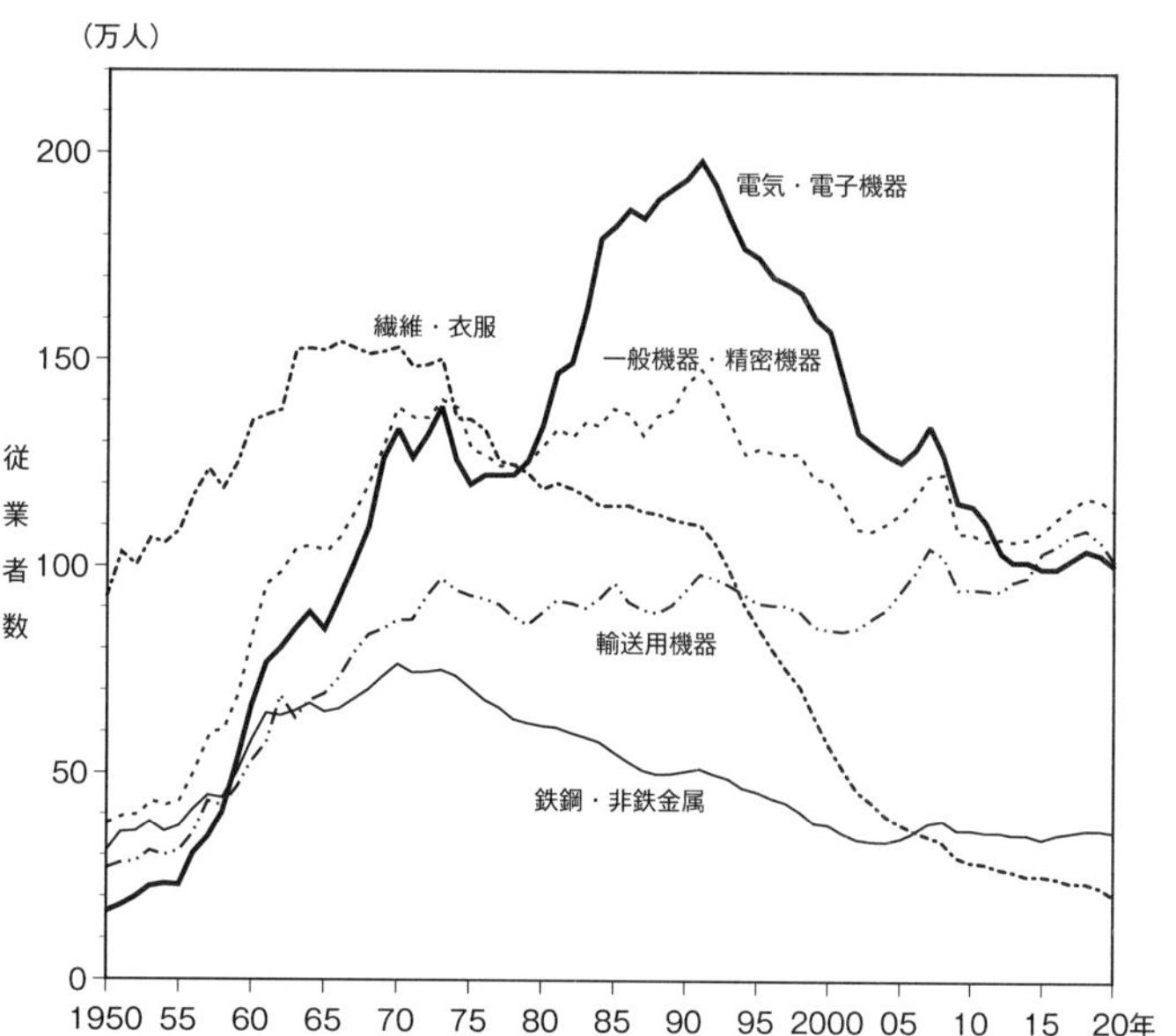

（注）従業者4人以上の工場.
（資料）『工業統計表』『経済センサス−活動調査（製造業産業編）』より作成.

り、他方、一般機器、輸送用機器が横ばい状況に転じる中で、一九七〇年代末期から八〇年代を通じて、電気・電子機器工業のほかを圧倒する雇用拡大が続いた。いうまでもなく、マイクロエレクトロニクスを背景にした新製品開発があった。第二のターニングポイントは、一九九一年である。バブル崩壊とそれに続く第二次円高によって、それまで国内に向けられていた設備投資が海外に向けられるようになった。特に、衣服産業では委託生産を含む海外生産を拡大させ、電気・電子機器工業も旺盛な直接投資を伴って生産の海外移管を進めた。その結果として、これらの業種での労働集約的な職種において未曾有の雇用減がもたらされた。この時期、輸送用機器や一般機器でも、海外進出を進めるが、内需向けの生産が国内に維持されたことや、中間財や資本財の生産において国内の技術集積に依存する必要があることから、長期趨勢的には雇用は横ばい状況にある。

さて、「脱工業化」であるとか「産業空洞化」であるとか「サービス経済化」であるとかの表現が用いられるようになって久しい。実際、国内総生産（名目）に占める製造業の割合の推移をみると、一九七〇年に三六%であったものが、一九九〇年の二八%を経て、その後二〇一〇年までに二〇%程度に縮小している。製造業のシェア下落が指摘できるとはいえ、建設業で六%程度、金融・保険業で四%程度、商業でも一三%前後のシェアであることから考えれば、価値を生産するという意味で、製造業が依然として日本の実体経済の要に位置していることがわかる。

もっとも、雇用という意味では、「空洞化」はある程度まで真実である。国勢調査ベースで製造業従業者数がピークを迎えるのは一九九〇年の調査時であり、一四六四万人を数えた。日本の就業者総数に対するシェアは、二三・七%であった。ところが、二〇一〇年国勢調査では一〇四四万人、一五・九%にまで縮小している。この間、産業分類の改訂があったので単純比較はできないが、三〇年の間に四〇〇万人以上の従業者数を減じているのである。

製造業雇用の大幅な減少が看取できるとはいえ、これに対して、製造業が生み出す国内総生産がほぼ横ばいを維持していることに注意する必要はある。一九九〇年に一一七兆円に達した製造業における国内総生産は、その後もほぼ同水準を維持し続け、二〇一〇年であっても一一〇兆円前後の数値である。この間の雇用減少の急激さに比べれば、総生産の減少はおだやかであり、数値から素直に捉える限り、従業者一人当たりがもたらす付加価値の急激な上昇を伴っているのである。

右のように、一九九〇年代以降、日本工業はあまりに急激な構造変化を遂げてきたわけであるが、このような構造変化は常に地理的な変化を伴っている。次項以降では国内における工業配置上の変化についてみていくことにしたい。

2 日本工業の地域的構成とその変化

日本の工業は、地域的にみると狭小な国土の中で、一層狭小な範囲の中に、偏った空間配置がなされている。その工業配置を特徴づけるのは、東京（京浜）、大阪（阪神）、名古屋（中京）の三大都市圏の工業地帯とそれを結んで北部九州地方へと延長した線を軸とする地帯（太平洋ベルト）への著しい集積である。また、これを中軸としつつも、南東北から北関東、信越、北陸に至る範囲で、有力な工業都市群をみることができる（図2-9）。このような工業配置の原型は古くは一九四〇年までには出来上がっていたのであるが、その後、いくつかの新興の工業都市の発生を伴いつつ、大枠としては今日まで大きく変わることなく受け継がれている。

製造品出荷額の対全国シェアから日本工業の地域的構成をみてみよう。まず、二〇一一年現在の三大工業地帯への集中度に目を向けると、京浜（埼玉・千葉・東京・神奈川）で一七・八%、中京（愛知・三重・岐阜）で一八・〇%、阪神（大阪・兵庫）で一〇・八%、合計で四六・六%を占める。さらに、これら三大都市圏に加えて、北関東三県、静岡、滋賀、京都、奈良、和歌山、および山陽各県（岡山・広島・山口）および福岡を含んだ範囲を太平洋ベルトと定義するならば、日本の工業出荷額のうち、七七・三%までがそこから発せられている計算になる。ちなみに、高度経済成長期の半ば、一九六五年の同じ値は八三・六%であった。

大枠としての太平洋ベルトへの集中は長年来、不変であるが、各都道府県の工業活動の対全国割合には明らかな変動が認められる。表2-6は、各都道府県の従業者の対全国シェアの増減を、一九七

太平洋ベルトの範囲
ここでは新全国総合開発計画（一九六九年）において「中央地帯」として扱っている一都二府一八県を太平洋ベルトとして定義している。

五～一九九一年と一九九一～二〇二〇年に区別して示したものである。本表から読み取れることとして、第一に、名古屋（愛知）を除く、大都市工業、すなわち、東京、神奈川、大阪の地位の著しい低下が指摘できる。産業分類の改定に伴って、出版・新聞業が製造業の位置づけではなくなったことも寄与しているが、大都市工業の地位低下は長期趨勢的なものである。第二には、一九九一年までは兵庫、岡山、広島、山口、福岡、長崎など、重厚長大型の産業の卓越する県でシェア低下を示したことである。第三に、大都市圏外延部における顕著なシェア拡大が指摘でき

図2-9　工業従業者の都市別分布（2020年）

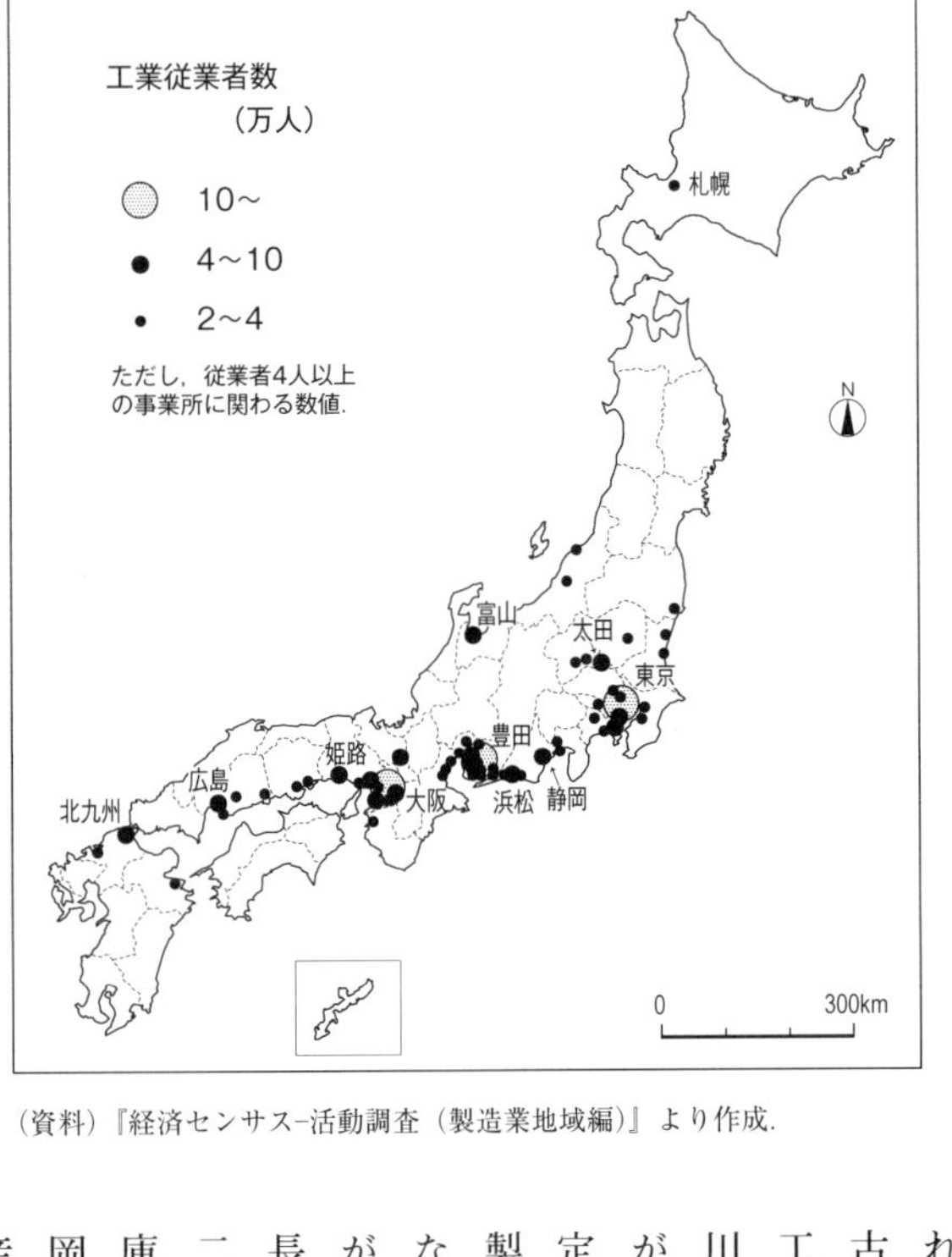

（資料）『経済センサス-活動調査（製造業地域編）』より作成.

産業分類の改定

日本標準産業分類は、一九四九年一〇月に作成された。以後、二〇一三年までに一三回に及ぶ改定が行われた。特に、近年は、情報化、サービス化に対応するとともに、海外の産業分類との比較を容易にするために、大規模な改定が行われている。製造業関係では、二〇〇二年の第一一回改定では、「情報通信業」（大分類）の新設に伴う新聞業・印刷業の製造業からの離脱、「情報通信機械器具製造業」および「電子部品・デバイス製造業」（中分類）の新設、「武器製造業」（中分類）の廃止が目立った動きであった。二〇〇七年の第一二回改定では、長年親しまれた「衣服・その他の繊維製品製造業」「一般機械器具製造業」「精密機械器具製造業」の各中分類業種の名称が消滅した。

	従業者数の対全国シェア（%）			シェアの変化	
	1975年	1991年	2020年	1975～1991年	1991～2020年
滋賀県	1.25	1.48	2.21	0.23	0.74
京都府	2.17	2.00	1.87	−0.17	−0.13
大阪府	8.82	7.58	5.60	−1.24	−1.98
兵庫県	5.10	4.51	4.66	−0.60	0.15
奈良県	0.66	0.80	0.77	0.14	−0.04
和歌山県	0.82	0.66	0.68	−0.16	0.02
鳥取県	0.48	0.52	0.41	0.04	−0.11
島根県	0.58	0.61	0.55	0.03	−0.06
岡山県	1.97	1.84	1.98	−0.13	0.14
広島県	2.95	2.53	2.78	−0.41	0.25
山口県	1.34	1.20	1.28	−0.15	0.08
徳島県	0.66	0.62	0.60	−0.04	−0.03
香川県	0.95	0.85	0.92	−0.10	0.08
愛媛県	1.19	1.12	1.03	−0.08	−0.08
高知県	0.41	0.37	0.31	−0.04	−0.06
福岡県	3.04	2.69	2.95	−0.35	0.26
佐賀県	0.63	0.65	0.83	0.03	0.18
長崎県	0.83	0.72	0.71	−0.11	−0.01
熊本県	0.89	1.06	1.20	0.17	0.14
大分県	0.64	0.73	0.86	0.10	0.13
宮崎県	0.56	0.70	0.72	0.13	0.02
鹿児島県	0.69	0.85	0.93	0.15	0.08
沖縄県	0.22	0.23	0.31	0.01	0.08
計	100.00	100.00	100.00	—	—

表2-6　都道府県別工業従業者数の対全国シェアとその変化

	従業者数の対全国シェア（%）			シェアの変化	
	1975年	1991年	2020年	1975～1991年	1991～2020年
北海道	2.50	2.21	2.19	−0.29	−0.02
青森県	0.56	0.77	0.75	0.21	−0.02
岩手県	0.83	1.14	1.13	0.31	−0.01
宮城県	1.19	1.53	1.50	0.34	−0.04
秋田県	0.74	1.06	0.78	0.32	−0.28
山形県	1.06	1.39	1.31	0.33	−0.09
福島県	1.75	2.19	2.07	0.44	−0.12
茨城県	2.29	2.89	3.54	0.60	0.65
栃木県	1.99	2.28	2.61	0.29	0.33
群馬県	1.95	2.37	2.84	0.42	0.47
埼玉県	4.39	5.28	5.08	0.89	−0.19
千葉県	2.58	2.73	2.76	0.15	0.03
東京都	9.83	6.81	3.20	−3.02	−3.61
神奈川県	6.55	6.18	4.67	−0.37	−1.52
新潟県	2.41	2.48	2.38	0.07	−0.10
富山県	1.32	1.36	1.64	0.03	0.28
石川県	1.07	1.13	1.27	0.06	0.14
福井県	0.92	0.92	0.96	0.00	0.04
山梨県	0.61	0.84	0.97	0.23	0.13
長野県	2.32	2.55	2.65	0.23	0.10
岐阜県	2.17	2.32	2.67	0.15	0.35
静岡県	4.19	4.66	5.38	0.47	0.72
愛知県	8.06	8.58	10.82	0.52	2.24
三重県	1.87	2.04	2.70	0.16	0.66

（資料）『工業統計表』『経済センサス−活動調査（製造業地域編）』より作成.

る。特に、福島、茨城、栃木、静岡、三重、滋賀などで、こうした傾向が認められ、その傾向は、一九九一年以降の期間に顕著である。第四に、地方圏工業に目を向けてみよう。東北地方の各県では、一九九〇年代の初頭まで、主として電子機器工業の躍進によって、対全国シェアを伸ばしたが、一九九一年以降、これらの県のシェアはいずれも減少に転じている。一九九〇年代半ばの円高を契機に、多くの企業が生産の海外移管を図ったり、工場閉鎖ないし規模縮小を行ったためである。労働集約型の特徴を有する東北の工業がアジアにおける工業発展と競合した結果である。これに対して、九州地方は東北地方に比べれば比較的堅調であり、福岡、佐賀、熊本、大分の四県ではシェア拡大が明瞭である。

右の傾向は、新規工業立地の動向とも連動している。工業再配置促進法に基づく工業分散政策が一九七〇年代にとられて以来、九〇年代半ばまで、ほぼ一貫して、大都市圏よりも地方圏において、新規工業立地は卓越していた。とりわけ、バブル経済期の設備投資ブームにおいては北東北や九州地方などに拠点的工場の新規立地が目立った。石油危機以降、素材型産業に代わって加工組立型産業が伸長し、その中でも労働集約的部門が、労働力供給の面で恵まれ、しかも、比較的賃金水準の低い遠隔県へと進出を図ったためである。折からの高速道路網の整備は、大都市へのアクセシビリティを向上させ、大都市と地方で工程を分担する企業内地域間分業の構造を成り立たせた。大都市圏での集積と地方圏への分散という両輪でもって、技術立国日本は成り立ったのであった。

しかし、企業内地域間分業の構図が有効性を持ったのは一九九〇年代前半までで、第二次円高に見舞われて以降、国内での新規立地は著しく鈍化しつつ、大都市圏への立地割合を高めていった。二〇〇三～二〇〇八年にかけて新規設備投資の国内回帰の傾向が生じたが、国内回帰が同時に大都市圏回帰を意味していたことは明瞭であった。

工業再配置促進法

三大都市に立地する工場を地方に分散させる目的で一九七二年に施行された法律。同法に基づく工業再配置計画においては、国土を「移転促進地域」「白地地域」「誘導地域」「特別誘導地域」の四地帯に区分し、後二者への誘導を図った。

企業内地域間分業

産業間、企業間での地域間分業に対して、同一企業内もしくは同一企業グループ内に認められる地域間分業のことをいう。製品開発と量産のような機能的分担、市場分割型の分担、製品別の分担、工程間の分担などに分けて考えることができる。経済地理学で提起された重要概念である。

図2-10　都道府県別にみた工業の1人当たり労働費用と労働生産性（2020年）

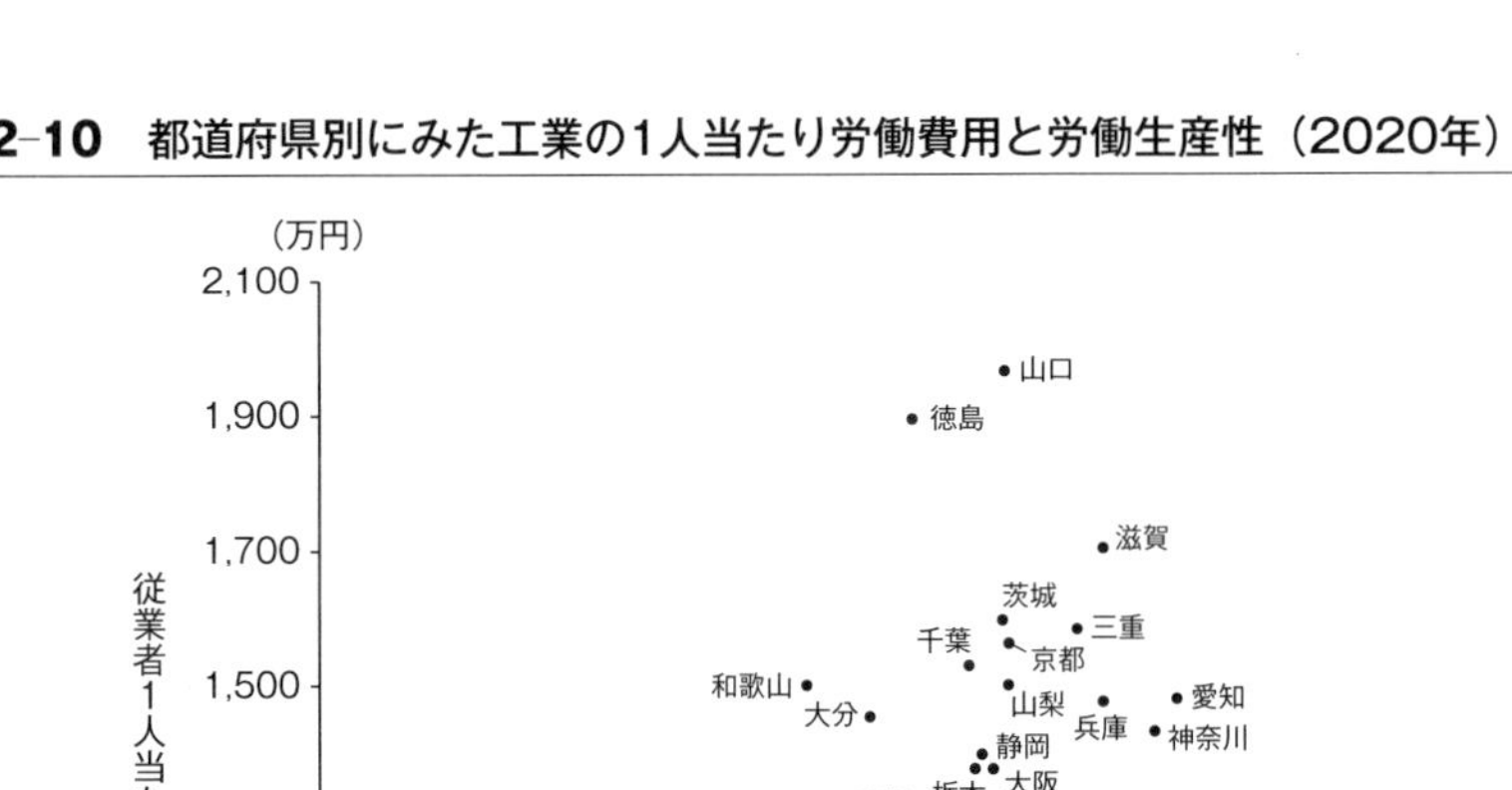
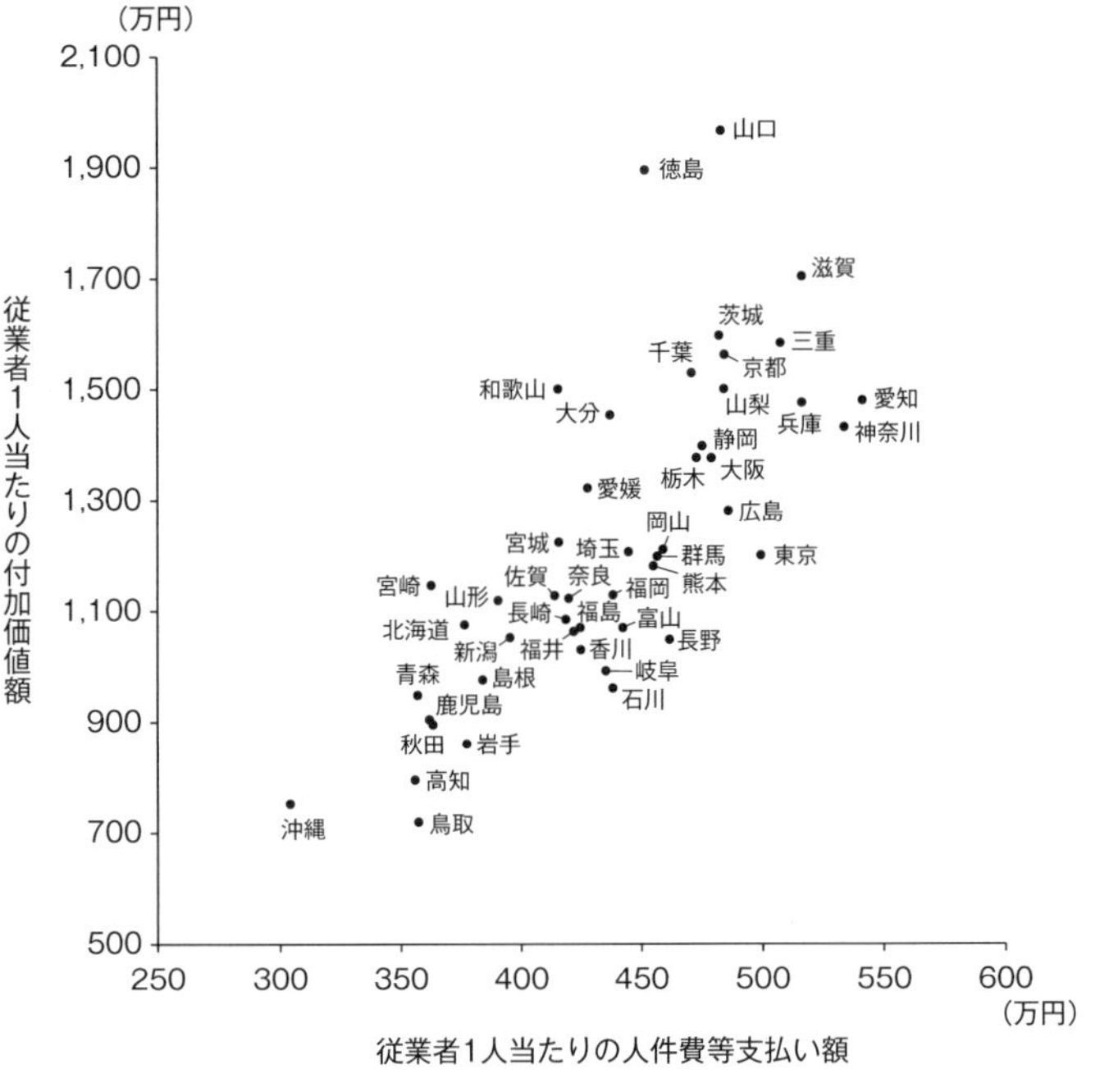

（資料）『経済センサス-活動調査（製造業地域編）』より作成.

各県の給与水準と労働生産性に着目してみたい（図2-10）。山口、徳島、和歌山、大分といった資本集約型の工業が卓越する県で、一人当たりの人件費等に比して付加価値額が高い。他方、神奈川、東京、大阪の都府県では、大都市工業に特有の小零細性と労働集約性、また、装置型の工業であっても設備の陳腐化が進行して、給与が高水準の割には、付加価値額が小さい。また、人件費等にして概ね四〇〇万円程度、付加価値額にして一一〇〇万円程度よりも左下側にプロットされている道県は、国内の周辺的地域に位置して、日本工業の労働集約的な部門を支えてきた地域である。近年の工業生産のパフォーマンス、また、新規立地動向と重ね合わせて考えるならば、このあたりのラインを境に、国内工業の空間的分極化が一層如実に進展しているようである。

❸ 主要業種の工場配置とその動態

(A) 基礎素材型産業

日本の基礎素材型産業は、もとはといえば、資源立地もしくはエネルギー立地の色彩が強かった。北九州や釜石、室蘭に発生した近代製鉄業は、炭田や鉄鉱山への近接性を指向したものであったし、日光に始まる古河グループの精銅事業も、足尾銅山への近接性に加えて、大谷川水系での水力発電を利用した電気精練であった。新潟県青海（現・糸魚川市）のカーバイド生産もまた、付近での石灰石の採掘と電力供給が結びついて成立したものであった。同様に、水力発電を生かした電気化学工業やアルミニウム工業が一九五〇年頃までは各地に発達していた。紡績業でさえ、電力立地に基づくものがあった。

ところが、銑鋼一貫型の製鉄技術の出現、石油化学工業の出現は、輸入原燃料への依存や火力発電の普及といった外的条件の変化と相まって、基礎素材型産業の従前のような立地指向性を薄めさせた。戦前から、東京湾岸、伊勢湾岸、大阪湾岸に素材型工業がもたらされるが、第二次世界大戦後、政府によって進められた鉄鋼業の合理化計画、石油化学工業の育成対策は、太平洋沿岸への立地を誘導するものであった。このことは国民所得倍増計画における太平洋ベルト構想によって決定的なものとなる。その後、新産業都市建設計画によって地方分散も企てられるが、結局は、工業整備特別地域を含む太平洋ベルト上の諸地域が優位な立地点となった。こうした地域への川上部門の立地は、付近への川下部門の立地を促し、基礎素材産業の枠にとどまらない累積的な工業集積を生み出した。

鉄鋼業の合理化計画
一九五一年から三次にわたって旧通産省の主導によって行われた合理化計画。第一次合理化計画は主に圧延設備の改善に力が注がれたが、第二次合理化計画はLD転炉を伴った銑鋼一貫製鉄所の建設に重点があった。

石油化学工業の育成対策
日本に石油化学工業を育成すべく旧通産省が推進した計画。第一期計画（一九五五年～）および第二期計画（一九五九年～）に基づいて、全国九カ所の石油コンビナートが実現した。

新産業都市
一全総の方針に従って立法化された新産業都市建設促進法（一九六二年施行）に基づく拠点的開発地域。「全面散布的な地方分散」は投資効率の低下を招くとの判断から、開発拠点から周辺地域への波及効果を期待する政策が採用された。臨海地域を中心に全国一五カ所が指定された。

工業整備特別地域

国土の均衡ある発展を目標においた新産業都市の構想に対しては、立地条件にすぐれない場所への立地分散では生産の効率性を損なうとの反発があった。このため急遽、新たな拠点的開発地域の枠組みが設けられ、それは工業整備特別地域と命名された。同整備促進法（一九六四年）の施行の後、全国六カ所が同地域に指定されたが、そのすべては太平洋ベルト上に位置していた。

図2-11　太平洋ベルトにおける製鉄所・石油化学コンビナートの分布

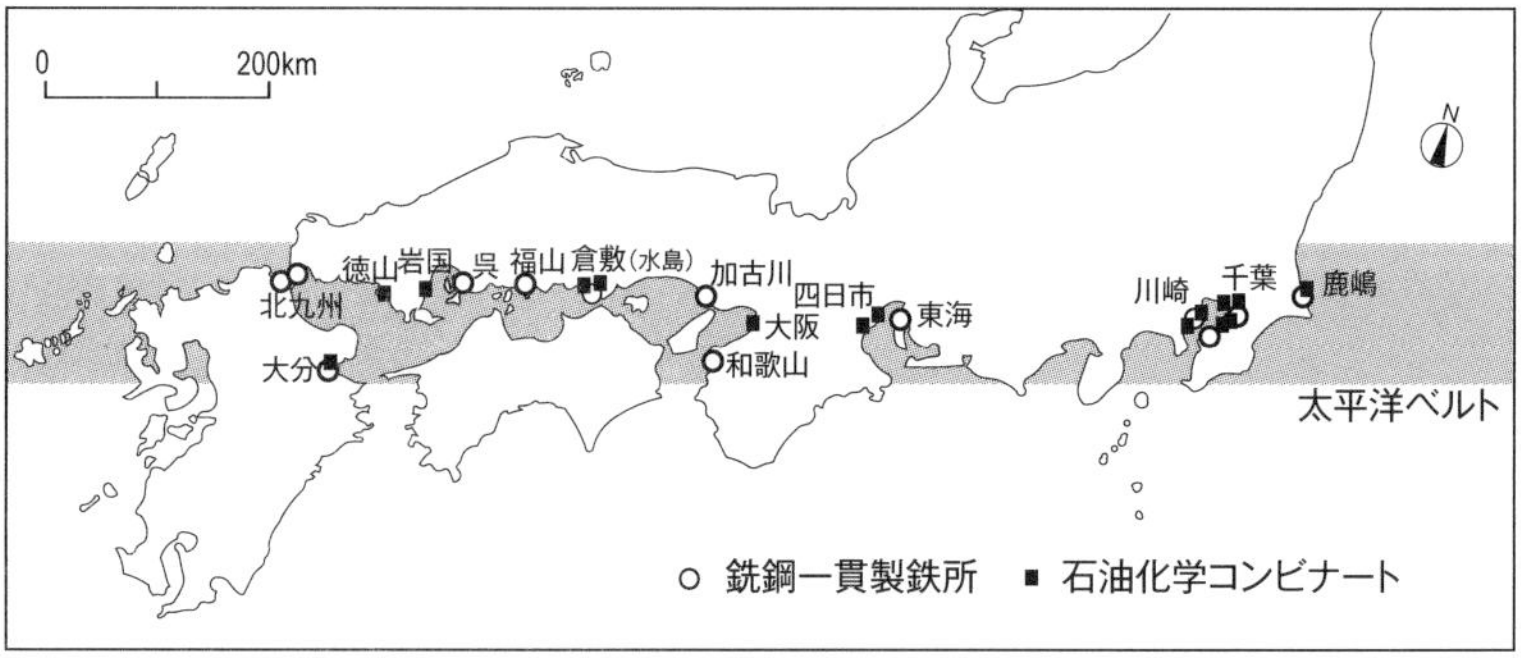

（資料）『鉄鋼統計要覧』『石油化学工業の現状』による.

鉄鋼各社、また、石油化学各社は、自社の市場を東西二市場圏ないし三市場圏に分割する形で、立地を推し進め、高度経済成長期の終焉までには、太平洋ベルト上での立地体系が完成した（図2-11）。石油危機を契機に新規設備投資は冷えついたが、韓国やシンガポールといった新興工業国の追い上げの中で国際競争力を高めるべく、一九八〇年代以降、立地体系の再編が進められた。その再編過程では、鉄鋼業における姫路、八幡のように老朽化・陳腐化した設備を淘汰し、他方では従来の市場分割型の工場間分業を改め、A工場では一般鋼を生産し、B工場では特殊綱を生産するというような製品特化型の分業を採り入れる動きが顕著になった。日本鋼管と川崎製鉄の合併によるＪＦＥスチールの誕生は、工場間分業の再編・淘汰を伴った大規模な事業再構築の取り組みでもあった。同時に、新日鐵（現・日本製鉄）が千葉県君津に研究部門を集中させた事例のように、基礎研究を強化し、経営を多角化する努力もみられた。

近年に至っても、鉄鋼業界のグローバル競争は熾烈を極めており、二〇一二年には国内最大手の新日鐵が国内三位の住友金属工業を吸収して新日鐵住金が誕生、二〇一九年

図2-12　機械工業従業者の都市別分布（2020年）

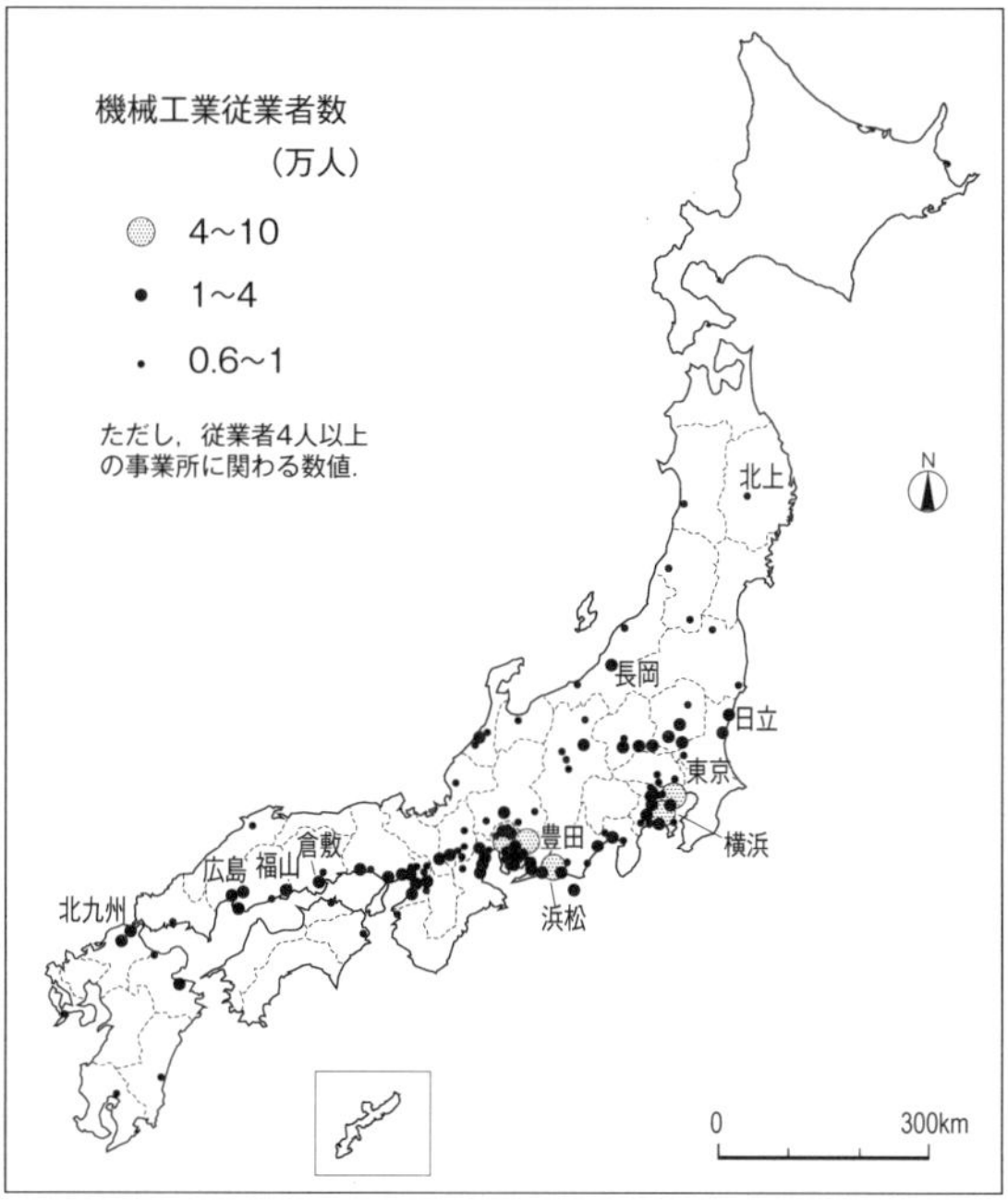

（資料）『経済センサス-活動調査（製造業地域編）』より作成.

には商号を変更して日本製鉄となった。同社は、国内外に多数の鉄鋼一貫製鉄所を構える世界屈指の鉄鋼メーカーとなった。

(B) 加工組立型産業

まずは、自動車から電気・電子、また、それらの生産に必要な資本財まで、ひと括りで、加工組立型産業ないし機械工業として捉えるならば、図2-12のような分布を示すことができる。東京・横浜を中心とする集積、豊田を中心に静岡県西部から三重県北部に至る集積、阪神地区から京滋地区に至る集積を中心に、東北から北関東、信越、北陸、山陽、北九州など、製造業全般に比べれば、比較的広範な地方に機械工業都市は位置している。

地方機械工業都市のルーツをひも解くならば、一つの類型としては、長岡の油田、日立および小松の銅山のように、古くからの鉱業技術と結びついて、あるいは浜松のように繊維技術と結びついて機械技術が発達したというような先行産業からの系譜の上に機械工業が成立した都市群が挙げられる。また、別の類型としては、戦前・戦中期に、大都市から疎開生産や軍需生産が導入されたことを契機に機械技術が根付いた都市群――太田、上田、諏訪、岡谷、柏崎、沼津、富山、倉敷、広島等――がある。そのほかに、一九七〇年代以降、大手電気・電子メーカーが拠点工場を据えることで機械工業が発展した、北上、鶴岡、米沢、霧島（国分・隼人）などの新興機械工業都市がある。地方機械工業都市の多くは、その発生経緯から業種構成上の多様性を欠くが、金型製造、鋳鍛造、各種表面処理といった基盤的技術が卓越して、機械工業の広域分業体系の中で、高度部材を供給する集積地になっている場合も少なくない。

機械工業の広域分業体系の中枢には、いうまでもなく、大都市圏工業集積が位置している。特に京浜地域は日本のみならずアジアのハードウェアセンターとして位置づけられており、最盛期の活力こそ失われたものの、品川区・大田区といった東京城南地域のみならず、相模原・八王子といった神奈川県内陸から東京多摩地域一円に、「形をつくり出す」産業群が一大集積を形成している。

電気・電子機器工業　電機工業のルーツは、一つには、東京城南で興った電気照明機器や通信機器類、すなわち「弱電機器」の生産であり、もう一つには、東芝や日立製作所による電力原動機や発電機、変圧機器といった「強電機器」類の生産である。一九三〇年代には、品川区・大田区や川崎、日立、門真（かどま）などで、電気機器類の量産体制が確立した。

戦後は、産業用電気機器の需要増大と耐久消費財ブームにのって、わが国の電機工業は飛躍的な発

基盤的技術

自動車工業、電機工業、光学工業等、それぞれの産業はその業種に固有の特化技術を有しているが、一方で、切削、機械加工など生産体系の裾野において は共通した技術が存在している。また、金型技術は、あらゆる量産型工業に不可欠である。このように、加工組立型産業の「共通底辺」に位置づけられる産業技術を基盤的技術という。

展を遂げ、電気音響機器を中心に重要な輸出産業としての地位に浮上した。一九六〇年代後半からは、真空管、トランジスタ類に代わって、半導体集積回路（ＩＣ）の生産が着手された。ＩＣは、電気計算機のみならず、ＡＶ機器や光学機器、自動車はじめ様々な工業製品に活用され、わが国が培ってきたハードウェア技術とも相乗的な効果を発揮し、日本工業を一九八〇年代の栄光へと導いた。

電気・電子機器工業の立地には、比較的早い時期から、地域間における工程間分業の論理が採り入れられ、一九六〇年代から長野県や東北地方、九州地方などに、労働集約的な部分工程を担う分工場が展開した。このような分工場は、農村集落のすみずみまで入り込んだ局地的生産体系を形成し、農村における農外就業の拡大と生産サイドにおける低賃金労働力確保という一石二鳥の役割を果たした。地域間分業の様態は、当初、大都市圏における開発および最終製品の生産、かたや地方圏における部品の労働集約的生産というシンプルな形態をとったが、次第に、地方工場が製品開発を行ったり、一貫生産化を図ったりするというような複雑な企業内地域間分業へと発展した。

こうした国内における地域間分業の論理が崩壊するのは、一九九〇年代半ばのことで、生産の海外移管と国境を越えた地域間分業の構築が進む中で、宮城県、福島県、長野県などで、凄まじい勢いでの雇用調整が繰り広げられた。大手メーカーの地方分工場は、少量生産品の製造に特化したり、マザー工場化を図ったりし、また、非正規雇用や生産請負業への「社内外注」の拡大によって、操業を維持した工場も多いが、その協力工場では廃業や業種転換に追い込まれた企業も少なくない。

電気・電子機器工業を襲った雇用調整の波は二〇〇一年頃まで続いたが、二〇〇三年前後を境目にして、新たな局面を迎える。薄型テレビの開発に伴って、国内における設備投資が活性化するに至った。前述したように、「国内回帰」は「大都市圏回帰」の様相を呈しており、シャープの亀山工場、堺工場、松下電器産業（現・パナソニック）の尼崎工場の建設はいうまでもなくこうした傾向を象徴

マザー工場
海外に進出した工場をコントロールする国内拠点。製品開発や、工程構築、重要部材の供給、現地駐在員の派遣を行う。

していた。

当時の大都市圏回帰の要因は種々考えられるが、第一にはバブル崩壊後の地価下落によって大都市圏立地のコスト負担が減じられたこと、第二には大消費市場や輸出港湾へのアクセスが再評価されるに至ったことが挙げられる。ことに薄型テレビの生産にみる限り、パネル類の生産は加工組立産業というよりも巨大装置産業である。大阪湾岸などで減価した不動産たる産業遊休地が得られたということが大きな動因であった。第三には、開発現場と生産現場との間の空間的距離を圧縮しようとする新たな企業戦略が働いたためである。第四には、大都市労働市場との結びつきが挙げられ、非正規雇用の従業者を活用して、大都市圏においてでも比較的低い労働コストでもって雇用が可能で、しかも、需要に応じて臨機応変に雇用を調整することができるという点があった。

二〇〇〇年代の産業発展の切り札となった薄型テレビおよびパネル生産であったが、国内市場が飽和状態に達したことと国際市場での競争力を発揮できなかったことから、残念ながら生産設備の整理・縮小が二〇一〇年前後より進行した。しかしながら、二〇二〇年代を迎えるとまた新たな展開があり、世界的な半導体不足を背景に、TSMC（台湾積体電路製造）社（熊本県菊陽町）やラピダス（北海道千歳市）をはじめ、海外企業を含む半導体製造およびその関連企業が各地に大規模設備投資を相次いで発表している。

自動車工業　わが国において自動車の国産化が軌道にのるまでには紆余曲折の道のりがあったが、ようやくにして乗用車の量産体制が築かれるのは、一九三〇年代におけるトヨタ自動車挙母(ころも)工場（現本社工場）および日産自動車横浜工場の建設によってである。とはいえ、戦時経済への突入と敗戦によって、フォード社が経験したような急激な生産拡大へとは容易には結びつかなかった。乗用車生産を軌道にのせるために重要な役割を果したのが、旧通産省による国民車構想であり、同政策の実施後、スバル360、コロナなどを経て、一九六六年には、カローラ、サニーが発表され、この二車種が国民車の代名詞的存在になっていく。

乗用車工場の立地体系（図2-13）も国民車構想の進捗とともに、整っていくのであり、一九五九年のトヨタ自動車工業元町工場の竣工を皮切りに、富士重工業（現・SUBARU）群馬製作所、ダイハツ工業池田工場、本田技研工業鈴鹿製作所、日産自動車追浜工場、プリンス自動車工業村山工場など、巨大ラインを伴った自動車工場が続々と登場した。その後、トヨタ自動車は堤工場・高岡工場など、西三河一極集中の生産体制を構築し、日産自動車は旧プリンス系の工場も引き継ぐとともに、一九七一年には栃木工場を建設し、関東地方の広域に分散的な工場配置をとった。かたや本田技研は埼玉製作所（狭山工場）を建設して東西二極体制を構築した。

その後、一九八〇年前後に新規立地が活気づき、トヨタ田原工場、日産九州工場（現・日産自動車九州）、マツダ防府工場などがこの時期にラインの稼働を開始させている。さらに、一九九二年には、日産が九州工場に第二組立ラインを完成させ、トヨタ自動車九州もこの年に操業開始している。他方で、同じ頃から既存工場の操業停止も始まり、日産座間工場は一九九五年、日産村山工場は二〇〇一年、本田技研工業高根沢工場およびダイハツ工業前橋製作所は二〇〇四年にそれぞれ組立工場としては閉鎖された。近年の例として、トヨタ自動車東日本は東富士工場（裾野市）を二〇二〇年に閉鎖している。本田技研工業は二〇一三年に操業開始した埼玉製作所完成車工場（寄居工場）に集約する形で、二〇二一年末で同狭山工場の組立ラインを閉鎖した。それぞれ、五三年、五七年の歴史を持つ組立工場であった。ダイハツ工業もまた、二〇二〇年に京都工場に集約する形で本社（池田）工場での量産車の組立を終了し、後者はコペン専用工場としての位置づけとなった。

トヨタ自動車の立地戦略に関しては、三河一極集中体制から国内三極体制へのシフトが読み取れ

図2-13　日本における乗用車組立工場の分布（2023年）

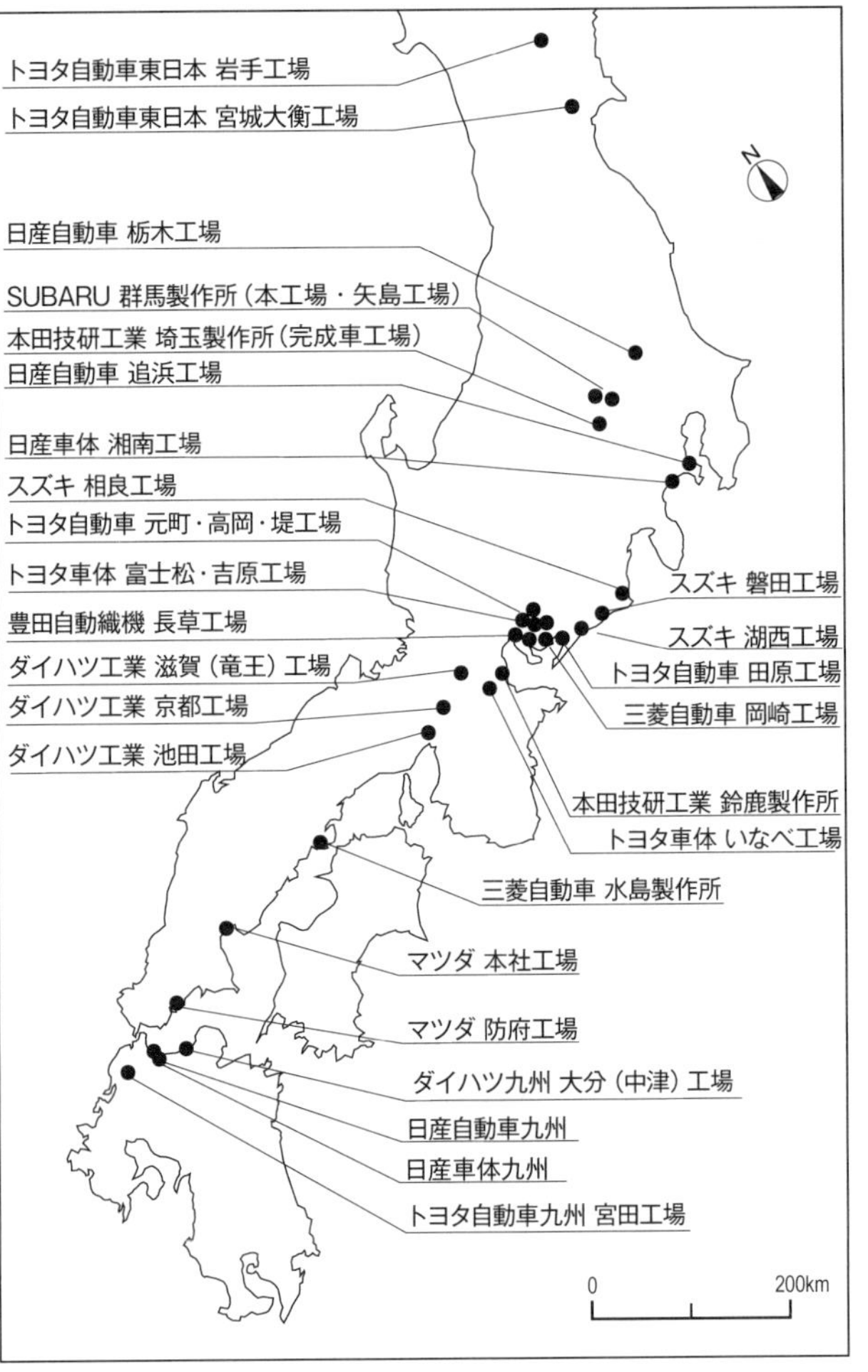

（資料）各社公表資料より作成.

る。北部九州に関しては、既存のトヨタ自動車九州に加えて、系列のダイハツ車体（現・ダイハツ九州）の大分県中津市への移転、系列部品メーカーの進出によって、生産体制を強化してきた。東北地方では、系列の関東自動車工業の岩手県進出（一九九三年）とライン増設（二〇〇五年）および、セントラル自動車の組立工場の相模原から宮城県への移転（二〇一一年）、部品子会社のトヨタ自動車東北（一九九八年操業開始）によって、東北地方への足場を固めてきた。二〇一二年には、これら三社はトヨタ自動車東日本として経営統合を実現した。こうした三極体制へのシフトは、既設工場のライン刷新のためには長期間の工場閉鎖を免れないという自動車産業特有の問題に加えて、災害リスクの軽減をも視野に入れているようである。東日本大震災後には、トヨタ自動車は技能者育成のための企業内訓練校の東北地方への設置を発表し、二〇一三年四月にトヨタ東日本学園が宮城県黒川郡大衡（おおひら）村に開校した。

なお、ハイブリッド車中心に低燃費の乗用車の開発を手がけてきた日本メーカーであるが、政府がパリ協定を踏まえて二〇三五年までに電動車一〇〇%を達成する方針を掲げたことから、各社ともEV車の開発に注力し始めた。そのような中SUBARUは、二〇二三年五月に群馬県大泉町にEV車専用の組立工場を建設することを発表した。本田技研工業もEV車専用工場の建設を示唆しており、今後、エンジンを搭載しないEV車が主力となってくるとすれば、自動車部品産業の集積に大きな影響がもたらされる可能性がある。

4 日用消費財工業

ここでは、日用消費財工業として、いわゆる「地場産業」と呼ばれる産業群について取り上げたい(図2-14)。地場産業は必ずしも近代的工業の恩恵に浴することのできない地域においても、多くの

パリ協定

二〇一五年にパリ近郊で開催された第二一回国連気候変動枠組み条約締約国会議（COP21）で採択され、二〇一六年に発効した気候変動問題に関する国際的な枠組み。世界共通の長期目標として、産業革命以前に比べた世界平均気温の上昇を一・五℃に抑えることが掲げられた。

地場産業

地元資本の小規模な工場群が、発達した分業のネットワークによって主に日用消費財製造を行い、広域に市場を持っているような産業集団を指す。字義通りに拡大解釈された用法がしばしばみられ、単に地元風のものを作る工場や、地方自治体程度の範囲で営まれる産業（特に第一次産業）のことを地場産業という場合もあるが、経済地理学においては、地場産業の持つ独特の地域的産業構造の側面に強く焦点を当てた用法となる。

図2-14　主要な地場産業の分布

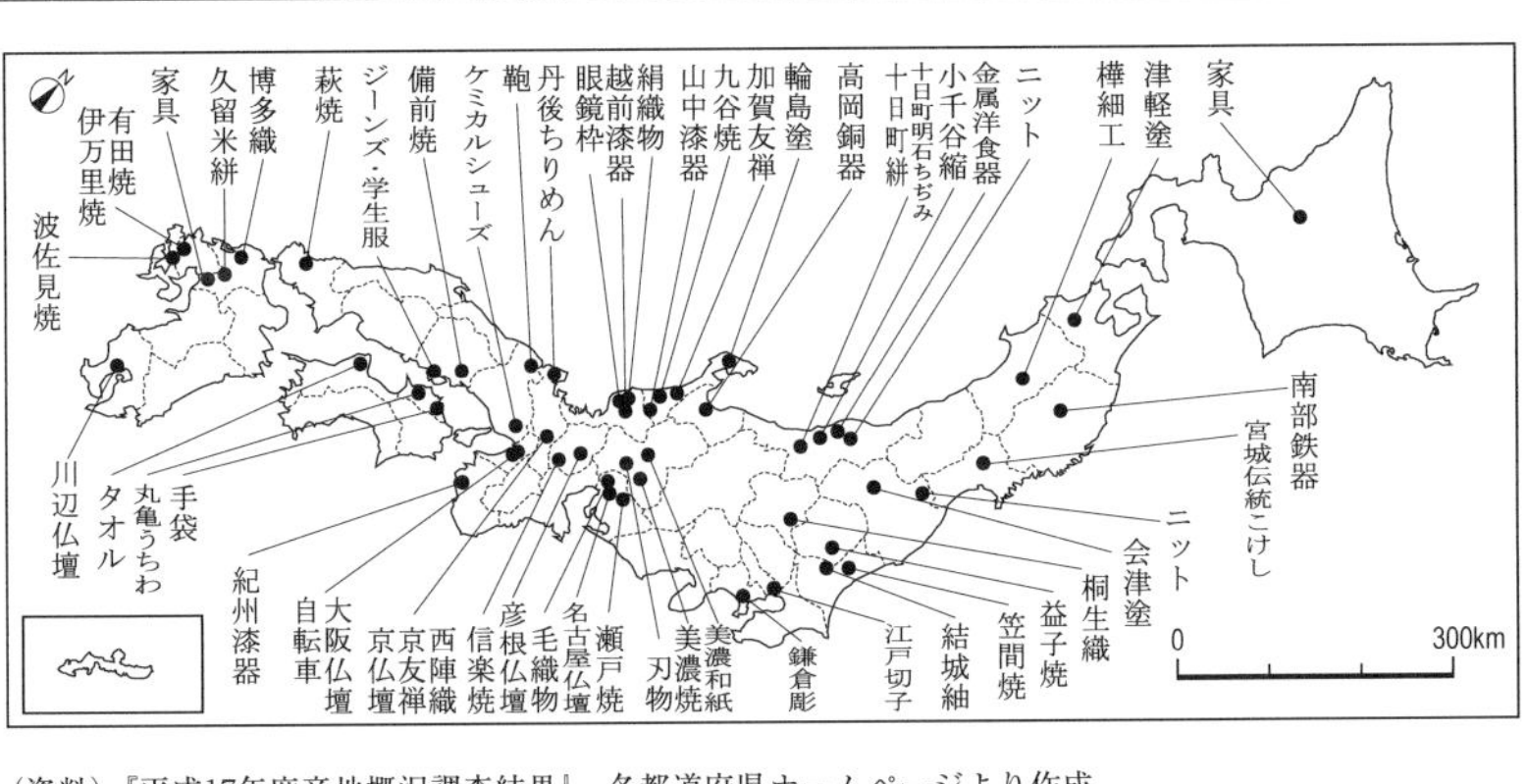

（資料）『平成17年度産地概況調査結果』，各都道府県ホームページより作成．

人々に生活の糧を与え、地元風土と結びついて地域アイデンティティをも醸成してきた。地域経済の自立性と独自性を担う産業基盤として、大きな期待が寄せられてきたのである。高度経済成長期には国内外の旺盛な需要を捉えて顕著な発展をみたが、石油危機や円高、バブル崩壊等の社会経済情勢を経て、特に一九九〇年代から二〇〇〇年代を中心に急激な衰退を経験した。各産地の事業所数や従業者数をみれば、最盛期の三分の一程度まで落ち込んだ産地は珍しくない。

その要因は第一に、地場産業がグローバル経済下での競争を余儀なくされてきたことである。一九八〇年代半ばの第一次円高を契機に、輸出部門の不振と、韓国・中国等からの廉価な代替製品の流入が生じて、労働集約型を基本としてきた多くの地場産業は価格競争力を失うこととなった。

第二に、消費者の嗜好変化が起きて、製品の需要自体が振るわない場合である。消費者のライフスタイルが製品需要に影響を与える要素は多岐にわたる。たとえば、人々の和装をする機会の減少は伝統的着物の需要に直結することは当然として、それ以外にも、陶磁器や漆器の産地であればプラスチック製品も競合となり得るし、仏壇産地であれば、近年の手狭な住宅事情や、核家族化に代表されるイエの概念の変化にも影響される。

地場産業に対する逆風は強く、産地内では企業や組合員が減少し、産地構造のほころびとして工程間分業に断絶が生じ、肝心の技術力が失われかねない状況が続いている。企業レベルの対応として産地問屋や製造卸が輸入商社化したケースも多くみられたが、その場合、そこに製品を納めていた製造業者にしわ寄せがいく形となり、産地の協同組織としての機能は大きく弱体化することとなる。

一方で、二〇一〇年代に入り、産地縮小に下げ止まりの傾向をみせる産地も現れている。眼鏡枠製造として国内で独占的な地位を占める鯖江産地（福井県）は、二〇〇〇年以降、中国製の眼鏡枠を取り扱うSPA（製造小売業）との競合に直面した。しかし、眼鏡の本質である医療器具としての機能や、ファストファッションとの差別化を期待する消費者の需要が、産地に活路を開いていった。産地組合では眼鏡枠の国際展示会や東京・南青山のアンテナショップの運営を通じて、最新トレンドの探索や産地の技術力の発信を行っており、産地ブランドの確立に努力を続けている。また、自社直営店による販売に切り替える製造業者や、ECモールへ出店をする企業が現れるなど、産地では内部変化が進んでいる。

今治（いまばり）タオル産地（愛媛県）は、二〇〇〇年代前半にかけて加速したタオルの輸入浸透率の上昇に苦しみ、セーフガードの発動が国から認められなかったことで産地は空中分解の危機にあった。しかし二〇〇六年に中小企業庁による「JAPANブランド育成支援事業」の認可を受けた前後からは一転、組合が一丸となって地域ブランドの構築に努め、今治の名を冠した産地ブランドを創り出すことに成功し、OEM産地から地域ブランド産地へと変貌を遂げて、産地を維持している。

日用消費財工業は多種多様であり産地を一概に活況に導く特効薬はないが、このような高付加価値

セーフガード

一九九四年GATT（関税及び貿易に関する一般協定）第十九条（特定の産品の輸入に対する緊急措置）に基づいて、輸入急増による国内産業への重大な損害の発生が予期された場合、一定期間、関税引き上げもしくは輸入数量制限を行う緊急措置。

化の取り組みや産業構造の再編は、どの産地にとっても重要である。一方で、伝統や技術力に裏打ちされ脈々と営まれながら、ものづくりの精神性を体現してきたと考えられる点は、地場産業が持つ地域資源としての役割を示唆するものである。産地の産業観光への利用や、移住者や定住者の受け皿としての雇用機会の提供、教育機関と連携した職業体験の受け入れ等々、地域理解のための場として、地域社会と結びつきながら存立する産業の形態に期待が高まっている。

第4節　流通産業の動向

二〇一〇年代以降の流通産業の動向

流通とは生産と消費をつなぐ産業で、現代社会ではこの産業の役割が重要視される。特に商品を消費者に直接販売する小売業は、立地産業として消費者の求める場所に最適な業種が立地・集積することで成立してきた。しかし二〇一〇年代以降、商業環境の変化や購買手段の多様化や新しい情報技術の発達に伴い、日本の流通空間は大きく変化している。

日本の流通構造の特徴として、生産から販売に至る過程での多段階性が指摘されてきた。流通が多段階、つまりは中間流通段階の卸売業による取引が介在する機会が多いほど、流通効率性の低下が指摘され、一九六〇年代には「流通革命」論の中で問屋無用論の考えも広まった。流通の段階数の分析にはW／R比率がよく用いられる。これは卸売販売額（Wholesale Sales）と小売販売額（Retail Sales）との比率であり、卸売販売額は最終消費者向けでない値も含むので取扱いに注意が必要なものの、一般的には流通の多段階性、つまりは中間段階の取引数の多さを示す指標として、流通構造の

流通革命

一九六〇年代以降の流通近代化への期待の中で、スーパーマーケットなどの大型店を展開する新業態が成長してメーカーと直接取引が行われるようになり、細くて長い流通経路から太くて短い流通経路へと、それまでの流通構造を変革し新しいシステムが構築されるという議論。「問屋無用論」とは、そうした変革の中で卸売業者（問屋）が不要になることであるが、実際の卸売業者数は減少しなかった。

図2-15　都道府県別にみたW／R比率（2021年）

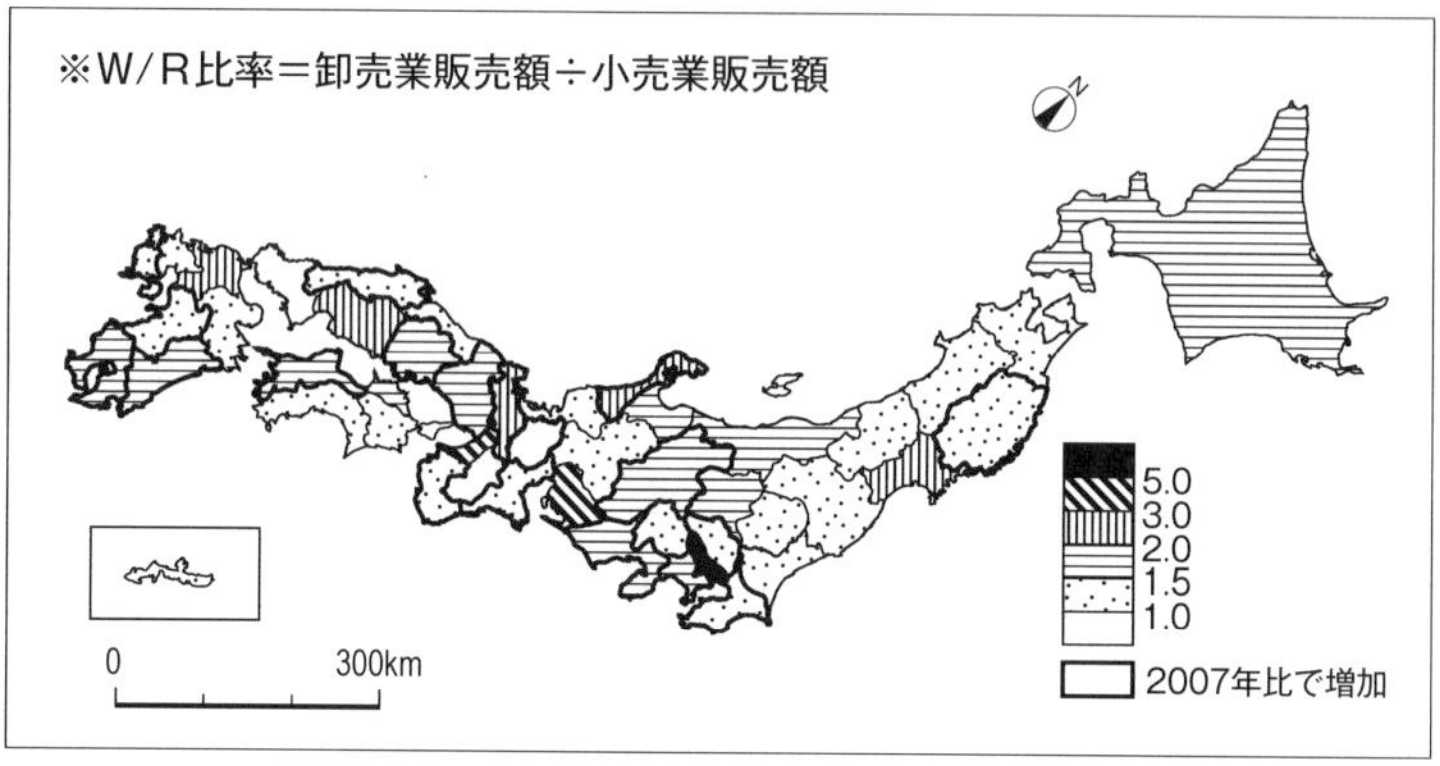

（資料）『経済センサス－活動調査（卸売業，小売業産業編）』より作成．

国際比較にも用いられる。一方でこの指標は、一つの国の内部で比較すると地域間での卸売販売額の集中度を示す指標になる。つまり小売販売額が人口数にある程度比例して分散するとすれば、商品を集約して流通させる卸売業は一般的には大都市への集中傾向を示す。

二〇二一年の都道府県別にみたW／R比率を示したのが図2−15である。上位の都道府県は東京都（八・〇二）、大阪府（四・八八）、愛知県（三・八六）であり、三大都市への高い集中を示す。次に、宮城県（二・九六）、福岡県（二・八九）、広島県（二・六七）の各県が続くが、これらの県にはそれぞれ仙台市、福岡市、広島市といった地方中枢都市があり、そこに立地する企業が東北地方、九州地方、中国地方といった都道府県の境界を越えたテリトリーを有している。これらの都市は小売業に比して卸売業の集積度が高いため、「支店経済のまち」と呼ばれるように各都市の成長要因にもなってきた。対二〇〇七年比でみた二〇二一年のW／R比率の変化に着目すると、全国で〇・一六低下しており、この値は一貫して減少し続けてい

図2-16　日本の小売業の事業所数・販売額・売場面積の推移

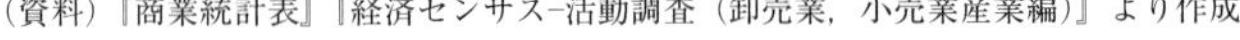

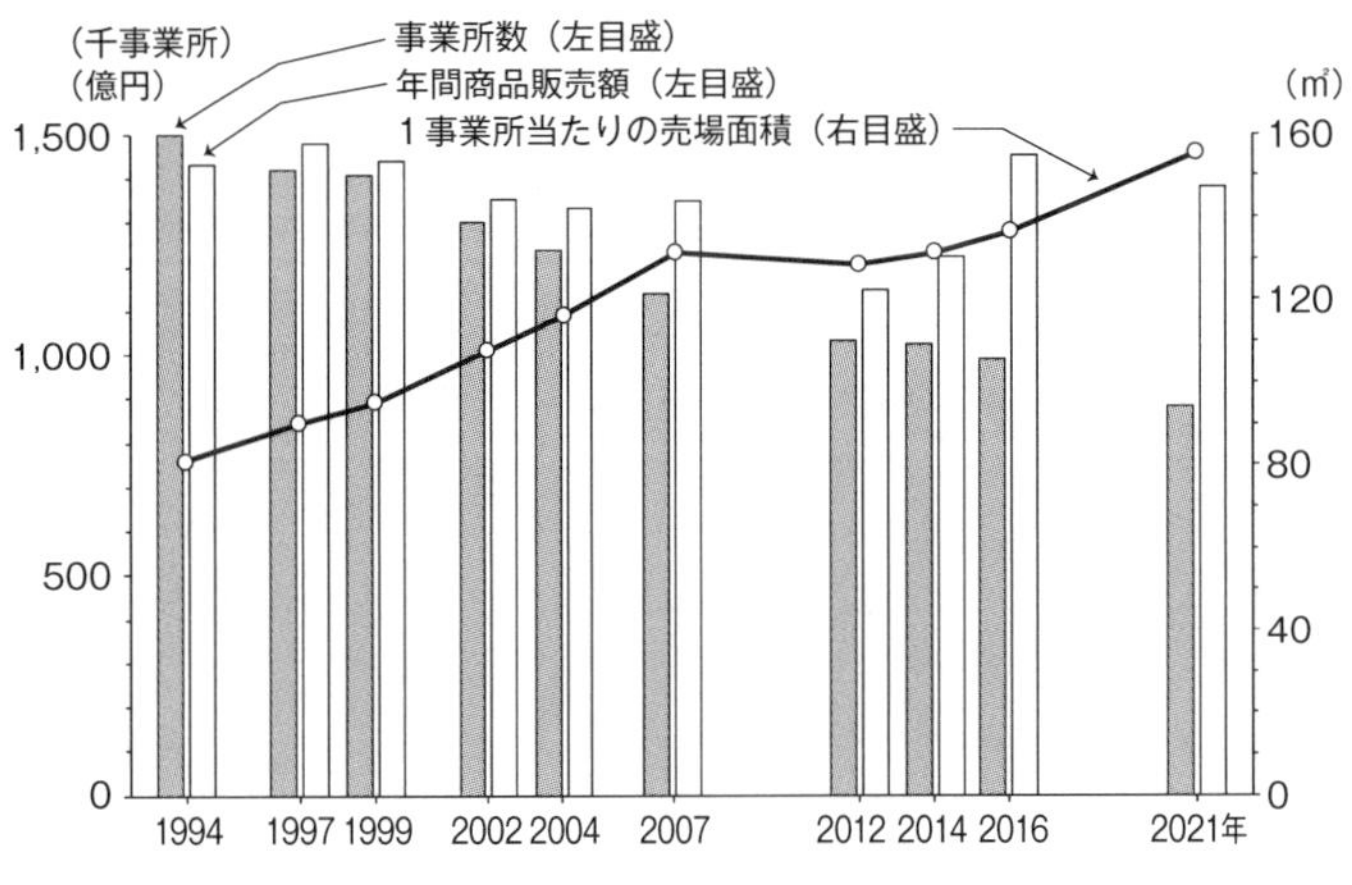

（資料）『商業統計表』『経済センサス-活動調査（卸売業，小売業産業編）』より作成.

る。これは大規模小売業者が成長して販売シェアを占めるようになる中で、こうした小売業者との取引は大規模な生産者や特定の卸売業者に集約されるようになり、小規模卸売業者の淘汰が進行してきたことによる。卸売業の集約化が進行することにより、各県内の第二位都市や第三位都市にも置かれていた支店や営業所が上位都市に統合・集約されて閉鎖となり、それらの機能を喪失した中小都市の経済基盤も縮小している。都道府県レベルでW／R比率の変化をみると、上述した東京以下の上位都府県の値はすべて低下している一方、大阪府の隣接県では上昇しており（京都府＋〇・六三、兵庫県＋〇・三二、和歌山県＋〇・三一）、大都市からの分散傾向も確認される。

続いて小売業の変化をみるために、小売業事業所数、小売年間商品販売額、一事業所当たりの売場面積の推移を示したのが図2-16である。日本の小売業事業所数は一九八二年の一七二万店をピークに一貫して減少を続け、二〇一六年に一〇〇万店を下回り、二〇二〇年では八八万店になっ

大店法

中小商業者の事業機会を確保する目的で一九七四年に施行された法律。一定面積以上の売場を予定している大型小売店の進出に際し、地元で組織される商業活動調整協議会による審議・調整を求めた。一九八〇年代に運用面の強化が進んだが、一九九〇年の日米構造協議を経て、一九九二年までに大幅に緩和された上、二〇〇〇年に廃止された。

大店立地法

二〇〇〇年に施行。駐車場入口への誘導員の配置、駐車場利用の使用時間制限などによって大型店の進出に伴う近隣地域の環境に与える悪影響を抑制することがねらいである。

2007年				2007～14年の増減率		
事業所数（店）	事業所数全体に占める割合（%）	年間商品販売額（百万円）	売場面積（㎡）	事業所数全体に占める割合（%）	年間商品販売額（%）	売場面積（%）
427,463	37.6	53,139,659	66,434,451	−3.9	−20.1	−15.4
150,855	13.3	21,505,282	22,053,566	−3.2	−1.8	−17.8
100,965	8.9	11,566,854	14,384,876	−9.6	−16.8	−25.6
122,016	10.7	10,632,270	13,977,265	−5.9	−23.8	−10.0
40,001	3.5	8,382,953	14,464,707	13.0	−42.1	−6.9
13,626	1.2	1,052,300	1,554,037	−0.8	−36.5	−12.1
90,536	8.0	11,557,863	9,502,217	32.3	26.5	22.8
339,839	29.9	37,367,602	39,780,773	−14.1	−9.6	−24.6
65,438	5.8	14,870,150	13,367,002	30.2	8.1	24.1
214,583	18.7	17,770,174	20,580,463	7.3	−14.4	−0.9
1,137,859	100.0	134,705,448	149,664,906		−9.4	−9.9

接続しない.

ている。小売業事業所数の減少の一方で、年間販売額は景気の動向や物価指数等により上下している。年間販売額に比較して事業所数が減少を続けているのは、店舗数では多数を占めていた小規模小売店が閉店し、チェーンストアに代表される大規模小売業者が展開する大型店の増加によるものである。事業所数が減少を続ける一方で、一事業所当たりの売場面積は一貫して増加傾向にあり、店舗の大型化が進行してきたことを読み取ることができる。この背景として、一九九〇年代以降に大規模小売店舗法（大店法）が段階的に緩和され、二〇〇〇年代以降大規模小売店舗立地法（大店立地法）へと大型店を規制する法制度が変化していく中で、チェーンストア企業が自社の店舗の大型化を進めたこと、郊外地域のみならず農村部にも大規模ショッピングセンターが多数立地するようになったことが挙げられる。その一方で、中心市街地に立

経済センサス―活動調査

従来の「事業所・企業統計調査」と「サービス業基本調査」の統合の上に二〇一二年から開始された。一八年に閣議決定された「公的統計の整備に関する基本的な計画（第三期）」に基づき、以後は中間年に実施される「経済構造実態調査」とともに「経済構造統計」体系の一環をなし、商業統計調査、工業統計調査もここに統合された。

商業集積地区

商業集積は一定の空間における多数の小売業、飲食業、サービス業などの店舗の集合であり、商業統計上の商業集積地区は、都市計画法八条に定める「用途地域」のうち、商業地域および近隣商業地域であって、商店街を形成している地区を指す。

表2-7　立地環境別での小売業事業所数と年間販売額の推移

立地環境特性	2014年			
	事業所数（店）	事業所数全体に占める割合（%）	年間商品販売額（百万円）	売場面積（㎡）
商業集積地区	279,981	36.1	44,935,565	56,224,136
駅周辺型商業集積地区	99,531	12.8	17,795,883	18,122,071
市街地型商業集積地区	62,187	8.0	8,898,073	10,699,044
住宅地背景型商業集積地区	78,259	10.1	9,584,714	12,574,071
ロードサイド型商業集積地区	30,797	4.0	7,788,663	13,462,397
その他の商業集積地区	9,207	1.2	868,231	1,366,553
オフィス街地区	81,578	10.5	14,757,246	11,665,506
住宅地区	198,774	25.6	27,097,731	29,977,354
工業地区	58,054	7.5	17,930,097	16,587,504
その他地区	156,809	20.3	17,456,086	20,399,563
小売業計	775,196	100.0	122,176,725	134,854,063

（注）日本標準産業分類の第12回改定および調査設計の大幅変更を行ったことに伴い，2007年と2014年の事業所数は

（資料）『商業統計』による．

地していた既存の小規模小売店の集積である商店街の衰退が深刻化している。

このような都市構造における小売業立地の特徴を、表2-7に示す二〇一四年商業統計調査の立地環境特性別統計編よりみていく。商業統計調査は一九五二年の調査開始以降、二年ないし三年おきに実施されてきた基幹統計であるが、二〇一四年の調査をもって廃止され『経済センサス―活動調査』に統合・再編された。商業統計の立地環境特性別統計編も二〇一四年のデータが最新であるが、日本標準産業分類の改定および調査設計の大幅変更を行ったことに伴い、二〇〇七年調査の数値、特に各立地環境の事業所数とは接続しないことに注意が必要である。

同調査に基づく立地環境特性とは、商店街の形成の有無および都市計画法に基づき区分・定義されたものである。立地環境特性は、都市計画法の「用途地域」のうち商

ロードサイド型商業集積地区

人口の郊外移動とモータリゼーションが進展する中で、地価の安い郊外地域の主要な幹線道路沿いに立地した商業施設群。主にチェーンストアによる大型店や専門店が立地するが、自動車利用を前提とした駐車場の併設と車から視認しやすい目立つ看板を設置しているという特徴がある。

まちづくり三法

中心市街地活性化法（一九九八年施行）、改正都市計画法（一九九八年施行）、大規模小売店舗立地法（二〇〇〇年施行）の総称。大型店立地の規制緩和の代わりに地域の創意工夫で中心市街地の活力を維持させようとするねらいがあったが、結果的には、郊外への大型店進出を助長することになった。各地から

業地域および近隣商業地域であって商店街を形成している地区である「商業集積地区」と、それ以外の地区であるオフィス街地区、住宅地区、工業地区、その他地区に大別される。商業集積地区はその立地環境に応じて駅周辺型、市街地型、住宅地背景型、ロードサイド型、その他に分けられる。それぞれの地区の事業所数が全体に占める割合をみると、商業集積地区が三六・一％を占める。二〇一四年の事業所数は二〇〇七年調査と接続しないため、この全体に占める割合の変化について二年次で比較すると、商業集積地区においてロードサイド型を除きすべての地区の値が減少している。郊外化の象徴であるロードサイド型商業集積地区も、年間販売額や売場面積では減少しており、戦後一貫して空間的に拡大してきた郊外市場の成長に陰りが見え始めている。

その一方で工業地区は高い成長率（年間商品販売額八・一％、売場面積二四・一％）を示しており、二〇〇〇年代のまちづくり三法下において都市計画法上の工業地域、準工業地域、市街化調整地域などの都市郊外の用途地域や非線引き白地地域への大型店出店が容認されてきた。オフィス街地区もこの期間中に高い成長率（年間商品販売額二六・五％、売場面積二二・八％）を示す。これは二〇〇〇年代以降の人口の都心回帰により、オフィス用地のマンション転用が進んだこと、それらの住民へ生活必需品を販売する店舗、たとえばミニスーパー等の店舗展開が進んだことが一つの要因である。また二〇〇〇年代以降の規制緩和策の一つである「特定容積率適用地区制度」によって、それまでは「働く場所」でしかなかったオフィス街の再開発が進み、これらの高層ビルではオフィス需要だけではなく低層階を小売業、上層階をレストラン・ホテル等のサービス業として賃貸することで、新しい商業空間を生じさせている。

批判の声が上がり、二〇〇六年から二〇〇七年にかけて法改正で部分的に規制が再強化された。

非線引き白地地域

都市計画区域のうち、市街化区域にも市街化調整区域にも定められておらず、かつ用途地域も定められていない部分のこと。都市計画法の二〇〇七年改正で規制が強化されるまでの間、大型店の出店のターゲットになった。

 業態間競争の激化

戦後の日本の小売業は高度経済成長期以降の「業種」から「業態」への転換、一九九〇年代以降にはこの対立に加えて業態間競争へと移行してきた。二〇〇七年と比較できる二〇一四年の年間商品販売額を中心に業態別の動向をみると（表2-8）、戦後の日本の商業地構造を規定してきた百貨店と対面販売中心の小規模小売店である中心店の衰退が顕著である。百貨店は都心立地を指向し高次の財とサービスを取り扱うことで「非日常的な時間と空間」を提供する場として、商業地ひいては都市の象徴的存在であったが、バブル経済崩壊以降そのビジネスモデルの差別化が難しくなり、企業間の合併や経営破綻により、各地で閉店が相次いでいる。唯一の百貨店が閉店したことで百貨店空白地域になった県も複数存在し、その店舗規模の大きさと中心部に立地しているという特性上、百貨店の閉店後における地域経済への影響は跡地利用を含めて地方都市であるほど深刻である。

同じく都市の中心部に集積し商店街を形成してきた小規模小売店の減少も著しく、これらが相まって中心市街地の空洞化に拍車をかけている。大型総合スーパーもその業態としての差別化が難しくなり、二〇〇〇年代以降には上位企業において店舗網の再編や縮小が相次いだ。一方で、二〇〇六年改正の中心市街地活性化法によるコンパクトな都心整備の奨励と、都市計画法による大規模集客施設の郊外立地制限により、ダウンサイジングした都市空間の整備が目指されるようになり、縮小する商圏人口に適応できる業態としての中型総合スーパーの伸長もみられる。

一九九〇年代以降にロードサイドビジネスを牽引してきた業態としての各種スーパーも成長率が鈍化してきている。全国に店舗網を展開した食料品スーパーや家電量販店、ホームセンターなどの業態では上位企業への寡占化が進行している。当初は総合スーパーのニッチ市場への対応として登場した

表2-8　小売業の業態別にみた事業所数と年間販売額（2014年）

業態分類	事業所数	年間商品販売額（百万円）	年間商品販売額の増減率 2007～14年（%）
大型百貨店	185	4,864,392	−33.6
その他の百貨店	10	58,254	−84.9
大型総合スーパー	1,165	5,434,599	−21.8
中型総合スーパー	248	579,179	16.0
衣料品スーパー	8,594	2,189,240	30.2
食料品スーパー	14,768	15,375,413	−10.1
住関連スーパー	8,712	4,803,833	−4.1
うちホームセンター	4,235	3,147,109	3.3
コンビニエンスストア	35,096	6,480,475	−7.5
うち終日営業店	30,244	5,855,725	−6.3
ドラッグストア	13,092	3,645,873	21.0
衣料品専門店	53,979	2,482,084	−39.1
食料品専門店	93,017	3,519,613	−51.2
住関連専門店	283,162	37,155,926	−12.9
衣料品中心店	41,775	3,246,745	−26.9
食料品中心店	58,933	3,870,715	−28.2
住関連中心店	90,065	12,182,380	−23.2
小売業計	775,196	122,176,725	−9.3

（資料）『商業統計』より作成.

コンビニエンスストアは日本人のライフスタイルの変化に適応しながら急成長を遂げ、主要業態として高い成長率を維持し続けてきた。二〇〇〇年代以降コンビニエンスストアは店舗数が飽和状態になり成長率も鈍化しているが、若年層だけでなく高齢層における単身世帯数の増加により、食料品スーパーの扱う商品ニーズも取り込んでいる。

このような業態の垣根を超えた競合を生み出している事例として、ドラッグストアの成長が挙げられる。ドラッグストアはその名の通り医薬品を扱う業態であるが、業種店としての薬局

コールドチェーン

冷凍・冷蔵技術が進化し温度管理帯別の商品流通が盛んになる中で、生産から販売まで一貫して適正な低温で輸送、保管する物流システム。

との違いは、医薬品だけでなく化粧品や生活用品、食料品など日常生活に関連する取扱商品の幅が広いことにある。ドラッグストアは幅の広い商品構成を提供することで、食料品スーパーやコンビニエンスストアなど既存の業態と競合しながら高い成長率を示しており、二〇一〇年代以降には業態間、出店地域間での競争激化が全国で生起している。

 中心市街地の空洞化と商店街の取り組み

商業集積とは小売業やサービス業が連続的に連なる場所である。第二次世界大戦までの商業集積は一部の大都市に立地する百貨店と、多くの個人商店で構成される商店街で構成されていた。商店街はその商圏規模に応じて、大きい方から超広域型商店街、広域型商店街、地域型商店街、近隣型商店街に分類される。コールドチェーンの発達とワンストップショッピングを可能にする食料品スーパーやコンビニエンスストアが多店舗展開したことにより、最寄品を中心に扱う商店街である商圏規模の小さい近隣型商店街は、地方都市においてその役割を果たせなくなっている。地域型商店街は近隣型商店街よりも商圏が広く、地方都市の中核としての機能を果たしてきたが、モータリゼーションの中で郊外型のロードサイド商業集積と競合している。地域型商店街の多くは駐車場の未整備などモータリゼーションに対応できていないこともあるが、個人店が多くを占め経営者の高齢化や後継者難などから閉店した後に空店舗となり、それらが連続してシャッター通り化することで、さらに魅力のない立地となり、結果として中心市街地が空洞化するという悪循環を生み出している。

中小企業庁の令和三年度商店街実態調査報告書から商店街の現況についてみると、その商業立地環境（図2－17－a）は繁華街、住宅街、駅前・駅ビル、ロードサイド、オフィス街に大別される。中心市街地に立地する商店街は主に繁華街と駅前・駅ビルである。人口三〇万人以上の都市では住宅街に

図2-17　人口規模別にみた商店街の商業立地環境，空き店舗数，将来展望の割合（2021年）

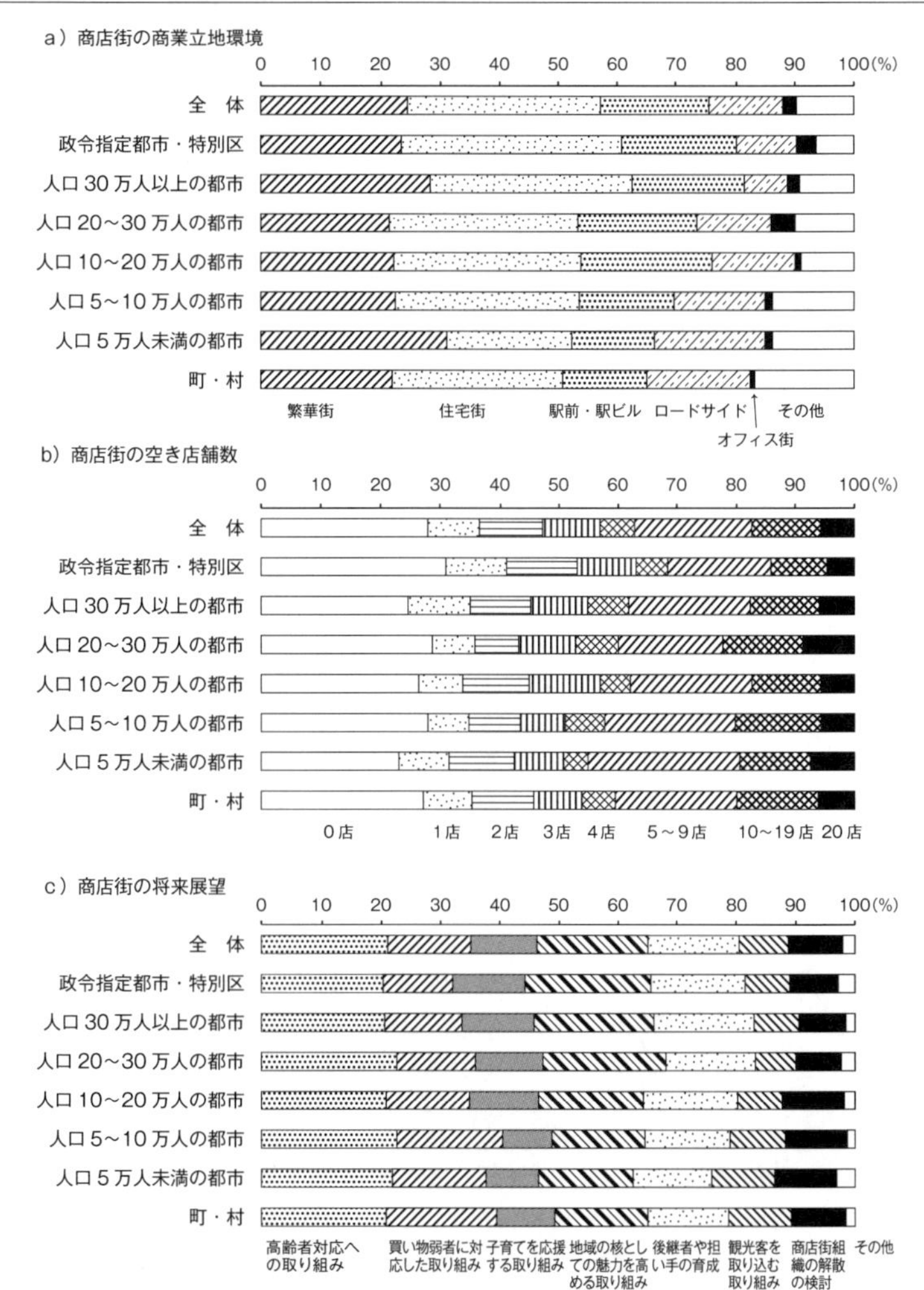

（資料）『商店街実態調査報告書』より作成.

立地する日常的に利用される商店街の割合が高く、近隣型や地域型の商店街が機能していることを読み取れるが、人口規模が小さくなると既存の中心市街地にある繁華街か新規に形成されたロードサイド型の商店街が占める割合が高くなる。空き店舗数では、いずれの都市規模においても空き店舗がない商店街が四分の一程度を占めるが、人口規模が小さくなるにつれて五店舗以上の空き店舗を抱える商店街の割合が増える（図2－17－b）。人口規模の小さい都市の商店街では構成する店舗数も少ないことから、空き店舗や駐車場化など低・未利用な空間が拡大している。小規模都市では商店街の解散を検討している商店街も少なくなく、中山間地域での買い物先の消滅が危惧されている。

空き店舗を埋める方策は各地で模索されており、商店街の将来展望をみると（図2－17－c）、人口規模の大きい都市に立地する商店街では都市の核としての魅力を高める取り組みへの注力の割合が高く、依然として中心地の商業機能の役割を果たすことが目指されている。規模の大きな都市では商業機能の充実だけでなく、子育て支援への取り組みの割合も多く、商店街が果たす役割の多元化が期待されている。一方で、小規模都市に立地する商店街では、高齢者、買い物弱者への対応といった高齢化社会やフードデザート問題に適応した取り組みが期待されており、生活支援の拠点としての役割が商店街に求められている。いずれにせよ、空き店舗という未利用空間の活用策が必要であるが、商店街に求められる業種の誘致に加えて、カフェや雑貨店など資本力の少ない若手経営者が始めるスモールビジネスを支え育成する孵化器としての役割もこれからの商店街には求められる。

4 新しい購買手段と買い物空間

流通業界における情報通信技術の発達は一九八〇年代のＰＯＳシステムによる単品情報のデジタル化や取引のオンライン化を端緒として、一九九〇年代後半以降のインターネット環境の整備により消

フードデザート問題

フードデザートとは食料品など日常生活用品の購入先が減少し、移動手段が限定される高齢者や移民等が多い地域などで「買い物弱者」が増加し、不十分な食生活を強いられる住民が多くなる地域、ないしはその状態。地域内での住民のつながり、ソーシャルキャピタルが薄くなり、生活意欲が減退し食生活の悪化を招く人々が増えるという社会問題でもある。

費者の購買行動に著しい変化を与えてきた。二〇〇〇年代初頭には既存の購買活動を補完するに過ぎなかったインターネット通販は、二〇一〇年代になりインターネットの高速化とスマートフォンやタブレット端末の普及により急速に消費生活に浸透している。これらの情報基盤の深化に対応し適応できるのは、資本力のあるIT企業や大手流通業者であり、たとえばAmazonや楽天などプラットフォーマーと呼ばれる上位企業にインターネット通販の取引が集中している。インターネット通販の普及を空間的に捉えると、中心市街地と郊外、大都市と地方都市といった物理的な空間で機能分化していた買い物空間の垣根がなくなり、自宅に居ながらにして、もしくはスマートフォンならばそうした場所の制約も取り払われた自由な空間で世界中の商品を入手できる。

インターネットを利用した支出はどのような商品に普及してきたのかについて明らかにしたい。図2-18に示すインターネットを利用した支出額の推移をみると、インターネットを利用した世帯（二人以上）の割合は増加を続けており、二〇二一年に初めて五〇％を超えた。衣類や履物はインターネット専用の通販会社のみならず、実店舗でカジュアル衣料を展開する大手小売業者もサービスを展開している。家電や書籍、ソフトなどのデジタルコンテンツもインターネット通販との親和性が高く、初期段階から普及が進んでいる。急速に支出額を増やしているのは食料品である。食料品スーパーが展開するネットスーパーは二〇〇〇年代から各社で導入されていたものの、当初は収益ベースを確保できるものではなかった。ここ数年で食料品のインターネット利用が普及したのは新型コロナウイルス感染症の拡大による影響が大きく、ネットスーパーだけでなく宅配サービスによる食事購入の利用が拡大・浸透している。観光サービスとして宿泊予約等へのインターネット利用の拡大も顕著で、新型コロナウイルス拡大下で一時的に縮小したものの、すでに回復の傾向をみせている。これらインターネット通販の普及はスマートフォン等のデジタル端末の普及に加えて、クレジットカードや

ラストワンマイル問題

物流におけるラストワンマイルとは、最終配達拠点から顧客までの小口配送サービスのことを指す。インターネット通販の普及などにより配達量が急増する中で、トラックドライバーの不足、顧客不在時における再配達の増加によって配達業者における採算悪化やドライバーの負担増につながる問題。荷物の受け取り方法の多様化やIT技術の開発、ドローンや自動配送ロボットの開発などの対応策が検討されている。

図2-18　インターネットを利用した1世帯（2人以上の世帯）当たり月間支出額の推移

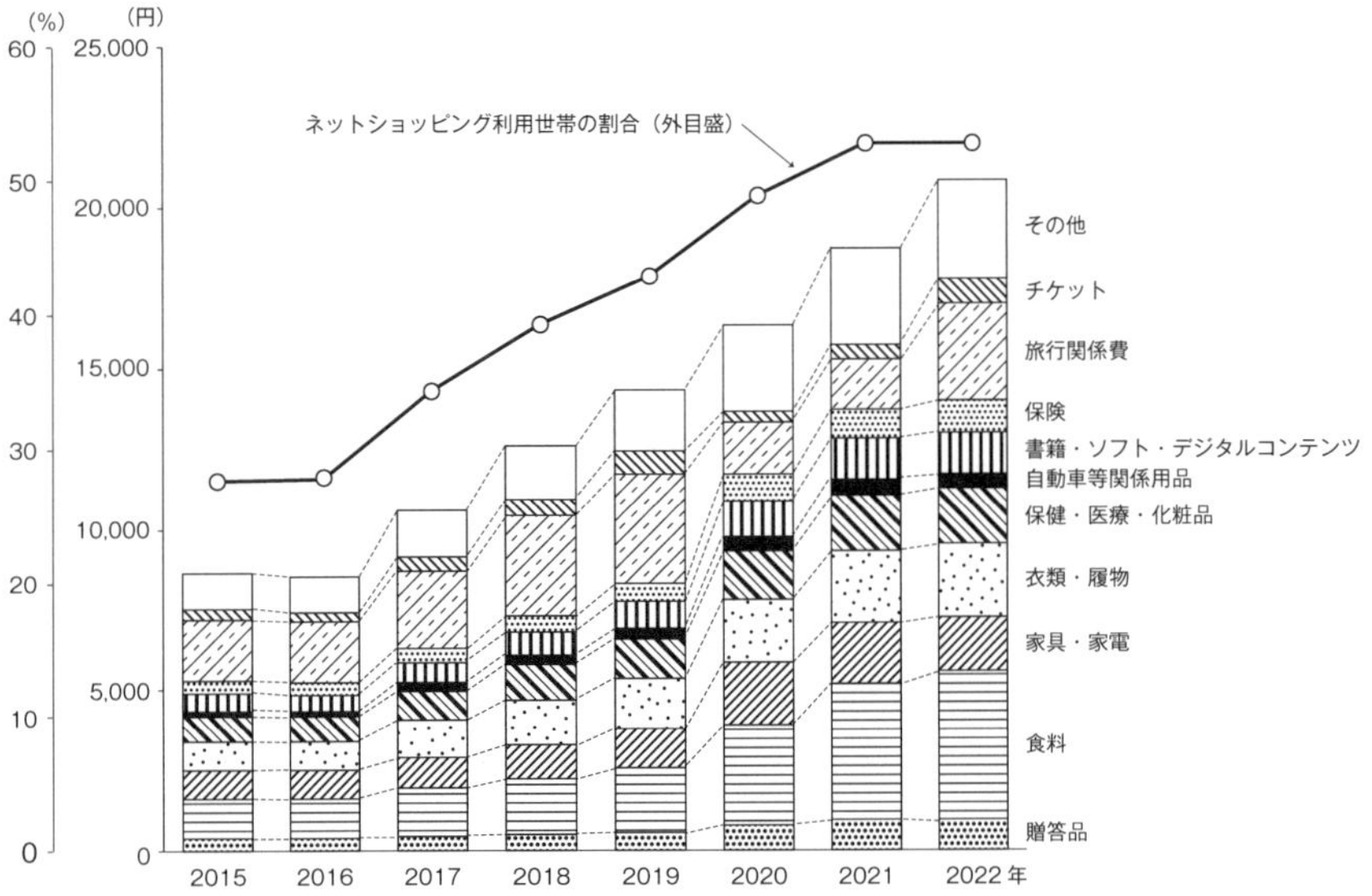

（資料）『家計消費状況調査』による.

電子マネー、QRコード等の電子決済手段の多様化による影響も大きい。

インターネット通販の利用拡大は、消費者にとって注文における効率化や商品選択肢の拡大には大きな利点があるものの、受注者側から消費者へ商品を届ける物流の問題が生じている。取扱商品数が急増する一方で、物流業界の人手不足は深刻であり、受取者不在による再配達問題などラストワンマイル問題の解決には至っていないという課題が残されている。

第5節　ツーリズムと観光業

❶ 観光業の変遷

本節のタイトルにあるツーリズムは、従来、異国の地やそこでしか手に入らない品を得るための移動の旅、信仰と関連した巡礼などを目的に限られた人々により繰り返されてきた。今日のツーリズムの形態は、産業革命の進展とともに、一九世紀に英国のトーマス・クックによる旅行斡旋業の発明以来、"tour"（出発地点に帰着できる意）ができる"ism"（状態）になったことで急速に確立された。日本の観光自体の歴史も古くは、お伊勢参りなどの参拝や代参講、湯治などにより、江戸時代以降は、時に危険を伴いながらも、徐々に庶民も旅行をする時代へと移り変わってきた。ツーリズムと中国古代の『易経』の一節を語源とする観光とでは、厳密には意味が異なるものの、以下では産業としての観光の変遷に焦点を当てて説明を続ける。

日本の観光業を概観する上で、戦後の高度経済成長期以降のマスツーリズム（大衆観光）に対する理解は不可欠である。それ以前の観光業は各地の民宿、湯治場から派生した温泉観光地（草津、熱海、別府など）、明治時代以降の外国人向けの旅館（箱根、日光など）、別荘地および避暑地（軽井沢など）などに代表される。マスツーリズムの到来は、それまで個人客を対象にしていたシステムから、一度に大量の団体客を目的地へと送客・迎客するシステムへと変容した。結果的に、個人客向けの民宿は、画一的な客室を備えた旅館へと建て替えられた。また都市部では鉄道系、不動産系企業の開発の波に乗り、多くの旅館や後にホテルが相次いで誕生した。

図2-19は一九七三年以降の訪日外客数および出国日本人数の推移を示す。一九七三年時点の訪日外客数は約七八・五万人であり、二〇〇〇年代までの日本の観光業は内需により支えられている側面が強かった。出国日本人数が増加した背景として、プラザ合意（一九八五年）による円高や対米貿易黒字からくる貿易摩擦問題の緩和で、一九八六年に海外旅行倍増計画（テンミリオン計画）が促進されたことが指摘される。国内旅行においては、一九八七年のリゾート法（総合保養地域整備法）の制定により、日本各地で団体客向けに大規模なホテルを完備したゴルフ場やマリーナ、スキー場などの

マスツーリズム

mass（大量・大衆）を対象とした旅行の形態である。トーマス・クックによる禁酒運動中の南欧への汽車旅行を一つの契機に生じた。一度に大量の客を輸送する航空機や高速鉄道の輸送革命とパッケージツアーの登場がマスツーリズムの発展に寄与した。マスツーリズムの問題点として、観光の目的地で画一的な商品が大量に供給され、地域内外での競争が激化することで、フォーディズム的な生産消費体制が維持されることにある。

リゾート開発がブームと化した。

こうしてマスツーリズムは、産業としての観光の存在感を大きく飛躍させる契機となった。しかし一九八〇年代後半以降は、マスツーリズムに対して、開発主導で、ときに既存の自然環境を軽視し、観光消費が地域経済と直接結びつかない状況に、徐々に批判の声が大きくなっていった。またバブル経済崩壊後の低成長期とともに、社員旅行などの団体旅行の減少や日帰り旅行の増加もマスツーリズムに依存した観光業に方向転換が求められた。こうした状況下で、マスツーリズムに代替するオルタナティブ・ツーリズムやニューツーリズムを志向した観光地づくりが推し進められた。その結果、従来の発地主導の観光形態から、移動先の地元企業、住民、NPO、行政などが主導する着地型観光の形態が重視されるようになってきた。

二〇〇〇年代に入ると、観光業は新たな重点顧客として、経済成長の著しい近隣の東アジア圏諸国に目をつけた。国土交通省は、二〇〇二年にグローバル観光戦略を策定し、翌二〇〇三年には小泉政権が観光立国宣言を行い、ビジット・ジャパン・キャンペーン（VJC）によ

リゾート法（総合保養地域整備法）

国民の余暇自由時間の拡大、国土の均衡ある発展に資するための地域振興策として、一九八七年に成立した。新たな誘客の目玉となるテーマパークなどの建設が進められてきたものの、ときに自然環境の保全や地域の固有資源の活用を軽視した施設が全国に飽和したことで、リゾート法そのものの見直しが図られた。

オルタナティブ・ツーリズム

マスツーリズムに対する批判が生じて、新たなツーリズムの形態が模索される中で打ち出された、新たに取って代わる（alternative）ツーリズムの形態である。オルタナティブ・ツーリズムは「マスツーリズムでない観光」の意味を含有する

図2-19　訪日外客数および出国日本人数の推移（1973～2022年）

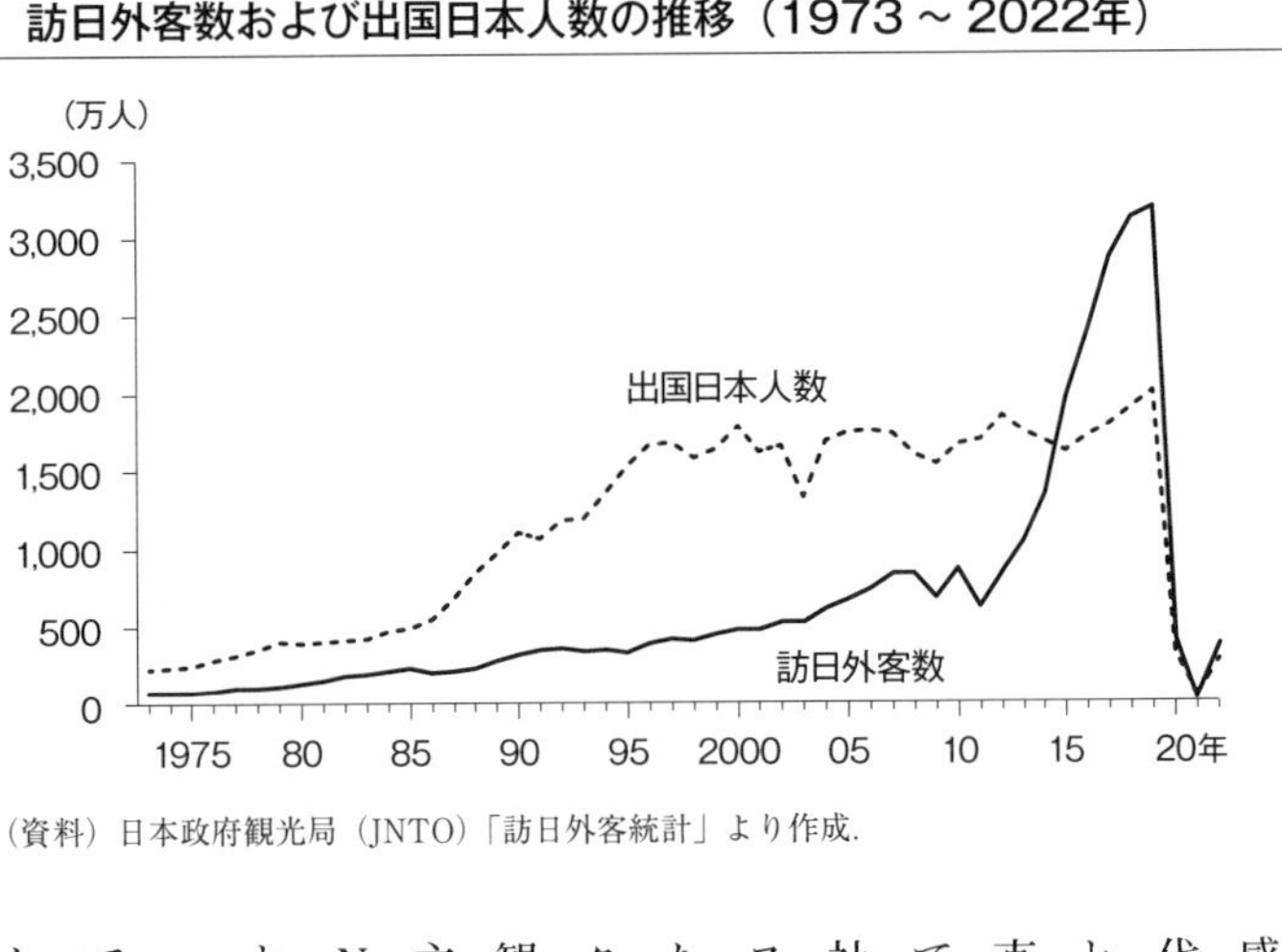

（資料）日本政府観光局（JNTO）「訪日外客統計」より作成.

る官民合同の対外観光宣伝活動を打ち出した。実際に、訪日外客数は、従来国が目標としていた八〇〇万人を二〇〇七年にはじめて突破し、東日本大震災後の一時的な客数落ち込みを経て、二〇一五年になると訪日外客数が四五年ぶりに出国日本人数を上回り、二〇一八年には三〇〇〇万人台に達した（図2-19）。同時に、特定の目的地に過度に来訪することで生じるオーバーツーリズム（観光公害）や、対照的に新型コロナウイルスの発生時は来訪が激減するなど、観光業の需要増減をめぐる新たな現代的課題も顕在化しつつある。

❷ 観光業の構造とその変化

観光業は、泊食に密接した宿泊、飲食サービス、旅行をはじめ、目的地まで客を輸送する交通運輸や小売、娯楽、イベント・コンベンション、農林水産、建設、不動産など多岐にわたる産業から構成される一大産業である。表2-9をもとに、国内旅行者数に着目すると、延べ国内旅行者数は、二〇一七年時点で約六・五億人に達するものの、二〇二二年は新型コロナウイルスの影響で、約四・二億人にとどまる。旅行者の内訳をみると、二〇一二年および二〇一七年時点で、宿泊旅行と日帰り旅行の比率は半々に分けられる。また、旅行消費額（二〇二二年）は一八・七兆円であり、二〇一二年から一七年の五年間で大幅に増加していることが看取される。ここで着目すべき点は、外国人消費額である。国内人口が頭打ちの昨今において、二〇一二年から五年間の旅行消費額の増加分には、訪日観光（インバウンド・ツーリズム）の振興によるところが大きい。訪日外客数の平均滞在日数は、国内客のそれよりも長く、一人当たりの観光に費やす金額は当然多くなる。その経済波及効果の大きさから、訪日外客は人口減少社会における国の有望な外貨獲得策の一つであるのみならず、観光を生業にしようとする自治体にとっても地域経済の未来を左右する存在になりつつある。

場合と、サステナブルツーリズムを実践するための諸観光形態の総称を意味する場合とがある。

オーバーツーリズム
特定の目的地に過度に観光客が来訪することで、地域住民の生活の質や観光客の体験の質に負の影響を及ぼしている状態を示す。二〇一六年に米国の観光専門メディア「スキフト社」により定義された語であるといわれる。それぞれの目的地には、適正な環境容量があり、その容量を上回る負荷がかかることで、観光客満足度の低下、ごみ、騒音、交通渋滞、物価や地価の上昇など、様々な観光公害が生じる。

表2-9　国内旅行者数と旅行消費額の推移

指標	2012年	2017年	2022年
延べ国内旅行者数（日本人・万人）	61,275	64,751	41,785
うち宿泊旅行	31,555	32,333	23,247
うち日帰り旅行	29,720	32,418	18,539
旅行消費額（兆円）	21.8	26.7	18.7
国内旅行消費額（日本人）	19.4	21.1	17.2
外国人消費額	1.1	4.4	0.9

（資料）『旅行・観光消費動向調査』による.

表2-10は最新年の二〇二二年、および新型コロナウイルス本格化以前の二〇一九年の訪日外客数の国・地域別の内訳を示す。ここでは、「平時」と考えられる二〇一九年のデータをもとに客数の特徴を示す。同年の訪日外客数全体のうち、アジア圏からの来訪は全体の八四・一%を占める。この背景には、アジア圏における経済成長やそれに伴う旅行に支出可能な所得人口の増加、日本との地理的関係性、交通アクセスの利便性向上、ビザ緩和などが挙げられよう。中でも、近隣の中国、韓国、台湾、香港の構成比は訪日客数全体の実に七〇%を占める。こうした東アジア圏客は、二〇〇〇年代以前から訪日観光を牽引する存在であるものの、二〇一〇年代に入ると、それ以外の国や地域からの来訪客の分散化が目立っている。その代表例が、人口拡大と経済成長の著しいASEAN諸国（上位は、表中のタイのほか、フィリピン、マレーシア、ベトナム）からの来訪である。加えて、豪欧米諸国の来訪も全体の一五・四%を占める。来訪元の国や地域が分散化することは、訪日滞在先や訪日時期の分散、および政治社会経済面などのリスクヘッジの観点からも重視される。

図2-20は、都道府県別の延べ宿泊者数と外国人宿泊者数の比率を示す。国内客を含めた延べ宿泊者数の上位構成は、東京都および成田国際空港や東京ディズニーリゾートを擁する千葉県、大

表2-10　訪日外客数の国・地域別内訳

	2019年		2022年	
	客数（人）	構成比（%）	客数（人）	構成比（%）
アジア（計）	26,819,278	84.1	3,001,292	78.3
韓国	5,584,597	17.5	1,012,751	26.5
中国	9,594,394	30.1	189,125	4.9
台湾	4,890,602	15.3	331,097	8.6
香港	2,290,792	7.2	269,285	7.0
タイ	1,318,977	4.1	198,037	5.2
その他	3,139,916	9.9	1,000,997	26.1
豪欧米(注)（計）	4,895,804	15.4	798,435	20.8
豪州	621,771	2.0	88,648	2.3
米国	1,723,861	5.4	323,513	8.4
カナダ	375,262	1.2	55,877	1.5
英国	424,279	1.3	57,496	1.5
フランス	336,333	1.1	52,782	1.4
ドイツ	236,544	0.7	45,748	1.2
その他	1,177,754	3.7	174,371	4.5
上記以外	166,967	0.5	32,383	0.9
合計	31,882,049	100.0	3,832,110	100.0

（注）「豪欧米」は，オセアニア，ヨーロッパおよび北アメリカ．
（資料）日本政府観光局（JNTO）『訪日外客統計』より作成．

阪・京都府のほか、北海道、沖縄県が挙げられる。逆に宿泊客数が少ないのは、東北（青森・秋田県）や北陸（富山・福井県）、近畿（奈良県）、山陰（島根・鳥取・山口県）、四国（各県）、九州（佐賀・宮崎県）である。訪日外客は二〇一〇年代当初、東京や大阪を発着点として、箱根、富士山、名古屋、京都などを経由するゴールデンルートや北海道、沖縄の自然環境を求めた来訪に偏っていた。二〇一九年の外国人延べ宿泊者数でもゴールデンルートと北海道・沖縄の二大観光地域などに集中する傾向を示す。アジア圏から

図2-20　都道府県別にみた延べ宿泊者数とその内訳（2019年）

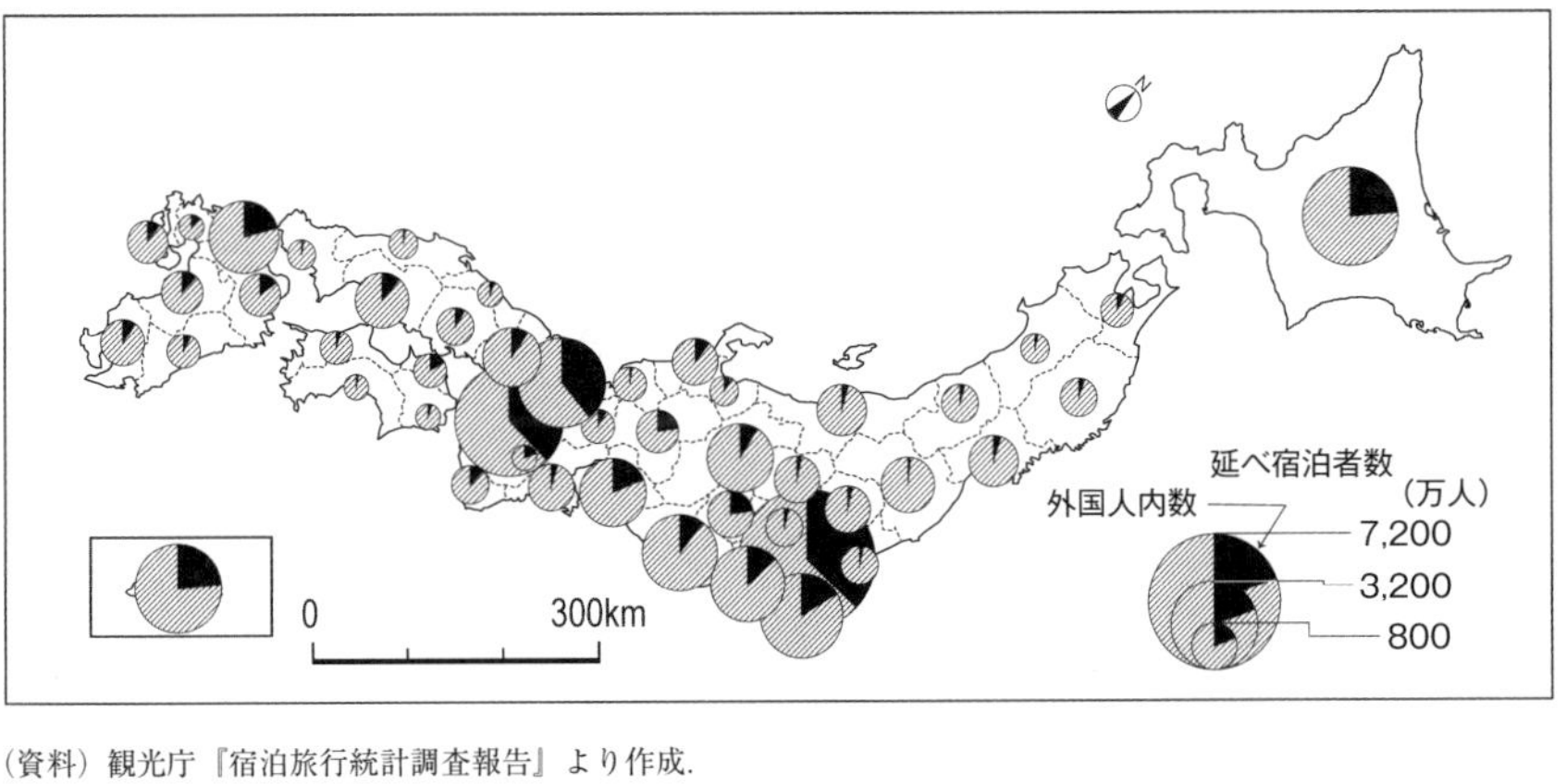

（資料）観光庁『宿泊旅行統計調査報告』より作成.

のアクセスに優れた福岡県を含めた、これらの都道府県の外国人延べ宿泊者数比率は二〇一九年には二〇%を超え、いまや産業の維持に不可欠な存在といえよう。また、訪日観光が一般化した昨今では、東京都、千葉・神奈川県を起点に、近郊の山梨・静岡県に足を運んだり、地域固有の自然・文化観光資源を有する岐阜・奈良・香川・大分県への来訪比率が相対的に高いなど、外国人宿泊者独自の傾向がうかがえる。

本節では、ここまで主にゲスト側の観光流動の視点から、昨今の観光業の動態に迫ってきた。以下ではホスト側（主に宿泊業）に着眼する。日本の民宿は、スキー集落の白馬村を起源にするといわれる。その後に出現した生業的な零細旅館や駅前旅館は、ビジネスホテルの伸長とともに過去の存在となった。一泊二食で宴会場付きの大規模な和室旅館は、高度経済成長期の団体バス旅行を支えるなど、マスツーリズムの象徴的存在であった。しかし、旅館の施設数は一九八〇年をピークに、以降は現在まで減少の一途を辿っている（図2-21）。対照的に、戦前はもっぱら外国人や一部の富裕客向けであったホテルは、一九六四年の東京オ

キッチン完備の宿泊施設

訪日外客にとって、宿泊先では泊食分離で、食事は外で済ます滞在形態が一般的である。そのため、一泊二食付きのプランよりも、素泊まりや朝食のみの食事プランで、代わりにキッチンを完備したコンドミニアムやコテージタイプの宿泊施設が増加している。

図2-21　旅館・ホテル・簡易宿所等の施設数

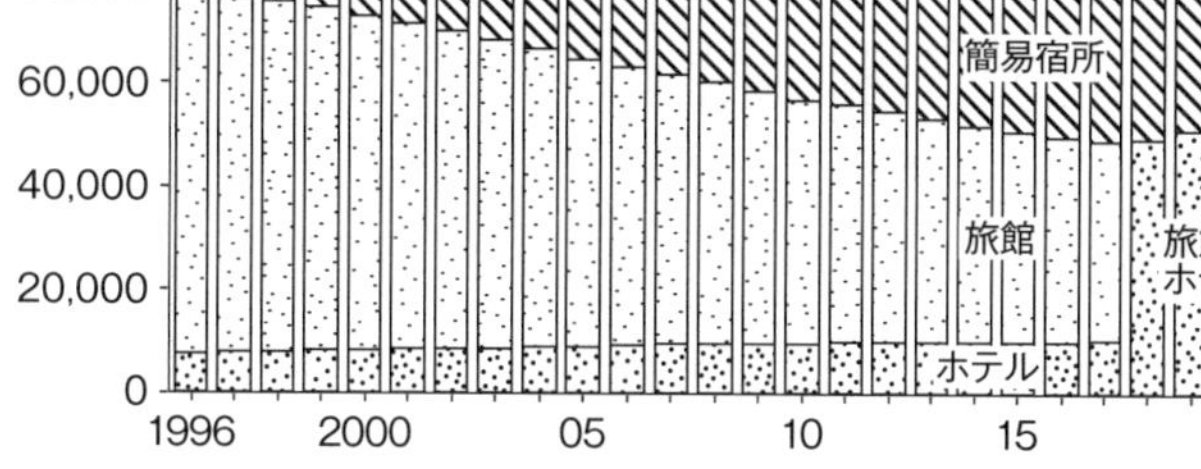

(注) 2018年以降の「旅館」および「ホテル」の値は「旅館・ホテル」として統合.
(資料) 厚生労働省「衛生行政報告例」より作成.

リンピック・パラリンピック開催を契機に、生活様式の洋式化と洋室志向の後押しを受けて建設が相次いだ。ホテルの施設数はさらに、一九九〇年代後半以降のサービス・ホスピタリティマネジメントの体系化、グローバルホテルチェーンの進出などにより、現在に至るまで一貫して増加傾向を示す。

最後に近年の宿泊施設の新たな展開について述べる。第一に、北海道や長野県などの一部のリゾート地域では、中国やオーストラリア、シンガポールなど外国資本による投機的な宿泊施設向けの土地買収やキッチンを完備した新たなタイプのコンドミニアム、コテージが出現している。第二に、米国のAirbnb社が日本において、二〇一四年よりサービスを開始したことで、それ以降、住居を宿泊場所として提供する民泊が急速に普及した。民泊の登場は、従来、宿泊業が専売としていた宿泊業界の構図を一変させた。第三に、着地主導のニューツーリズムや観光に対するニーズの高度化を受けて、宿泊施設の業種・業態はますます多様化している。具体的には、宿泊施設不足の後押しを受けて改修された町屋（京都など）や、目的地のまちを一つの宿と見立てそこでの日常生活を着地型観光として提供する「まちやど」、ワーケーションに対応した長期滞在向けのコンドミニアム、自前のテントやキャンプ道具が不要なグランピング施設などが代表例として挙げられる。

❸ 持続可能な観光地域づくりに向けて

観光が環境、社会、経済、文化に与える影響は計り知れない。そのため、観光業も例外なく、持続可能な地域づくりに向けた社会的な要請を強く受けている。持続可能な観光（サステナブル・ツーリズム）の概念は、一九八〇年代後半から、マスツーリズムによる大衆化の弊害を克服する新たな観光概念の指針として打ち出された。この背景には、一九八七年にブルントラント委員会から出された「我ら共通の未来（Our common future）」の報告書により、持続可能な開発（sustainable development）を議論の中心に据え、その後のリオデジャネイロで開催された「地球サミット（一九九二年）」の中で、観光は持続可能な開発の達成に積極的に貢献できる分野の一つとして位置づけられたことが指摘される。時が進み、二〇一五年の国連総会では、持続可能な開発目標（ＳＤＧｓ）が採択され、「将来の世代のニーズを損なうことなく、現在の世代のニーズを満たすような開発」と定義された。

さて、世界観光機関（ＵＮＷＴＯ）は、観光開発における持続可能性の原則として、自然環境、社会文化、経済の三つの側面から開発を規定し、長期的な観光開発にはこれら三側面が相互にバランスを保ち続ける必要があると主張した。観光業では、これ以前の「地球サミット」を契機に、自然環境（ecology）とツーリズム（tourism）の語を合成したエコツーリズムやグリーンツーリズムなど、ツーリズムの倫理的な実践のあり方が日本でも議論の的となった。さらに、日本ではサステナブル・ツーリズムの推進に向けて、グローバル・サステナブル・ツーリズム協議会（ＧＳＴＣ）が作成した国際

ワーケーション

「Work（労働）」と「Vacation（休暇）」を組み合わせた造語である。日本でも、テレワークの推進や二地域居住などを通じて、新たな観光の滞在形態として定着しつつある。移動先に一定期間滞在することから、移住・定住の促進や交流人口拡大に寄与することが期待される。

持続可能な開発目標（ＳＤＧｓ）

観光業は一七の主要目標のうち、特に経済成長と雇用に関する「目標八」、生産と消費に関する「目標一二」、海洋資源に関する「目標一四」の三つの目標において観光の役割が明確に設定されている。その一方で、国連世界観光機関（ＵＮＷＴＯ）は、持続可能な開発の達成に向けて、すべての目標に直接的、また

は間接的に貢献できる旨を宣言している。

DMO

Destination Management/Marketing Organizationの略。観光地経営の視点に立って、観光地域づくりを行う法人であり、日本では二〇一五年に観光庁への登録制度がはじまった。観光地経営に携わる諸主体同士の連携を対内的なマネージメント、および対外的なマーケティングの双方から取りまとめ、地方誘客と観光消費の拡大を通じた地域経済への波及効果をねらう点が特徴的である。二〇二三年九月末時点で、二八二団体がDMOとして登録されている。

観光における交流人口

交流人口は、定住人口や居住人口に対比して用いられる語である。近年は、単なる観光客の

表2–11　日本版持続可能な観光ガイドライン（JSTS-D）の基準

分野	カテゴリー
持続可能なマネジメント	マネジメントの組織と枠組み，ステークホルダーの参画，負荷と変化の管理
社会経済のサステナビリティ	地域経済への貢献，社会福祉と負荷
文化的サステナビリティ	文化遺産の保護，文化的場所への訪問
環境のサステナビリティ	自然遺産の保全，資源のマネジメント，廃棄物と排出量の管理

（資料）観光庁「日本版持続可能な観光ガイドライン」より作成.

基準指標をもとにした、「日本版持続可能な観光ガイドライン（JSTS–D）」が策定された（表2–11）。同ガイドラインでは四つの明確な指標を打ち出し、それぞれの自治体や観光地域づくり法人（DMO）が主体となって、日本が目指す観光立国の将来ビジョンの中で、持続可能性の基本理念を中核に据え、地域経済に根ざした観光地域づくりが志向されている。

前述したサステナブル・ツーリズムに加えて、昨今はレスポンシブル・ツーリズム（責任ある観光）と観光客の地域への関わり方の見直しが図られている。これは、観光客が観光に携わる地域経済の重要な構成要素として捉えられ、観光客自身も目的地での意識や行動に責任を持つべきであるという考え方である。とりわけ、二〇一〇年代後半以降に生じたオーバーツーリズムや、その最中で生じた未曾有の感染拡大の局面では、観光業と一見関係のない地域住民との接点がクローズアップされた。同時に、観光を地域経済の支柱とする自治体では、人口減少社会において、新たな「交流人口」の獲得が後継の育成や、産業のイノベーション面から期待されている。

さらに、持続可能な観光地域づくりの実践を考える際に、観光業が産業の性質上、自然災害、疫病、経済危機、政治的対立などの社会経済的動向に脆弱性を有する点は軽視できない。特に、人的なサービスを提供する観光業は、時に不定期に変動する観光需要に対して、柔軟

に労働を提供する必要がある。こうした前提の上で、観光振興が顕著な大都市圏やリゾート地域では、新型コロナウイルス発生後に地域内の雇用を縮小したことで、感染収束後も慢性的に人手不足が生じている。その一方で、観光振興が思うようにいかず、人口減少に直面する自治体では、自然災害や疫病と隣り合わせになりながら、将来の観光業の担い手となる交流人口を獲得することが急務なのである。いずれにせよ、観光業は日本の数少ない有望産業として捉えられている中、観光に依存する地域経済の不安定性に真摯に向き合い、産業としての観光のレジリエンスを高めることが、真の持続可能な観光地域づくりに向けて不可欠である。

第6節　地方行政制度と政策地域

地方行政の地域システムの形成

(A) 明治の大合併から地方自治法の成立まで

一八七一（明治四）年の廃藩置県が近代の地方行政改革の始まりであるが、その直後には約三〇〇の県が存在し、現在の都府県の輪郭からは程遠いものであった。その後、十数年にわたって区域の分割と統合が進められ、最終的に（北海道と沖縄を除く）四五府県に落ちついたのが、一八八九（明治二二）年のことであった。一八九〇年には法律としての府県制が公布されるが、それに基づいた府県として四五府県のうちすべてが施行されるようになるのは一八九九（明治三二）年まで待たなければならなかった。なお、沖縄県は琉球藩の設置と廃止を経て一八七九年に設置されるが、府県制に定める県になったのは一九〇九年のことである。また、行政単位としての北海道は、函館・札幌・根室の

みならず、VFR（Visiting Friends and Relatives 友人や親族を訪問する観光）、季節滞在や半定住の一時的滞在者など、交流人口の拡大が地域経済を潤し、時に新たな地域社会の担い手となることが期待されている。

観光のレジリエンス

レジリエンスは、復元力や弾力性を意味する語である。もともと工学や生態学で使われていた概念であり、次第に社会科学分野へも応用されている。観光業でも社会的、政治的、経済的な幅広い領域に跨る概念として用いられる。レジリエンスを脅かす危機が不定期かつ不規則に生じる観光業では、地域経済が持続不可能な状態のままでいる際に、レジリエンスを高める解決手段の発見が重要である。

三県を統合の上、一八八六年に生まれるが、一九四七年に至るまでは内務省直轄の行政区画であった。

一方、日本において市町村という枠組みが確立するのは、一八八八（明治二一）年の公布の市制・町村制によるものであり、これらの施行のために「明治の大合併」が行われ、それまで七万以上あった区町村（この場合の区は都市に相当）は、一万五八五九の市町村に再編された。市制が始まった当初の市の数は、わずかに三九市であった。その後も合併が進行したが、一九四五年一〇月の時点で、なおも一万五二〇市町村を数えた（うち市は二〇五）（表2–12）。

府県制と市制・町村制、またこれらにあわせて導入された郡制においても、府県、郡、市、町村はそれぞれ、中央政府からは一応は独立した地方団体（法人）として認められることになったが、知事が政府から任命される官吏であることに加え、限定された選挙権、首長と議会の関係、住民と市町の関係などをみても、地方自治、住民自治というには程遠い中央集権のシステムであった。

戦中期の一九四三年には、旧東京府と旧東京市の廃止の上に、国に直結する基礎的自治団体としての東京都が成立。また東京都制の公布と同じ年に、府県制、市制、町村制が改正され、町内会・部落会に至るまでの中央政府からの制御システムが貫徹することになった。戦後は、日本国憲法において地方自治が保障されたことと連動して、地方自治法が可決、新憲法とともに一九四七年五月三日に施行された。地方自治法では、普通地方公共団体として都道府県および市町村、特別地方公共団体としての特別市、特別区、地方公共団体の組合、財産区を定めた。

(B) 昭和の大合併

一九五三年一〇月の時点で全国に九八六八の市町村があり、このうちの八四％に当たる八二四五が人口八〇〇〇人に満たない町村であった。人口八〇〇〇人に満たない規模では、新制中学校の運営や

郡制

一八九〇（明治二三）年に制定された法律。従来の郡区町村編制法では国の行政機関としての郡が定められていたが、それに代わって、地方公共団体としての郡が規定された。しかし、十分な自治体には発展せず、一九二一（大正一〇）年に郡制は廃止となり、郡は地理的範囲を示す呼称に過ぎなくなった。

東京都制

一九四三年に公布・施行となった法律。それまでの東京府と東京市

を廃止して、広域行政機関と基礎的地方公共団体を兼ねる東京都を設置することを定めた。戦後の地方自治法制定によって法律としての東京都制は廃止になった。

表2-12　日本の市町村数の推移

	市	町	村	計	備考
1888年	—	71,314		71,314	
1889年	39	15,820		15,859	市制・町村制施行（1889年4月1日）
1922年	91	1,242	10,982	12,315	
1945年10月	205	1,797	8,518	10,520	
1947年8月	210	1,784	8,511	10,505	地方自治法施行（1947年5月3日）
1953年10月	286	1,966	7,616	9,868	町村合併促進法施行（1953年10月1日）
1956年4月	495	1,870	2,303	4,668	新市町村建設促進法施行（1956年6月30日）
1959年9月	498	1,903	1,574	3,975	
1961年6月	556	1,935	981	3,472	
1962年10月	558	1,982	913	3,453	
1965年4月	560	2,005	827	3,392	市町村合併特例法の公布・施行（1965年3月25日）
1975年4月	643	1,974	640	3,257	
1985年4月	651	2,001	601	3,253	
1995年4月	663	1,994	577	3,234	
1999年4月	671	1,990	568	3,229	地方分権一括法公布（1999年7月16日）（含・市町村合併特例法改正）
2002年4月	675	1,981	562	3,218	
2004年5月	695	1,872	533	3,100	
2005年4月	739	1,317	339	2,395	合併新法施行（2005年4月1日）
2006年3月	777	846	198	1,821	
2010年4月	786	757	184	1,727	合併新法改正施行（2010年4月1日：3万人特例の廃止等）
2014年4月	790	745	183	1,718	

（資料）総務省資料より作成.

自治体消防、福祉業務等が実現できないという危惧から、全国の市町村数を三分の一にまで減じて、人口規模の適正化を通じて財政基盤を確立することが急務とされた。

こうした要請を受けて、一九五三年一〇月には町村合併促進法が施行、続いて五六年には新市町村建設促進法が施行された。その結果、一九六一年には市町村数は、三四七二にまで減じられた。新市町村建設促進法が効力を失う一九六一年九月末までの合併ブームを「昭和の大合併」という。

昭和の大合併よりは、時期的にやや後ろにずれるが、新産業都市建設促進法も、その一体的建設のために市町村規模の適正化を求めていた。こうした合併事例に相当するのが福島県いわき市であり、平市と磐城市を含む五市四町五村の大合併によって一九六六年に同市は誕生した。いわき市誕生時の人口は三三万人、当時としては国内最大の市域面積を誇った。同様の理由に基づく合併事例としては、福島県郡山市や大分県大分市がある。

(C) 政令指定都市

一九四七年施行の地方自治法では特別地方公共団体の一つに「特別市」を定めていた。特別市とは、概ね五〇万人以上の都市を対象に住民投票を前提とした上で個別の法律で定め、都道府県からは独立して都道府県と同格の機能を持たせるというものであった。二重行政の解消という点での合理性もあったが、市民感情・県民感情上の問題などから現実に適用されることはなかった。特別市に代わる制度として一九五六年に地方自治法の改正により導入されたのが「指定都市」である。地方自治法を根拠法としながら政令で指定されるため、「政令指定都市」の名称がしばしば用いられる。同年、京都市、大阪市、横浜市、神戸市、名古屋市の五市が最初の指定都市となった。五市に続いたのが、一九六三年の北九州市で、同市は指定都市になることを前提に、門司市、小倉市、若松市、八幡市、戸畑市の合併によって誕生した。法律上の人口要件は五〇万人以上とされたが、運用上は概ね一〇〇万

面積最大の市

国土地理院の「全国都道府県市区町村別面積調」によると、二〇二二年四月現在、岐阜県高山市が二一七七・六一平方キロメートルで最大の市域面積を有する。静岡県浜松市、栃木県日光市がこれに続いている。かつて一位であった福島県いわき市は一二位である。

人以上が当初の基準となった。

その後、一九七二年に、札幌市、川崎市、福岡市が、一九八〇年に広島市、一九八九年に仙台市、一九九二年に千葉市、二〇〇三年にさいたま市が指定都市に移行した。これらのうち仙台市の場合には泉市や宮城町の編入が前段階としてあり、さいたま市の場合には、さいたま新都心の計画が契機となった浦和・大宮・与野の三市合併が前提となった。

これらに続いたのが、静岡市、堺市、浜松市、新潟市、岡山市、相模原市、熊本市であるが、平成の大合併の時期に期限付きの運用基準緩和に基づいて、人口七〇万人台で指定都市移行を果たした市も少なくない。浜松市は計一二市町村、新潟市は計一五市町村による大規模合併であった。

（D）広域市町村圏

昭和の大合併等によって市町村規模の拡大が図られたが、それでもなお、単独の市町村では整備しきれない都市的インフラストラクチャー（たとえば衛生施設や消防救急など）があった。また、人々の生活圏が拡大する中でより広域での合理的施設配置といったことが課題になってきた。新全国総合開発計画（一九六九年）が地域開発の基礎単位として広域生活圏構想に言及したことを受けて、旧自治省は広域市町村圏の考え方を一九六九年に打ち出した。広域市町村圏の設定は、人口一〇万人以上の規模を標準として、地方中核都市とその周辺農山漁村を合わせた一体的な圏域が描けるか否かが基準となった。なお、圏域の設定主体は都道府県知事であった。

旧自治省が一九七二年八月現在で取りまとめた『広域市町村圏要覧』によると、全国四四道府県（東京・大阪を含まず）に三二九圏域が設定され、一圏域当たりの平均市町村数は八・九、圏域当たり平均人口は約一九万人であった。各圏域は基本的には一つの道府県域内に設定されたが例外的には、佐賀県・長崎県にまたがる「伊万里・北松地域」があった。広域市町村圏の範囲が、県庁の出先

広域市町村圏

新全国総合開発計画に基づいて、旧自治省が一九六九年度から定めた広域行政の枠組み。概ね一〇万人以上の圏域で、広域市町村圏計画を策定し、社会福祉施設やごみ処理、し尿処理、火葬場、消防・救急などの共同運営を行うものとした。一九七七年度からは大都市周辺地域広域行政圏の枠組みも導入された。「平成の大合併」によって構成市町村数が急減し、当初の役割を終えたとの判断から、二〇〇八年度限りで廃止された。

機関（地方事務所）のテリトリーと一致している場合も多く、また、広域市町村圏の概ね一～四圏域の範囲で旧建設省の定める地方生活圏の圏域を構成した。

各広域市町村圏は、広域行政機構（協議会や一部事務組合）を組織し、広域市町村圏計画を策定し、その中で、「広域的に処理すべき事務の処理の仕組みおよびその運営の方法」を明示し、またその実際的運営を担った。一九七七年からは広域市町村圏に並ぶ広域行政圏として大都市周辺地域広域行政圏が別途設定された。また、一九九五年からは広域事務の実施主体として広域連合が追加された。

 行財政改革以降の展開

(A) 平成の大合併

一九九九年から二〇一〇年にかけてみられた政府主導での市町村合併の推進を「平成の大合併」という。行政用語としては「平成の合併」と呼称する場合が多い。

その直接の発端となったのは、一九九五年に成立した地方分権推進法を受けて設置された地方分権推進委員会が二〇〇〇年一一月に内閣総理大臣に提出した「市町村合併の推進についての意見――分権型社会の創造」であった。この意見書においては、高度化、多様化する行政需要に対応するためには、①市町村合併を通して基礎的自治体の自立性と行財政基盤の充実強化を図る必要、②住民の日常社会生活圏や経済活動の広域化の進展に伴い、広域的な見地から行政を展開することの必要、③国・地方を通ずる厳しい財政状況の下、市町村が、現在の行政サービスの水準を将来にわたって維持していくためには、まず、自らの努力として、市町村合併による簡素で効率的な地方行政体制の整備が必要、④民間企業等において経営合理化策等を講じている社会経済情勢の中で担税者としての国民の意識に対応するためには徹底した行財政改革を実施しつつ市町村合併を強力に推進する必要、の四点を

地方生活圏

新全国総合開発計画で提起された広域生活圏構想を受けて、一九六九年に旧建設省によって設定された圏域。都市と周辺の農山漁村を一体的な生活の場として捉え、地域住民の日常生活を重視した地域整備をねらいとして、半径二〇～三〇キロメートル、人口一五～三〇万人を標準に全国に一七九圏域が設定され、圏域ごとに地方生活圏計画が策定された。

広域連合

地方自治法に定められた特別地方公共団体で、都道府県、市町村、特別区が連携して行う広域行政の制度。一部事務組合に比べて多角的な事務処理を行え、国や都道府県からの権限移譲の受け皿にもなり得る。二〇二三年四月現在、複数市町

掲げて、市町村の合併の着実な推進を図っていくための方策が述べられている。

二〇〇〇年には、当時の与党三党で組織した行財政改革推進協議会は市町村合併後の自治体数一〇〇〇を目標とするという旨の方針を示した。この数には確固たる根拠があったわけではないが、同年一二月に閣議決定された「行政改革大綱」にもそのまま受け継がれた。続いて、二〇〇二年六月に閣議決定された「経済財政運営と構造改革に関する基本方針二〇〇二」では「三位一体（さんみいったい）の改革の方針」が示され、ここで示された国からの補助事業や地方交付税の抑制は弱小市町村に対して合併へと鞭打つものにほかならなかった。その一方で、二〇〇六年三月末までに合併した市町村が新しいまちづくりのために実施する事業には合併特例債を措置するという形で合併に向けたインセンティブを与えた。このほかにも、三万市特例のような時限付き措置が講じられた。また前述したような指定都市移行の期限付き運用基準緩和、後述するような中核市、特例市といった制度新設が合併に向けた動因になった場合もある。

右のような経緯を経て、二〇〇九年度までに、二二四二市町村が関わる六四〇件の市町村合併が生じ、結果として、日本の市町村数は一七二七にまで減じられた。これは昭和の大合併後の三四七二市町村のほぼ半数である。

(B) 平成の大合併に対する評価

平成の大合併の評価・検証として、全国町村会・道州制と町村に関する研究会による「『平成の合併』をめぐる実態と評価」、総務省・市町村の合併に関する研究会による「『平成の合併』の評価・検証・分析」、日本都市センターによる『平成の大合併　都市要覧』といったレポートが二〇〇八年に立て続けに公表された。これらを踏まえつつ、総務省は二〇一〇年に総括レポート「『平成の合併』について」を公表した。

村が連携するものとして一一六団体がある。複数都道府県が連携するものは、二府六県四政令指定都市が連携する関西広域連合のみである。

三位一体の改革

「地方にできることは地方に」という理念の下、国の関与を縮小し、地方の権限・責任を拡大して、地方分権を一層推進することを目指し、国庫補助負担金改革、税源移譲、地方交付税の見直しの3つを一体として行った改革。二〇〇五年に政府・与党が合意し、二〇〇六年度の税制改革で財源移譲が実現した。

三万市特例

地方自治法が定める市制施行の人口要件が五万人以上であるのに対し、二〇〇〇年の改正合併特例法で要件を三万人以上に緩和したことを意味する。時限付きの措置で、特例は二〇一〇年に廃止された。

図2-22　平成の大合併期における市町村の減少率（1998年度末～2009年度末）

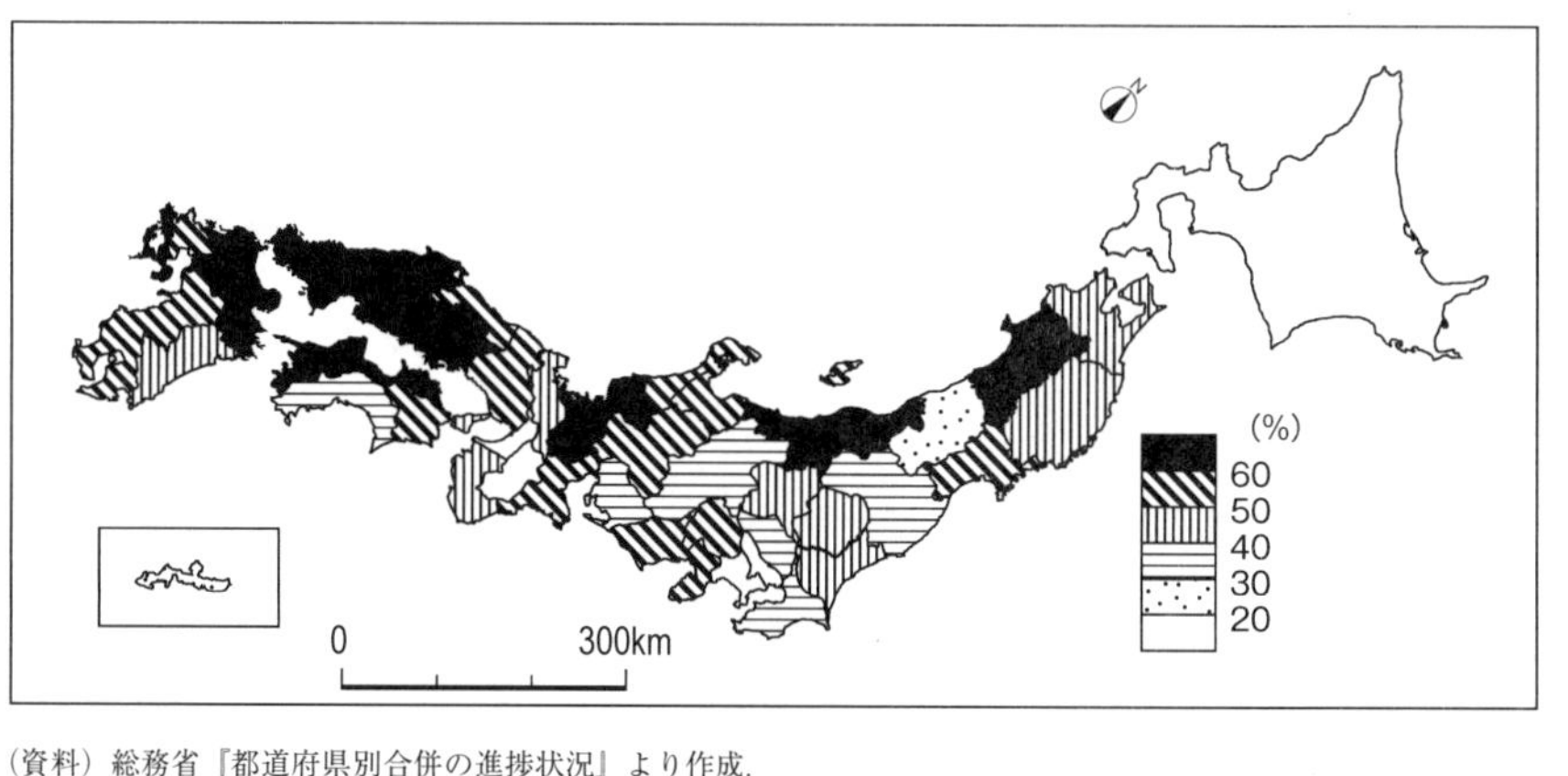

（資料）総務省『都道府県別合併の進捗状況』より作成.

総務省レポートでは、平成の合併に対する肯定的評価として、①専門職員の配置など住民サービス提供体制の充実強化、②少子高齢化への対応、③広域的なまちづくり、④適正な職員の配置や公共施設の統廃合など行財政の効率化などを掲げ、一方、否定的評価を「役場が遠くなり不便になる」、「中心部と周辺部の格差が増大する」、「住民の声が届きにくくなる」といった点に絞って検討している。

図2-22に示すように、県によって合併に対する温度差があったことが認められる。新潟県、広島県、愛媛県、長崎県では市町村数を七割以上減じ、逆に、（大都市圏に位置する府県を除けば）北海道、山形県、長野県、高知県、沖縄県などで減少の程度は低い。北海道の市町村は面積的に合併に限界があるとしても、山間地域を中心に人口三〇〇〇人にも届かない村を一定数擁している長野県、高知県で合併が進捗しなかったということは、財政上の不安が合併に直結したというわけではないことを示している。

たとえば、長野県の下伊那地域には、多数の小規模な町村が維持されている。浪合村（なみあいむら）が阿智村（あちむら）に編入されたほかは、独立した町村として残された。飯田市もしくは阿南町を中心に合併するという選択肢も検討されたが、結局のところ、飯伊地域広域行政市町村圏協議会を起源とする南信州広域連合（一九九九年発足）を活用して市町村の連携で生き延びる道を選んだのである。

山間部の町村にとってはその核をなす町役場・村役場が失われるデメリットは大きい。旧役場が支所などとして残されても、十数人から数十人規模で職員が常駐しているのと数名が配置されるのとでは大きな違いがある。過疎の市町村においては専門職員の配置よりは、よろず対応のできる職員との顔の見える関係の方が重要であるとも指摘できる。役場との距離というのは物理的距離のみならずメンタルな距離も考えなければならなかった。

また、被合併地域において住民たちがほぼ生まれた時から馴染んできた、町名、村名が失われる不利益も大きかった。新しい市町村へアイデンティティを再構築するには相応の時間がかかる。こうした点では、島根県の取り組みから考えさせられる点も多い。島根県では、大合併にあたり、浜田市金城町、雲南市吉田町、吉賀町柿木村のように旧町村名を持続させており、また、その地域単位での地域協議会を組織している。その結果、金城、吉田、柿木といったローカルアイデンティティが喪失されることなく維持されている。

(C) 中核市と特例市

政令指定都市に準じて、都道府県から一定の権限が移譲される都市が中核市である。中核市に委譲される事務権限は、①保健所の設置、飲食店営業等の許可などの保健衛生に関する事務、②保育所や養護老人ホームの設置認可・監督など福祉に関する事務、③廃棄物処理施設の設置許可など環境に関わる事務、④屋外広告物の条例による設置制限などまちづくりに関わる事務など多岐にわたる。地方自治法の改正によって一九九五年に創設された制度である。

制度の創設時には人口三〇万以上で市域面積が一〇〇平方キロメートル、これらに加えて昼夜間人口比率が一・〇以上ということを条件としていたが、徐々に要件が緩和されて、二〇〇六年には人口要件のみとなった。さらに二〇一四年には特例市制度との統合によって人口要件が二〇万人にまで引き下げられた。特例市というのは、当初中核市の対象とならなかった二〇万人以上三〇万人未満の都市について、中核市に準じた権限移譲を実現するという趣旨のもとに二〇〇〇年に創設された制度である。中核市よりも権限移譲の範囲は狭く、環境分野や都市計画分野に限られた。特例市に指定された都市は、制度統合後は、権限移譲はそのままに「施行時特例市」の名称で呼ばれるようになった。二〇二三年四月一日現在、中核市は六二市、施行時特例市は二三市を数える。

(D) 定住自立圏と連携中枢都市圏

広域市町村圏と大都市周辺地域広域行政圏よりなる広域行政圏制度が二〇〇九年三月末で廃止になり、それに代わる制度として二〇〇九年度から開始になったのが定住自立圏である。広域行政圏が都道府県が定めた圏域区分であったのに対し、自らを中心市として宣言した市が近隣の市町村と定住自立圏形成協定を締結することで行政圏域とみなされる。

『定住自立圏構想推進要綱』(二〇〇八年)によると、「集約とネットワーク」の考え方に基づき、中心市において圏域全体の暮らしに必要な都市機能を集約的に整備するとともに、近隣市町村において必要な生活機能を確保し、農林水産業の振興や豊かな自然環境の保全等を図るなど、互いに連携・協力することにより、圏域全体の活性化を図ることが定住自立圏構想のねらいである。

中心市として宣言できるのは人口が五万人程度以上で昼夜間人口比率が一・〇を上回る市である。協定締結にあたっては、①生活機能の強化、②結びつきやネットワークの強化、③圏域マネジメント能力の強化、の三つの政策分野について、それぞれ一つ以上の連携事項を規定する必要がある。定住自立圏に取り組む市町村に対しては、国から特別交付税や地方債などの支援措置が施される。

二〇二三年一一月一日現在、中心市の数は一四〇市で定住自立圏の数は一三〇圏域でありそのいずれもで「定住自立圏共生ビジョン」を策定済みである。中心市を宣言した市の数に対し、圏域数が少ないのは、圏域の形成に至っていない場合と、複数の中心市を持つ圏域が含まれるためである。「複眼的」定住自立圏として、十和田市・三沢市、松江市・米子市、加東市・加西市などの例がある。

定住自立圏が人口五万から一〇数万程度の中心市を持つ圏域であるのに対し、それよりも規模と中核性を備えた中心市（連携中枢都市）を有する連携中枢都市圏の制度が二〇一四年度より導入された。連携中枢都市圏は中心市の人口要件が二〇万人以上であるほかは定住自立圏の仕組みとほぼ同一であるが、「経済成長の牽引」、「高次都市機能の集積・強化」など経済的役割が重視されているところに違いがある。

二〇二三年四月一日現在、連携中枢都市圏ビジョンを策定した圏域の数は、三八圏域である. このうち、二圏域が「複眼圏域」（高岡市・射水市、山口市・宇部市）であるため、連携中枢都市の数としては四〇市である。

3 都道府県を越えた広域計画

道府県の境界を越えた地方計画がもたらされるのは、河川流域の総合開発を除けば、首都圏計画が始まりである。戦後の復興過程で東京での人口増加が顕著になってくると、もはや都内だけでは人口急増の受け皿を用意できないという判断から、一九五六年に首都圏整備法が公布・施行された。同法では首都圏の範囲は「東京都とその周辺の地域を一体とした広域」とされ、周辺地域は別途政令によって関東地方の六県と山梨県とされた。

大ロンドン計画

一九四四年にロンドン大学のパトリック・アバークロンビー教授によって作成された大都市圏計画。内部市街地および郊外地帯をグリーンベルト（環状緑地帯）で囲むことによって都市化の外延的拡大を食い止め、その外側にニュータウンを建設することを提案した。

第一次首都圏基本計画は、大ロンドン計画にならって、「既成市街地」を「近郊地帯」という名称のグリーンベルトで取り囲み、その外側に工業衛星都市としての「市街地開発区域」を建設するという計画であった。既成市街地に関しては、一九五九年に施行された工業等制限法で一定規模以上の工場等の新増設を禁じた。既成市街地からの工場等の分散の受け皿となったのが市街地開発区域であった。実際、八王子・日野地区、青梅・羽村地区などで職住近接を理念とした工業衛星都市の建設が進展した。

しかしながら、最初の首都圏計画は、東京の市街地の拡大の勢いに勝てず、グリーンベルトはあきらめ、第二次首都圏基本計画以降は、東京都心から五〇～六〇キロメートルの範囲までを計画的に市街化を導く「近郊整備地帯」とし、その中にわずかな「近郊緑地保全区域」を設定し、他方、埼玉北西部や山梨県、北関東三県に「都市開発区域」を設定することとなった。

その後の近畿圏基本整備計画や中部圏基本開発整備計画についても、首都圏の場合とほぼ同様な地帯構成をとった（中部圏の場合には既成市街地に相当する区分がない）。

一方、三大都市圏を中心とする広域圏域以外では、一九五八年に第一次計画が策定された東北開発促進計画が広域計画の始まりである。その根拠の東北開発促進法は、一九五七年に制定されるが、こうした法整備がなされたのは、一九五〇年にすでに制定されていた北海道開発法と同格の扱いを東北各県が求めたからともいわれている。政府からすれば、資源賦存が豊富な東北開発は日本の経済発展にも利益をもたらすということと、人口の自然増の著しい東北地方で開発を行って雇用機会を作り出すことは東京への人口流入の抑制にもつながると考えたのであった。かくして、経済企画庁によって第一次東北開発促進計画が一九五八年に策定された。

その後も、北陸、中国、四国、九州の各地方の開発促進法が制定され、各開発促進計画がまとめら

表2-13　国土形成計画法施行以前の広域計画

名称	根拠法	対象都道府県	策定履歴	備考
首都圏基本計画	首都圏整備法（1956年）	関東1都5県および山梨県	1958年（第1次），1968年（第2次），1976年（第3次），1986年（第4次），1999年（第5次），2006年，2016年	国土形成計画法の施行に伴い，2006年以降は基本計画と整備計画が「整備計画」に一体化
近畿圏基本整備計画	近畿圏整備法（1963年）	三重県を含む近畿7府県および福井県	1965年（第1次），1971年（第2次），1978年（第3次），1988年（第4次），2000年（第5次），2016年	2016年は「近畿圏整備計画」
中部圏基本開発整備計画	中部圏開発整備法（1966年）	北陸3県，東海4県，長野県，滋賀県	1968年（第1次），1978年（第2次），1988年（第3次），2000年（第4次），2016年	2016年は「中部圏開発整備計画」
東北開発促進計画	東北開発促進法（1957年）	新潟県を含む東北7県	1958年（第1次），1964年（第2次），1979年（第3次），1989年（第4次），1999年（第5次）	東北開発促進法は2005年廃止
北陸地方開発促進計画	北陸地方開発促進法（1960年）	北陸3県	1964年（第1次），1979年（第2次），1990年（第3次），1999年（第4次）	北陸地方開発促進法は2005年廃止
中国地方開発促進計画	中国地方開発促進法（1960年）	中国5県	1964年（第1次），1979年（第2次），1990年（第3次），1999年（第4次）	中国地方開発促進法は2005年廃止
四国地方開発促進計画	四国地方開発促進法（1960年）	四国4県	1960年（第1次），1965年（第2次），1979年（第3次），1990年（第4次），1999年（第5次）	四国地方開発促進法は2005年廃止
九州地方開発促進計画	九州地方開発促進法（1959年）	九州7県	1959年（第1次），1964年（第2次），1979年（第3次），1990年（第4次），1999年（第5次）	九州地方開発促進法は2005年廃止

（資料）国土交通省の資料等より作成.

れた（表2-13）。国土総合開発法（一九五〇年）では、県が連携して策定する「地方総合開発計画」が開発計画体系の中に位置づけられていたのであるが、これが現実には策定されずに、各根拠法に基づいて国が主導して策定する「地方開発促進計画」が優先された。

都府県の協議によって広域計画がまとめられるようになるのは、二〇〇五年に国土総合開発法の改正の上に国土形成計画法が成立してからである。国土形成計画法下では、国、地方公共団体、経済団体等で構成する広域地方計画協議会での協議を経て、広域地方計画が策定されるようになっている。

第3章　日本の主要大都市圏

第1節　東京大都市圏

世界最大の大都市圏域「東京」

国際連合が数年に一度公表する『世界都市人口予測』（二〇一八年版）によれば、東京の人口は、一九五〇年代前半にニューヨークを追い抜いて以降、首位の座を保ち続けている。その値は二〇一五年現在、三七二六万であり、次点のデリーの二五八七万からはかなり大きな開きがある。その後の推計値としては東京の人口は二〇二〇年をピークに減少に転じ、二〇三〇年にはデリーが東京を破り首位に位置する見込みである。では、人口三七〇〇万の「東京」とはどの範囲のことであろうか。

東京特別区の人口は一〇〇〇万に満たず、東京都の人口としても三七〇〇万は大きすぎる値である。特別区に五つの政令指定都市を合わせたとしても一八〇〇万人ほどである。実際のところは国連が「東京」の都市集積とみなしている範囲は総務省統計局が国勢調査のたびに発表する関東大都市圏の範囲である（図3-1）。これには異論があって、国勢調査でいう大都市圏は景観的には農村的な地域も多分に含んでいるので、大都市圏の中でも人口集中地区（DID）の範囲に限定した方がよいと

関東大都市圏

東京特別区、川崎市、横浜市、さいたま市、千葉市、相模原市を「中心市」とした上で、中心市への一五歳以上の通勤・通学者数の割合が当該市町村の常住人口の一・五％以上であり、かつ中心市と連接している市町村の範囲。国勢調査結果に基づいて設定されるため、五年ごとに更新される。

人口集中地区（DID）

実質的な都市域の範囲を示す指標。国勢調査結果をもとに定められる。人口密度が一平方キロメートル当たり四〇〇〇人以上の基本単位区が相互に隣接して五〇〇〇人以上となる区域に設定される。

いう議論は実際にあるし、さらには、首都圏整備法での政策区域である既成市街地と近郊整備地帯に限定した方が実質的な都市集積になるのではないかという議論も成り立つであろう。実は、そうした指標から計算してみても、東京の大都市域の人口は概ね三三〇〇万から三四〇〇万程度であり、三〇〇〇万を超えていることには変わりはない（表3−1）。

東京の持つ各地への交通アクセシビリティの高さ、また、東京とその影響圏の巨大な人口集積は、様々な産業を生み出し、産業の発展がさらに労働力人口を吸引するといった累積的なメカニズムの中で、この一五〇年の間、驚異的な人口成長を遂げた。便宜的に南関東の一都三県を「東京圏」としてみると、東京圏は面積では国土の三・六%を占めるに過ぎないが、人口では全国の二九・三%を占めている。経済活動でも総生産では日本全体の三分の一を超え、銀行の預貯金残高や卸売業販売額では全国の半分近く、また、情報通信産業の従業者数や上場企業の本社数では全国の六割超えである（表3−2）。

図3-1　東京を取り巻く地域

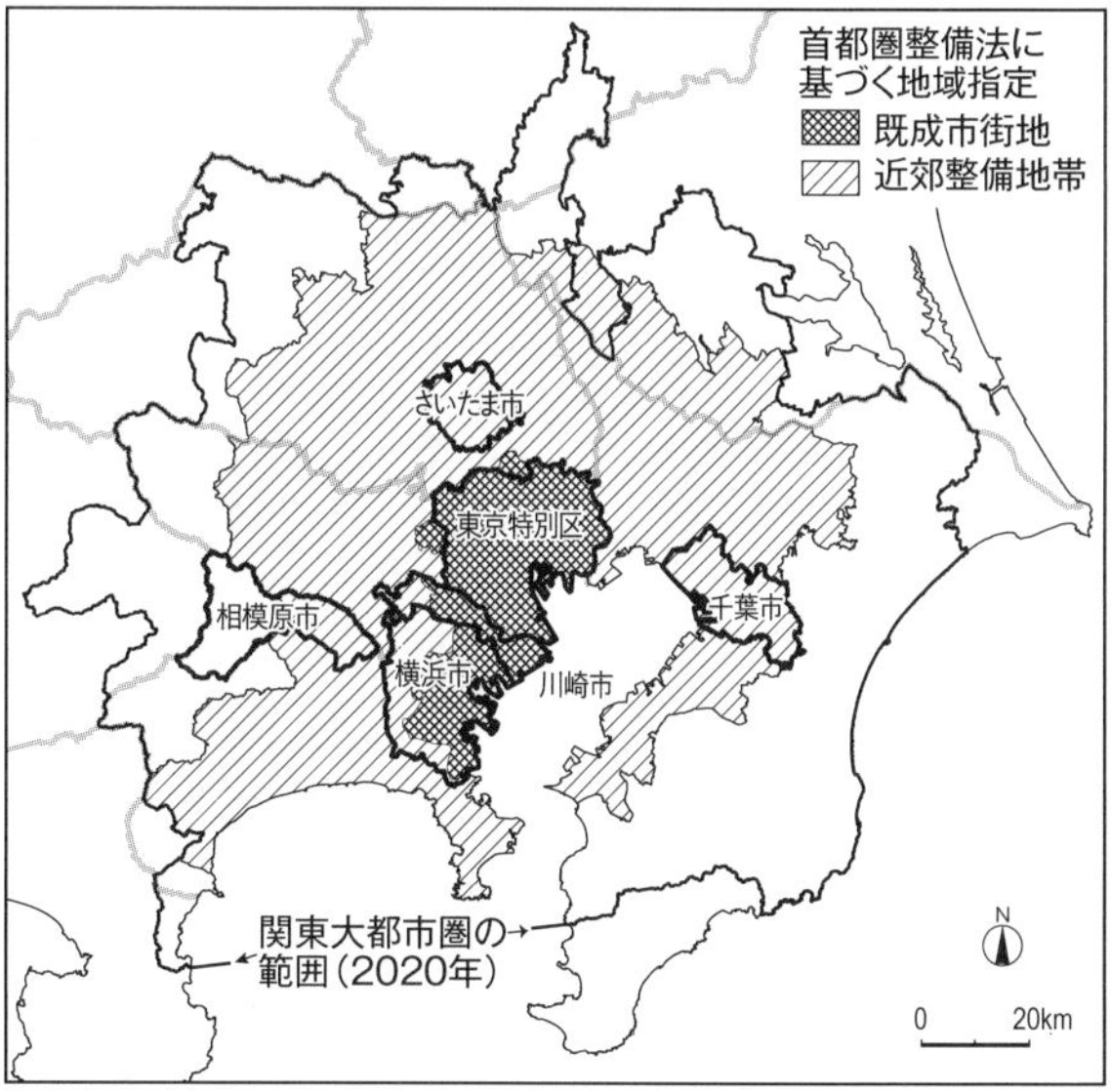

首都圏整備法に
基づく地域指定
既成市街地
近郊整備地帯
さいたま市
東京特別区
相模原市
千葉市
横浜市
川崎市
関東大都市圏の
範囲（2020年）
N
0　20km

（資料）国土交通省，総務省統計局資料より作成.

東京圏

多極分散型国土形成促進法施行令では、首都圏整備法で定められた既成市街地および近郊整備地帯の全域に加え、（一九九二年現在の）茨城県土浦市、阿見町、出島村、千代田町、新治村、つくば市、茎崎町、埼玉県熊谷市および深谷市の各区域を合わせた範囲を「東京圏（＝東京都区部と社会的経済的に一体である広域）」と定義している。しかし、政府資料においても、埼玉県、千葉県、東京都、神奈川県の一都三県を「東京圏」とみなす場合がほとんどである。

東京大都市圏、特にその中核である東京は、日本経済の中枢であるとともに、世界経済の中心の一つをなし、経済をはじめとする多くの分野で卓越した地位を占めてきた。一方、アジアの諸都市の台頭の中で、東京の世界都市としての地位は相対的に低下しており、その活力低下を食い止めるべく、この数十年、巨大規模の再開発が進行し、少なくとも都市景観上は世界都市として貫禄を維持してきた。しかしその一方で、巨大な人口と資産に対する安全の確保、急激に進む高齢化、人口減少への対応など、持続可能性という観点から多くの困難な課題を抱えている。

世界都市
一国の範囲を越えて国際的に管理統括するような高次機能が集積する都市をいう。ジョン・フリードマンやサスキア・サッセンが提起した、本来的にはクリティカルな概念であり、世界都市の社会二極化に警鐘を鳴らすものであった。

表3-1　東京を取り巻く地域の人口規模（2020年）

（人）

	人口総数	人口集中地区（DID）人口
東京特別区	9,733,276	9,733,276
東京都	14,047,594	13,844,009
東京特別区部および5政令指定都市	18,073,498	17,750,318
既成市街地および近郊整備地帯	（注）	33,294,881
東京圏（1都3県）	36,914,176	33,409,868
関東大都市圏	37,308,925	34,095,216
関東地方（1都6県）	43,653,441	36,317,942
首都圏（1都7県）	44,463,415	36,572,820

（注）一部区域のみ近郊整備地帯に指定されている市区（常総市，飯能市，木更津市，成田市，市原市，君津市，富津市，袖ケ浦市，相模原市緑区）があるため，正確な値を得るのが困難であるが，各市区の全域で算出すると35,875,379人である．
（資料）『国勢調査』より作成．

表3-2　東京圏（1都3県）および東京都の全国的地位

（%）

	東京圏	東京都
面積（22年）	3.6	0.6
住民基本台帳人口（23年）	29.3	11.0
県内総生産（19年度）	33.5	19.8
銀行預金残高（23年度末）	49.4	36.6
製造品出荷額等（20年）	15.8	2.3
卸売業年間販売額（21年）	47.8	40.3
情報通信業従業者数（21年）	63.8	54.7
上場企業本社数（23年8月）	62.0	54.5

（注）県内総生産は実質，銀行預金残高は国内銀行，製造品出荷額等は従業者4人以上の事業所．
（資料）『地域経済総覧』による．

2 江戸から東京へ

東京の前身である江戸は、山手台地のうち淀橋台の東の突端に置かれた江戸城を中心に計画的につくられた町である。江戸城の直下には、日比谷入江と呼ばれる低湿地が広がり、城下町の造営には日本橋川や神田川の開削など治水事業が必要であった。これらを同時に進めつつ、町家（町人町）は、下町低地の中でも日本橋台といわれるわずかな標高差の高台の上に、本町通りと日本橋通りを軸に配置され、大名屋敷群は江戸城を取り囲む形で埋立地上と淀橋台上に広がった。慶長年間から寛永年間（一五九六〜一六四四年）にかけて、二里四方に三〇〇町を持つ江戸の町が出来上がった。しかし、こうした江戸の町は明暦の大火で焼失し、大火以降の新たな都市計画に基づいて、「四里四方八百八町」に及ぶ「大江戸」が発展する。享保の改革期を経て、江戸地廻り経済圏が確立すると、江戸はますます関東地方の商いと物流の結節点としての役割を高めた。

明治維新の一連の経過の中で、一八六八（慶応四）年五月に江戸に府制が施行され、改元を待たずして、同年七月にその名称は東京府に改められた。その後、郡区町村編制法に基づいて東京府に一五区と六郡が設けられ、その一五区が母体となって、市制・町村制の下、一八八九（明治二二）年に東京市が成立した。一八七二（明治五）年の東京府の人口は、七八万人であった。江戸末期の人口との正確な比較は困難であるが、徳川家や各藩が地元に引き上げる中で、東京の人口と都市経済には大幅な衰退があったとみられている。横山源之助が描き出したように明治期前半の東京には、江戸期の裏長屋がスラム化した貧民窟が各地にみられた。

こうした状況の中、近代国家の首都として威容をみせるべく、また商都としての東京を発展させるべく、明治の東京の景観改造が行われていった。政府は、銀座煉瓦街や日比谷官庁集中計画を進めよ

江戸地廻り経済圏
江戸を結節点とした経済地域。現在の関東地方がその範囲であった。荒川、利根川、鬼怒川、那珂川などの水運を用いて、各地の物産が江戸に集められ、また、江戸からも各地に商品を供給した。各地での在郷町の発展を促した。江戸と周辺地域の間での相互依存的な発展のメカニズムがあったと考えられる。大坂からの下り荷に対して、江戸の周辺地域から集められたものを「地廻り品」と呼んだことに由来している。

横山源之助
明治時代に活躍したジャーナリスト。富山県魚津市の出身。各地をフィールドワークの上、一八九九年に『日本之下層社会』を出版した。

パリ大改造事業

ナポレオン三世から命ぜられたセーヌ県知事オスマンが取り組んだ都市改造。一八五二年開始。重要拠点間を広幅員の直線状の街路で結んでいくことを基本にした。これは、暴動の抑止に有効だと考えられたほか、上下水道整備のため重要な前提でもあった。ヴァンセンヌの森、ブーローニュの森といった都市公園が計画されたことでも特筆される。スラムクリアランスを通じて弱者を締め出したことで批判も根強い。

同潤会アパート

一九二四年に復興支援のために内務省によって設立された公的住宅供給主体が同潤会であり、その同潤会が建設した鉄筋コンクリート造の集合住宅を同潤会アパートという。一六箇所に計二六四一戸分

うとした。三井組は兜町、三菱合資会社は丸の内にビジネス街を計画した。東京市の成立以降、「東京市区改正」と呼ばれた全体的かつ本格的な都市計画事業がスタートした。皇居周辺におけるその計画は、一八五二年に始まるパリ大改造事業の影響を受けている面も多分に感じられる。道路・橋梁等を優先し、庶民の住環境や公衆衛生を等閑にした都市計画であるという批判もあったが、一八九八年の淀橋浄水場の通水を経て上水道が供給されるようになった。

明治期には東京は工業都市としての様相も呈するようになった。殖産興業政策に基づいて、工部省は、芝赤羽（機械）、品川（ガラス）、深川（レンガ・セメント）に工作分局を置いた。特に芝の古川沿岸は赤羽工作分局の存在、また、同じく工部省の電信寮製機所に関わる技術者集団の存在によって、機械工業の集積が生まれた。この機械工業集積が目黒川沿岸、さらには大森・蒲田に広がっていくことで、のちの城南機械工業集積を生み出すことになる。他方、本所地区で士族授産でメリアス産業が生み出されるなど、城東地域には東京の雑貨生産の中心としての萌芽が見出されていた。

一九二三年の関東大震災後、後藤新平の指揮の下で、帝都復興事業が始まる。浅草区、向島区などを中心に大規模な土地区画整理事業が施されるとともに、道路拡幅、都市公園の設置、復興小学校の建設、同潤会アパートの供給などがなされた。隅田川六大橋もまた復興のシンボルであった。同時に、東京市の範囲を越えた大規模な郊外化が始まる。それは自然発生的にも進んだが、目黒蒲田電鉄、箱根土地（のちの国土計画興業）など、鉄道経営と関係した事業者による計画的な郊外住宅地形成が一九三〇年代にかけて活発化した。こうした東京の外延的拡大を受けて、一九三二年には、旧東京市が周辺六郡と合併することで、それまでの一五区の範囲から三五区へと拡大した。今日の東京特別区とほぼ同一の範囲をなす新しい東京市はしばしば「大東京」と表現されるようになった。

なお、東京の周辺地域に着目すると、一九三〇年の時点で市制を施行していたのは、川越市、千葉

市、八王子市、横浜市、川崎市、横須賀市の六市のみであった。川越は城下町以来の商業集積を維持、佐倉藩の港町として機能していた千葉は軍都としての役割が付加されることで急成長した。八王子は桑都（そうと）といわれて繊維工業の一大集積地であった。このほか、横浜は日米修好通商条約によって開港場となったこと、川崎は浅野総一郎らによって埋立事業が行われたこと、横須賀は海軍の鎮守府が置かれたこと、等がそれぞれ都市的発展の契機となった。

❸ 高度経済成長期の工業分散と住宅供給

戦時中の疎開、東京大空襲を経て、終戦直後の東京は大幅な人口減がもたらされた。人口が戦前の水準を取り戻すまでに一〇年を要した。

東京の戦後の経済成長をまず牽引したのは製造業であった。一九五二年の時点で東京特別区には三・六万の工場とそこで働く五二・八万人の従業者がいた。一一年後の六三年には七・五万工場、一三四・六万人へと急拡大した（図3–2）。そうした中、工業用の地下水汲み上げも活発化し、江東地区を中心とする地盤沈下も激しさを増すなど過集積に伴う問題も指摘されるようになった。この頃には製造業の求人はたえず求職者の数を上回り、東北地方などでの中学・高校の新卒者を集団就職という形で迎え、労働者不足に対処するようになった。首都圏整備法制定時の議論では、特別区を含む既成市街地における工業集積の進展を放置すれば、早晩、東京の住宅供給が破綻することも危惧された。このため、工業等制限法によって既成市街地内における一定規模以上の工場の新増設を禁じ、その一方で工業分散の受け皿として郊外に市街地開発区域が指定されてその開発が促進された。

南関東の一都三県でみると、八王子・日野地区、青梅・羽村地区、町田・相模原地区、川越・狭山地区などが市街地開発区域に指定され、日本住宅公団等による工業団地の造成や住宅団地の造成、ま

が建築された。二〇一三年に上野下アパートメントが取り壊されたのを最後に現存しない。

隅田川六大橋

帝都復興事業において復興局が隅田川に建設した橋。下流側から相生橋、永代橋、清洲橋、蔵前橋、駒形橋、言問橋の六橋。これらすべてが異なる形式で設計された。今日、相生橋に関しては一九九八年に架け替えられたものであるが、他は現存する。なお、厩橋（うまやばし）、両国橋、吾妻橋に関しては東京市による設計施工。

工業等制限法

首都圏の既成市街地における工業等の制限に関する法律。一九五九年に公布・施行。工場および大学等の大学等の新増設を制限し、既成市街地への産業およ

び人口の過度の集中を防止し、都市環境の整備・改善を図ることが目的とされた。当初一六〇〇平方メートルを超える面積の工場の新設が規制の対象になったが、六二年に規制強化で一〇〇〇平方メートルに、また増設も対象となった。七二年の再強化で五〇〇平方メートルに。二〇〇二年廃止。

市街地開発区域

第一次首都圏基本計画（一九五八年）で用いられた地域概念の一つ。大ロンドン計画にならい、環状緑地帯の外側に職住が近接した工業衛星都市を開発することを目的としたもので、六五年の法改正までに一六の区域が指定された。

近郊地帯

第一次首都圏基本計画（五八年）で用いられ

図3-2　東京特別区における工業の事業所数と従業者数の推移（1952～80年）

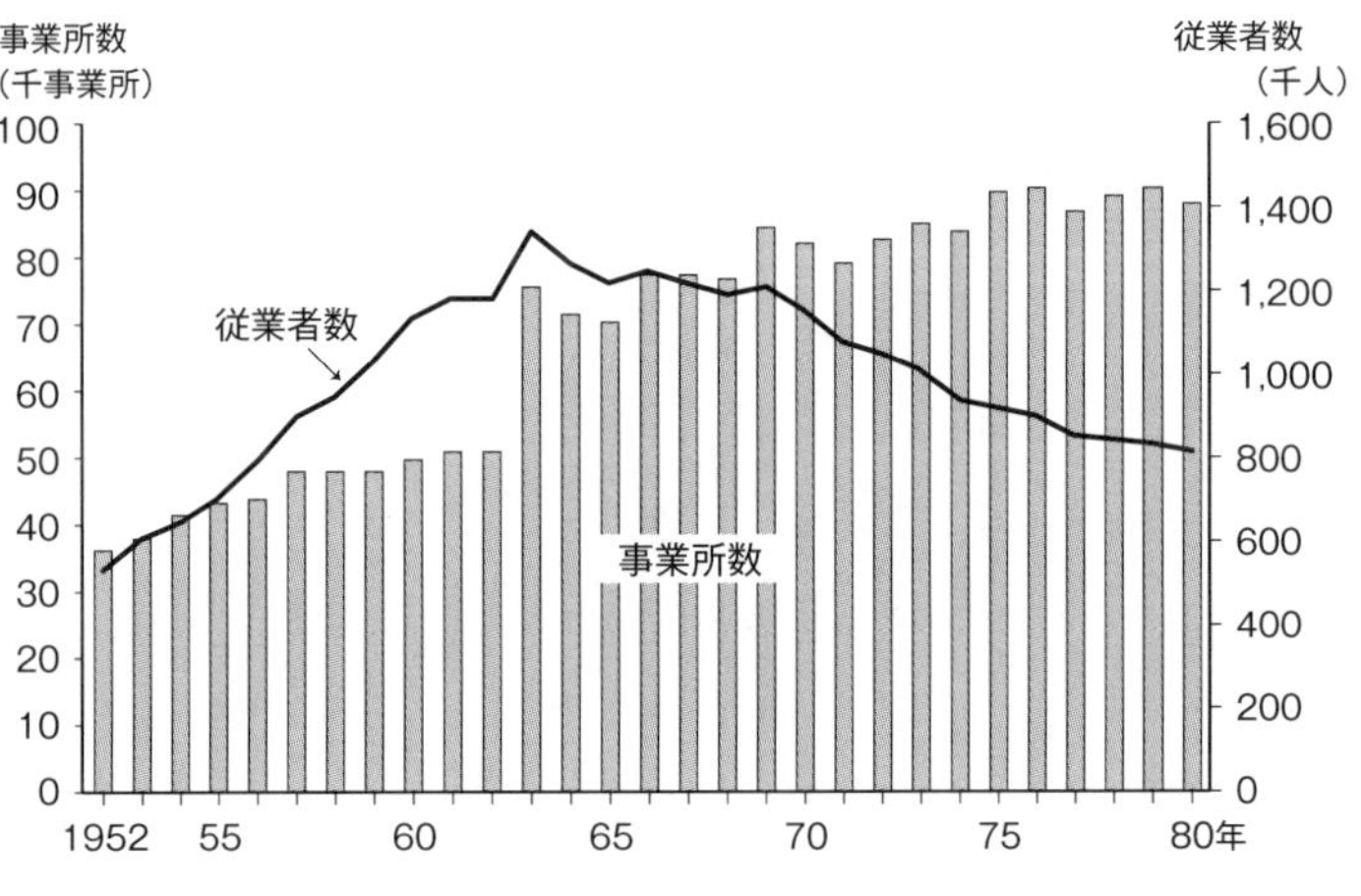

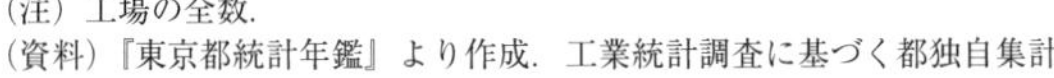
（注）工場の全数.
（資料）『東京都統計年鑑』より作成．工業統計調査に基づく都独自集計.

た大規模な土地区画整理事業が進展した。特に日野市での多摩平団地の建設は、土地区画整理を伴った大規模なものであり、近隣の北八王子工業団地などとともに工業衛星都市建設の一環をなした。市街地開発区域の理念は、大ロンドン計画を見習って職住近接型の工業衛星都市をつくることであったが、実際には都心への通勤者世帯も多く流入し、必ずしも理念通りには進行したわけではない。

公団は市街地開発区域のみならず近郊地帯での住宅供給を広く手がけたが、初期の公団住宅の入居者の多くは都心へ通勤するホワイトカラー層であり、そうした人々は「ダンチ族」と呼ばれた。こうした耐久消費財に囲まれた新しいライフスタイルの演出は、大都市人口のさらなる郊外分散を誘導するきっかけとなった。

分散政策は功を奏して、特別区での工業従業者数は一九六三年をピークに減少に転じ、東京特別区の人口自体も国勢調査ベースで六五年をピークに減少局面に入った。その頃になると団

た地域概念の一つ。大ロンドン計画にならい、環状緑地帯を意図したものであったが、その具体化以前に、市街地化が進行し、理念通りには運ばなかった。

塊の世代が大量に東京圏に流入するようになっていた。民間による宅地造成が多摩丘陵や狭山丘陵、三浦丘陵などでも始まっていたが、小規模開発が無秩序な市街地化を助長するという考えから、公的主体による大規模開発が構想されるようになった。こうして計画されたのが総面積二八五三ヘクタールに及ぶ多摩ニュータウンである。その後、千葉ニュータウン（一九三〇ヘクタール）、港北ニュータウン（二八五三ヘクタール）が計画された。なお、東急電鉄による多摩田園都市計画（四四五〇ヘクタール）はこれらのニュータウン計画よりも早い時期に構想され、開発規模も大きい。

また、筑波研究学園都市の建設は、首都への人口の過度集中の防止に資するため東京付近の国立研究機関の分散の受け皿として一九六〇年代初頭から検討されていたもので、最終的に筑波山麓の筑波・稲敷台地上に候補が絞られ、一九六三年にその建設に向けた閣議了解がなされた。一九八〇年までに、四八（当時）の国立研究機関等が移転するとともに、新構想大学の筑波大学が設置された。

首都圏基本計画のねらいは、必ずしも既成市街地に位置することを必要としない機能を追い出し、既成市街地内の土地利用を高度化することにあったわけだが、一九五八年の既成市街地整備計画では、池袋、新宿、渋谷の三駅付近を副都心と位置づけていた。三駅とも一五区時代の旧東京市の外側に位置しているが郊外から都心方向に向かう私鉄各線が山手線と接続するターミナルを形成し、商業中心として成長していた。この三地区に業務機能を付加すべく、新宿駅西方の淀橋浄水場跡の再開発計画（新宿副都心地区）、池袋駅東方の巣鴨刑務所跡の再開発計画（サンシャインシティ）が浮上した。

❹ 都市再開発の進展と現代の東京大都市圏

(A) 八〇年代における再開発の始動

第1章でも指摘したように、その後の東京を方向づける大きな転機は一九八〇年代にあった。多核

マイタウン東京構想

美濃部亮吉都知事に代わって一九七九年より都知事となった鈴木俊一が掲げた政策スローガン。一九八一年をマイタウン東京元年に位置づけ、都の長期計画等に「マイタウン東京」のタイトルを用いた。安心していきいきと暮らせ、故郷と呼べる街、コミュニティの尊重といったソフトイメージで説明されることが多かったが、実際には臨海副都心をはじめとする開発を推し進める計画にほかならず、バブル経済の呼び水ともなった。結果として誰のための東京かということが問われることとなった。

図3-3　多極分散型国土形成促進法に基づく業務核都市の位置

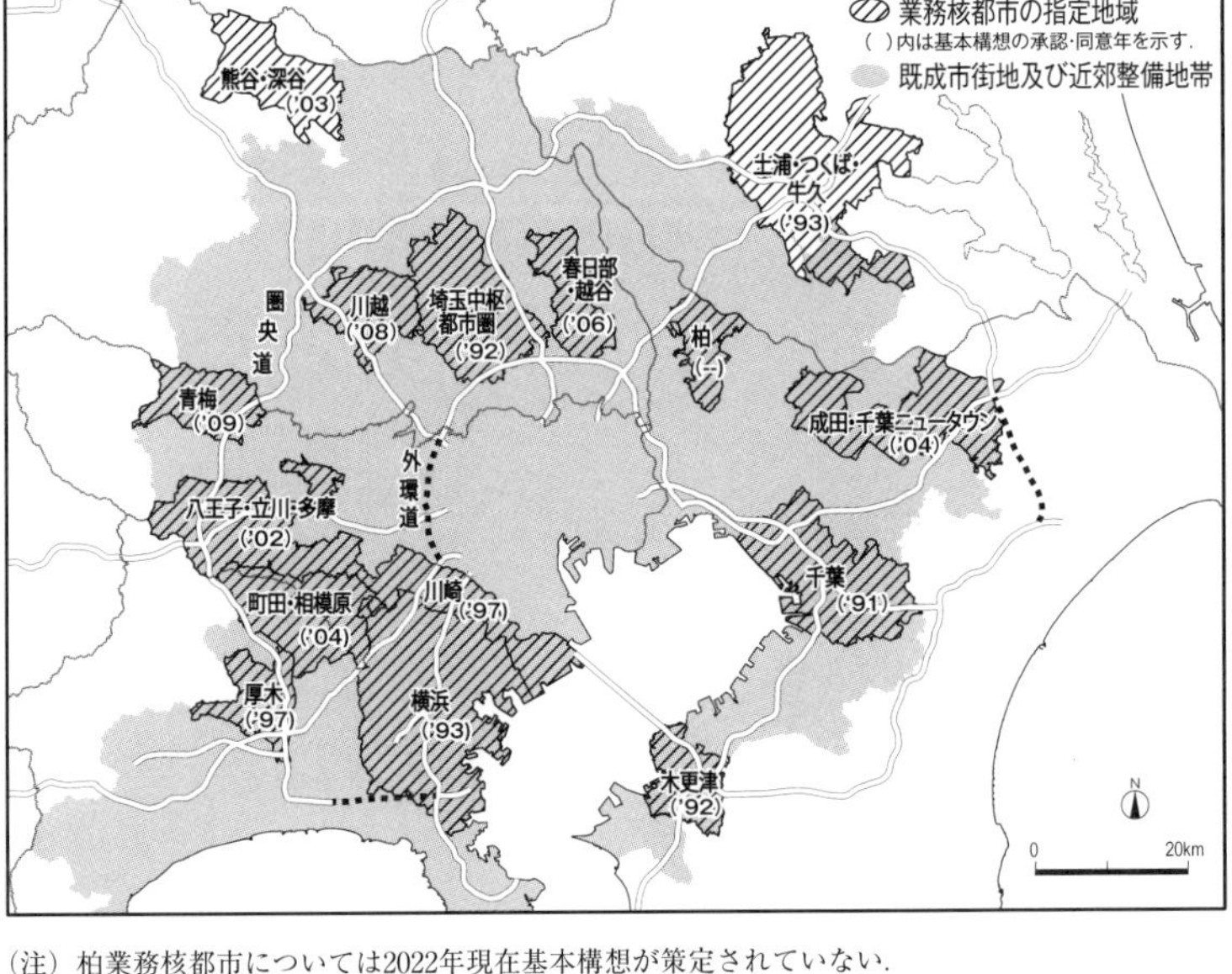

（注）柏業務核都市については2022年現在基本構想が策定されていない.
（資料）国土交通省資料等より作成.

型連合都市圏の構築を目的に『首都改造計画』（一九八五年）が打ち出した業務核都市構想は、第四次首都圏基本計画（一九八六年）および多極分散型国土形成促進法（一九八八年）を経て具体化した（図3−3）。当初の構想では、土浦・筑波研究学園都市、浦和・大宮、千葉、立川・八王子、横浜・川崎の五地域より構成されており、木更津、青梅、厚木等は副次核都市の扱いであった。その中で横浜みなとみらい21、さいたま新都心、幕張新都心などの業務施設集積地区の整備誘導が図られた。

他方、東京都はオフィス機能の都内からの流出に先手を打つような形で、一九八二年の『東京都長期計画マイタウン東京』で、上野・浅草、大崎、錦糸町・亀戸の三地区を新たな副都心に位置づけたのに続き、一

アークヒルズ

赤坂・六本木地区第一種市街地再開発事業の施行後の同区域の通称名。「ヒルズ」とはいうものの同区域は、麻布谷町といわれ、山手台地を刻む谷に江戸時代以来、庶民のコミュニティが作られていた場所であった。一九六〇年代末より森ビルがこの地の再開発を構想し、二〇年近くを経て八六年に竣工した。竣工後のアーク森ビルには外資系企業が多く入居した。

図3-4　関東大都市圏における市区町村別人口増減率（1990～95年）

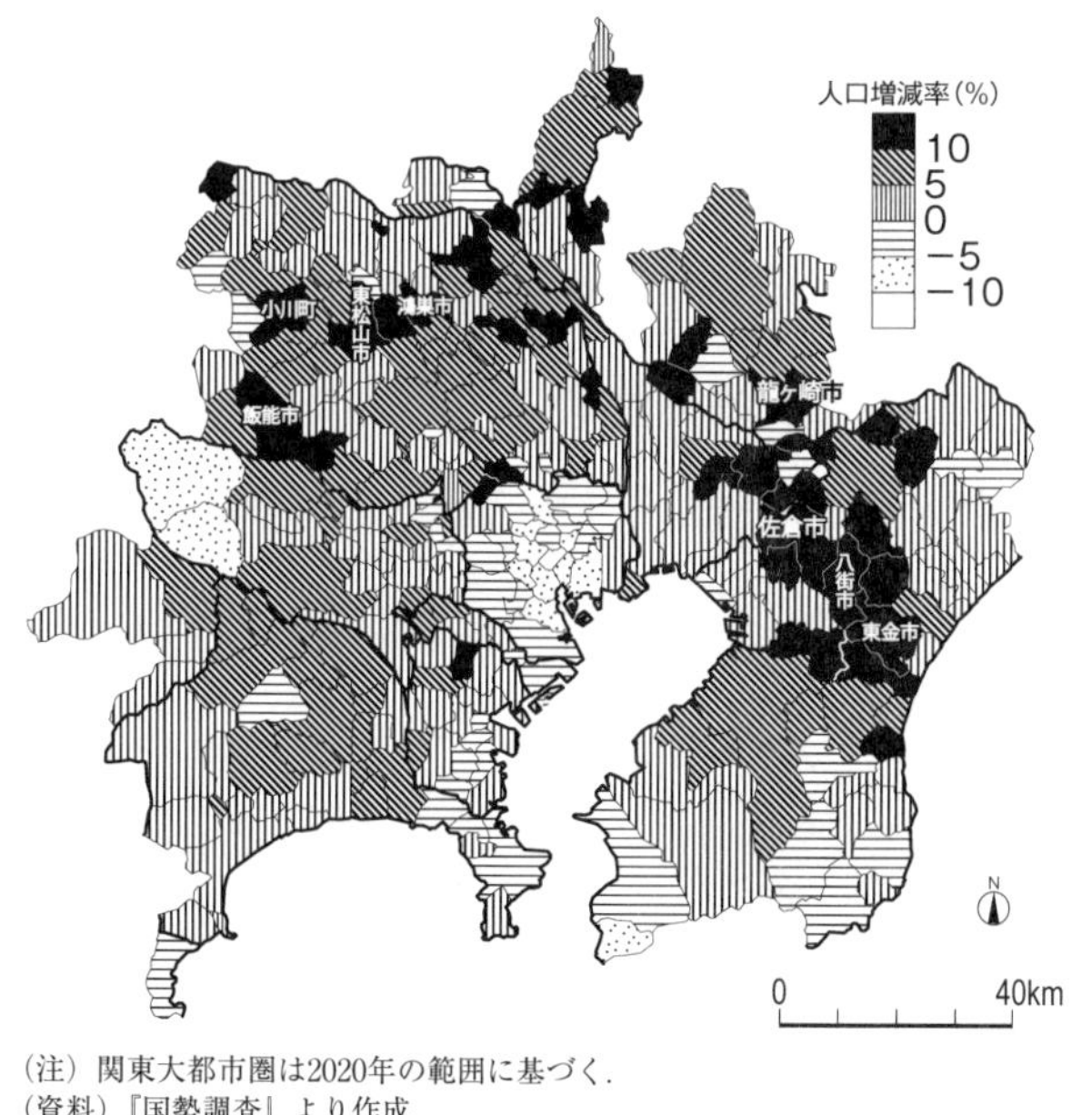

（注）関東大都市圏は2020年の範囲に基づく.
（資料）『国勢調査』より作成.

九八六年にはその第二期計画で臨海副都心を追加した。

当時の都区内の様子を回顧すると、赤坂・六本木地区第一種市街地再開発事業（アークヒルズ）が構想以来約二〇年の歳月を経て一九八六年に完了した。これに続いて翌八七年には、大崎駅東口第一地区第一種市街地再開発事業（大崎ニューシティ）が竣工している。同年の夏、国鉄の分割民営化が断行されるが、興和不動産は品川駅東側の鉄道ヤードを取得して再開発へと動き始めていた（後の品川グランドコモンズと品川インターシティ）。また、日本の鉄道発祥の地、新橋においても汐留貨物駅跡を中心としたエリアの土地区画整理事業のための基礎調査が始まっていた。東京におけるウォーターフロント開発の先駆けである中央区佃（大川端リバーシティ21）や東品川二丁目（天王洲アイル）の再開発もほぼ同時期に着手された。臨海副都心の開発は八九年に着手され、九三年にはレインボーブリッジが完成した。ドックランズ（ロンドン）やバッテリーパークシティ（ニューヨーク）などの事例で知られる英米の都市再生をトレースするような形で、日本でも首都改造の名の下で大都市の再開発が動き出したのであった。

業務機能を郊外へと分散させながら、都心付近のさらなる開発を行うというのは、一見すると矛盾するようであるが、一種のフィルタリング、すなわち都心に立地する必然性のない機能は分散させ、都心付近は世界都市を担う機能に特化させていくというところに首都改造計画や四全総のねらいはあった。フィルタリングがなされたのは業務機能のみならず、住民もであり、極端な地価高騰の中で多くの人々にとって東京は「マイタウン」と呼び得るようなものではなくなり、地価下落の始まる九〇年代半ばまで人口は都心五〇〜六〇キロメートル圏に至る離心的な動きを示した（図3-4）。

（B）都市再生政策以降の東京の変貌

一九九〇年代後半以降になると東京の産業構造も顕著な変化を示した。九〇年代初頭まで、強い国際競争力をみせてきた東京のものづくり産業もグローバル化や人手不足の中で苦戦し、次節に示すような新しい動きをみせた。他方、情報通信業が九〇年代後半以降飛躍的に発展し、たとえば、渋谷付近のIT系ベンチャーの集積はビットバレーの名で呼ばれるようになった。二〇〇一年の時点で既に東京都区内の情報通信業で働く従業者数は約五七万人であり、その後もソフトウェア業やインターネット付随サービス業を中心に急激な伸びを示した（表3-3）。

一方、情報通信のユーザー側の企業では、オフィスビルの情報化への非対応を問題とし、建て替えを求める機運が生じてきた。特に、昭和初期から中期にかけて竣工したビルが多く残る丸の内では、再開発が進行する汐留、六本木、品川などに対する競争力の劣化が危惧された。三菱地所による丸の

特定街区制度

市街地の整備・改善を図ることを目的に、街区を単位として、公開空地や壁面後退などの設定を条件に容積率や高さ制限を緩和して、有効な土地利用を促す制度。隣り合った街区を一体的に計画する場合には、街区間での容積率移転が可能である。

大丸有再構築

三菱地所が中心となって推進する丸の内付近における再開発プロジェクトの総称。一九九四年に大手町・丸の内・有楽町地区まちづくり協議会が発足したのが発端となった。同地区における地権者は八六社（二〇二〇年現在）。約一二〇ヘクタールの面積に、上場企業一〇七社の本社が立地し、昼間人口は約二八万人である。

表3-3　東京特別区における情報通信業の事業所数および従業者数の推移

産業分類（注）1		事業所数			従業者数（人）		
		2001年	2012年	2021年	2001年	2012年	2021年
37	通信業（注）2	1,166	652	564	58,573	64,858	63,577
38	放送業	182	257	249	18,102	19,851	20,745
39	情報サービス業	9,279	9,605	13,544	346,067	481,269	677,747
391	ソフトウェア業	6,442	7,045	11,558	241,432	360,369	589,748
392	情報処理・提供サービス業	2,837	2,505	1,911	104,635	119,729	84,272
40	インターネット附随サービス業	335	1,270	3,230	5,323	34,997	130,489
41	映像・音声・文字情報制作業	6,098	7,512	8,318	140,096	138,497	146,871
411	映像情報制作・配給業	1,836	1,682	2,784	36,219	33,776	51,908
412	音声情報制作業	90	327	453	2,560	4,783	5,113
413	新聞業	506	310	319	27,393	19,709	17,228
414	出版業	3,085	2,549	2,422	60,890	45,852	42,883
415	広告制作業（注）3	—	1,174	901	—	13,807	10,881
416	映像・音声・文字情報制作に附帯するサービス業（注）4	695	1,440	1,406	13,034	20,259	18,368
情報通信業計		17,060	19,578	25,905	568,161	745,188	1,039,429

（注）1.「管理，補助的経済活動を行う事業所」の産業小分類の記載を省略しているため，本表における産業小分類の値を合計してもそれを包含する産業中分類の値には必ずしも一致しない．

（注）2. 2001年の値は「391 信書送達業」を除去後のもの（2017年告示の産業分類改定で信書送達業が「H－運輸業，郵便」に移管されたため）．

（注）3. 2001年には「849 その他の専門サービス業」に分類されていたためデータ欠．

（注）4. 2001年の産業小分類名は「415 映像等情報制作に附帯するサービス業」．

（資料）『事業所・企業統計調査』『経済センサス-活動調査（産業横断的集計）』より作成．

内の超高層化では特定街区制度が適用され、東京駅丸の内駅舎の低層改築によって生じる未利用容積率分が、丸ノ内ビルヂングや新丸ノ内ビルヂングなどの建て替えにあたって有償で移転された。三菱地所は、丸ビルの建て替えを契機に「大丸有再構築」に着手した。二〇〇二年からは特例容積率適用地区制度が同地区に適用された。

この間、六本木ヒルズが二〇〇三年に竣工、汐留シオサイトでも主要なビルが竣工するが、大丸有地区の再開発がきっかけとなって、一定エリア規模での市街地の更新の機運が高まり、都市再生特別措置法が制定された（二〇〇二年）。かくして都市再生緊急整備地域の制度活用によるプロジェクトが多数生まれていった。二〇〇二年当初、都内で都市再生緊急整備地域の指定を受けたのは、東京駅・有楽町駅周辺地域、環状二号線新橋・赤坂・六本木地域、東京臨海地域、秋葉原・神田地域、大崎駅周辺地域などの七地域二三七五ヘクタールであったが、のちに渋谷駅周辺地域、品川駅・田町駅周辺地域などが追加されて約三〇〇〇ヘクタールまでに拡大した。二〇二三年五月までに、五九の都市再生特別地区が計画決定され、七四の民間都市再生事業が認定された。これらの制度を用いて、三井不動産による日本橋再生計画、森ビルによる虎ノ門ヒルズおよび麻布台ヒルズ、東急による渋谷駅周辺開発などが進捗した。これらに加えて、JR東日本による品川駅北周辺地区の開発が二〇一九年に着手された。

東京中心部では投資に対して収益性の高い地点での再開発が進行してきたが、それを取り巻くインナーシティが都市防災上のリスクが高いゾーンとして取り残されてきた。明治通り、山手通り、環七通りに沿ったいわゆる木賃ベルトである。この地帯をどう導くかは緊急性を要する課題である。少なくとも、安直に容積率を緩和して居住密度を現在以上に高めるような再開発は避けるべきである。また、東京のインナーシティは、零細規模の工業者、商業者が地元社会と強く結びついて事業活動を

特例容積率適用地区制度

二〇〇〇年の建築基準法・都市計画法改正で新設された制度。特定街区制度における未利用容積率の移転は同じ街区内、もしくは隣接する街区間に限定されていたが、この制度では適用地区内であれば街区が離れていても容積率移転が可能である。なお、特例容積率適用地区が指定されているのは、大手町・丸の内・有楽町地区のみである。

都市再生緊急整備地域

都市再生特別措置法に基づき政令で指定する地域である。この地域においては、事業者からの提案で都市再生特別地区を定めることができ、用途や容積率、高さ等の事項を都市計画として決定する。一定の条件を満たすことで指定容積率からの緩和も行われる。また、

行ってきたという歴史があり、そうした産業コミュニティを次世代にいかにつなげるかという議論抜きに都市再生ということが語られるべきではない。

(C) 成長・成熟する郊外、衰退する郊外

一九九〇年代半ばに地価が下落に転ずると、人口の都心回帰が明瞭に現れてきた。これには、右でみた都市再生のプロジェクトに住居系の床を含んでいるものが少なくないことに加えて、東京都による住宅市街地総合整備事業による大規模住宅供給、また、民間による無数の集合住宅の供給の上で、かたや夫婦とも都心で働くような世帯の職住近接指向、かたや高齢者の都心居住指向が着実に高まってきたということが要因になっている。二〇一〇年代後半の市区町村別の人口増減をみると(図3-5)、顕著な離心傾向を示した一九九〇年代前半とは大きく変貌し、都心地区での人口増、概ね四〇キロメートル圏以遠での人口減少が読み取れる。ただし、つくばエクスプレス線沿線の八潮、流山、守谷、つくばの各市、北総線・京成成田空港線沿線の印西市では、都心からの距離にかかわらず人口増が著しい。木更津、袖ヶ浦の両市では東京湾アクアラインの効果が持続している。

都心に比較的近い三五キロメートルまでの郊外は、一部に空き家増加や高齢化の著しい地区などを内包しているとはいえ、都市再生機構による団地再生計画が各地で進むとともに、民間による住宅供給も継続的になされて適度な新陳代謝がなされている地帯である。とはいえ、市街地化が進行してから半世紀以上が経過している地域が多く、公共施設群の老朽化、高経年マンションの増加などが切実な問題となり始めている。さらには、各駅の至近に建設が続くタワーマンションが、近隣の戸建て住宅地区の住環境毀損を招いている。タワーマンションの修繕積立金の負担の大きさや住民の合意形成の難しさなどがすでに指摘されており、老朽化による取り壊しを検討しなければならない数十年後を視野に入れれば、持続可能性という点で極めて大きな問題を抱えた開発方式といえる。行政主導の再

民間都市再生事業計画については国土交通大臣の認定の上で税制上の優遇措置が施される。なお、一一年の法改正で導入された特定都市再生緊急整備地域においては、国際競争拠点都市整備事業に対する支援が講じられる。

日本橋再生計画

三井不動産が中心となって進める日本橋地区における再開発プロジェクトの総称。東急百貨店日本橋店跡地に二〇〇四年にCOREDO日本橋が竣工したのを皮切りに、日本橋三井タワー(〇五年)やCOREDO室町1(一〇年)、COREDO室町2・3(一四年)、日本橋髙島屋三井ビルディングなどと続き、日本橋川沿岸の五地区の再開発へと進んだ。

品川駅北周辺地区

もともとは国鉄の田町電車区、東京機関区、品川客車区が立ち並んでいた地区。客車列車の廃止等によって余剰となっていた車両基地群を再編縮小して一三ヘクタールの開発余地をつくりだした。二〇二〇年には高輪ゲートウェイ駅が開業した。

木賃ベルト

木造賃貸住宅が高密度に分布する地帯のこと。関東大震災後から高度経済成長の初期にかけて自然発生的に市街化が進行した地区が多く、不定形で狭隘な街路に木造建物が密集することから災害時の危険性が高い。

住宅市街地総合整備事業

国土交通省から地方公共団体に対する助成事業で、既成市街地において快適な居住環境の創出、都市機能の更

図3–5　関東大都市圏における市区町村別人口増減率（2015～20年）

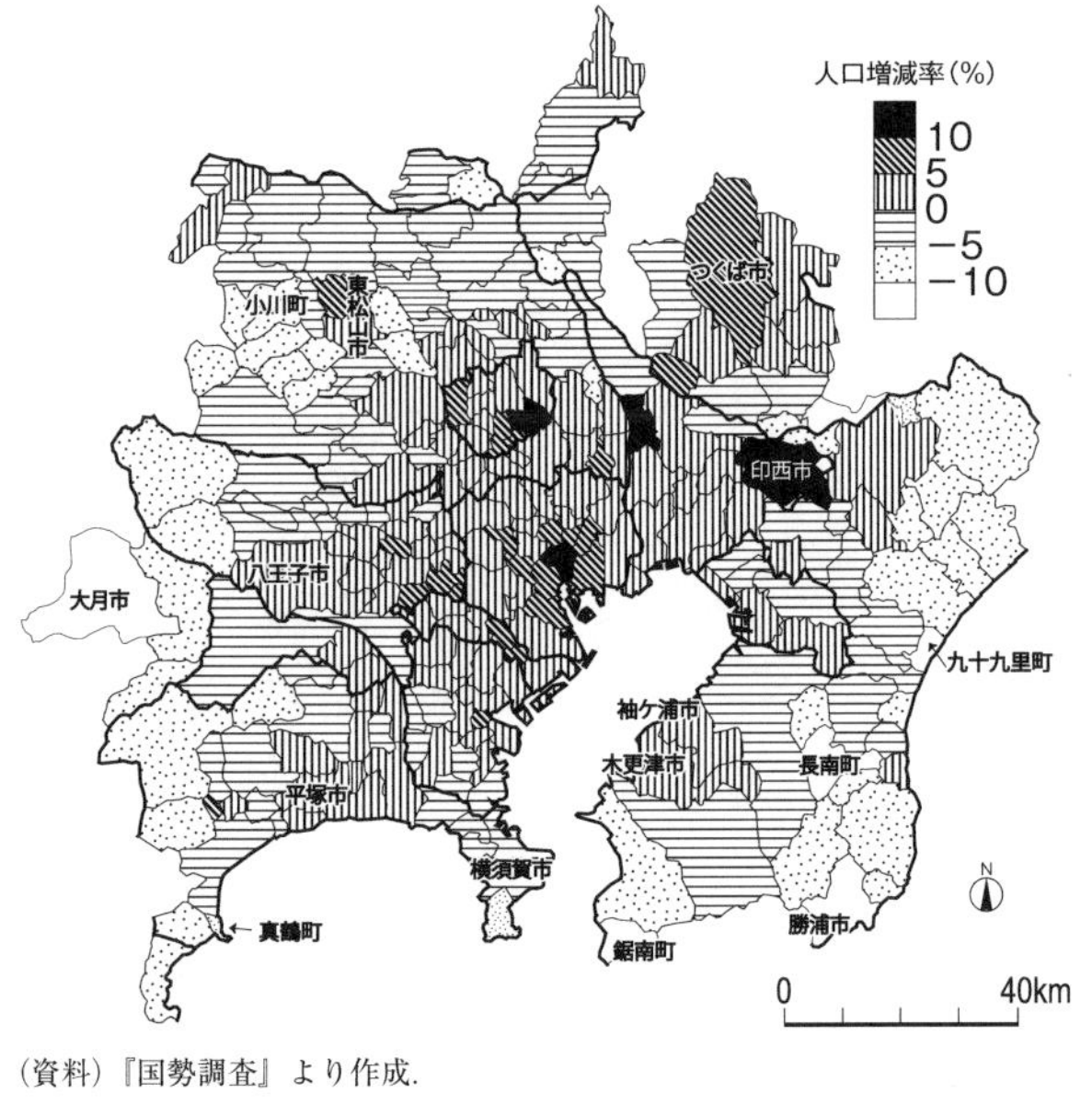

（資料）『国勢調査』より作成.

開発計画と結びついたタワマン建設も少なくないが、将来的な責任の所在がはっきりしない計画は直ちに中止すべきである。

四〇～五〇キロメートル圏の郊外では、人口集中地区（DID）が消失する事例が出てきている。これに該当する例としては、日高市のこま武蔵台団地、東松山市の高坂ニュータウン（桜山台・白山台・旗立台・松風台）、宮代町の宮代台団地、八王子市の南陽台団地、相模原市の旧城山町の若葉台団地などが挙げられる。これらは奇しくもすべて地名に「台」がつく計画的に建設・分譲された住宅団地である。また、東京都日の出町および相模原市の旧津久井町域ではそれぞれすべてのDIDが二〇二〇年の国勢調査で消滅した。単にDID設定の基準である人口密度基準、人口基準を下回っただけ

という見方はできるとはいえ、今後、東京大都市圏に「過疎化・高齢化した住宅市街地」が加速度的に増えてくることは免れないであろう。

都心四〇～五〇キロメートル圏では、加工組立系の大工場の撤退こそ散見されているが、食品工業や物流施設群が立ち並び、大消費市場へと物資を供給する「バックヤード化」が進む。たとえば、埼玉県内の東松山、川島、坂戸の各インターチェンジの付近には、すかいらーくグループや松屋フーズの工場、Amazonの配送センターをはじめ多数の物流拠点を目にすることができる。大和ハウス工業もまた延べ床面積二万～五万坪級の巨大な営業倉庫群を坂戸インター付近に複数進出させている。こうした物流拠点化は、圏央道を軸に埼玉県東部の加須、久喜、幸手（さって）付近でもみることができる。これらの現場は外国人労働者を含む非正規雇用の人々の就労に支えられているという面は否めない。

東京の大都市圏にあっても、六〇キロメートルを超える地域には過疎市町村に指定されている地域がある。神奈川県の真鶴町、埼玉県ときがわ町、東秩父村、茨城県利根町、河内町、千葉県鋸南町、長南町、大多喜町、勝浦市、九十九里町がそうである。こうした周辺地域の市町村ではむしろ豊かな地域資源が残されており、総人口が減少しながらも新しい移住者を吸引している。たとえば、真鶴町はまちづくり条例の「美の基準」に共感する人々、（過疎市町村には至っていないが）埼玉県小川町は有機農業のまちづくりに共感する人々を惹きつけている。移住者が地域に対する愛着を高め地域コミュニティを担う存在である場合も少なくなく、その意味で一部の郊外地域よりははるかに持続可能な性格を持った地域である。

5 東京の工業の現在

東京大都市圏は「京浜工業地帯（以下、京浜地域）」とほぼ同義であり、中京、阪神、北九州とと

新、街なか居住の推進等を図るため住宅市街地の再生・整備を総合的に行う事業が対象となる。拠点開発型と街なか居住再生型がある。東京都による拠点開発型の活用例としては、大川端（四〇三四戸）、豊洲（四七五〇戸）、東雲（六八〇〇戸）、芝浦・港南（五一〇五戸）などが代表的。

団地再生事業
都市再生機構が運営する一八〇六団地に対して定めた『UR賃貸住宅ストック再生・再編方針』（二〇〇七年策定）に基づいた、全面建て替え、一部建て替え、集約の事業の総称。約一六万戸が対象になった。

営業倉庫
自社の業務に必要な物品の保管に用いるのではなく、他社の物品を

もに四大工業地帯の一翼を担ってきた。脱工業化、サービス経済化といわれるように、製造業雇用は順次縮小しているが、「稼ぎ出す力」としては日本においても、京浜においても工業は軽視してはならない存在であるし、いままさに国内製造業のサプライチェーンを維持していくために京浜工業の役割を再評価しなければならないであろう。そして、東京内部におけるものづくりの歴史は、今日、東京の文化経済の担う一翼としての存在にもなりつつある。

(A) 京浜地域の工業構成

京浜地域を一都三県とみなすと、二〇二〇年現在、この四都県で工場数三・二万、従業者数一一七万人、出荷額四七兆円というそれぞれ大きな値を示す巨大工業地帯である。それぞれの対全国シェアは、工場数一八%、従業者数一五・七%、出荷額一五・八%である。ただし、この統計は、法人経営による従業者四名以上の工場に限った値であるので、個人経営や従業者四人以下の工場を含めれば、工場数は数倍にも膨れ上がろうし、京浜地域、特に東京の工業経営の零細性がさらにはっきりしてくるであろう。

京浜地域の工業生産を、重化学工業、機械工業、雑貨工業に大別して出荷額構成をみると、京浜全体としては重化学工業と機械工業の割合が高く、それぞれ三分の一以上を示す(表3-4)。都県別にみると、東京都では重化学工業の割合が極端に低い一方で、機械工業が約半数、雑貨工業が三分の一以上を占める。一方、千葉県は重化学工業の割合が極端に高い一方で、機械工業はわずかに一二%に過ぎない。神奈川県も臨海県であるため重化学工業の割合は三分の一近いが、機械工業も四六%を示す状況である。他方、埼玉県は東京都に準じて重化学工業の割合は低いが、機械工業よりは雑貨工業に重点がある。

産業中分類別に出荷額構成をみると、輸送用機械器具製造業に関しては、本田技研工業が立地する

保管する目的の倉庫。そのような目的の営業を行うために、国土交通大臣の登録を受けた倉庫のことをいう

「美の基準」

神奈川県真鶴町で一九九三年に制定されたまちづくり条例。バブル経済期にリゾートマンション等の建設が計画される危機感から生まれた。全体的には建築家アレグザンダーの著書『パタン・ランゲージ』からの影響が濃厚である。

「有機の里」小川町

埼玉県小川町の槻川(つきがわ)の河谷に位置する下里地区は、一九七〇年代初頭より有機農業を実践してきた「有機の里」として知られる。そこでは先覚者の金子美登(かねこよしのり)氏が一五〇名以上の有機農業の研修生を育て、その価値は町内全体で共有されるものに

なった。こうした実績を踏まえて、小川町は二〇二三年にオーガニックビレッジ宣言を発表するに至った。なお、オーガニックビレッジとは農水省の有機農業産地づくり推進事業に基づくものである。

京浜工業地帯の範囲

一九六〇年頃までは東京から横浜までが工業の集積地域であったため、このような名で呼ばれることになった。その後、工業地域は拡大し、埼玉県や千葉県にまで広く及ぶようになった。ここでは、伝統的な呼称を用い、統計的には南関東四県の数字をもって示す。

表3-4　東京圏（京浜工業地帯）における都県別にみた製造品出荷額の業種別構成（2020年）

(%)

産業中分類	埼玉県	千葉県	東京都	神奈川県	京浜合計
はん用機械器具製造業	2.9	1.7	2.2	4.8	3.1
生産用機械器具製造業	4.6	4.2	5.3	6.9	5.3
業務用機械器具製造業	2.9	1.3	6.6	3.3	3.2
電子部品・デバイス・電子回路製造業	2.2	1.8	5.0	1.9	2.4
電気機械器具製造業	3.6	1.3	9.7	4.4	4.2
情報通信機械器具製造業	3.6	1.0	6.3	5.4	4.0
輸送用機械器具製造業	15.7	0.7	15.1	19.5	13.1
機械工業計	35.5	12.0	50.1	46.2	35.3
食料品製造業	16.0	13.4	11.1	9.9	12.6
飲料・たばこ・飼料製造業	1.4	3.4	1.3	2.2	2.1
繊維工業	0.6	0.2	0.9	0.3	0.4
木材・木製品製造業	0.5	0.5	0.1	0.1	0.3
家具・装備品製造業	1.1	0.9	1.5	0.6	1.0
パルプ・紙・紙加工品製造業	3.8	1.2	2.1	1.2	2.0
印刷・同関連業	5.5	1.4	9.8	1.1	3.6
プラスチック製品製造業	5.2	2.3	1.9	4.5	3.8
ゴム製品製造業	0.9	0.3	0.4	0.6	0.6
なめし革・同製品・毛皮製造業	0.1	0.1	0.7	0.0	0.2
その他の製造業	2.2	1.1	3.6	0.7	1.6
雑貨工業計	37.4	24.6	33.4	21.3	28.3
化学工業	12.5	17.1	5.7	11.6	12.4
石油製品・石炭製品製造業	0.3	23.2	0.4	10.4	9.4
窯業・土石製品製造業	2.0	2.5	2.4	1.6	2.1
鉄鋼業	2.3	11.7	2.1	3.7	5.1
非鉄金属製造業	4.3	3.3	2.4	2.2	3.1
金属製品製造業	5.7	5.6	3.6	3.0	4.5
重化学工業計	27.1	63.4	16.5	32.6	36.4
合計	100.0	100.0	100.0	100.0	100.0

（注）業種の三区分は，京浜工業地帯の実態調査に基づくもので，本書第8版，第9版の区分を踏襲している．
（資料）『経済センサス–活動調査（製造業地域編）』より作成．

埼玉県や、日産自動車が立地する神奈川県で東京よりも強い特化傾向がある。重化学工業については、千葉県が群を抜いており、化学工業、石油製品・石炭製品製造業、鉄鋼業で大きなシェアと特化傾向が認められるが、これは同県に、市原市の石油化学コンビナート、千葉市のＪＦＥスチール東日本製鉄所（旧・川崎製鉄）や、君津市の日本製鉄東日本製鉄所などを擁する京葉工業地域があるためである。

竹内淳彦氏によれば、京浜地域の中でも工業の集積が大きく、工業地域の結節点の役割を果たしてきたのは、東京内部（区部）から川崎、横浜にかけての地域である。これは、「中心地域」と呼ばれる。また、中心地域はエリアごとにその地域を特色づける工業の種類が異なる。具体的には、機械工業に特色づけられる城南地域、雑貨工業に特色づけられる城東地域、印刷が卓越する中央地域、各業種が混ざり合った城北地域に地域分化しているのである。西部においては、住宅市街地として発展したため、工業機能は弱いが、アニメーション産業など比較的新しい産業集積が形成されている。

中でも、城東地域と城南地域が、それぞれどのような生産体系であるかを示したのが図3-6である。まず、城東地域の雑貨生産は、外周部から都心方向を向いた内向きの生産の流れを有している。すなわち、荒川区や葛飾区といった北東部に部分加工業者らが分布しており、

図3-6　京浜工業の地域的体系（1970～80年代）

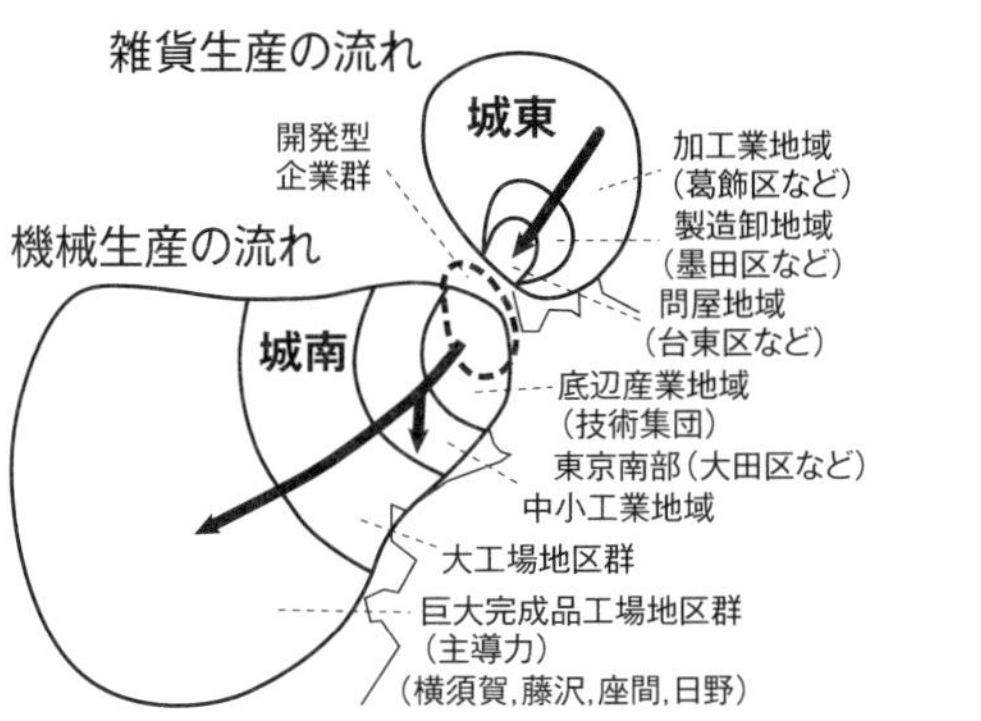

（資料）竹内淳彦による．

京葉工業地域

千葉県の臨海部（浦安市から富津市にかけて）に広がる工業地帯を指す。通産省（当時）の「石油化学工業の育成対策」および「鉄鋼業第二次合理化計画」に基づき、一九五〇年代後半から一九六〇年代にかけて、同地帯へのプラント群の立地が進んだ。

それらと結びついて生産管理などを行うメーカー（製造卸）は墨田区を中心に生産の核を形成している。完成した製品は、製品企画・デザイン機能を持ち、主に日本橋から浅草にかけて立地している問屋に納められる。ここから、卸問屋を介在するなどして、製品が小売店に並ぶこととなる。一方で、城南地域における機械工業は、主導力を持つ大規模完成品工場が外周部に立地しており、都心側から外周部に向いた外向きの生産の流れを有している。その下請部品工場が、層をなして城南に広く分布している。こうした生産体系の末端を担っているのが、大田区界隈に集積している底辺産業（基盤的加工業者群）である。同産業を構成する加工業者らの特徴は、加工分野の多種多様さや技術水準の高さであり、資本財分野において専用機械や機械要素（金型など）の多品種少量生産を担ってきた。

(B) 城東地域における雑貨工業

城東地域を特色づけている雑貨工業（日用消費財工業）は、城南の機械工業よりも、生産拠点の海外移管が急速に進展してきたといわれている。また、一九九〇年代後半以降、アジアからの安価な代替品の流入にもさらされてきた。

表3-5は、城東地域の中核をなす台東区および墨田区における主力の三分野、すなわち、ニット、皮革、宝飾・装飾品に関連する業種群の事業所数と従業者数を示している。製造業だけで約一二〇〇事業所とそこで働く従業者は約六〇〇〇人、卸売業まで含めると約二〇〇〇事業所、一万六〇〇〇人規模であることがわかる。これらの値は、東京の都市経済を考える上で決して無視できない数値である。

まず、繊維工業分野であるが、両区ではあくまでもニット製衣服が主力である。古くは錦糸町付近の士族授産のためにメリアス生産が導入されたのが始まりである。かつては肌着や腹巻といったインナーウェアの生産が中心であったが、現在はアウターウェアに特化している。産業小分類上で約一一

底辺産業

金属プレス、メッキ、鋳造、熱処理、機械加工、彫刻など機械生産のための基礎加工と歯車、ネジ、金型などの生産を担当する業者のグループをいう。各グループは、それぞれ独自の産業集団を形作るとともに、機械生産の共通底辺をなしている。これらは通産省（当時）が一九九七年に指定した「基盤的産業」の中枢をなすものである。

ニット

糸を縦と横に交差して形成した「布帛（ふはく）」とは異なり、糸をループ状に編んで形成したものを指す。かつてはメリアス（莫大小）とよばれていた。また、その種類は丸編みニットと横編みニットとに大別される。前者は、丸編機によって円筒状の生地を編み出す。この生

地を縦に割いて反物状にし、さらに裁断・縫製することでカットソーなどを生産する。後者は、編目を往復させながら重ねて生地を形成するもので、セーターなどの生産に適している。

表3–5　台東区・墨田区におけるニット，皮革，宝飾・装飾品関連産業の集積規模（2021年）

産業分類	台東区		墨田区		2区計	
	事業所数	従業者数（人）	事業所数	従業者数（人）	事業所数	従業者数（人）
11 繊維工業						
113 ニット生地製造業	0	0	12	55	12	55
114 染色整理業	9	28	20	186	29	214
116 外衣・シャツ製造業（和式を除く）	45	188	178	935	223	1,123
117 下着類製造業	2	13	1	2	3	15
20 なめし革・同製品・毛皮製造業						
201 なめし革製造業	9	24	34	219	43	243
203 革製履物用材料・同附属品製造業	105	347	8	48	113	371
204 革製履物製造業	88	580	8	174	96	754
206 かばん製造業	32	130	19	88	51	218
207 袋物製造業	82	357	89	497	171	854
209 その他のなめし革製品製造業	36	86	26	145	62	231
32 その他の製造業						
321 貴金属・宝石製品製造業	201	936	17	53	218	989
322 装身具・装飾品・ボタン・同関連品製造業	93	567	54	263	147	830
関連製造業計	702	3,256	466	2,665	1,168	5,897
51 繊維・衣服等卸売業						
512　衣服卸売業	149	1,164	111	1,439	260	2,603
51211 男子服卸売	(50)	—	(40)	—	(90)	—
51221 婦人・子供服卸売	(58)	—	(36)	—	(94)	—
51231 下着類卸売	(18)	—	(25)	—	(43)	—
51291 その他の衣服卸売	(21)	—	(6)	—	(27)	—
513　身の回り品卸売業	548	6,041	131	1,465	679	7,506
51321 靴卸売	(115)	—	(14)	—	(129)	—
51322 履物（靴を除く）卸売	(23)	—	(4)	—	(27)	—
51331 かばん・袋物卸売	(150)	—	(35)	—	(185)	—
51391 他の身の回り品卸売	(263)	—	(83)	—	(346)	
関連卸売業計	697	7,205	242	2,904	939	10,109

（注）5けたの分類は業種分類ではなく品目分類であり，それに対応する事業所数は当該業種事業所ではなく「当該品目の扱い事業所数」であるため，括弧書きで示している.

（資料）『経済センサス–活動調査（産業横断的集計）』より作成.

〇〇人が従事する「外衣・シャツ製造業」も大多数はニット製のアウターウェアで、墨田区に多い。また、重要な関連産業である染色整理業（糸や布帛、ニット生地に対して、色・柄・風合いなどを加える業種）については、両区で約三〇事業所、約二〇〇名が従事するがやはり墨田区に多い。ニット生地製造業については、墨田区にのみ、事業所および従業者が少数ながら存在している。これらは主に横編みニットの生地製造であると考えられる。

こうしたニット製品を市場に送り出す役割をしているのが、そのすべてが、地元のメーカーに対する産地問屋としての役割を果たしているわけではないものの、衣服卸売業である。両区で二六〇事業所、二六〇〇名を擁する。中でも、婦人・子供服の品目に対応する問屋が多い。婦人服の分野は特に高いファッション性やディテールへのこだわりがあり、子供服はスナップの存在などから工程やパーツが非常に多い分野とされている。

両区の雑貨工業のもう一つの主力は、皮革製品であり、最終製品としては履物か、かばん・袋物（ハンドバッグ）に大別できる。両分野と素材生産を合わせて約五四〇の事業所と二七〇〇名の従業者を擁する。これらのうち革製の履物については、材料・付属品の製造業を含めて台東区が卓越しており、特に浅草からその北部にかけての区域に集積がみられる。一方、かばん・袋物の製造は両区に遍在する。なお、それらを市場に送り出す問屋は、履物関係で約一五〇事業所、かばん・袋物関係で一八五事業所あるとみられる。また、素材生産としてのなめし革の製造業は墨田区に多く、同業種が集中する「東墨田」の存在感がうかがえる。主に豚革の製造であり、浅草の皮革問屋を経て、地元で製造されるバッグや革靴の内張りに用いられるほか、世界市場に流通する質の高い製品が製造されている。

また、産業分類上は「その他の製造業」に位置づけられる「貴金属・宝石製品製造」「装身具・装

袋物製造業

江戸時代における巾着、守り袋、煙草入れなどを起源とし、ハンドバッグを製造する業種を指す。袋物は、馬具や履物から転嫁した「かばん」とは歴史や生産団体を異にしてきた。しかし、多種多様な製品の出現によって袋物とかばんの境界線は曖昧となっており、明確な製品分類は難しい。

飾品・ボタン・同関連品製造業」は合わせて三六五事業所、約一八〇〇名の従業者を有する。前者が台東区に多い背景には同区の御徒町における宝飾問屋街の存在があるが、後者については浅草橋駅付近に集中するアクセサリーのメーカーやパーツ問屋群の存在が反映されている。また、「装身具・装飾品・ボタン・同関連品製造業」は先述の衣服、革製の履物・袋物にパーツを供給する役割も担っており、同地域の主要業種に共通した関連産業であるともいえる。なお、これらの製品を流通させるのは、皮革製品と同様に「身の回り品卸売業」であるが、その中でも商品分類上は「他の身の回り品」であり、最大で三四六事業所が関わっているものとみられる。

(C) 城東地域のかばん・ハンドバッグ産業にみられる集積の利益

東京城東地域では、墨田区に多数立地するメーカー（製造卸）が、日本橋から浅草橋、蔵前、浅草にかけて立地する問屋や渋谷などのアパレルメーカーなどが企画した製品を、城東地域に集積する材料商や各種部分加工業者（裁断、皮漉き、縫製）を取りまとめて生産管理している。その際、メーカーはデザインの調整や具現化に大きな役割を果たしている。具体的には、使用素材や加工方法に関する受注先への提案や、さらには図面の作成を担う場合もある。メーカーがこうした機能を発揮するのに際し、受注先と空間的近接性が高いことは、非常に有利である。なぜなら、受注先と顔を合わせて打ち合わせをすることで、相手の意図を汲むこと、意見をすり合わせることができるからである。

こうした集積の利益は、メーカーと材料商（皮革素材の仕入先）や部分加工業者らとの間でもみられる。まず、皮革素材は素材を直接手に取って選定することが多いため、材料商との距離が近いことが求められる。それは、動物の皮という特性上、皮革素材にはどうしても個体差や部位の差異が存在するからである。

また、均一ではない素材の裁断や漉き（厚さを調整する）を行う際には、メーカーと加工業者との間で、素材を目の前にして、顔を合わせてコミュニケーションをとることが重視される。さらに、かばん・ハンドバッグはファッショングッズであるため、流行や季節に合わせて次々に新製品を開発・生産する必要がある。そのため、都内のアパレルメーカーといった受注先や仕入れ先・外注先との近接性が高いことで、高いファッション性や迅速性を実現しているのである。

同製品は定番品や廉価品において、城東地域外、海外への生産拠点の分散も生じているものの、皮革という天然素材を用いたファッショングッズであることに起因して、城東地域内における産業集積の利益が依然として発揮されているといえる。

(D) 近年における新たなものづくりの動き

城東地域では、メーカーなどによる自社ブランド設立も行われてきた。また、地域ブランドの創出にも積極的である墨田区では地域ブランド推進戦略事業として「すみだモダン」の名称で区内産製品の認証やPRに取り組む。さらに、同事業は、既存製品の認証だけでなく、デザイナーと区内事業者とのコラボレーションによる新しい製品づくりも支援してきた。城南地域については、基盤的加工業者群が集積する大田区で、「大田区の工業集積の強みやモノづくりに対する真摯な職人気質を継承し、未来に挑戦する企業」を基準として、地域ブランド「Only Ota Quality」の構築がなされてきたことが特筆される。

さらに、起業支援の取り組みの中で、新規起業者と既存の工業集積との関係が構築されつつある。たとえば、台東デザイナーズビレッジは、台東区カチクラ地区におけるデザイナー・クリエイターらを対象とした創業支援施設であるが、その卒業生と、同地区における既存の加工業者との間で取引関係が生じている。墨田区においても、「新ものづくり創出拠点」において、ものづくり系のベンチャー企業などに対する開発や製造の支援を、区内の中小製造業企業らが行っている。さらに、二〇二三年

徒蔵（カチクラ）
台東区の南部、浅草通りの御徒町と蔵前の間の地区を意味する通称。台東デザイナーズビレッジの鈴木淳村長が命名して雑誌『東京ウォーカー』で紹介したのが始まり。この地区では、古くから各種地場産業の加工機能や素材商が集積してきたが、デザイナーやクリエイターの創業支援を図る区の政策によって新たな展開がもたらされている。

には、SUMIDA INNOVATION COREが開設されており、起業支援の拡充やスタートアップ企業と区内製造業者とのさらなる交流が期待される。

城南地域の大田区において近年開設した創業支援施設としては、六郷ＢＡＳＥ（二〇二一年）およびｉｎｎｏｂａ大田（二〇二三年）が挙げられる。六郷ＢＡＳＥは「おおたクリエイティブ拠点」の一つでもある。同拠点には、大田区における江戸切子の企業ブランド「蒲田切子」の直販店や、ギャラリー、アトリエ、体験といった複数のアートの施設、「オープンらぼ」を中心事業とする地域交流拠点など、様々な拠点が内包されている。こうした「クリエイティブ」な側面も大田区の新しい姿である。

第2節　名古屋大都市圏

名古屋大都市圏の概要

名古屋大都市圏は、政令指定都市である名古屋市を中心都市として、主に愛知県尾張地方から西三河地方、岐阜県南部、三重県北東部にかけて広がる大都市圏である。二〇二〇年国勢調査による中京大都市圏についてみると九一七万人の人口を持つ（図3-7）。中心都市の名古屋市の人口は二三三・二万人で名古屋大都市圏全体の二五・四％を占める。人口三〇万人を超える都市として、愛知県豊田市（四二・二万人）、岡崎市（三八・五万人）、一宮市（三八・〇万人）、春日井市（三〇・九万人）、岐阜県岐阜市（四〇・二万人）、三重県四日市市（三〇・五万人）の六市がある。このほかに人口一〇万人を超える都市が一〇市ある。名古屋大都市圏は中心都市が一つの大都市圏としては国内最大の大都市圏である。

名古屋大都市圏の鉄道交通網（図3-8）は、名古屋市を結節点とした放射状の路線が中心となっている。JRでは東海道本線や中央本線の一部が名古屋大都市圏内の輸送を担っている。名古屋鉄道（名鉄）では、名鉄岐阜駅から名鉄名古屋駅、豊橋駅を結ぶ名古屋本線のほか、名古屋市から放射状に犬山線、瀬戸線、豊田線、常滑線などが広がる。近鉄（近畿日本鉄道）では名古屋・大阪間の都市間特急も運行される名古屋線が名古屋大都市圏内の輸送も担っている。加えてこれらに接続する多数の路線や愛知環状鉄道のような大都市圏の環状方向の路線がある。二〇〇五年には知多半島の常滑市沖での中部国際空港（セントレア）の開港に向けて名鉄常滑線を延長する形で空港線が開通して名古屋駅まで三〇分程度で結ばれている。

日本の大都市圏の成長は、鉄道会社による沿線開発に象徴されるように、郊外住宅地の開発、郊外娯楽施設の開発、ターミナルデパートなどの駅前商業施設の立地の三点に特徴づけられる面がある。名古屋大都市圏も同様の特徴を持ちながら発展してきた。

図3-7　名古屋大都市圏の概観

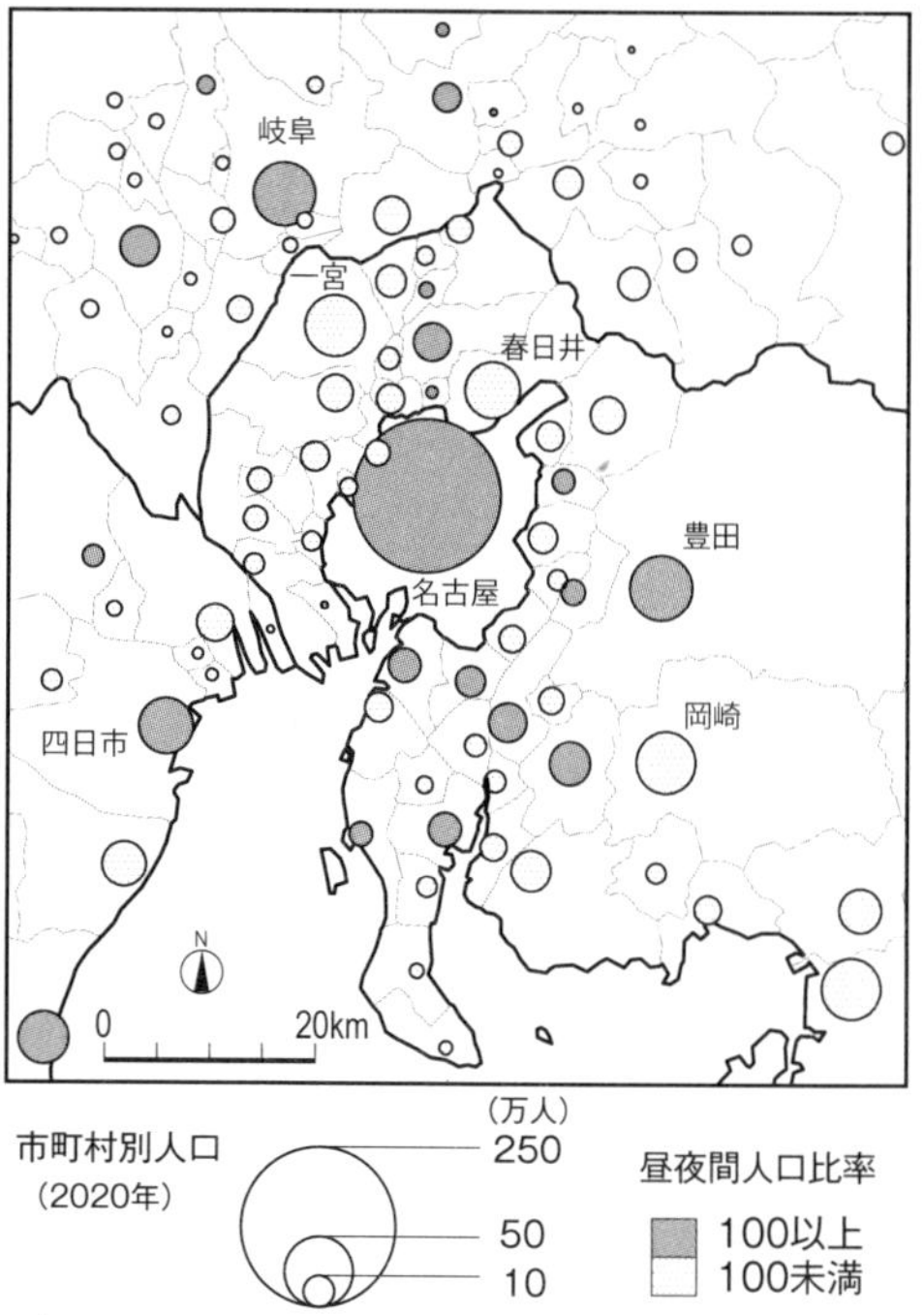

岐阜
一宮
春日井
豊田
名古屋
岡崎
四日市
N
0　20km
市町村別人口（2020年）
（万人）
250
50
10
昼夜間人口比率
100以上
100未満

（資料）『国勢調査』より作成.

中部国際空港

二〇〇五年に愛知県常滑市沖の伊勢湾埋立地に開港した国際空港。通称セントレア。国土交通省によると二〇二二年度の乗降客数は六〇二万人（国内線五一九万人・国際線八二万人）であった。空港島には空港業務関連施設のほかホテル、愛知県国際展示場、ボーイング787初号機を展示するフライト・オブ・ドリームズなどがある。従前の名古屋空港（愛知県豊山町）は県営名古屋空港となり一部の国内路線が就航している。

図3-8　名古屋大都市圏の鉄道網

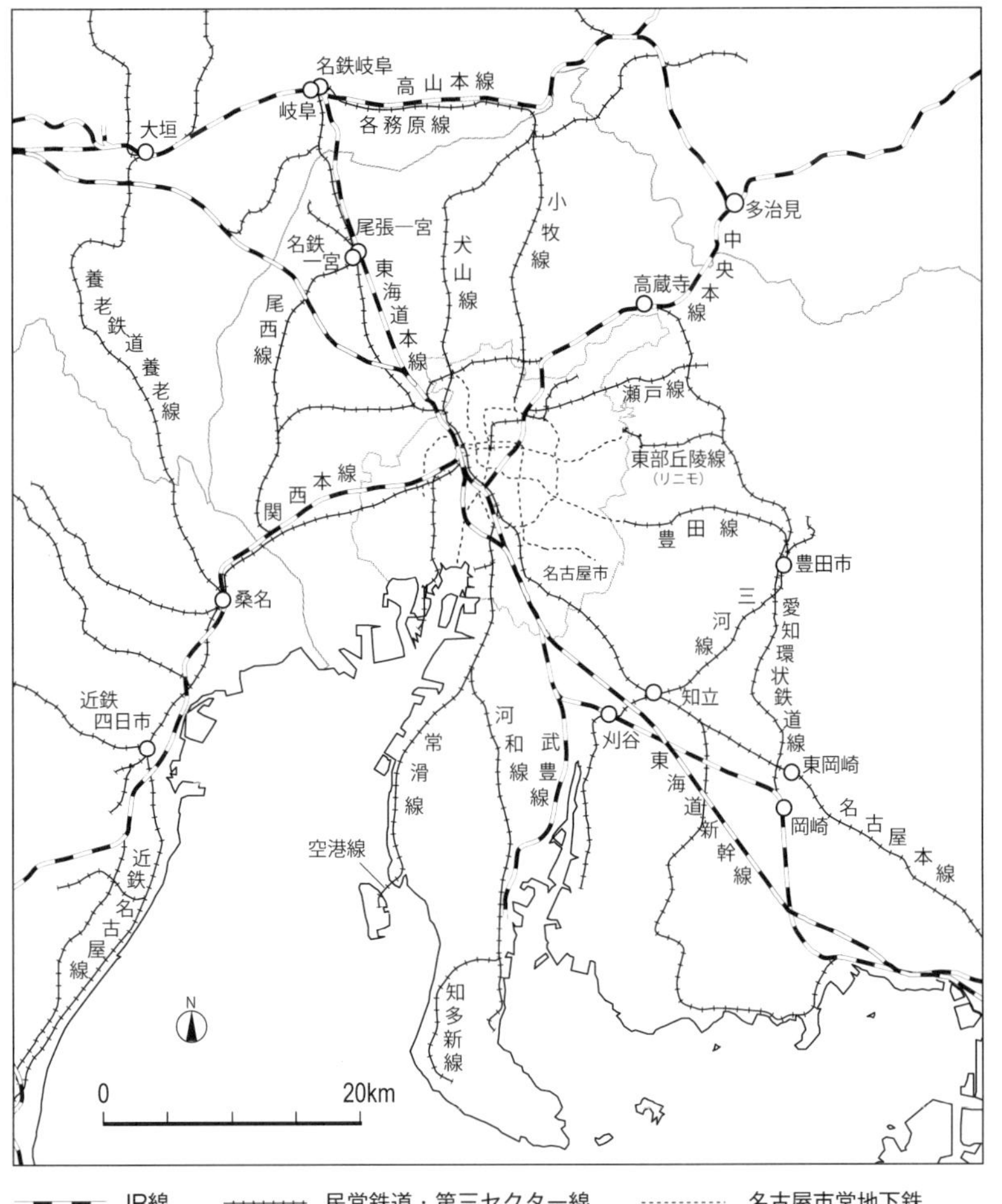

(資料) 各社ウェブサイトより作成.

住宅地開発については、中央本線沿線にある高蔵寺ニュータウン（春日井市）をはじめとして、知多半島や豊田線沿線など特に沿線に丘陵地が広がる鉄道路線沿いで大規模な開発が進められてきた。

郊外での娯楽については、古くから知多半島や三河湾での海水浴や潮干狩りが賑わい、知多新線の開通に合わせて南知多ビーチランドが開園した。名鉄を中心に犬山市周辺での観光開発も行われ、日本モンキーパーク、明治時代の建築物を移築した博物館明治村、世界各地の住居と文化を展示する野外民族博物館リトルワールドなどがある。

ターミナルデパートとしては、名古屋駅周辺の名鉄百貨店、近鉄百貨店名古屋店、松坂屋名古屋駅店（二〇一〇年閉店）のほか、沿線の主要都市に新岐阜百貨店（名鉄岐阜駅、二〇〇五年閉店）、近鉄百貨店四日市店（近鉄四日市駅）、名鉄百貨店一宮店（名鉄一宮駅）などが出店された。

名古屋大都市圏は、東京大都市圏と京阪神大都市圏に次ぐ人口規模があり、合わせて三大都市圏と呼ばれる。都市単位の人口では、名古屋市は、東京都区部（九七三・三万人）、横浜市（三七七・七万人）、大阪市（二七五・二万人）に次いで第四位であるものの、「東京・大阪・名古屋」をもって三大都市と呼ばれることもある。これには様々な見方があると思われるが、ここでは経済的中枢管理機能の一つとして上場企業本社（二〇二二年）の状況をみてみたい。上場企業本社数を都市別にみると、東京都区部が二一二〇社で最も多く、次いで大阪市が三六三社となっている。これらよりはかなり少なくなるが、次いで名古屋市が一四九社、横浜市が一一四社となっている。

名古屋市内に本社がある上場企業は、全国あるいは海外にも展開する企業も多いが、中部電力、東海旅客鉄道（JR東海）、名古屋鉄道（名鉄）、中日新聞社などのように東海地方や中部地方を主な営業範囲とする企業も特徴的である。他の大都市と同様に都心部に多く、名古屋市では中区と中村区に集中している。一方で、都心部以外では日本ガイシ（瑞穂区）のように現業部門を併設した製造業企業の本社もある。
大都市圏についてみると、名古屋市以外での上場企業本社数はいずれの市町も一桁にとどまっており大きな差がある。五社以上の都市をみると、岐阜市（九社）、春日井市（六社）、四日市市（六社）のように人口三〇万人を超える都市もあるが、大垣市（八社）、刈谷市（七社）、小牧市（五社）の人口は一〇万人台である。愛知県内の刈谷市、春日井市、小牧市については製造業企業の本社が多い。特に刈谷市にはアイシン、ジェイテクト、デンソー、豊田自動織機、トヨタ車体、トヨタ紡織といったトヨタグループ企業の本社も立地している。これらの多くは刈谷駅周辺に工場を併設した本社がある。トヨタ自動車の本社は豊田市にあるが、刈谷市もトヨタグループ企業の拠点都市となっている。

このように名古屋大都市圏には一定の上場企業本社があるが、東京大都市圏や京阪神大都市圏ほどの市場規模ではないこともあり、小売業をはじめとするサービス業については業界再編の中での経営統合などにより本社がこの地域から転出することがある。都市銀行、百貨店、家電量販チェーンなどの分野で本社機能の転出事例があった。もちろん、カレーチェーンの壱番屋（一宮市）などのようにこの地域を拠点に全国展開しているサービス業企業もある。

2 名古屋市都心部の再開発

名古屋市都心部は江戸時代の城下町にその都市的な起源を持つ。一六〇〇年代はじめに名古屋城が築城され、城の南側や東側に広がる熱田台地上を中心に城下町が形成された。現在、名古屋市の都心部（図3-9）は、おおまかに名古屋城を北限として東海道本線と中央本線に囲まれた逆三角形の範囲とみることができる。特に名古屋駅地区と栄地区が商業・業務機能の中心となっている。前述の名古屋市の上場企業本社は、名古屋駅地区から伏見駅周辺、栄地区を通りJR中央本線の千種駅周辺に

名古屋城

一六〇〇年代のはじめに徳川家康により熱田台地の北西端あたりに築城された。第二次世界大戦中の空襲により天守閣などが焼失したが、戦後、市民の寄付などにより天守閣が再建された。近年本丸御殿が復元された。名古屋城郭内の三の丸地区は、愛知県庁、名古屋市役所、愛知県警察本部、名古屋高等裁判所、中央省庁の地方局などが多数ある官公庁街となっている。

図3-9　名古屋市都心部

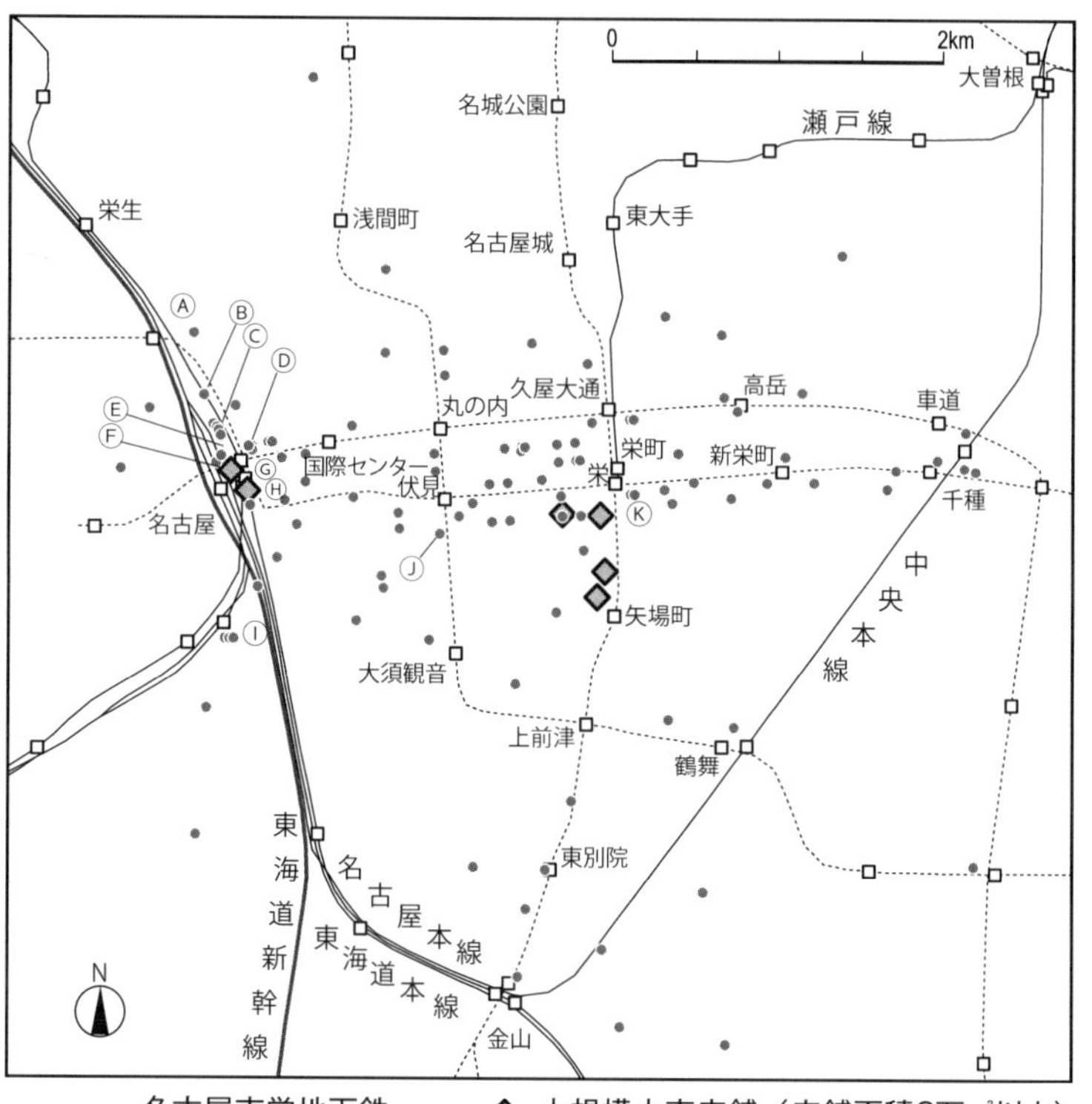

主な再開発
Ⓐ：ノリタケの森地区　Ⓑ：名古屋ルーセントタワー　Ⓒ：JPタワー名古屋　Ⓓ：大名古屋ビルヂング　Ⓔ：JRゲートタワー　Ⓕ：JRセントラルタワーズ　Ⓖ：ミッドランドスクエア　Ⓗ：モード学園スパイラルタワーズ　Ⓘ：ささしまライブ24地区　Ⓙ：御園座タワー　Ⓚ：中日ビル

（資料）東洋経済新報社「大型小売店ポイントデータ2021年版（中京圏）」「上場会社概要データ（2022年12月版）」，名古屋市ウェブサイトより作成．

至る範囲に特に多く立地している。

名古屋市都心部は二一世紀に入って大きく変化した。きっかけとなったのが旧名古屋駅ビルの再開発で、ＪＲセントラルタワーズ（以下、タワーズ）が一九九九年から開業したことだった。ＪＲ名古屋タカシマヤ、ホテル、オフィスなどがある複合施設となっている。二〇一七年には隣接してＪＲゲートタワーも開業した。

タワーズ開業以降、名古屋駅周辺ではミッドランドスクエア、モード学園スパイラルタワーズ、大名古屋ビルヂングなどの超高層ビル建設が進み駅前景観は一変した。これらの多くは低層部に商業施設があり、中層部から高層部にかけてはオフィスが中心となっている。タワーズにはＪＲ東海の本社もあり、ミッドランドスクエアにはトヨタ自動車の名古屋オフィスがある。名古屋駅地下ではリニア中央新幹線の駅建設も進んでおり、名鉄と近鉄の駅ビル再開発も検討されている。名古屋駅地区は、名古屋市の都心、名古屋大都市圏の中心駅、さらには東京大都市圏や京阪神大都市圏との窓口という三つの意味で中心性が高まっている。

一方、栄地区は、明治時代から名古屋の商業の中心であり、松坂屋本店（現・名古屋店）、名古屋三越、丸栄（二〇一八年閉店）という三つの百貨店や名古屋パルコのような大型店のほか広い範囲に地下街が形成されてきた。二〇〇〇年代になると大津通を中心にブランド路面店が次々と開店した。名古屋駅地区が限られた範囲に大規模ビルと地下街が集中しているのに対して、栄地区は百貨店や専門店ビルの周りにブランド路面店、さらには愛知芸術文化センター、中部電力 ＭＩＲＡＩ ＴＯＷＥＲ（名古屋テレビ塔）、久屋大通公園、都市型公園のオアシス21などがあり回遊性を持った面的な都心空間を形成している。

栄地区の南側には大須商店街が面的に広がっている。大須観音の周りに広がる商店街で、映画館な

リニア中央新幹線

中央新幹線は全国新幹線鉄道整備法に基づく東京都と大阪市の間の新幹線。超電導磁気浮上方式（超電導リニア）が採用された。二〇二七年を完成予定として、二〇一四年に品川駅・名古屋駅間（二八五・六キロメートル）での工事が始まった。中間駅として神奈川県（仮称。以下同じ）駅（相模原市）、山梨県駅（甲府市）、長野県駅（飯田市）、岐阜県駅（中津川市）が設置される。

どが多くあって賑わった時期があったが、昭和四〇年代ごろにかけて一時期停滞した。その後、電機街としての性格が強くなった時期を経て、近年は古着店なども多くあり若年層が集う。大規模な大型商業施設はないがほとんど空き店舗がないといわれる。

都心周辺での大規模な面的な再開発は多くはないが、ノリタケの森地区、ささしまライブ24地区などがあり、名古屋城の三の丸地区では中長期的な検討が進められている。

❸ 買い物環境の変化と都市間関係

大規模小売店舗法（大店法）が一九九〇年代になって緩和されて以降、大型ショッピングセンターの出店が相次ぎ、都市間関係にも影響を与えた。

図3−10は、大型商業施設の分布を示している。名古屋市都心部に百貨店を中心とした大規模な商業施設が集中しているほかは、ほとんどがモール型ショッピングセンターである。そのうちのおよそ半数は工場跡地に出店されたもので、それ以外にはイオンモール大

図3-10　名古屋大都市圏における大型商業施設の立地（2021年）

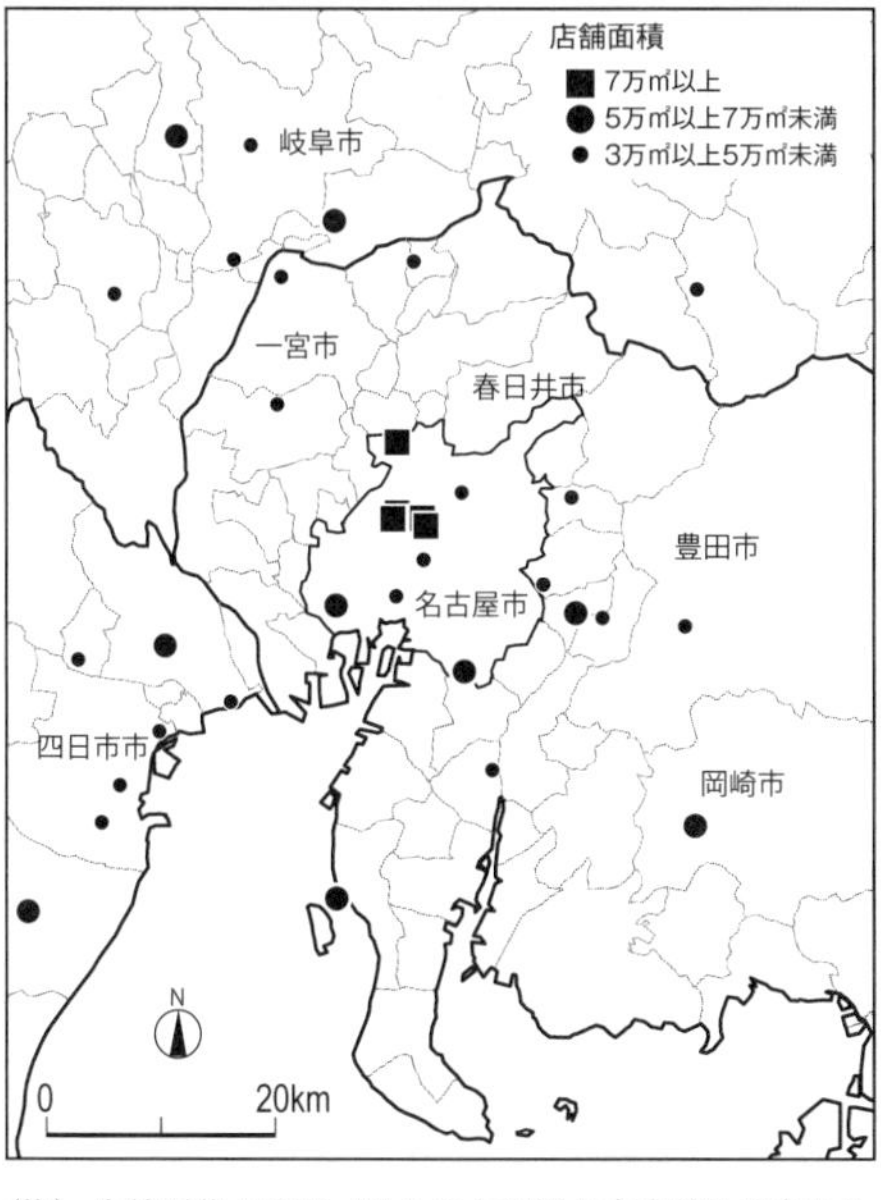

（注）店舗面積が3万㎡以上の大規模小売店舗を対象としている．人口30万以上の都市名を示している．
（資料）東洋経済新報社「大型小売店ポイントデータ2021年版（中京圏）」より作成．

モール型ショッピングセンター

いくつかの核店舗としての総合スーパーや大型専門店などと多数の専門店により構成されるショッピングセンターのうち、広い敷地に水平方向に広がる3階から5階建程度の低層の建物が建設され、広い駐車場を備えるものがモール型ショッピングセンターと呼ばれる。シネマコンプレックス（シネコン）などを併設する場合もある。

高（名古屋市緑区）やららぽーと愛知東郷（東郷町）のように土地区画整理事業などの中で計画的に出店されたものがある。工場跡地はイオンモール岡崎（従前は日清紡績）やモレラ岐阜（従前は都築紡績）など、かつてこの地域の中心的な製造業であった繊維工場の跡地が多くを占める。

図をみると豊田市、一宮市、春日井市、岐阜市、四日市市には店舗面積五万平方メートル以上の店舗はなく、これらの市の周辺にある。また、図中で名古屋市、豊田市、四日市市を除いて旧来からの中心商業地区内には立地していない。

郊外型ショッピングセンターの出店が進む一方で、地方都市の駅前や中心商業地区に立地していた百貨店などの大型商業施設の閉店が進んだ。名古屋市には現在でも多くの百貨店があるが、それ以外では二〇二三年現在で、岐阜市（二〇二四年七月閉店予定）、一宮市（二〇二四年一月閉店予定）、四日市市に一店ずつがあるのみである。近年、豊田市、岡崎市などにあった百貨店が閉店したことで愛知県内の百貨店は名古屋市内の店舗のみとなる。なお、岐阜市や四日市市でも中心商業地区にある百貨店よりも大規模なショッピングセンターが郊外にある。

消費者が買い物をする場所は大型商業施設のみで決まるものではないが、東海三県に対する小売吸引力指数（二〇一五年）を計算してみると、豊田市（小売吸引力指数〇・八一）、春日井市（同〇・八五）、一宮市（同〇・八七）では一・〇を大きく下回っている。モール型ショッピングセンターの出店傾向と百貨店の閉店なども併せて考えると、都市内部スケールでも都市間スケールでも大型商業施設がある場所が変化しているといえるだろう。

小売吸引力指数

ある市町村などが小売業について周辺から吸引しているか流出しているかの程度を把握する指標のうちの一つ。a市の小売吸引力指数は、a市の人口一人当たりの小売業年間商品販売額を、A地域の人口一人当たりの小売業年間商品販売額で除した値で示される（この場合のA地域とはa市を包含した広域である）。この値が一・〇を上回っている場合は周辺から吸引している、一・〇を下回っている場合は流出していると考える。

❹ 名古屋大都市圏の構造変化

大都市圏は数十年にわたって拡大と成長を続けてきたが、前項で示した商業も含めて、近年、様々な面で構造的な変化がみられる。

二〇〇〇年代になって郊外住宅地の開発は転機を迎えた。中日新聞（二〇〇五年七月二二日）には「名鉄、団地開発撤退へ」との見出しで、郊外型の分譲住宅団地開発事業から撤退することが書かれている。一方で、郊外住宅地開発を縮小した名鉄グループも含めて主要都市の駅周辺でのマンション開発が進んでいる。また駅前に限らず市街地内部でのマンション開発により中心市街地の人口が回復傾向にある地方都市もある。

大規模開発されたニュータウンや集合住宅は、建設後五〇年ほどを経過するものも多くなってきており、高蔵寺ニュータウンで再生の取り組みが行われているほか、都市再生機構（ＵＲ）などは名古屋市内も含めて賃貸集合住宅を中心に建て替え事業を進めている。

鉄道沿線の郊外娯楽施設については、閉鎖されるところや鉄道によるアクセスが縮小される事例がみられる一方で、駅周辺にありながら必ずしも鉄道アクセスに限定されない娯楽施設の開設がみられる。名古屋港の金城ふ頭にはレゴランド・ジャパン（二〇一七年）やＪＲ東海によるリニア・鉄道館（二〇一一年）が開業し、長久手市の愛・地球博記念公園内には二〇二二年にジブリパークが開園した。二〇〇五年の愛・地球博開催時につくられた「サツキとメイの家」もその一部となっている。観光についての魅力が乏しいといわれる名古屋大都市圏ではあるが、この地域の産業を背景とした産業観光施設の開設や拡充が進んだ。自動車産業や航空宇宙産業、味噌や酢などの醸造業、陶磁器や瓦といった窯業など幅広く、工場見学、博物館、まち歩きの取り組みがある。

鉄道交通については、この二〇年ほどの間に名古屋市内では地下鉄路線の充実が進んだ一方、大都市圏縁辺部の路線廃止が相次いだ。名鉄では揖斐（いび）線、八百津線、三河線の南北両端部分などが廃止された。大都市圏縁辺部を中心に人口低密地域での鉄道路線の維持が難しくなってきている。

5 リニア中央新幹線とスーパー・メガリージョン時代の名古屋

東京と大阪との間を結ぶ中央新幹線は、二〇二七年の東京と名古屋との間の先行開業に向けて工事が進められている。品川駅・名古屋駅間が約四〇分で結ばれ、大阪まで延伸された際には東京・大阪間の所要時間が最速六七分とされる。リニア中央新幹線により三大都市圏がこれまで以上に密接に結びついていくことになるとして第二次国土形成計画（全国計画・二〇一五年閣議決定）では、三大都市圏が一体化したスーパー・メガリージョンの形成に向けての検討と施策を進めていくことが示された。二〇二三年に閣議決定された第三次国土形成計画（全国計画）では日本中央回廊という表現が使われている。

スーパー・メガリージョンや日本中央回廊の考え方は、三大都市圏とその周辺地域がそれぞれの個性を生かしつつ一体化し、国土全体の中で広域的なネットワークの中心としてその効果を広げていこうとするものである。本書第4章第5節で示されるように名古屋大都市圏を含む東海地方は自動車産業を中心とした製造業が特徴となっている。特に生産機能のみならず本社機能や研究開発機能も多く立地していることが特徴であり、カーボンニュートラルやデジタル化に対応して持続していくことが名古屋大都市圏としての個性あるいは役割として重要となる。

リニア中央新幹線は現実的には二〇二七年の開通は難しい状況となっているが、大都市圏内各地で開通に向けての準備が進んでいる。大都市圏スケールでは、ますます名古屋駅へのアクセス向上が進められることで大都市圏内の移動利便性も高まるだろう。また、JR東海によればリニア中央新幹線が開業することで東海道新幹線の活用可能性が拡大する。具体的には「のぞみ」中心から「ひかり」「こだま」中心の運行形態に移行するとされ、名古屋大都市地域と静岡県内各地域との移動利便性も高まることが期待できる。新東名高速道路などの高規格道路ネットワークも併せて、リニア中央新幹線沿線に加えて東海道新幹線沿線地域とのつながりも改めて評価されるだろう。

第3節　京阪神大都市圏

1 三都の変容

一九七三年以降、主に首都圏への人口流出による転出超過が続いてきた近畿圏だが、二〇〇〇年代に入ると転出数は徐々に減少傾向となり、二〇一一年には東日本大震災の影響により転入超過に転じた。翌年から再び転出超過となるものの、転出超過の幅は小さくなっており、京阪神大都市圏の持続的な成長がうかがえる。この傾向の結果が都心のマンション建設に現れている。二〇一〇年から二〇二二年の期間に六六棟（三〇階以上）の高層マンションが大阪市の北区、中央区、西区を中心に立地し、二万二七〇〇を超える戸数が販売された（株式会社プレミアム不動産HPによる）。図3-11には、二〇一〇年と二〇二〇年を比較した「近畿大都市圏」における市区町村別人口増減率を示している。先に述べた大阪市北区、中央区、西区のほかに、天王寺区、浪速区など、都心で人口が増加している傾向がわかる。郊外では、滋賀県草津市、守山市、京都府京田辺市、木津川市などで増加している。ただし、都市圏内全体をみれば、広い地域で人口が減少している傾向を指摘できる。

次に、大阪市、京都市、神戸市における主な経済指標をみると、大阪市は人口が他の京都市、神戸市の約一・八倍であるが、市内総生産を比較すると約三倍の経済規模を有することがわかる（表3-6）。この背景として事業所数、従業員数が多いことはもちろん、他の二市と異なる特徴として、産

近畿大都市圏　総務省が国勢調査結果に基づいて定める大都市圏の一つ。堺市が政令指定都市になるまでは「京阪神大都市圏」の名称が用いられていた。大阪市・京都市・神戸市・堺市を「中心市」とした上で、中心

市への一五歳以上通勤・通学者数の割合が当該市町村の常住人口の一・五％以上であり、かつ中心市と連接している市町村の範囲。陸続きではないが淡路島の淡路市も近畿大都市圏に含まれる。

図3-11　近畿大都市圏における市区町村別人口増減率（2010～20年）

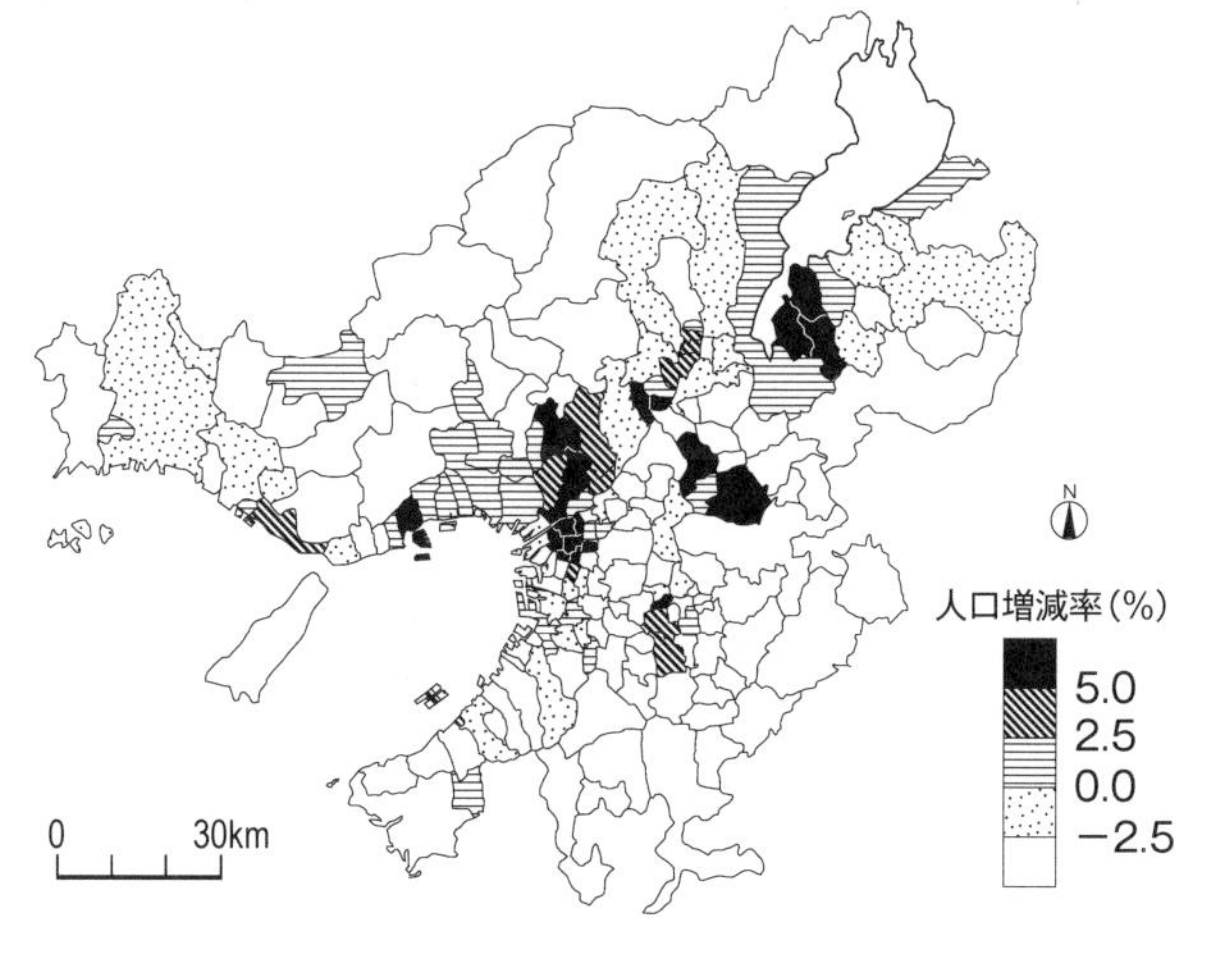

（資料）『国勢調査』より作成.

業分類別における卸売・小売業の額が大きく、西日本最大の商業集積地域を有する点を指摘できる。また、大阪市は各上位4業種の金額が京都市、神戸市と比較して大きい点と製造業も他の都市と同規模を有している。京都市と神戸市を比較すると、人口、市内総生産は神戸市が上回っており、事業所数では京都市が上回っているが、従業員数をみると同規模である。市内総生産額上位の産業分類をみれば、比較的同規模の特徴を指摘できる。

経済規模の維持、発展には、都市圏内の交通インフラ整備の進展が欠かせない。鉄道に関しては、各鉄道会社が二〇二五年の大阪・関西万博の開催決定を契機として、都心へのアクセスの改善を図るため、様々な延伸計画を進めている。これに先駆けて、新大阪駅から久宝寺駅（大阪府八尾市）に至るおおさか東線が一九年三月に全線開業し、都心を避けた大阪東部の外環状鉄道として南北のアクセスが整備された。続いて、二三年三月には大阪駅北側の再開発エリアである「うめきた2期」に新たな地下ホーム「大阪駅（うめきたエリア）」が開設された。これにより関空特急「はるか」や和歌山方面行特急「くろしお」が大阪駅に発着可能となり、関西国際空港から大阪駅までの所要時間が約二〇分短縮された。また、二〇三一年にはJR西日本と南海電気鉄道が営業主体となって大阪駅から大阪市内を南北に貫く「なにわ筋線」が開業する予定であり、この新たな路線の開設を核として、大阪都心の空間が大きく変容しつつある。阪急電鉄はターミナル駅の阪急梅田駅と十三駅経由で新幹線停車駅の新大阪駅を結ぶ連絡線を開業する計画であり、京阪電気鉄道は中之島駅から西九条駅への延伸を計画するなど、都心へのアクセスの改善が大幅に改善される見込みである。このほか、大阪モノレールが門真市駅から南へ延伸予定である。

表3-6　京阪神3都市における経済規模

	大阪市		京都市		神戸市	
人口（人）		2,752,412		1,463,723		1,525,152
事業所数（事業所）		178,312		70,491		63,051
従業者数（人）		2,394,461		786,278		771,382
市内総生産（100万円）		21,165,621		6,592,341		7,119,640
（総生産上位5産業）	卸売・小売業	4,688,165	製造業	1,359,066	製造業	1,536,488
	専門・科学技術，業務支援サービス業	3,239,377	不動産業	791,652	卸売・小売業	864,176
	不動産業	2,479,850	卸売・小売業	699,155	不動産業	859,117
	情報通信業	1,921,881	保健衛生・社会事業	619,414	保健衛生・社会事業	651,581
	製造業	1,586,979	専門・科学技術，業務支援サービス業	524,658	専門・科学技術，業務支援サービス業	598,797

（注）統計年次は，人口は2020年，事業所数と従業者数は2021年，総生産は2019年度．
（資料）『国勢調査』『経済センサス-活動調査（産業横断的集計）』『市民経済計算』より作成．

なにわ筋線

JR大阪駅（うめきたエリアの地下ホーム）からJR難波駅および南海新難波駅を通り、JR新今宮駅、南海新今宮駅までを結ぶ鉄道路線のこと。関西高速鉄道が鉄道施設を整備・保有し、JR西日本および南海電鉄が鉄道施設を使用して旅客営業する。なにわ筋線の整備により、関西国際空港と大阪駅へのアクセスの向上と、大阪中心部の南北都市軸のつながり強化が見込まれている。

高速道路に関しては、淀川左岸線（2期）、淀川左岸線延伸部整備、大阪湾岸道路西伸部整備（六甲アイランド北～駒栄）、郊外では新名神高速道路整備（八幡京田辺ＪＣＴ・ＩＣ～高槻ＪＣＴ・ＩＣ、大津ＪＣＴ～城陽ＪＣＴ・ＩＣ）により、大阪中心部を経由せず京都、兵庫の東西を横断が可能となる。また、京奈和自動車道整備一般国道二四号（大和北道路、大和御所道路）が完成すれば、関西四環状ネットワークのミッシングリンクが改善され、東部の京都─奈良─和歌山を結ぶ外環迂回高速道路として活用される見込みである。一九六三年の近畿圏整備法に基づき五次にわたり策定されてきた近畿圏整備計画により、多少の遅れはあるものの交通網整備の着実な進展がみられる。

❷ 進む都心部の再開発

京阪神大都市圏の中心部である大阪市の都心六区（北区・中央区・西区・天王寺区・浪速区・福島区）では、二〇〇〇年代に入り、先に述べた交通インフラ整備の進展を契機として、各地区で大きな再開発を進めてきた。ＪＲ天王寺駅南西部では一九七六年に始まった「阿倍野再開発事業」が二〇一八年にようやく完了し、商業施設や高層ビルが建設され、周辺には二〇一四年に「あべのハルカス」が開業し、一五年に芝生広場「てんしば」が整備されるなど、古い住宅が残されていた街並みが大きく変化した。南海電鉄なんば駅周辺の「ミナミ」と呼ばれるエリアでは、二〇〇三年の大阪球場跡地に開発されたなんばパークス第Ⅰ期の開業に続き、高層ビルや大型複合施設等の開発が実施されてきた。二三年現在、先述したなにわ筋線の新駅である新難波駅の開発計画に伴い、なんば駅周辺における空間再編推進事業が進められている。

また、「キタ」と呼ばれるＪＲ大阪駅、阪急梅田駅周辺のエリアでは、近年大規模な再開発が続いている。二〇〇六年にＪＲの梅田貨物駅の操車場であった現大阪駅北側の貨物取扱機能を吹田操車場

関西四環状ネットワーク

大阪湾環状道路、関西中央環状道路、大阪都市再生環状道路、関西大環状道路を指す。前者三道路は大阪湾岸から北東方向に同心円状に拡大する三本の環状道路であり、大阪中心部を回避した南北、東西移動の導線を形成する。大阪都市再生環状道路については、淀川、近畿自動車道、大和川沿いに円を描く環状道路となっている。

図3-12　文化関連施設等の再整備が進む中之島

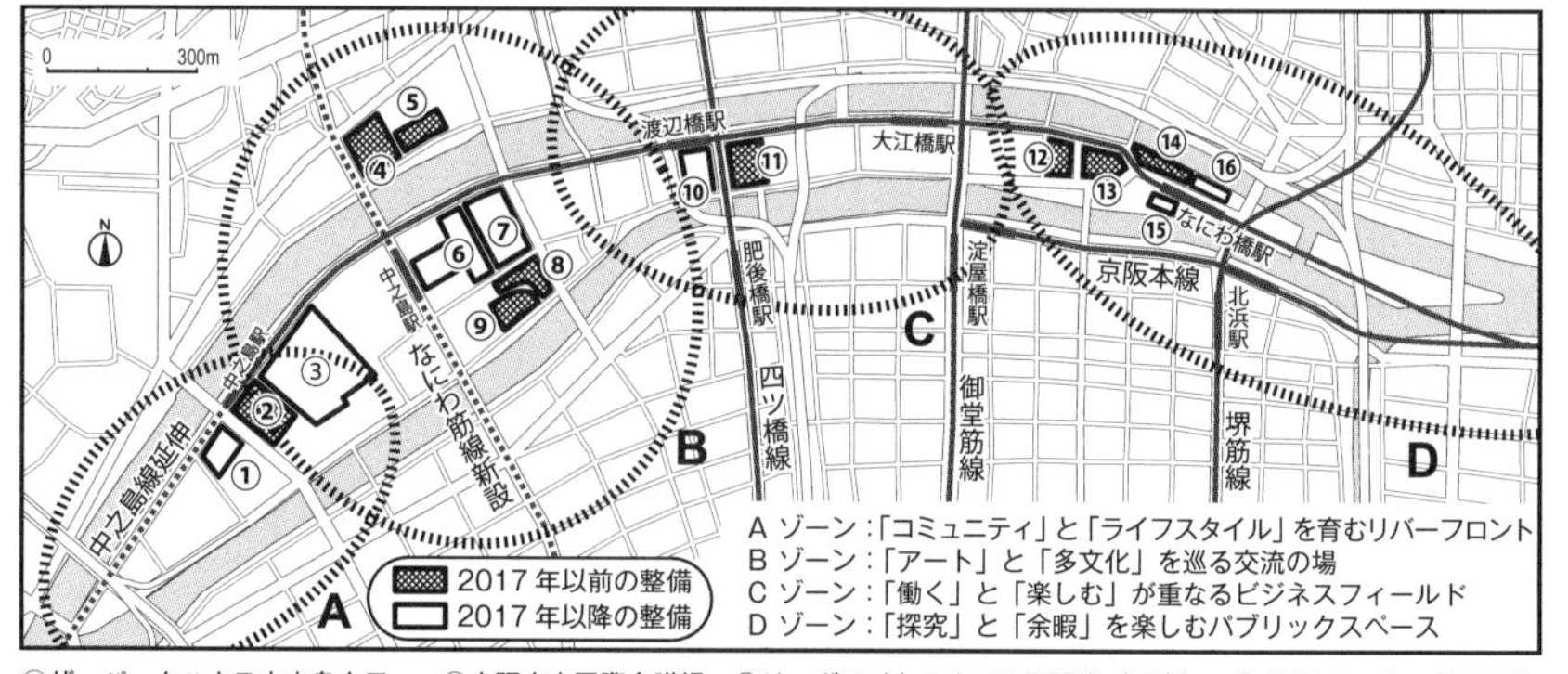

①ザ・パークハウス中之島タワー，②大阪府立国際会議場，③リーガロイヤルホテル再開発（予定），④ABCホール，⑤堂島リバーフォーラム，⑥未来医療国際拠点，⑦大阪中之島美術館，⑧国立国際美術館，⑨大阪市立科学館，⑩中之島香雪美術館，⑪フェスティバルホール，⑫大阪府立中之島図書館，⑬大阪市中央公会堂，⑭大阪市立東洋陶磁美術館，⑮アートエリアB1，⑯こども本の森中之島

（資料）中之島まちみらい協議会「中之島まちみらいビジョン」等を参考に作成.

跡地等に移転する協議がまとまり、生じた一六ヘクタールの跡地を「うめきたプロジェクト」として開発することとなった。まず、うめきた1期エリアとして東側の七ヘクタールが開発され、二〇一三年にグランフロント大阪が開業した。二〇二三年現在、西側の2期エリアにおいて、ホテル、商業施設、都市公園等の開発が進んでいる。これらと同時に、JR大阪駅ビルの大規模改修や地下街の再整備、阪急、阪神両百貨店のリニューアル、大阪中央郵便局跡地の大規模複合型施設の建設など、キタエリア一体で再開発が実施され、現在も進行中である。

京阪神大都市圏の中で再開発が進んでいるエリアはキタ、ミナミ、天王寺という主要な都心の商業集積地域ばかりではない。ここでは、アートを中心としたまちづくりをコンセプトとして再開発が進む「中之島エリア」を取り上げる。当地域は水都大阪のブランディング戦略によって、オープンカフェや桜並木の遊歩道など河岸の整備に加えて、フェスティバルホールや国際美術館、科学館など、アートに関わる施設が多く立地している。図3-12に示したように、二〇一五年以降、中之島図書館や中央公会堂のリニューアルに端を発し、こども本の森中之島、中之島美術館が建設され、中之島全体がアートの場所としてより一層特徴づけられるエリアとなった。また二〇二三年以降に未来医療国際拠点の推進や、既存ホテルの拡充計画などが加わり、よりエリア外からの交流人口を呼び込む魅力的な空間が形成されつつある。なにわ筋線の開通によってアクセスも容易となり、企業のオフィス需要も高まっている。

他の注目すべき再開発エリアとしては、なにわ筋線の最南に位置し、南海電気鉄道とJR大阪環状線と連絡する「新今宮駅」北西側に、二〇一九年に総勢一〇〇名のアーティストによってつくられた外国人向けの就労支援施設「YOLO BASE」が開業し、二〇二二年には多様なリゾートホテルを運営する株式会社星野リゾートが「OMO7 大阪」を開業した。「新今宮駅」周辺は日雇い労働者が集い、簡易宿泊所が立ち並ぶドヤ街として知られた地域であったが、近年、格安宿泊先として多くの外国人旅行者が流入し、当地域のイメージが大きく変わりつつある。

産業集積地域の再編

二〇〇〇年代に入り、パネルベイ、バッテリーベイの愛称にみるように、大阪湾岸は薄型ディスプレイ用パネル製造や、リチウムイオン電池をはじめとする二次電池の製造企業が多数集積し、ものづくりの国内回帰が進む先進事例として注目された。しかしながら二〇〇八年に始まる世界金融危機や二〇一一年の東日本大震災による需要の落ち込みによって、関西経済の活性化を牽引する起爆剤とはならなかった。一方、同時期に産業クラスター政策によって支援がなされたバイオテクノロジー産業は大きな成長を遂げている。神戸市のポートアイランドには、神戸市立医療センター中央市民病院を

未来医療国際拠点

一般財団法人未来医療推進機構が中心となり、医療機関と企業、スタートアップ、支援機関等を一カ所に集積させ、再生医療をはじめ、医療技術の進歩に即応した最先端の「未来医療」の産業化の推進とその提供による国際貢献に寄与することを目的として形成される、未来医療の研究開発と実践の場を併せ持った総合施設を指す。

二次電池

充電池や蓄電池、バッテリーなどと呼ばれ、充電を行うことにより繰り返し使用可能な電池のこと。ニッケル水素電池やリチウムイオン二次電池などがある。

はじめ、理化学研究所、先端医療研究センター等の中核施設を中心に三七六社（二一年）の関連企業が集積した神戸医療産業都市が形成されている。また茨木市の彩都ライフサイエンスパークには、バイオや創薬等をはじめとする様々なライフサイエンス分野の研究・技術開発機能等を持つ一七施設（二一年）が集積している。両地区ともに研究環境が整備され、今後は創薬、再生医療等への応用や医療と製造業との連携である医工連携や医療ツーリズムへの展開など、他産業とのつながりによってさらなる地域経済の活性化を図ることが課題となる。

次に、内陸部の中小零細製造企業が集積する地場産業地域では空洞化が続き、工場跡地の商業施設や住宅地への転換が続いている。機械加工部品や日用品の製造企業が集積する東大阪市では、全事業所数が二〇〇六年の二万八〇五三から二〇一六年には二万四六四四へ減少しており、従業者数も二四万四五五二人から二三万一六〇七人へと減少している。中でも製造業の事業所数は七三八八から五九五四となり、従業者数も七万一三四二人から六万二九九七人へと急減している（『事業所・企業統計調査』および『経済センサス―活動調査（産業横断的統計）』に基づく）。泉州地域におけるタオル生産の現状をみると、地域ブランドの確立を目指して、吸水に優れた肌触りのよい製品づくりはもちろん、デザインやオーガニックの原料にこだわったものまで様々な取り組みを展開しているが、産地全体の生産量は減少傾向が続いている。一九九〇年の生産数量四万七三一トンをピークに減少に転じてから二〇一九年には七五〇三トンにまで落ち込んでいる。これらの生産量の減少傾向は、織物、陶磁器など伝統的工芸品産地でも同様にみられる。

このような中、京阪神地域では、起業率を高め、より市場に合致した新規開業を促すインキュベーション機能の充実を図っている。東大阪市のものづくりビジネスセンター大阪、堺市のさかい新事業創造センター、京都市の京大桂ベンチャープラザなど、各インキュベーション施設ではモノづくりべ

オープンイノベーション

企業間のコンソーシアムや産官学連携、ひいては個人事業者の交流などを通じて、企業内外の技術やアイデアを組み合わせることにより、革新的な価値をつくりだすイノベーション手段を指す。

ンチャー企業が成長しており、事業創造の一助を担っている。また、近年では、都心にあるオープンイノベーション施設において産学官連携、異業種交流事業の推進が図られている。二〇一三年にはグランフロント大阪内に企業人、研究者、クリエイターなど様々な人たちの知を結び合わせて、新しい価値を生み出す知的創造・交流の場である「ナレッジキャピタル」が開業した。二〇二一年にはNTT西日本が京橋に企業、スタートアップ、自治体、大学等が学び、繋がり、集う、共創する場となることを目指した施設である「QUINTBRIDGE」を開業した。近年、海外からの輸入品に対抗するためには、加工技術だけでなく、素材やデザインなどマーケットインによる高付加価値生産体制の確立がますます必要不可欠になっている。SDGsに代表されるように環境問題はもちろん、地域社会への貢献など、様々な社会課題解決に寄与する経営が求められている。また、エシカル消費という言葉が一般的になっているように、社会課題に対する経営者の想いや生産過程のこだわりなど、消費者の共感を得るコトづくりが求められている。今後は、上記の二施設のような「場」づくりが経済活性化のための重要な支援策となる。

4 観光産業——インバウンドへの期待

二〇二〇年以降、新型コロナウイルス感染症の拡大は、度重なる緊急事態宣言による人流抑制に加え、飲食店の時間制限などによって観光産業に甚大な影響を与えた。二〇一九年に来阪した外国人旅行者数は約一二三〇万人（大阪観光局による推計値）であったが、感染防止に伴う水際対策によって入国制限がとられると、二〇二〇年には前年の一三%にまで減少した。ここで、関西国際空港の出入国者数の推移をみると、二〇一二年以降、LCCの就航と運行の拡大によって、外国人旅行者が大幅に増加していることがわかる（図3-13）。二〇二〇年には同感染症の拡大により利用者が激減した

図3-13　関西国際空港における旅客数の推移

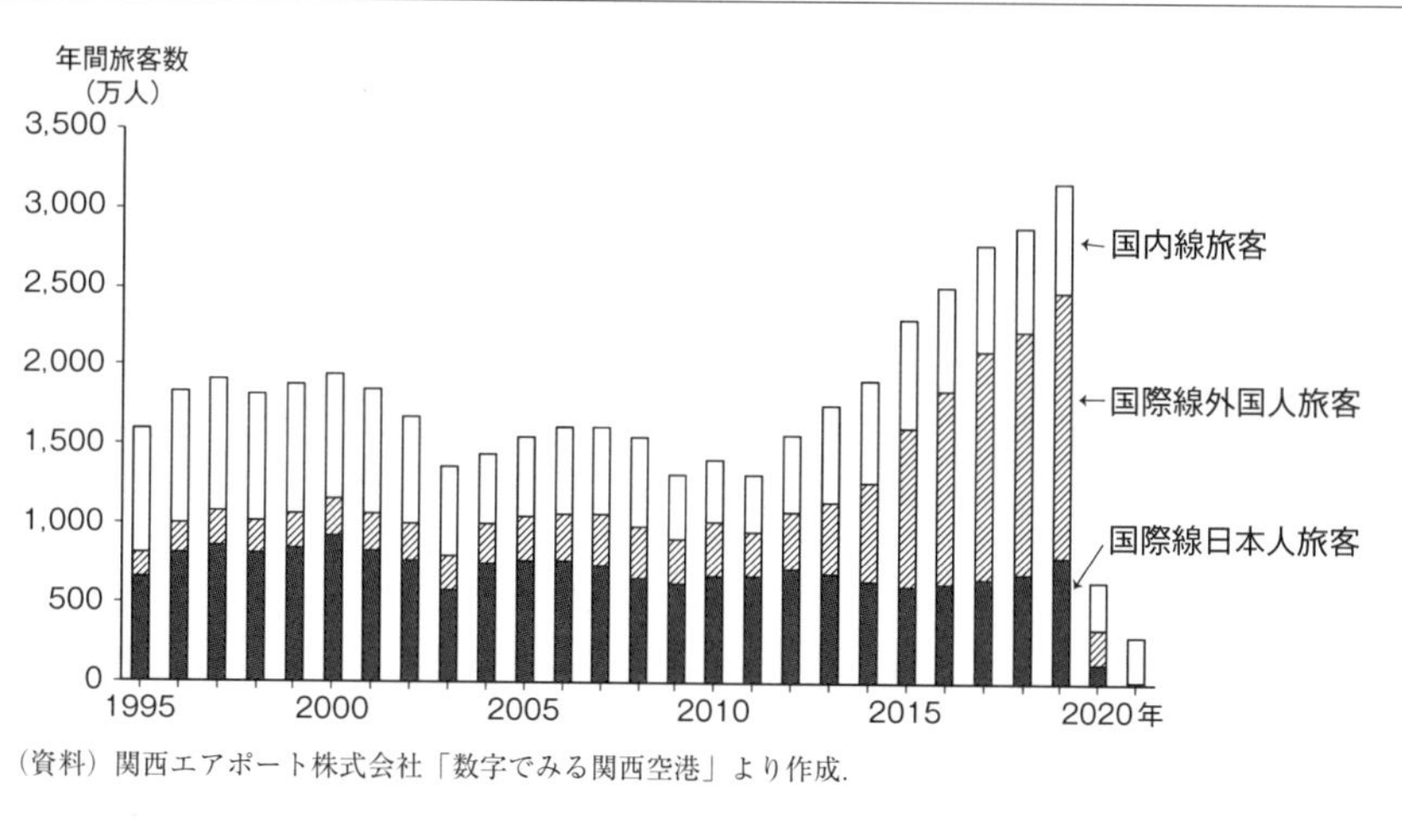

（資料）関西エアポート株式会社「数字でみる関西空港」より作成.

が、二〇二二年六月には入国制限が完全撤廃され、同年一〇月に関西国際空港を利用した外国人旅客数は二〇一九年の同月の実績を上回るまで回復し、各地の観光地は賑わいを取り戻した。

このインバウンドをさらに増加させ、大阪、関西ブランドを世界に発信し、経済活性化の起爆剤として期待されているのが二〇二五年日本国際博覧会「(略称) 大阪・関西万博」である。「いのち輝く未来社会のデザイン」をテーマに二〇二五年四月一三日～一〇月一三日に、大阪市此花区の夢洲（ゆめしま）で開催される。この夢洲は一九八三年に大阪市制一〇〇周年記念事業の一つとして発表された「テクノポート大阪」計画により、大阪市の臨海部に舞洲、咲洲とともに造成された人工島である。廃棄物処分場としての機能を有しつつ、国際化、情報化社会の進展に対応した国際情報都市として、業務・商業施設の集積や大規模な居住ゾーンの形成が計画された。

しかしながら、一九九一年にバブル経済が崩壊すると、夢洲西側のコンテナ物流機能は稼働するものの、宅地開発等の計画は白紙となった。その後、二

統合型リゾート（ＩＲ）
カジノをはじめ、高級ホテル、劇場、ショッピングモール、ＭＩＣＥ施設（会議、研修旅行、国際会議、展示会・見本市、イベントの会場となる施設）などが集積した複合的な観光施設または事業をさす。ＩＲは、Integrated Resortの略。

○○八年のオリンピック候補地として招致活動を展開するも落選となり、有効な活用方法を見出せない状況が続いていた。そのような中、二〇一四年、大阪府議会において二〇二五年の国際博覧会誘致の提案が出され、二〇一六年に夢洲を会場とする「２０２５日本万国博覧会基本構想案」が国に提出され、誘致活動が本格化していく。二〇一七年には大阪府・市と経済団体で構成される夢洲まちづくり構想検討会が「夢洲まちづくり構想」を発表し、国際コンテナ戦略港湾・大阪港の中心的機能を担う国際物流拠点に加えて、新たな国際観光拠点の形成を目指す方針が提示された。これが万博後の統合型リゾート（ＩＲ）開発の構想につながる。そして、二〇一八年、ＢＩＥ（博覧会国際事務局）総会において、二〇二五年の候補地が大阪・関西（夢洲）に決定し、再び夢洲の開発が動き出すこととなった。

図3-14　夢洲における大阪・関西万博会場とIR予定地の整備計画

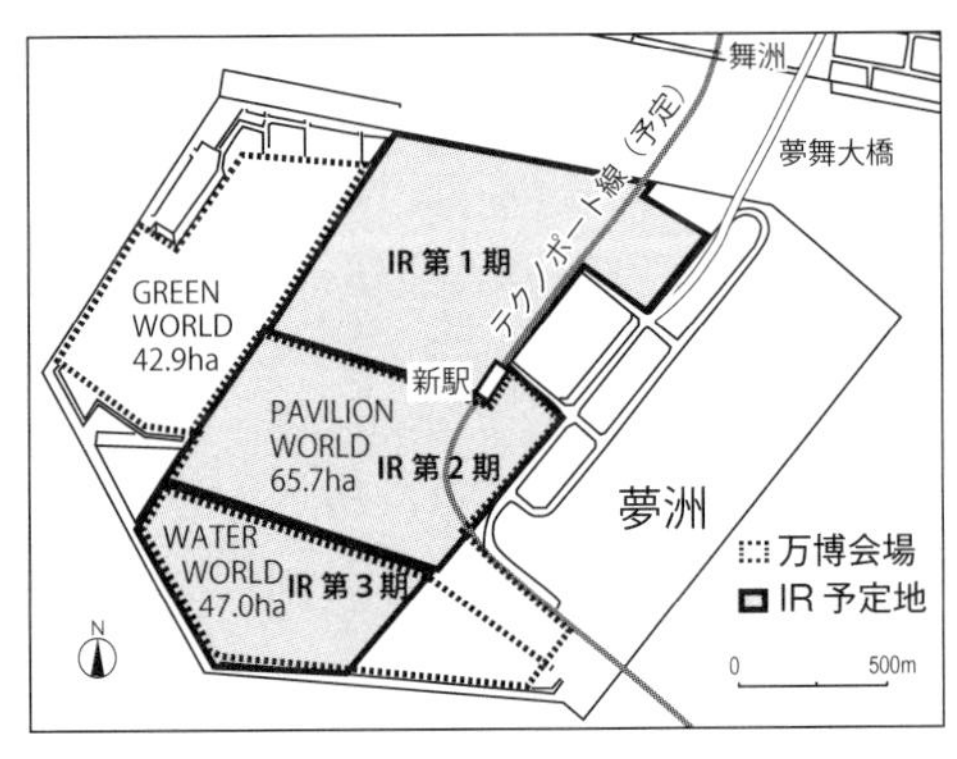

（資料）大阪府・大阪市「大阪IR基本構想」，公益社団法人2025年日本国際博覧会協会「2025年日本国際博覧会基本計画」より作成.

図3-14には夢洲における万博開催地とＩＲの用地について1期から3期までの計画予定用地を示した。夢洲での統合型リゾート（ＩＲ）は、特定複合観光施設区域整備法（ＩＲ整備法）に基づき、国際会議場施設、展示等施設、宿泊施設、カジノ施設等が一体となったまちづくり構想である。二〇二三年、大阪府・市ＩＲ推進局は、事業予定者として正式選定した合同会社日本ＭＧＭリゾーツとオリックス株式会社が主体となって設置された「大阪ＩＲ株式会社」とともに「大阪・夢

洲地区特定複合観光施設区域の整備に関する計画」を策定した。そこでは、初期投資額は約一兆八〇〇億円であり、株主による出資（自己資本）により約五三〇〇億円（約四九％）、金融機関からの借入により約五五〇〇億円（約五一％）を調達する計画が示されている。出資は中核株主として上記2社がそれぞれ約四〇％を担い、残りの二〇％を関西の地元企業を中心とする二〇社が出資する。

大阪・関西万博とIRによって経済を活性化し、京阪神大都市圏の成長を牽引し、一九七〇年の大阪万博当時の活況を再び生み出すことができるのか、もしくはテクノポート計画がバブル経済の崩壊とともに多くの負債を抱えたハード事業の再来となるのか、ポストコロナの京阪神は大きな転換点を迎えている。

第4節　北九州・福岡大都市圏

国内第四の都市圏

北九州・福岡大都市圏は、福岡県のほぼ全域と山口県下関市、佐賀県唐津市および鳥栖市周辺までを含む国内第四の都市圏を形成している。その中心は鉄の街として日本の経済成長を支えてきた北九州市と、九州地方の拠点都市として成長を続ける福岡市という二つの政令指定都市である。

当地域は、本州と九州、日本とアジアを結ぶ結節点として、古くから発展してきた。七世紀には地方行政組織としての大宰府（だざいふ）が設置され、政治拠点としてのみでなく軍事拠点としても機能していた。中世に入ると日宋・日明貿易の拠点となり、博多の地は商人による自治都市として堺などと並ぶ国際商業都市として栄えた。明治維新以降、筑豊地域の大規模炭田の存在を背景として八幡に官営製鉄所

筑豊炭田

遠賀川（おんががわ）流域一帯に広がるかつての大規模炭田地帯。八幡製鉄所の操業開始とともに需要が拡大し、財閥系企業の参入も相次いだことで長らく日本最大の産出量を誇っていた。エネルギー革命に伴ってすべての炭鉱が閉山した後は、失業者対策を含む多様な旧産炭地政策が展開されたが、一部の地域を除いて地域の衰退が進むこととなった。

官営八幡製鉄所

一九〇一年に富国強兵、殖産興業政策の一環として、明治政府によって八幡村（現・北九州市八幡東区）に建設された製鉄所で、長らくわが国鉄鋼業の中心的な地位を占めていた。現在は日本製鉄九州製鉄所の一部となっており、九州地区の自動車工場向けの高級鋼

板やアジア諸国向けの鋼管等を生産しているが、二〇三〇年に向けて高炉から電炉への転換が検討されている。

が設立され、北九州市周辺は工業地帯として発展することとなった。

福岡市は、札幌市、仙台市、広島市とともに札仙広福と称され、地方中枢都市の一つとして発展してきた。大きな河川が存在せず水資源に恵まれないため製造業の立地は進まなかったものの、商業・サービス業に特化した産業構造であったことから、高度経済成長終了後も人口増加を続けることができた。ただし、東京を中心に全国展開する大手企業の支社・支店への依存度は高く、典型的な支店経済都市としての特徴を有しており、自立的な経済発展を目指す必要性も指摘されてきた。

近年は、他の都市の成長に頭打ちの傾向がみられる中で、人口や経済などの面で福岡ひとり勝ちとも呼べる状況となっている。図3-15は地方中枢都市の人口増減率の推移を示したものである。地方中枢都市は周辺地域からの流入により人口増加を続けてきたが、一九九〇年代に入り増加率は低下傾向となっていた。その中で福岡市のみが二〇〇〇年代以降も四%を超える高い増加率を維持している。また、小売業の年間販売額を比較してみても（図3-16）、福岡市は常に他の三都市を上回る水準で推移している。

図3-15　地方中枢都市の人口増減率の推移

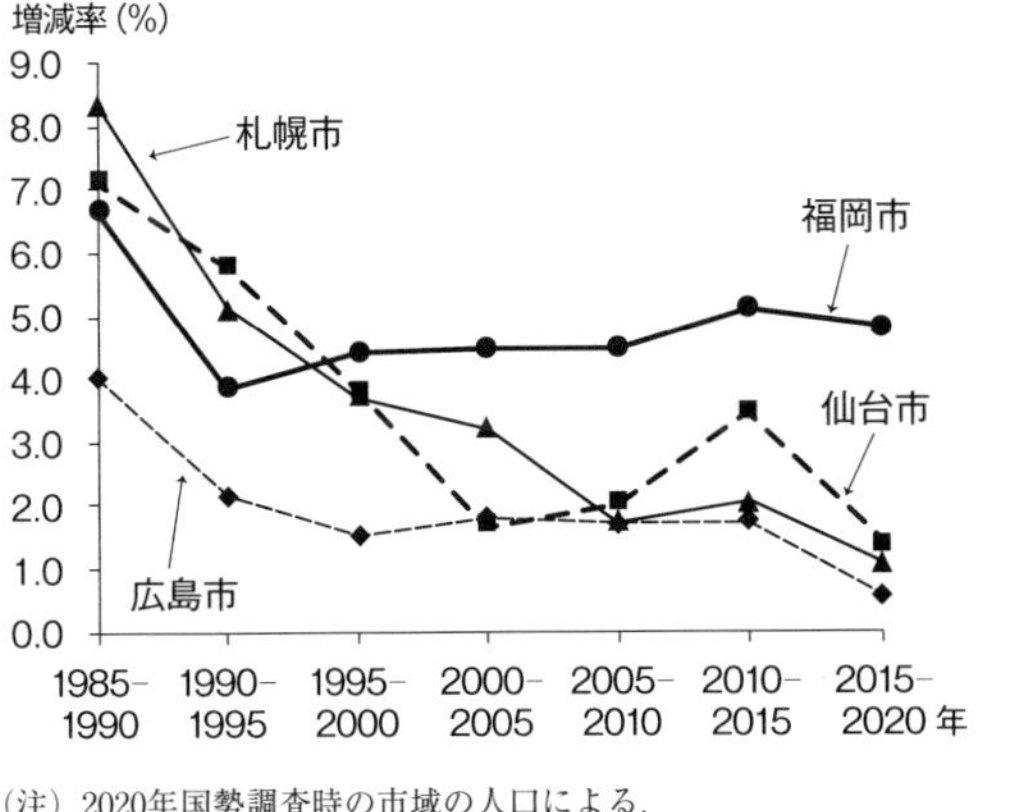

（注）2020年国勢調査時の市域の人口による.
（資料）『国勢調査』より作成.

地方中枢都市の中で、福岡市の成長が卓越している要因としては、各都市の後背地すなわち北海道、東北、中国地方に対して九州地方の人口・経済規模が大きく、かつ新幹線や高速道路等をはじめとする

図3-16　地方中枢都市の小売業年間販売額の推移（1994～2020年）

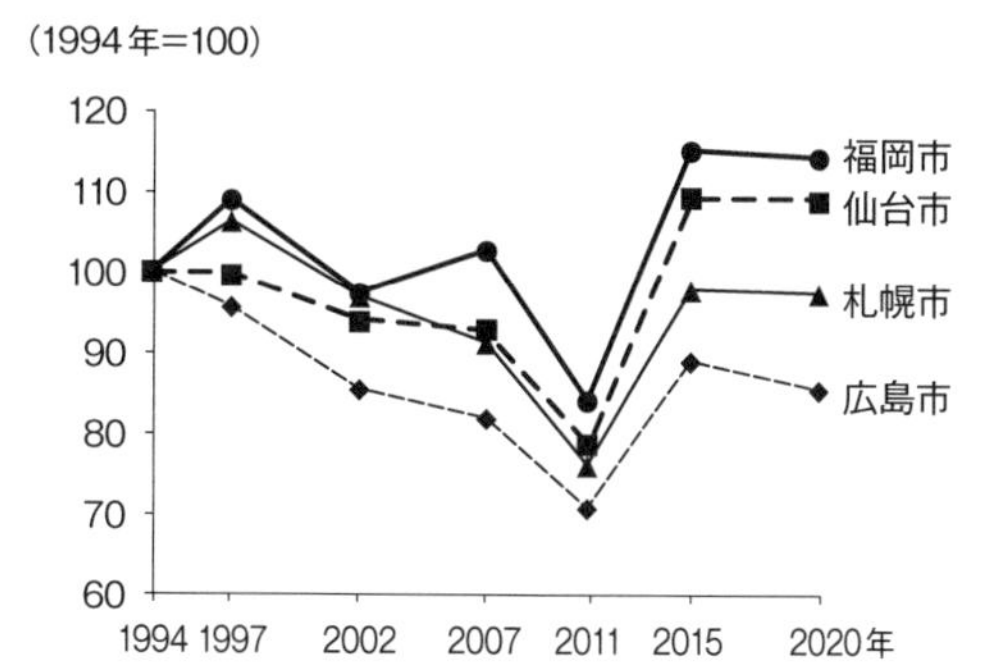

（注）商業統計と経済センサスでは調査方法が異なるため，単純な比較はできない．また，2002年以前の広島市には合併前の湯来町の値を含む．

（資料）2007年までは『商業統計』，2011年からは『経済センサス-活動調査（卸売業，小売業産業編）』より作成．

ネットワーク形成が進んでいることが挙げられる。九州各県からの人口流入や購買客の来訪は、他の都市よりも影響が大きくなっている。

加えて、福岡市からは東京と上海、大阪とソウルがほぼ等距離に位置するというアジアとの地理的近接性を有している。アジア諸国の経済成長は、観光や貿易をはじめ多様な経済活動において福岡市に優位性を与えている。国際会議やコンサート等のＭＩＣＥも集中しており、その経済効果は大きなものとなっている。

❷ 産業構造転換の影響とその対応

成長を続けている当地域であるが、その内部では大きな格差が生じている。二〇二〇年国勢調査による市町村別の人口増減数（二〇一五～二〇年）では、福岡市が全国で最大の人口増加（東京特別区部を除く）となっているのに対して、北九州市は最も人口減少数の大きい市町村となっている。人口に限らず事業所等においても福岡市周辺への集中がみられ、北九州市周辺や筑豊・筑後地域では工場や商業施設の閉鎖等が相次いでおり、経済の停滞が深刻な状態となっている。

筑豊地域では明治以降、大手資本による炭鉱開発が進められ、国内最大級の炭鉱地帯として発展を遂げてきた。しかし、一九六〇年代の石炭から石油への転換というエネルギー革命の結果、日本では

ＭＩＣＥ
企業等の会議（Meeting）、報奨・研修旅行（Incentive Travel）、学会・国際会議（Convention）、展示会またはイベント（Exhibition/Event）の頭文字をとったもので、一般の観光より集客力や経済効果が大きいビジネスイベントの総称。誘致のためには、受け入れ施設の整備等のハード事業と、情報提供等のソフト事業の両面が必要となる。福岡市と北九州市は、観光庁によりグローバルＭＩＣＥ都市に選定されている。

政策的に石炭産業からの撤退が進められ、筑豊地域の炭鉱は一九七六年までにすべて閉山した。その結果、多くの失業者が発生し、急激な人口減少がもたらされた。

北九州市では官営八幡製鉄所の設立以降、鉄鋼業に加えて化学工業、窯業等も集積し、北九州工業地帯として四大工業地帯の一つに数えられるほどとなった。二四時間操業の製鉄所は多数の労働者を必要とし、人口流入に伴って商業施設のみならず多様な文化の発展にも寄与してきた。しかし石油危機以降、「鉄冷え」とも呼ばれる構造不況に陥り、合理化が進められた。最盛期（一九八〇年）に一〇六万人を超えていた北九州市の人口は、二〇二〇年には九三万人にまで減少している。

こうした主導産業の衰退に対応するため、高速道路整備の進展に合わせて各地域に大規模な工業団地が造成され、多様な産業の誘致が図られた。とりわけ関東・東海地方において人手不足に直面していた自動車産業の工場進出は、関連産業も含めて日本でも有数の自動車産業の集積を形成することとなった。表3–7は福岡県の製造品出荷額等に占める鉄鋼業と輸送用機械器具製造業の比率の推移を示したものである。一九七〇年には鉄鋼業が二五・六%を占めていたが次第に減少し、代わって自動車産業を含む輸送用機械器具製造業が二〇二〇年には二六・二%まで増加している。

筑豊地域のうち飯塚市では、工業・情報系の大学学部を誘致し、IT産業の育成・支援を図る「e-ZUKAトラ

表3–7　福岡県の製造品出荷額等に占める鉄鋼業と輸送用機械器具製造業の比率

(%)

年次	鉄鋼業	輸送用機械器具製造業
1970	25.6	1.5
1980	19.3	6.8
1990	11.6	12.3
2000	8.2	17.6
2010	10.9	21.7
2020	8.6	26.2

（資料）『工業統計表』『経済センサス–活動調査（製造業地域編）』より作成.

鉄冷え

石油危機に伴う高度経済成長の終焉、アジア諸国によるキャッチアップの進展等によって、日本の製鉄業が不況に陥ったことを指す。高炉の停止等の合理化が進められ、関連産業を含めて多くの雇用が失われた。八幡製鉄所でも広大な遊休地が発生し、テーマパークの運営等も行われたが、現在は大型ショッピングモールとして整備されている。

りベッドタウンとしても機能している。図3-17は筑豊三都と呼ばれた直方市、飯塚市、田川市の人口推移である。飯塚市と同様に、北九州市のベッドタウンとなっている直方市でも、炭鉱閉山後の一九七〇年代から八〇年代にかけて人口増加がみられた。これに対して、福岡・北九州両市から遠く、高速道路のICからも距離のある田川市では人口減少が続いており、筑豊地域の中でも明暗が分かれる結果となっている。

北九州市では、自動車や半導体といった産業に加えて、環境産業の振興にも注力している。工業地帯としての発展は同時に公害問題をもたらし、「七色の煙」や「死の海」と呼ばれる深刻な状況に陥っていた。こうした公害被害の克服経験と鉄鋼・化学産業の技術蓄積をもとに、一九九七年には国の推進するエコタウン事業の承認を受けて、ペットボトルや自動車・家電製品などのリサイクル工場をはじめとする環境産業の集積形成が図られている。北九州市のエコタウン事業は、教育・基礎研究、技術・実証研究、事業化を総合的に展開していることが特徴であり、北九州方式三点セットと呼ばれている。二〇一八年にはOECDの「SDGs推進に向けた世界のモデル都市」にアジアから唯一選ばれるなど、環境先進都市として評価されている。

また、北九州市と福岡市、福岡県は共同で、グリーンアジア国際戦略総合特区に指定されている。

イバレー構想」も進めてきた。福岡市に近いこともあ

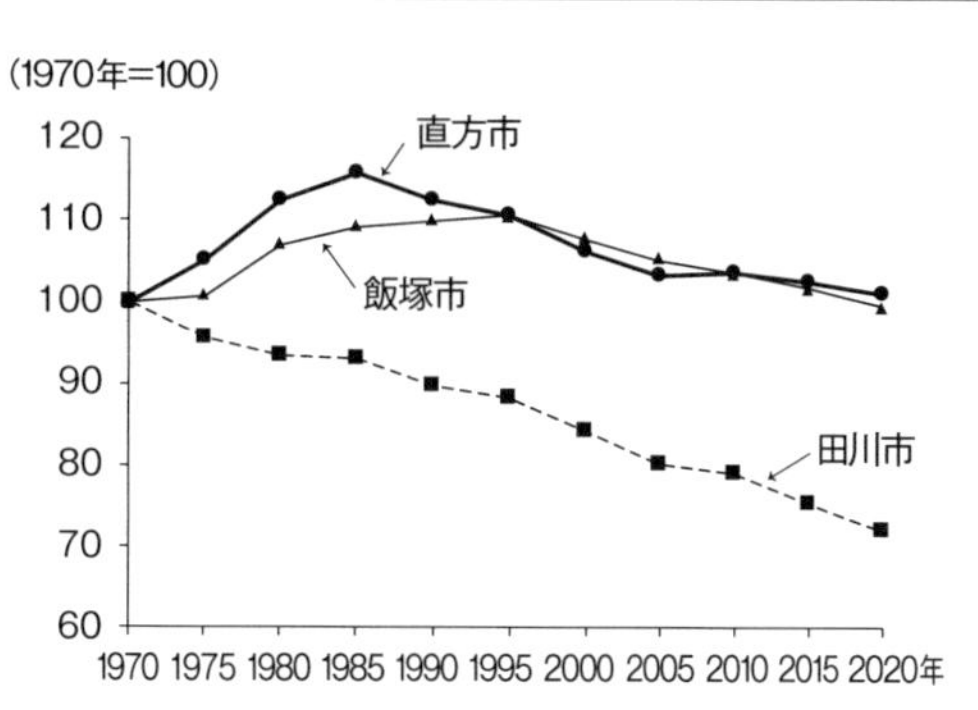

図3-17　筑豊地域の主要3都市の人口推移（1970～2020年）

（注）2020年国勢調査時の市域の人口による.
（資料）『国勢調査』より作成.

エコタウン

環境産業の振興による地域活性化および資源循環型社会の構築を目的として、地方自治体の環境調和型まちづくりを支援する経済産業省・環境省による事業。全国で26地域がエコタウンとして承認されており、北九州市は第一号として承認を受けた。

特区制度

国内の一部地域に限定して、規制の緩和や税の減免といった特例を設ける制度。二〇〇二年の構造改革特区を嚆矢として、産業競争力の強化および地域活性化を目的として総合的に施策を展開する総合特区、国際的な経済活動の拠点形成を目的とした国家戦略特区などがある。

特区内では、環境配慮型製品（自動車・半導体等）の製造や新しいリサイクル技術の開発等に、補助金の交付や税制面での優遇措置が与えられる。さらに、上下水道事業をはじめとする環境ビジネスのアジア展開の支援にも注力しており、多数の案件が事業化に至っている。これらの取り組みを地域の成長にどうつなげていくかが課題となっている。

 さらなる発展に向けた取り組み

福岡市は二〇一四年に国家戦略特区の「グローバル創業・雇用創出特区」に指定され（北九州市も二〇一六年に追加指定）、規制・制度の特例を利用しながら様々な事業が実施されている。とりわけアジアとの地理的近接性を生かした創業支援策は、当地域の発展に向けた特徴的な取り組みとなっている。

スタートアップカフェや人材マッチングセンターの運営、スタートアップ法人減税といった創業支援策に加えて、特に外国人による創業を促進するためのスタートアップビザの運用も行われている。外国人が日本で事業を経営するためには、「経営・管理」という取得要件の厳しい在留資格を必要とするが、スタートアップビザは事業計画等の提出により、創業活動を一定期間特例的に認めるというものである。福岡県は東京都、大阪府に次いで外国人留学生が多いという地域でもあり、優秀な人材を地域に定着させ経済成長につなげていくことが企図されている。

表3-8は地方中枢都市と東京特別区部・名古屋市・大阪市の事業所総数に占める新設事業所の比率を示したものである。福岡市は政令指定都市の中でも最も高い比率となっており、起業・創業の活発な地域となっていることがうかがえる。

また、福岡市では、航空法の高さ制限の緩和措置を活用した市中心部である天神地区の再開発事業

福岡空港

都心に近い利便性を持つ一方で、周辺の住宅地化が進んでいるため滑走路の増設が進まず、滑走路一本当たりの発着回数は日本で最多である。また、深夜の発着が制限されるため、人流・物流に制約をもたらしている。このため九州国際空港として、新空港を建設する計画も構想されたが実現しなかった。現在は二〇二四年度に向けて滑走路増設作業が進められているものの、平行滑走路となるため発着容量の拡大は限定的である。

「天神ビッグバン」が二〇一五年から進められている。福岡空港は都心に近いという利便性を特徴としているが、一方で都心部の建築物に高さ制限がかけられるため都市の成長の阻害要因となっていた。市独自に実施している容積率緩和措置もあり、すでに五〇件を上回るビルの建て替えが進み、商業施設やオフィスの更新により新たな都市空間が創出されている。

同様に、二〇一九年からは博多駅周辺でも「博多コネクティッド」として再開発事業が実施されており、こちらでも多くのビルの建て替えが進められている。一一年の九州新幹線開業、二三年の地下鉄七隈線の博多延伸など交通体系の整備もあって、博多駅周辺の集客力はますます強くなっている。一方で福岡市以外の地域では、商業施設の閉鎖や人口流出など都市の活力を低下させる一因ともなっている。

表3-8　新設事業所比率の都市間比較（2021年）

	新設率	順位
札幌市	31.6%	4
仙台市	29.5%	6
広島市	26.0%	13
福岡市	34.4%	1
特別区部	33.9%	2
名古屋市	28.2%	9
大阪市	32.1%	3

（注）1. 新設率は事業所総数に占める新設事業所の比率.
（注）2. 順位は政令指定都市20市および東京特別区部における順位.
（資料）『経済センサス-活動調査（産業横断的集計）』による.

このように、当地域では新たな事業が多数展開されているが、福岡市の成長を周辺地域にどのように波及させていくかが大きな課題となっている。九州地方から東京圏への人口流出を福岡市で食い止めるといういわゆるダム機能を果たしているという見方もできるが、行き過ぎた福岡一極集中は福岡市の発展にも悪影響をもたらす可能性がある。

鉄鋼業をはじめとする製造業によって培われてきた技術蓄積は、環境産業や半導体産業など今後の成長が期待される産業にも活用されている。アジア諸国との経済・文化面での交流を促進することにより新たな産業振興との融合を図ることで、地域全体の成長力を底上げしていくことが求められている。

第4章　広域ブロック別にみた地域経済

第1節　北海道——食と農の新たな展開

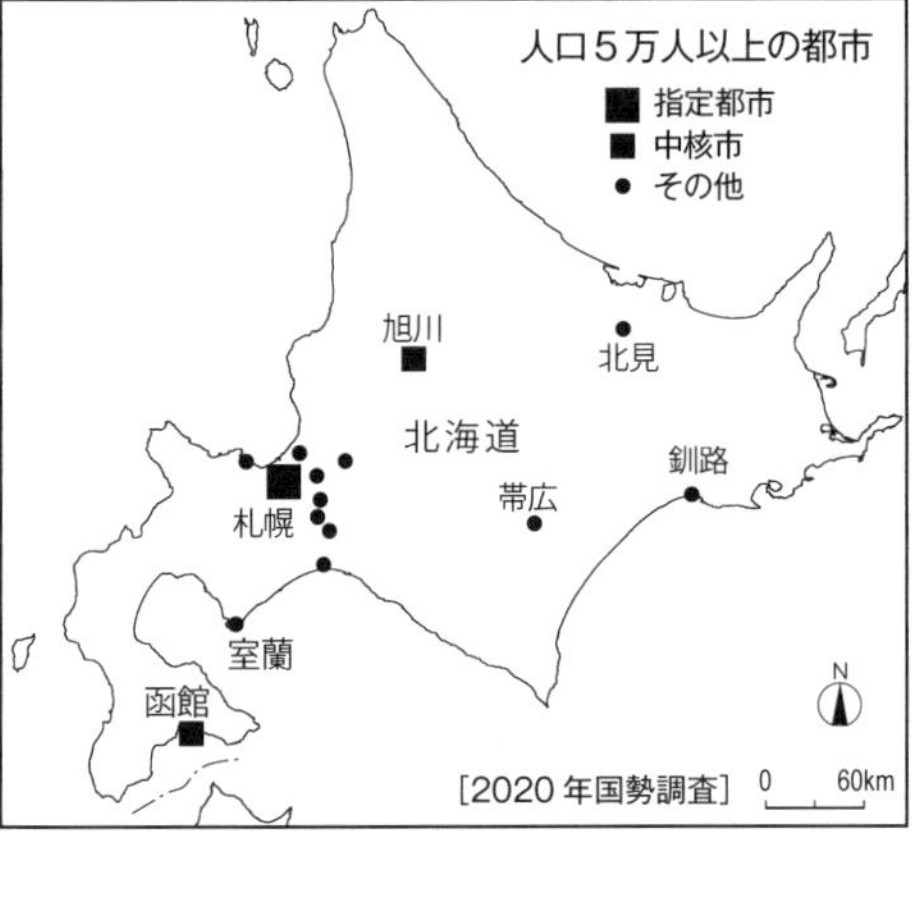

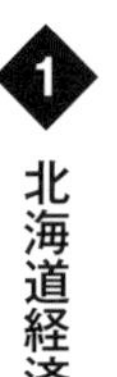

北海道経済の特性

北海道の経済開発は、日本の近代化と軌を一にしている。開拓使が設置されたのは一八六九（明治二）年である。そして、一八八六（明治一九）年には中央政府直属の機関として「北海道庁」が設置され、日本の産業近代化の過程で脚光を浴びた。国策として進められてきた北海道の開発は、戦前期にあっては「拓殖計画」に基づいた莫大な国家予算をもとに防衛、植民、資源開発、食料供給という役割を担っていた。

また、戦後においては引き続き人口吸収、資源開発、食料供給の役割を果たした。そのような中で、復興期において当時のエネルギー資源の中心であった石炭が、日本経済全体の発展を支える一翼を担ったことはよく知られていよう。加えて、林業やそれを原料とした紙パルプ産業などへの資源供給においても「日本のフロンティア」として北海道開発に期待が寄せられた。

高度経済成長期においては、引き続き食料やエネルギー資源を国内に向けて供給してはいたが、石炭から石油へのエネルギー転換に伴って資源供給地域としての意義が低下し、工業化も立ち遅れたことから、日本の経済構造の変化の影響を強く受け、脆弱な経済基盤が北海道経済の構造的問題として把握されるに至った。そのような中、公共事業に代表される国による財政資金の投入や財政上の特例措置などが、官依存の体質との指摘を受けつつも、北海道の産業基盤の整備に大きく貢献してきた。

だが、バブル経済崩壊以降になると、グローバリゼーションの進展の中で、北海道ではこれまでの開発の負の側面が次々に噴出することになった。その第一は、旧産炭地を中心として基幹産業を再編しようとしたリゾート開発による財政負担の増加であり、二〇〇七年に財政再建団体に指定された夕張市はその代表例である。第二は、工業化の推進のために大規模工業基地として巨大開発がなされた苫東（とまとう）（苫小牧東部地域）における企業立地の不振である。そして第三は、財政改革のもとで公共事業費が縮小されたことによる雇用問題である。たとえば、北海道の資本形成全体における公的固定資本形成は四二％（二〇一九年）を占め、全国平均の二〇％を大きく上回るとともに、建設工事費においても公共工事の割合が全国平均の四〇％に対して六〇％と高い。これらにみられる公共事業費がピーク時（一九九七年）の六二％に、北海道開発事業費も六三％にとどまっており、そのことから建設業就業者が相対的に多い地方圏ほど地域経済の自立性が問われることになったのである。

二〇〇〇年代に入り経済的側面の課題に加えて人口減少と少子高齢化の問題も顕在化しつつある。北海道の人口は一九九五年の五六九万人をピークに減少しており、二〇一〇年から二〇二〇年にかけ

苫小牧東部地域開発

苫小牧東部地域の開発は一九七一年の「苫小牧東部大規模工業基地開発基本計画」に基づいて重厚長大の工業地域を目指したが産業構造の変化などに伴い計画の見直しを余儀なくされた。約1万ヘクタールに大規模工業基地の建設を目指したが、企業集積は進まなかった。一九九九年に第三セクター会社である「苫小牧東部開発」は破綻し、新会社「苫東」に事業が引き継がれ、現在では自動車関連や植物工場、メガソーラーなどの企業が進出している。

世界自然遺産

一九七二年一一月にユネスコ総会で「世界の文化遺産および自然遺産の保護に関する条約」が採択され、日本は一九九二年に締結した。自然遺産に登録されるためには四つの評価基準「自然美」「地形・地質」「生態系」「生物多様性」のいずれかを満たす必要がある。日本では、知床、白神山地、小笠原諸島、屋久島、「奄美大島、徳之島、沖縄島北部及び西表島」が登録されている。知床は、生態系と生物多様性が評価され、二〇〇五年に世界自然遺産として登録された。

図4-1　人口増減率と高齢化率からみた北海道の市町村類型

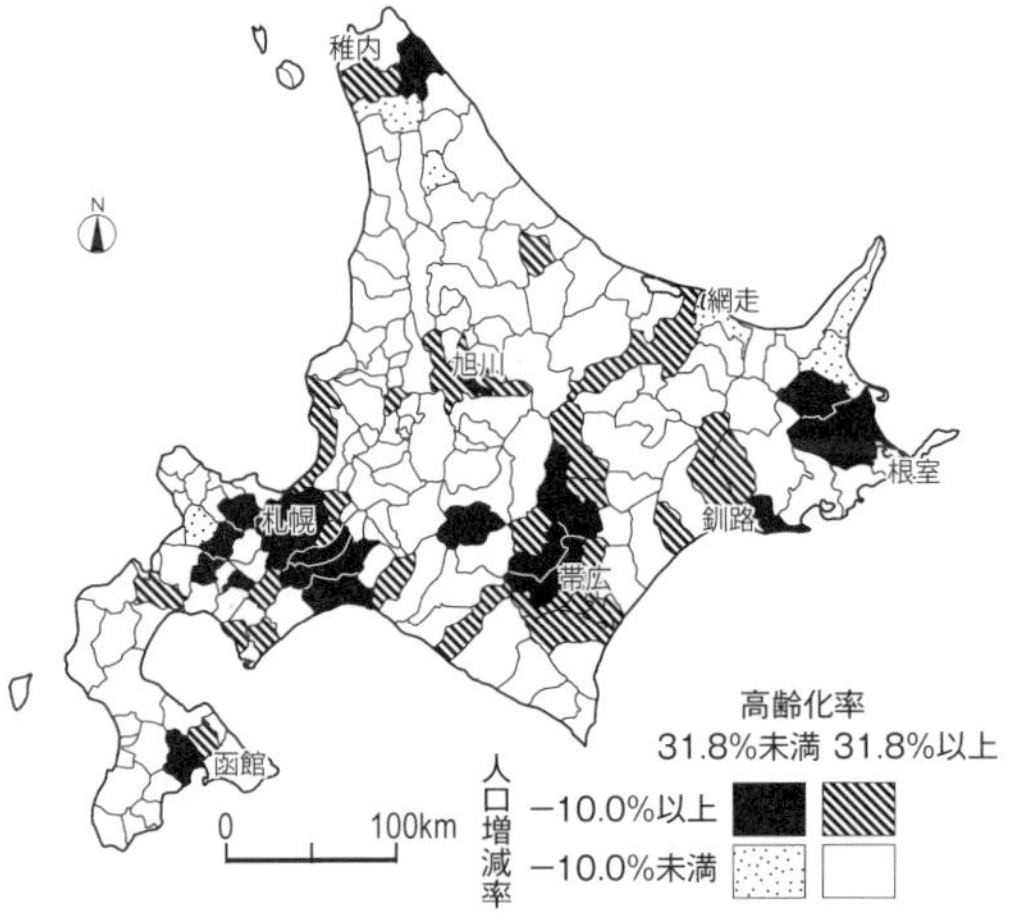

（注）高齢化率は2020年，人口増減率は2010～2020年．
（資料）『国勢調査』による．

ての減少率は五・一%、同期間に一〇%以上の人口を減少させた市町村は全体の七六%であり、増加した市町村は六市町村に過ぎない。また高齢化率（老年人口比率）が道平均三一・八%（二〇二〇年）よりも高い市町村は全体の八四%に及ぶ（図4-1）。なお、二〇〇〇～二〇一〇年と比較すると、人口減少率と高齢化率も高い、本格的な人口の自然減少に移行した市町村が増加傾向にある。

北海道は広大な大地や海といった自然に恵まれ、知床の世界自然遺産登録に代表される雄大な自然、豊富な食材、異国風情ある景観から魅力的なイメージとして語られることが多い。しかし、進行する人口減少や高齢化が北海道経済にどのような影響を与えるのかが問われているといえよう。

2 産業構造の地域性

北海道経済全体についてみると、道内総生産は一九・六兆円（二〇一八年）であり、わが国全体に占める割合は三・五%であった。これは、就業人口の対全国比率三・九%に比べても相対的に低く、全国シェアは漸減している（表4-1）。同じく二〇一八年の総生産の産業別内訳は、第一次産業三・九%（農業三・〇%）、第二次産業一七・四%（製造業九・四%、建設業七・九%）、第三次産業七七・八%（卸・小売一三・五%、保健衛生・社会事業一一・二%、不動産業一一・一%）である。全国の構成比に比べると、貨物輸送量、行政投資額、公共工事請負金額の比率が高く、製造業、卸売・小売業の比率は低い。全国シェアにおいても農業産出額は一二・一%（二〇一〇年）から一四・〇%（二〇二〇年）へと若干高まりをみせているのに対して、製造品出荷額や商業販売額は横ばい傾向で推移している。総資本形成は三・五%から二・七%へと低下しているのに対して、公共事業関係費は八・三%（二〇一〇年）から九・二%（二〇二〇年）へと増加に転じた。北海道は、公的総固定資本形成のうち一般政府の割合が高い特徴を持つことに加えて、近年の防災・減災に関連する公共事業の予算が配分されたことによって社会資本整備が進められている。サービス業については、成長を期待されたＩＴ産業よりも医療・福祉サービス業の伸びが大きい。たとえば、第三次産業の従業者にしめる医療・福祉の割合は一四・九%であり、従業者数の増加率が全産業を通じて最も高い。

表4-1　北海道経済指標の全国シェアの推移

(%)

	2005年	2010年	2015年	2020年
道内総生産	3.8	3.7	3.6	3.5
就業者数	4.2	4.1	4.0	3.9
農業産出額	12.6	12.1	13.7	14.0
製造品出荷額	1.9	2.1	1.9	1.9
商業販売額	3.7	3.3	3.2	—
総資本形成	3.5	3.2	2.9	2.7
公共事業関係費	9.8	8.3	8.9	9.2
貿易額	1.0	1.2	1.4	0.9

（注）1. 商業販売額は，2004年，2007年，2012年，2016年の数値である.
（注）2. 道内総生産の2020年の値は，2018年に拠った.
（資料）『北海道経済要覧』による.

北海道のＩＴ産業

北海道のＩＴ産業の歴史は一九七〇年代の「サッポロバレー」と呼ばれた小さな企業間ネットワークまで遡る。その後、地方都市のＩＴ産業の集積地あるいは成長産業として注目された。二〇二一年度の売上高は五〇八六億円、従業員数は二万三〇一九人である。道内主要製造業出荷額では食料品製造業に次ぐ第二位を占め、従業員数においても二位である。二〇一三年にユネスコ創造都市ネットワークにおいて、アジアで初めての「メディアアーツ都市」として加盟が認定された。

特化係数

地域における業種構成の特徴をみるための指標。フローレンスによって考案された。立地係数とも言う。a市のi業種の従業者数等の全業種に対する構成比を、a市が含まれる全域（都道府県や全国など）におけるi業種の構成比で除して得られる数値である。この値が一・〇を上回れば上回るほど、a市はi業種に特化しているということができる。この分析方法は、元来、地域経済の基盤となる移出産業を特定するために考案されたものである。

図4–2　産業別就業人口の特化係数からみた北海道の市町村類型

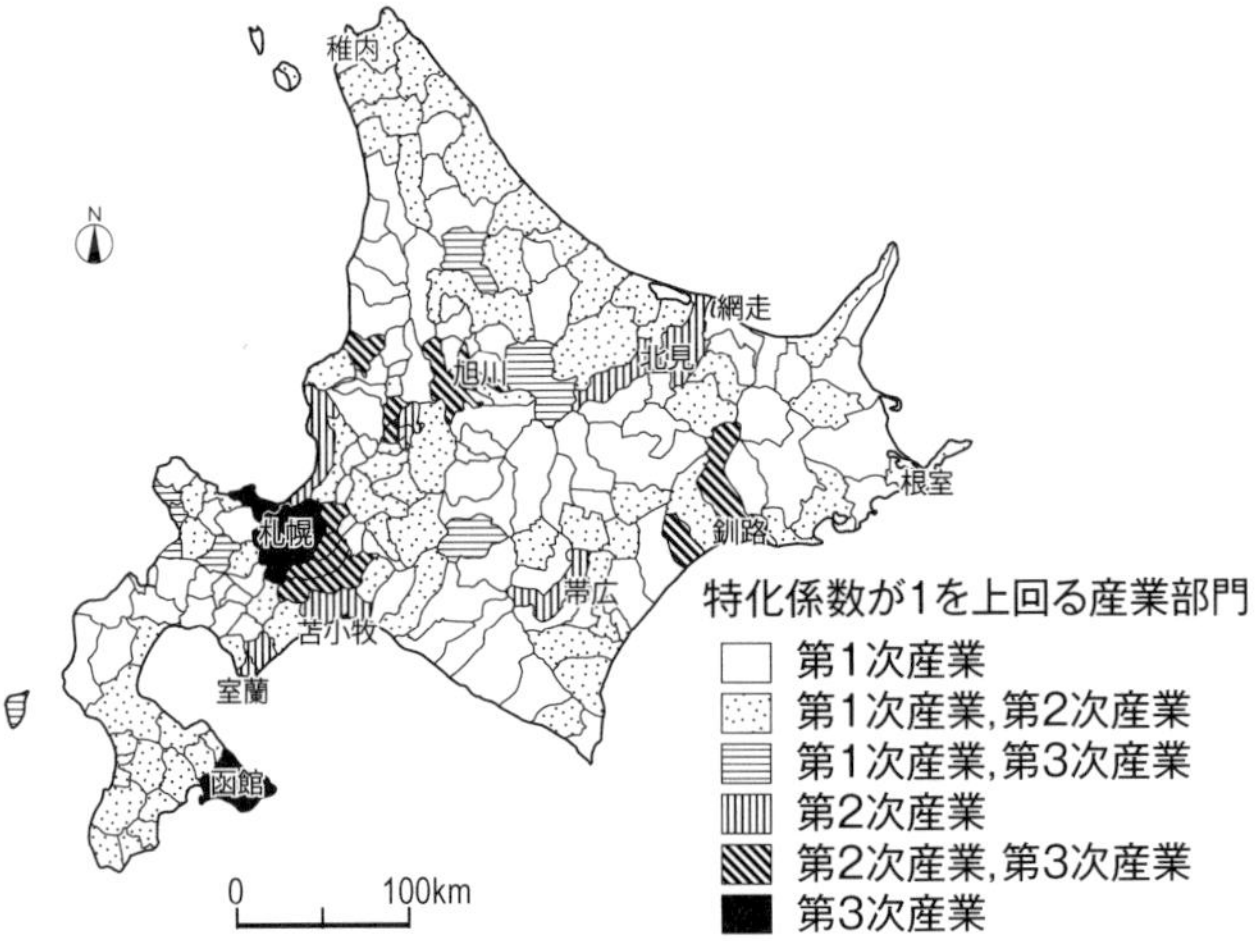

（注）統計年次は2020年.
（資料）『国勢調査』による.

以上から二〇一〇年代の北海道の産業構造の特徴として、農業を中心とする第一次産業の優位性の強化、北海道開発事業に関わる公共投資の多さ、そして医療・福祉サービス業などの第三次産業の相対的地位の高まりが指摘できる。

就業人口については、一九九五年の二八〇万人をピークに二〇二〇年の二三四万人へと減少しており、総人口よりも減少テンポが速い。二〇二〇年の産業別就業人口の第一次産業から第三次産業の対全道特化係数を用いて産業構造の地域性をみると（図4–2）、第一次産業が特化係数一・〇以上を示す市町村は全体の八八％であり、道内全域にわたって農林水産業に優位性が認められる。その内、第一次産業のみが一・〇以上を示す市町村は全体の四六・三％である。二〇一〇年と比較すると、第二次産業と第三次産業の比重が相対的に低下したことによって第一次産業のみが一・〇を上回っている市町村が増加したことから、主要産業をどのように育成するかが地域経済の持続性にとって重要な課題であろう。また、第一次産業の比重が高い市町村において、第二次産業の特化係数についても一・〇以上を示す市町村は全体の三七％を占め、うち三二市町村が製造業優位型、三五市町村が建設業優位型となっている。建設業についてみると、従業者は二〇一〇年から二〇二〇年にかけて二二万人台で推移し、道内総生産に占める建設業の割合も七％台を維持しているが、建設業許可業者数が二〇一〇年から二〇二〇年にかけて一二％減少した。北海道では、建設業が地域経済の主要な産業として位置づけられているだけでなく、社会資本整備においても重要な位置づけとなっていることから、建設業の動向は今後も注視する必要があるだろう。

第二次産業のみが特化係数一・〇以上を示す市町村は全体の六％であり、金属工業や食品製造業が多数立地する石狩市、製紙・パルプの苫小牧市、製鉄や石油化学の室蘭市など道央圏のほか、帯広市、北見市などに限られる。第一次産業の特化係数が一・〇未満の市町村は一二％であり、札幌都市圏や各支庁の中心都市に限られる。特に、第三次産業のみが一・〇以上を示す市町村は札幌市と函館市であり、二〇一〇年に位置していた小樽市、旭川市はこの類型から外れた。このことは、産業構造においても札幌市への一極集中が進みつつあることをうかがわせるものであろう。

❸ 札幌一極集中と観光業の動向

北海道の人口密度は一平方キロメートル当たり六九人（二〇二〇年）と全国の中で最も低いが、都市部への人口集中度は高い。とりわけ札幌市の人口は一九七・三万人と全道人口の三七・七％が居住し、その集中傾向は強まっている。さらに人口だけでなく産業も集中傾向にあり、道内の全事業所数のうち三四％が札幌市にある。今日も北海道新幹線札幌延伸開業に向けて、都心地区の再開発が急

札幌都心の再開発

札幌市では、北海道新幹線の札幌延伸に伴い札幌駅周辺の再開発が進行中である。二〇一六年に策定された「第二次札幌市都市計画マスタープラン」では、七つのターゲットエリアとして、「都心強化先導エリア」「都心商業エリア」「すすきのエリア」「創生イースト南エリア」「創生イースト北エリア」「大通公園西周辺エリア」を設定している。再開発では、オフィスビルやホテル、マンションのほか、複合施設、病院、水族館なども建設が予定されている。

ピッチで進む。北海道の総人口が減少し、道内各地で過疎化が生じている中で、札幌市のみが地元企業の本社や支店などの中枢管理機能、人口、文化機能を集中させている現象は、札幌一極集中として捉えられてきた。

札幌一極集中の問題では、人口や産業の地域的偏在への批判に対して、立地規制や交通インフラの整備などの対策を講じてきたが、解消よりもむしろ集中が進行している。そこで、近年ではそれぞれの地域の特色を生かした産業の育成による地域経済の自立や発展の道が模索されている。これまでの官依存や企業誘致だけでなく地域の優位部門や資源を活用した交流人口の増加や情報発信による地域づくりである。とりわけ、北海道経済の優位部門としては豊かな自然と独自の地域資源を基盤にした観光業が注目されてきた。

農林水産業を基盤とする地域では、地場産品活用によるB級グルメの開発、農業体験を組み込んだグリーンツーリズムなど地域資源や生産物の付加価値を高める取り組みがみられる。さらに、近年では外国人観光客の増加をビジネスチャンスとして捉え、インバウンド・ツーリズムによる海外需要の獲得を政策としても推進してきた。北海道の観光客数（入込客数）は二〇一〇年の五一〇〇万人から二〇一七年の五六〇〇万人をピークに二〇二一年度は新型コロナウイルスの影響により三四〇〇万人となった。外国人観光客は二〇一〇年の七四万人から二〇一八年の三一一万人へと四倍強の増加と堅調な伸びを示しており、台湾、韓国、中国で六五％を占める。外国人観光客の宿泊先の上位五地域は、札幌、函館、登別、洞爺湖、富良野であり、訪問地においても地域的な偏在がみられる（図4-3）。

観光業は、自然景観や歴史・文化、温泉地など移動不可能な地域の魅力や資源を国内外に発信する上で、重要な産業であるが、自然災害や国際情勢、そして新型コロナウイルスの感染拡大などの外的

B級グルメ

高級な食材や高価な料理（A級）に対して、日常的に食され地域の暮らしに定着してきた料理がB級グルメとされている。近年では、まちづくりや地域の食文化の再認識に活用する動向もみられるようになり、ご当地グルメを集めたB-1グランプリなどのイベントも開催されている。北海道では地域経済の発展の起爆剤として期待が寄せられている。

インバウンド・ツーリズム

北海道では、豊かな自然や映画のロケ地、独自の食文化地域などの優位性を生かした戦略としてインバウンド・ツーリズム（訪日観光客受入れ）に力を入れている。近年では、増加傾向にあるアジア諸国の観光客を視野に入れた通訳案内士制度の

創設や観光名所での外国語表記のグルメパンフレットなど受け入れ態勢の拡充とともに新たなビジネスモデルの構築を推進している。

図4-3　市町村別にみた観光客（入込客）数と外国人観光客数（2019年度）

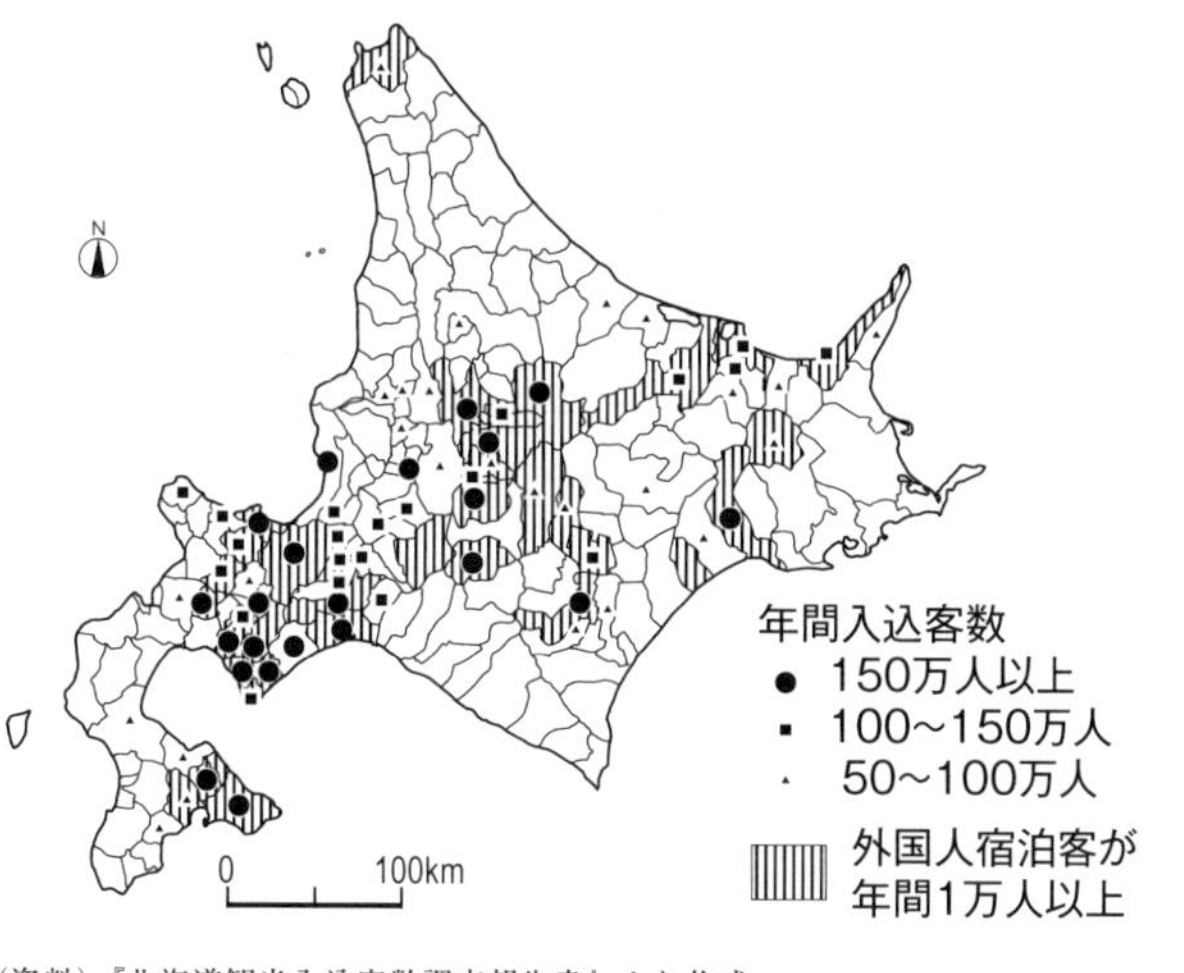

（資料）『北海道観光入込客数調査報告書』より作成.

要因に左右されやすい脆弱性を持った産業である。こうした観光の不安定要素にどのように対応していくのかを見極め、経済効果のみにとどまらない危機対応力や持続可能な地域社会の形成に寄与する観光のあり方も模索されて良いだろう。

4　北海道農業の新たな取り組み——食と農のネットワークづくり

近年の北海道経済は観光を通じた外需の取り込みによる成長に期待が寄せられているが、広大な土地を利用した農業も移出産業として成長を支えてきた。北海道農業は、かつて「構造政策の優等生」と呼ばれ、都府県と異なって構造改善をいち早く達成し、日本の食糧供給基地としての地位を築いてきた。農業経営体数では全国の三・二％（二〇二〇年）でありながら、経営耕地面積では三一・八％を占めるという特性を生かして、土地利用型農業を中心とした専業的経営群による生産性の高い大規模農業を展開してきた。北海道の食料自給率は、カロリーベースで二二三％（二〇二一年）、生産額ベースで二二〇％である。

農業経営体三万四二〇〇（二〇二〇年）のうち主業経営体率は七四・四％であり、基幹的農業従事者で六五歳未満の個人経営体率も六〇・六％と、労働力を確保した専業的な農家群が形成されている。一農業経営体当たりの耕地面積は三四・七ヘクタールと全国の一五倍を超える大規模経営が特徴的である。北海道農業の規模拡大は離農を伴いながら進行してきたが、農業従事者一人当たりの付加価値額は一五三・五万円であり、全国の四五・八万円と比べて優位である。さらに、世帯員一人当たりの可処分所得は二二一・六万円と、都市部の勤労者世帯に比べると一・五倍の水準であり、収益性の高さが後継者の確保にもつながっている。

北海道は東西南北にわたる広大な面積に加えて、気候や土地条件などの違いからそれぞれの地域特性を生かした農業が展開されている（表4-2）。北海道農業は、土地利用方式からみると、水田型地帯、畑地型地帯、草地型地帯、中山間地帯に分類できる。作目では、道央（上川・空知・石狩）の稲作、道東（十勝・オホーツク）の畑作、道東・道北（釧路・根室・宗谷）の酪農というように、主要農業地帯を基軸に地域的な分化を遂げながら主産地を形成してきた。その特徴は、作目部門のみならず生産性においても地域性が認められることにある。他方、生産性が高い農業から産出される農産物の多くは道外に移出されており、地域経済を構成する他産業との関連性をどのように強化し、付加価値を地域内で創出できるかという点は従来から課題として指摘されてきた。

この課題に対して、十勝地域では地域産業政策として「フードバレーとかち」が展開されてきた。「フードバレーとかち」とは、食と農林漁業の集積地としての食料産業クラスターを形成するという意味が込められている。二〇一一年にはフードバレーとかち推進協議会が設立され、産学官金の42団

北海道の稲作

北海道産米は長らく食味に劣るとされ、市場での評価も低位にとどまっていた。近年、品種改良が進み、これまで主力品種であった「きらら三九七」に代わり「ななつぼし（二〇〇一年採用）」や「ゆめぴりか（二〇〇八年採用）」など新品種の作付比率が高まっている。この二品種は日本穀物検定協会が実施する食味ランキング最高位である特Aを二〇一一年から獲得し続けており、ブランド化が図られている。

表4-2　北海道農業の地域性（2020年）

農業地域区分		総生産	農業総生産		労働生産性	土地生産性	一経営体当たり経営耕地面積	耕地面積	水稲	小麦	大豆	乳用牛
		(億円)	(億円)	(%)	(万円)	(万円)	(ha)	(千ha)	(%)			(千頭)
水田	上川	17,188	649	3.8	309.6	55.7	20.0	116.4	23.9	13.3	6.9	37.6
	空知	9,998	552	5.5	283.9	53.7	17.4	102.8	40.4	19.8	10.0	9.9
	石狩	92,123	245	0.3	193.9	71.8	15.7	34.1	19.7	28.2	8.7	14.1
沿岸	留萌	1,734	87	5.0	383.6	38.0	30.7	22.9	17.1	8.5	0.0	16.5
	日高	2,493	301	12.1	376.4	104.6	18.8	28.8	4.2	0.2	0.1	10.5
道南	胆振	17,818	288	1.6	350.5	110.8	15.7	26.0	12.9	9.2	6.0	9.9
	後志	7,515	197	2.6	255.0	73.5	12.2	26.8	16.2	7.4	7.2	5.5
	渡島	13,375	181	1.4	283.7	91.3	13.0	19.8	14.1	1.5	2.5	16.7
	檜山	1,344	79	5.9	272.1	49.2	16.1	16.1	23.0	7.5	10.3	5.1
畑作	十勝	13,943	1,492	10.7	592.1	64.0	44.3	233.0	0.0	18.7	4.7	235.3
	オホーツク	10,843	883	8.1	530.7	59.6	37.4	148.1	0.6	19.5	2.1	120.7
酪農	釧路	9,073	428	4.7	847.4	49.9	77.9	85.7	—	0.3	0.0	129.6
	根室	4,086	534	13.1	911.6	49.0	80.1	109.1	—	0.0	—	183.6
	宗谷	3,107	192	6.2	794.7	32.6	86.7	58.9	—	—	—	71.0
全道		204,640	6,108	5.8	456.1	64.6	34.7	1,028	15.6	10.3	4.9	866.1

（注）労働生産性＝農業総生産/農業就業者，土地生産性＝農業総生産/耕地面積
（資料）『2019年度道民経済計算』『2020年度北海道統計書』『2020年農林業センサス』より作成.

体で構成されている。協議会によって策定された推進プランには、基本方向として①地域の強みである農林漁業を成長産業にすること、②食の価値を創出すること、③十勝の魅力を売り込むこと、の三本の柱とそれらに基づいた一九の戦略が示されている。協議会の実質的な運営は帯広市役所が行っているが、関係者間のマッチング、情報交換、人材育成、企業間の新商品開発・製造・販売への支援、市場開拓や販路拡大の推進など事業の内容は多岐にわたっている。たとえば、農業生産者と北海道内外の企業との連携によって開発された商品（レンジ専用十勝ポップコーン、十勝産チーズ）や十勝産小麦の生産・流通・加工・消費を可視化した商品開発だ

けでなく、食と農林漁業にとどまらない異業種間の連携がイベントや催事を通じて「オールとかち」の雰囲気を醸成している。これらの取り組みは、付加価値を地域内で生み出すことにもつながっており、二〇一〇年から二〇一九年にかけての帯広市における製造品出荷額の伸び率は道内首位の四七・四%であった。「フードバレーとかち」は、従来から各自治体で行われていた産業振興や企業支援といった政策展開の枠を超えて、十勝管内の横断的な取り組みによってネットワークづくりの場を提供してきたことが最大の成果といえよう。

このように、北海道農業は大規模かつ生産性の高い農業を実現してきた平面、高付加価値化や第一次産業を基盤にした地域経済循環を形成する取り組みによって、食と農の新たな可能性を生み出しつつある。大規模農業のもとで生産される作物は国際化の影響を強く受けるものが多い。これからは、国内外の市場への対応を図りつつ、足元の地域経済から新しい価値を生み出し、発信することが持続可能な農業の形成にとって重要な点であろう。

第2節　東北──周辺地域からの脱却

東北経済の概観

東北地方は、歴史的に比較的新しい呼称である。伝統的には陸奥国と出羽国から構成される地域である。これらが、一八六八年の戊辰戦争における主流派である倒幕派に対する反体制派に位置づけられた会津藩と鶴岡藩の救済を求めた奥羽列藩同盟を東北全域で形成した。その結果、東北地方は、明治政府によって周辺地域として位置づけられたのである。陸奥と出羽は、一八七六年に現在の県に再

奥羽列藩同盟

奥羽列藩同盟は倒幕派に反抗した会津藩と鶴岡藩の救済を求めて、奥羽（陸奥、陸中、羽後、陸前、羽前、岩代、磐城に位置）の二四藩と天童藩、福山藩が軍事同盟としての盟約書に署名したことによって成立した。その内部は一体ではなく、各藩の思惑の中で構成されていた。そのため、政府主流派の攻撃によって各藩が離脱していき、奥羽列藩同盟は体をなさなくなった。

編され、近代化への途を歩み始める。この頃から当該地域は東北地方と呼ばれるようになった。

東北地方の近代化は、当初、明治政府により東北帝国大学の設置や東北鎮台（陸軍の部隊・仙台）の設置など、太平洋側を中心に開発が進められた。特に宮城県における野蒜（のびる）築港計画は、日本海側との交通網整備を包含する開発政策であり、東北地方の近代化を一層推し進める可能性を有していた。ところが台風被害により当計画は中止となり、近代港湾の建設は長崎となったことで、東北地方への開発政策が徐々に衰退していくことになった。それに加えて、京浜工業地帯、阪神工業地帯の形成は、東北地方の労働力供給地化を推進し、東北地方の周辺性を確固たるものとした。

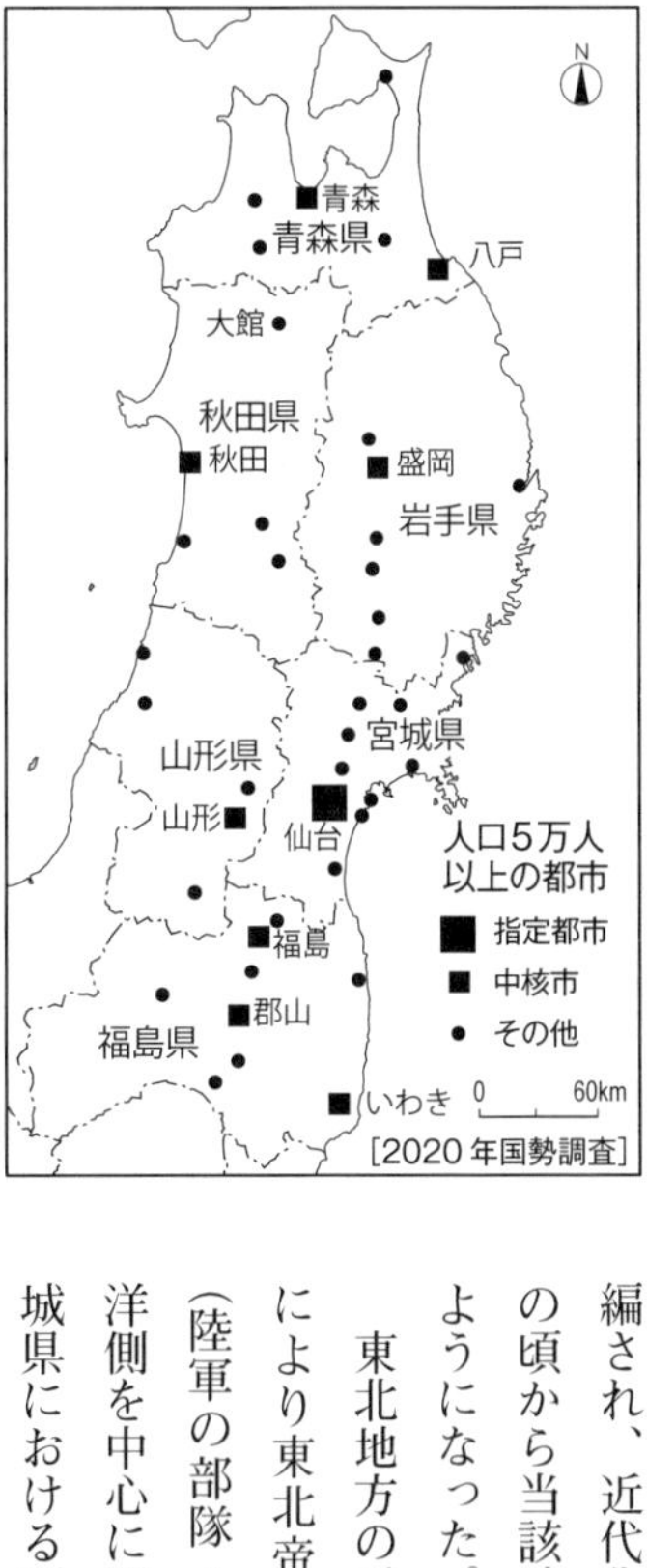

このように東北地方における発展の遅れは、歴史的要因が寄与している。その背景には東北地方の多くが寒冷な降雪地域で、農業生産が主力産業であるにもかかわらず、たびたび冷害の影響を受けることがあり、安定的な収入をあげることが難しかったこともある。加えて明治期から昭和前期にかけての五度にわたる凶作、五〇〇回以上の洪水、さらには二回の三陸地域を中心とする地震や津波の被害のように、自然条件が当該地域の周辺性を強化してきた。しかも、東北経済は、自然条件に左右される第一次産業に依存する一方で、第二次産業の未発達性ゆえに、域内の労働吸収力が脆弱であった。それゆえ、東北地方は全国でも有数の出稼ぎ労働供給地になった。かかる状況は農業の兼業化の

[2020年国勢調査]

野蒜築港計画

明治政府の東北開発による東北地方の後進性是正と、戊辰戦争の反政府的行動に対する政治的配慮という背景の中で、大久保利通を中心に近代港湾の計画が始まった。計画は、内陸交通輸送に対応した内港と主力となり始めた汽船に対応した外港から構成されていた。内港建設では、鳴瀬川の切り替えと北上運河の開削が盛り込まれ、築港建設全体では新市街地造成をも含まれた政府直轄事業であった。

冷害

オホーツク海高気圧が日本列島に張り出した場合に、北海道東部から東北地方太平洋沿岸にかけてヤマセと呼ばれる北東気流が吹き、日照不足と低温が継続する要因となる。そのため、農作物の生育が

悪化し、収穫量が減少するなどの影響が出る。冷害では農作物の収穫が激減するため、一七八三年の天明の凶作では八万七〇〇〇人の餓死者を出し、昭和初期の冷害では身売りをすることで生活をしのいだこともあった。近年では一九九三年に平成の大凶作を経験したが、一九九〇年代には山形県の「はえぬき」のような冷害に強い稲品種の開発によって、東北地方でも安定的な収穫に向けて努力してきた。

出稼ぎ労働

出稼ぎ労働は、雇用不足の地域から雇用がある地域へ労働を求めて一時的に移動して就労することであり、戦前から継続的に行われてきた。雇用がある地域とは都市部に限定されず、ニシン漁のある北海道が含まれていた時期もある。東北地方の

表4-3　東北地方の基本統計

事項	東北地方	対全国比率
人口（2021年）	8,668千人	6.8%
面積（2020年）	67千㎢	17.7%
耕地面積（2020年）	828千ha	18.9%
1人当たり県民所得（2017年）	278万円	84.8%
製造業出荷額（2018年）	186,198億円	5.6%
国内銀行貸出残高（2021年）	384,157億円	4.3%
大学進学率（2020年）	46.5%	83.2%

（資料）『地域経済総覧』による．

進展に伴って変化し、現代では出稼ぎ労働はほぼなくなった。大都市への労働力供給は、工業からサービス業への変化はあるものの、依然として根強く存在している。この背景には依然として、東北経済に労働力を吸収する基盤産業が十分に確立されていないことが作用している（表4–3）。

東北地方の経済的な周辺性を変化させたのは、一九六〇年代以降の工業化である。東北地方は余剰労働力と産業立地の条件から、低賃金労働が多く存在していた。そのことが人件費上昇に悩み始めた大都市立地型の製造業の移転を促進した。あわせて、一九七〇年代に入ると東北自動車道が、一九八〇年代に入ると東北新幹線が整備され、東北地方は東京大都市圏との時間距離が大幅に短縮された。たとえば、東京から新青森まで最速で二時間五八分（二〇二三年現在）であり、東北新幹線沿線である太平洋側各県のうち、特に宮城県、岩手県、青森県の立地条件が大幅に改善した。東北地方の立地条件の改善は、工業以外の産業にも大きな影響を与えた。たとえば物流の改善に伴って、東北地方の主力産業である農業・漁業収穫物の高付加価値化が可能になったのである。ただし二〇一一年三月一一日に発生した東日本大震災の影響は続いている。とりわけ二〇二三年八月二四日には原発事故で発生している処理水の海洋放出を始

場合、出稼ぎ労働の多くが農民であることが特色である。特に厳冬期の気象条件が過酷な東北地方では、この時期の農業生産がままならず、農閑期の所得を求めて出稼ぎ労働を行っていた。高度経済成長が進むと建設業や製造業に従事することが多くなり、都市部への就業が多くなった。従来、専業農家が多かったために出稼ぎ労働に従事していたが、兼業農家の増加に伴い、季節を問わず安定的な所得を得られるようになり、一九九〇年代に出稼ぎ労働は減少し、二〇〇〇年代にはほとんど見られなくなった。

東北新幹線

東北新幹線は、東京駅から新青森駅間を計画区間とした新幹線で、一九七一年の全国新幹線鉄道整備法に基づく基本計画に東京駅から

めた。これは東北地方を中心に漁業収穫物のブランド低下をもたらすとともに、地域経済への影響が懸念されている。

他方で高速交通体系の整備は、東北地方主要都市の支店経済化を推し進めた。現在の交通体系では仙台市、盛岡市、青森市、山形市、秋田市といった県庁所在地はいずれも、東京からの日帰り出張が可能な都市となっている。それゆえ、東北地方にあった拠点機能が弱体化し、主要都市に立地していた支店・営業所の縮小が行われ、東京本社の管理下に入りつつある。その一方で東北経済は活性化の傾向も見せている。たとえば、岩手県や宮城県に立地した大手自動車メーカーの完成車の増産や部品の域内調達がある。ここではハイブリッド車や輸出用の小型車などの生産を行っており、一部では東北地方では手薄であった機械関連中小企業を中心とするサプライヤー（部品供給企業）の育成も進んだ。ただしその中には関東地方や東海地方のサプライヤーの現地生産も含まれている。また福島県では大手医療機器メーカーの主力工場の立地に伴って、医療機器産業の集積を進めており、東日本大震災後の二〇一六年に郡山市へふくしま医療機器開発支援センターを開設し、成長産業としての振興も積極的に進められている。このように今日では、東北地方は周辺性の経済構造の中で、外部資本と域内資本、および行政が連携して、東北経済の自立的発展に向けた動きを進めている点が大きな特徴である。

2 仙台一極集中と人口構造

東北地方では人口減少が顕著である。都道府県別では、青森県、岩手県、秋田県が都道府県別の人口減少率では上位に位置している。この要因は、雇用不足にも求められるが、もう一つの要因は、東京大都市圏や仙台都市圏への人口移動である。仙台都市圏を構成する自治体のうち、仙台市、富谷

盛岡駅間の建設が盛り込まれ、同年着手した。一九八二年六月に大宮駅から盛岡駅までが先行開業し、一九八五年に大宮駅から上野駅間、一九九一年に東京駅から上野駅間が開業し、東京都心と東北地方が直結した。盛岡駅から新青森駅までは、一九七三年に整備計画が決定し、二〇〇二年に盛岡駅から八戸駅間、二〇一〇年に八戸駅から新青森駅間が開業し、約四〇年を経て全線開業を達成した。この間、福島から新庄方面（奥羽本線）および盛岡から大曲・秋田方面（田沢湖線、奥羽本線）への直通運転も実現した。

仙台都市圏

仙台市は古くから東北地方の中心都市であったが、一九七〇年代から東北自動車道の一部供用が始まるなど、高速交通網が整備され始

市、名取市は二〇一五年から二〇二〇年の人口動態で人口増となっている。また仙台都市圏に隣接する大和町、大衡村もトヨタ自動車東日本の立地もあって、人口増である（図4−4）。仙台市の人口は、他の県庁所在自治体の人口が減少する中で、一貫して増加しており、二〇〇〇年以降も東日本大震災の影響を除けば、平均で二%程度の人口増加が続いてきた。結果として、仙台都市圏は、東北地方における人口の側面ではひとり勝ちの様相となっている。この背景には、高速道路などの交通体系が仙台市を軸として整備され、高速バスも仙台駅を起終点としていることから、仙台市の利便性の向上が進んだことも影響している。

他方で、東北六県の人口減少は激しい。その中でも市町村別では人口が増加している自治体もある。たとえば、青森県おいらせ町、六戸町、福島県大玉村、西郷村では人口が増加している。青森県おいらせ町や六戸町は東京大都市地域から距離が遠いものの、新幹線の駅や三沢空港に隣接している。また福島県大玉村や西郷村は東京大都市圏に距離が近く、特に西郷村には東北新幹線の新白河駅も立地している。これらからコロナ前から情報通信ネットワークの整備も相まって働き方の変化があり、局地的ではあるものの、交通の利便性の高い東北地方の自治体では、地域経済の周辺性とは関係なく、東京大都市圏との関係の中で人口増加につながっていた。

東北地方の高齢化は全国でも高い水準にある。自治体の中には高齢化率（老年人口率）が五〇%を超えるところも出てきている。たとえば、二〇二〇年に福島県金山町では高齢化率が六〇・九%と六割を超えており、青森県今別町も五五・三%に達している。いずれの自治体も都市圏から遠い、条件不利地域である。東北地方では人口減少に加えて、高齢化も進んでいることで、今後の地域経済の維持に必要な人口に対する地域問題が顕在化している。

め、都市圏の中核を構成するようになった。一九六〇年には四六万人だった人口は、二〇一三年には一〇六万人に達し、一貫して増加してきた。仙台市の拠点都市機能の強化に伴い、周辺地域への郊外化も顕著となり、塩竈市、多賀城市、名取市、岩沼市、富谷市、大和町、利府町が都市圏を形成するようになった。一九八九年には政令指定都市に指定され、高速交通網も山形自動車道（一九九八年）、秋田自動車道（一九九七年）の一部供用開始、一九九七年には秋田新幹線も開業し、東北地方の交通結節点に位置する仙台の都市機能が一層強化されている。

図4-4　東北地方における市町村別にみた人口増減率と高齢化率（2020年）

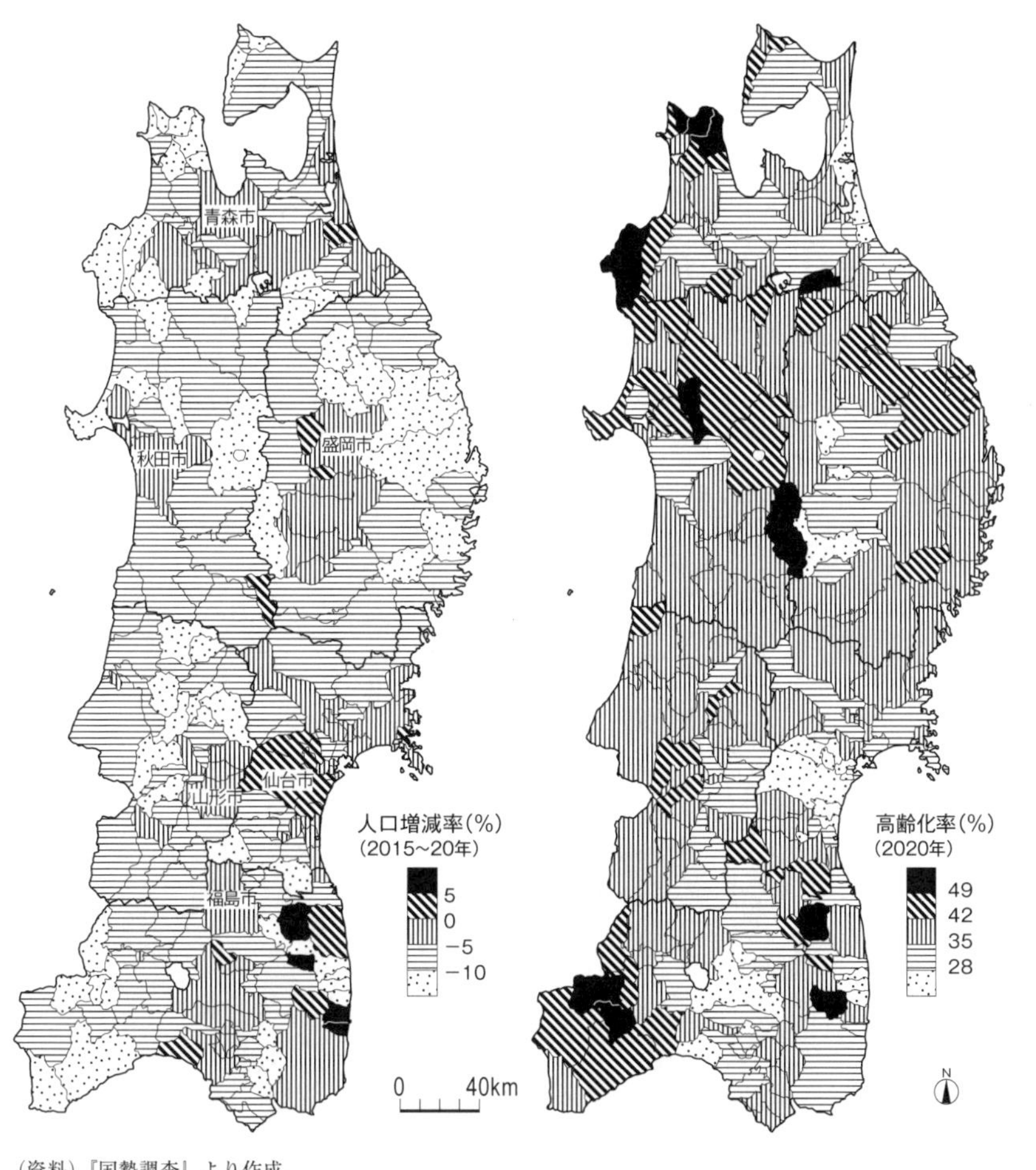

（資料）『国勢調査』より作成.

東北地方における工業の変動

東北地方の工業化が進むのは一九六〇年代以降であり、国内では後発である。一九七〇年代頃からは南東北を中心として、電気機械関連の量産工場が首都圏からの移転に伴い、工業従業者の増大が顕著になった。ところが一人当たり付加価値額は低く、低賃金労働を求めての移転であったことを示している。この傾向は一九八〇年代に大きく変化し、付加価値を増すようになる。その背景には、低付加価値の生産が徐々にアジアや中国へ移転し、東北地方の製品が高付加価値品に特化し始めたことを示唆している。またこの頃には、岩手県の北上市や花巻市では大手の誘致企業のみならず中小の基盤的加工業が集積し、地域産業の発展モデルとして注目されるようになった。東北の工業の高付加価値化の傾向は、一九九〇年代以後も継続し、全国比における付加価値額の割合も上昇している。（表4−4）

この傾向を後押ししたのが、一九九三年のトヨタ系列の旧・関東自動車工業の組立工場の立地（岩手県）、さらに二〇一一年の同じくトヨタ系列の旧・セントラル自動車の組立工場の立地である（宮城県）。この自動車完成工場の集積に伴って、大手自動車メーカーの本拠地であった関東地方や東海地方から宮城県内または近隣県に部品下請企業の生産拠点が移転するとともに、地場企業のサプライヤー化が進んできている。そのために東北地方は、企業誘致によって電気機械産業の集積地から自動車産業の集積地へと変化した。

自動車産業の集積で工業発展を進めているという点では、周辺性という地域経済特性を持っている点は異なるものの、東北地方太平洋側と北部九州は類似している。北部九州は産業構成が重厚長大型産業から機械工業へ移行する中で、半導体産業や自動車産業を集積させ、地域経済の基盤を構築し

関東自動車工業とセントラル自動車

それぞれ、裾野市（東富士工場）と相模原市に生産拠点を有したトヨタ系組立メーカー。前者は一九九三年に岩手工場を開設、後者は二〇一一年に宮城工場に移転した。二〇一二年に関東自動車工業が、セントラル自動車およびトヨタ自動車東北を吸収する形でトヨタ自動車東日本が誕生し、三河地区、福岡に次ぐ、トヨタグループ第三の国内拠点としての地位が明確になった。

福島イノベーション・コースト構想

福島イノベーション・コースト構想は、東日本大震災で被災した福島県浜通り地域に新産業を創出することを目的として進められた国家プロジェクトである。公益財団法人福島イノベーション・コースト構想推進機構が運営している。主要プロジェクトとして、福島第一原発の廃炉、ロボット・ドローン、エネルギー・環境・リサイクル、農林水産業、医療関連、航空宇宙が挙げられている。当プロジェクトは、二〇一七年に開始され、浜通り各地にテストフィールド等が整備されている。その成果として、産業集積の実現、教育・人材育成、交流人口の拡大、情報発信を目指している。

表4-4　東北地方の工業化（1960～2020年）

年次	工業従業者（人）	対全国比（%）	1人当たり付加価値額（万円）	対全国比（%）
1960年	310,651	4.1	42	65.4
1970年	574,572	5.1	124	57.3
1980年	681,008	6.6	432	63.6
1990年	884,294	7.9	656	60.6
2000年	754,006	8.2	876	72.9
2010年	599,106	7.8	905	76.5
2020年	562,077	7.5	1,038	80.0

（資料）『工業統計表』『経済センサス-活動調査（製造業事業所）』より作成.

た。東北地方の場合、電気・電子機器工業の立地が進んだとしても、歴史的に工業集積は薄く、国内他地域の後塵を拝してきた。自動車組立工場の東北地方への集積は、新たな工業発展へ向けての大きな一歩である。しかし北部九州と比べると、未だに地場の部品下請企業は多くなく、大手サプライヤーの生産拠点の立地が寄与している。またコストダウンに必要な部品の海外調達も、東北地方の立地特性から容易ではない。加えて、北部九州では実現し始めている企業の研究開発機能の立地は、関東地方や東海地方が主力であり、東北地方への移転は十分に進んでおらず、依然として課題である。

東北地方における研究開発機能の立地は国の政策として進んできた。東日本大震災からの復興の過程において、福島県で進められてきた福島イノベーション・コースト構想の中で、二〇二〇年三月に南相馬市へ福島ロボットテストフィールドを全面開所、浪江町で福島水素エネルギー研究フィールドの実証実験を開始し、福島県浜通り地域が先端技術の研究開発拠点となりつつある。

しかしながら、東北地方の工業発展は、最低賃金の上昇はあったものの、依然として国内では低い賃金に依存した労働集約型の加工組立工場と関連下請企業から構成され、財政トランスファーで地域経済を支えている「発展なき成長」（安東誠一による）の延長にあるようにみえる。

他方で、東北地方に立地する自動車産業の工場は、付加価値のあるハイブリッド自動車の主力生産工場であり、これまでの分工場とは一線を画している。とりわけ前述のトヨタ系列の自動車工場は、トヨタ自動車東日本として経営統合し、宮城県大衡村に本社を置いている。すなわち購買機能も東北地方に立地することとなり、名実ともに基幹産業としての工業が確立されてきた。このように、東北地方太平洋側の工業発展は新しい段階に入ったが、第一次産業が強い秋田県や山形県といった日本海側地域では、電子部品工場の立地や自動車部品の大手サプライヤーの立地が進んでいるものの、東北地方太平洋側との格差が顕著となっている。

高速交通体系の整備と産業立地

東北地方では二〇一〇年代に入り、高速交通体系が整備された。東北新幹線は、八戸駅から新青森駅間が二〇一〇年一二月四日に開業し、全通した。高速道路では、東北中央自動車道の整備が進み、二〇二一年一一月二〇日には福島県福島市の福島ジャンクションから山形県新庄市の新庄真室川インターチェンジまでが直通した。その結果、山形県北部から東京都まで高速道路で結ばれた。また東日本大震災の被災地を通る三陸沿岸道路は、二〇二一年一二月一八日に仙台港北インターチェンジから八戸ジャンクションまでの全線が開通した。

かかる東北地方における高速交通体系の整備は、東京大都市圏に立地してきた産業の移転も促進している。特に南東北三県を中心に新規の工場立地件数が多くなっており、北東北の秋田県でも工場立地の敷地面積は大きくなっている（表4–5）。とはいえ、産業立地では東京大都市圏との時間距離の短縮を実現した南東北と、高速交通体系が整備されても時間距離を十分に短縮できていない北東北で

三陸沿岸道路

三陸沿岸道路は、宮城県から青森県を結ぶ三五九キロメートルの高速道路の総称であり、復興道路とも呼ばれる。一九七四年に着工したが、二〇一一年三月の東日本大震災発災時には、一二九キロメートルしか開業していない部分開業であり、全線がつながっていないミッシングリンクの状態であった。そこで、東日本大震災の復興において道路整備が集中的に進められた。その結果、二〇二一年一二月一八日に岩手県内の普代から久慈間が開業したことで、全線開業となった。三陸沿岸道路の開業によって、開業前に仙台市から八戸市までを三陸地域を通っていく場合、八時間三五分かかっていたものが、開業後には三時間二二分短縮され、五時間一三分となった。

の格差は解消していない。

東北地方が高速交通体系に組み込まれることで、第一次産業でも新たな動きをしている。東日本大震災の被災地である石巻市や気仙沼市では、高速道路の開通で利便性が高まったこともあって、水産業の再生が進んでいる。東北沿岸の漁港では、二〇一七年にはすべての漁港での水揚げが再開され、産地市場も一部で集約・再編がなされた上ですべて復旧した。さらに二〇二〇年八月には石巻市の鮮魚類の輸送を皮切りに、東北新幹線を活用した三陸地方の海産物輸送も不定期で行われるようになり、新たな販路開拓も進んできている。

5 東北経済の展望

東北経済は、二〇一一年の東日本大震災で大きな打撃を受けた。とりわけ原発事故による風評被害は大きかった。その中でインフラや市場環境は改善が進んだ。工業は加工組立を中心とする低付加価値な生産拠点が海外移転しつつ、従来の地場企業は新たな業種へ新規展開し、新産業の育成を進めている。加えて、自動車産業が地域に根づき始め、ロボットなどの新産業でも新たな工業の芽が出てきている。第三次産業では、高速交通体系の整備に伴い、人口や経済機能の仙台への一極集中が顕著になってきた。

それに伴って東北地方の中では、太平洋側の経済発展による経済力と日本海側の停滞した経済力の

表4-5　東北地方の工場立地動向（2021年）

事項	工場立地件数（件）	敷地面積（千㎡）	1件当たりの敷地面積（千㎡）
青森県	7	81	11.6
岩手県	4	34	8.5
宮城県	21	475	22.6
秋田県	11	483	43.9
山形県	16	179	11.2
福島県	23	233	10.1

（資料）『工場立地動向調査』による.

格差も顕在化している。人口減少による労働力不足の中で、低賃金労働だけでは企業誘致ができなくなった今日、基盤産業が少なく、地域経済力に乏しい地域の経済振興が求められている。東北地方では少子高齢化が他地域に比べて急激に進行しており、労働力人口は一層減少していく。震災からは一定の復興を遂げたものの、人口と立地条件という東北経済の発展制約が残る厳しい環境の中で、東北地方のバランスのとれた発展が求められている。

第3節　関東・甲信越——首都東京を支える一大生産地帯

 多様な地域条件と産業活動

本節は関東地方および甲信越地域を対象とするが、関東地方の南部（東京・神奈川・埼玉・千葉の一都三県）については東京大都市圏で扱われているため、本節ではもっぱら関東地方北部（茨城・栃木・群馬の三県）および甲信越（新潟・山梨・長野の三県）を対象とする。これらの地域は、国土面積の一三％強を占め、関東地方北部の南端は東京大都市圏に包摂されている。

関東地方北部では茨城県北部を除いて、利根川水系に属している。平野部は関東平野の北半分に相当し、関東ロームに覆われた標高二〇～一〇〇メートルの洪積台地と、標高一五～八〇メートルほどの沖積平野から構成される。また、鬼怒川、渡良瀬川の上流部には扇状地が形成され、赤城山、榛名山には山麓に火山性の緩斜面が広がっている。

一方、甲信越地方の内陸部の大部分は中央高地に属し、標高二〇〇〇メートルを超える脊梁山脈（せきりょうさんみゃく）をも擁する山岳地帯である。沿岸部は後述の河川が形成する沖積低地と、海岸部には小規模な砂丘が

形成されている。本地域では、山梨県は富士川や桂川・相模川水系、長野県南部は天竜川および木曽川水系、長野県北部と新潟県では信濃川・千曲川およびそれらの支流からなる水系に属する。また、新潟県下越地域では阿賀野川水系に属する地域もある。これらの河川が流下する上中流部では山間部の谷間に谷底平野や盆地列が形成されるが、下流部では沖積平野が広がっている。

土地利用のあり方は、各地域の自然条件によって異なる。関東地方の平野部のうち、洪積台地ではムギ・サツマイモ・タバコ・桑などの自給用作物・商品作物を生産する畑地、および燃料を採取する平地林であったが、一九五〇年代後半以降、内陸工業団地が造成される過程で消滅していった。一方、沖積平野では、水稲作用の水田が卓越していたが、都市化の進展に伴って都市的土地利用への転換が進んだ。また、火山性の緩斜面では養蚕と酪農が盛んであったが、貿易自由化と乳価の下落により、その規模を縮小させてきた。甲信越地方では、越後平野においては水稲作の水田単作地帯を形成

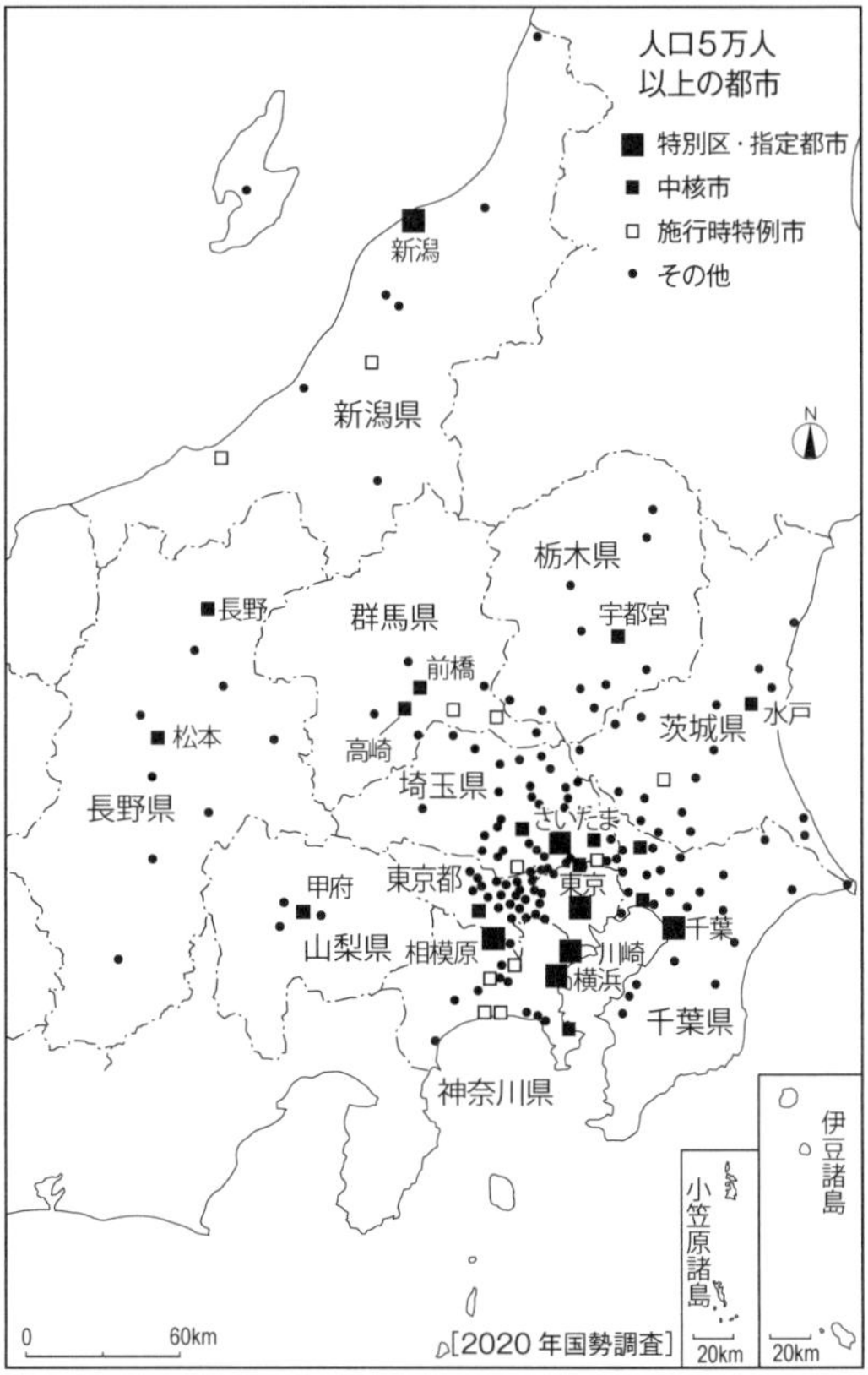

人口5万人
以上の都市
特別区・指定都市
中核市
施行時特例市
その他
新潟県
栃木県
群馬県
長野県
茨城県
埼玉県
東京都
山梨県
千葉県
神奈川県
新潟
長野
松本
前橋
高崎
宇都宮
水戸
さいたま
東京
甲府
相模原
川崎
横浜
千葉
伊豆諸島
小笠原諸島
0 60km
20km
20km
[2020年国勢調査]

平地林

関東地方の洪積台地上には、クヌギ・コナラ・アカマツなどを卓越樹種とする平地林が分布する。その多くは農家の個人所有または集落の共有林野とされ、薪炭材や堆肥、建築用材の供給地として、あるいは防風林としての機能も持っていた。現在でも集約的野菜生産地域や有機栽培を指向する地域では、堆肥原料としての落ち葉採取が平地林で継続されている。

広域関東圏

関東の一都六県、甲信越三県に静岡県を加えた一都一〇県の範囲をいう。この範囲は関東経済産業局の管轄範囲であり、経産省は頻繁に「広域関東圏」の語を用いている。なお、国土交通省関係では、国土形成計画のうちの首都圏広域地方計画で広域関東圏にさらに福島県を加えた範囲を「広域首都圏」と呼びこの範囲を視野に入れた計画策定を行っている。

表4-6　北関東・甲信越地方における産業別就業者構成（2020年）

（人，%）

	第1次産業		第2次産業		第3次産業	
茨城県	69,281	5.2	380,140	28.8	872,083	66.0
栃木県	48,245	5.4	282,005	31.3	571,094	63.4
群馬県	42,484	4.6	287,927	31.2	593,348	64.2
新潟県	55,719	5.2	302,187	28.4	704,334	66.3
山梨県	26,392	6.7	109,721	28.0	255,564	65.2
長野県	86,411	8.5	290,821	28.8	633,501	62.7
全国	1,962,762	3.5	13,259,479	23.7	40,679,332	72.8

（資料）『国勢調査』より作成.

してきたが、標高が高い内陸部は寒冷な環境に適応した高冷地園芸による野菜作や養蚕用の桑園から転換した果樹栽培など、風土に適った農業が行われてきた。

北関東および甲信越地方の産業別就業人口構成の特徴は、比較的高い第一次・第二次産業就業者率にある（表4-6）。第一次産業就業者の減少は全国的な傾向であるが、これらの六県では第一次産業人口率は全国平均の三・五%に対していずれも四～八%台にある。また、第二次産業も全国平均の二三・七%より四～七%程度高い。それらに対して、第三次産業は六二～六六%と、全国平均を六～一〇%下回る。これらからみる限り、北関東および甲信越は第二次産業への特化が著しく、それとともに第一次産業への依存度も高い。

後述するように、このことは京浜工業地帯に近接しその生産機能を補完し、そして首都東京および南関東の人口集積地帯へと生鮮食料や工業製品を供給する性格があることを示しているといえよう。工業生産に関しては、北関東、甲信越のみならず、福島県など南東北や静岡県など東海地方にまで及ぶ。このように、東京大都市圏の人口集積、また京浜工業地帯という生産機能を中核とした広域的な経済圏、いわば「広域関東圏」「広域首都圏」とも呼ぶことができる仕組みが構

図4-5　北関東・甲信越地方における市区町村別人口増減率（2015～20年）

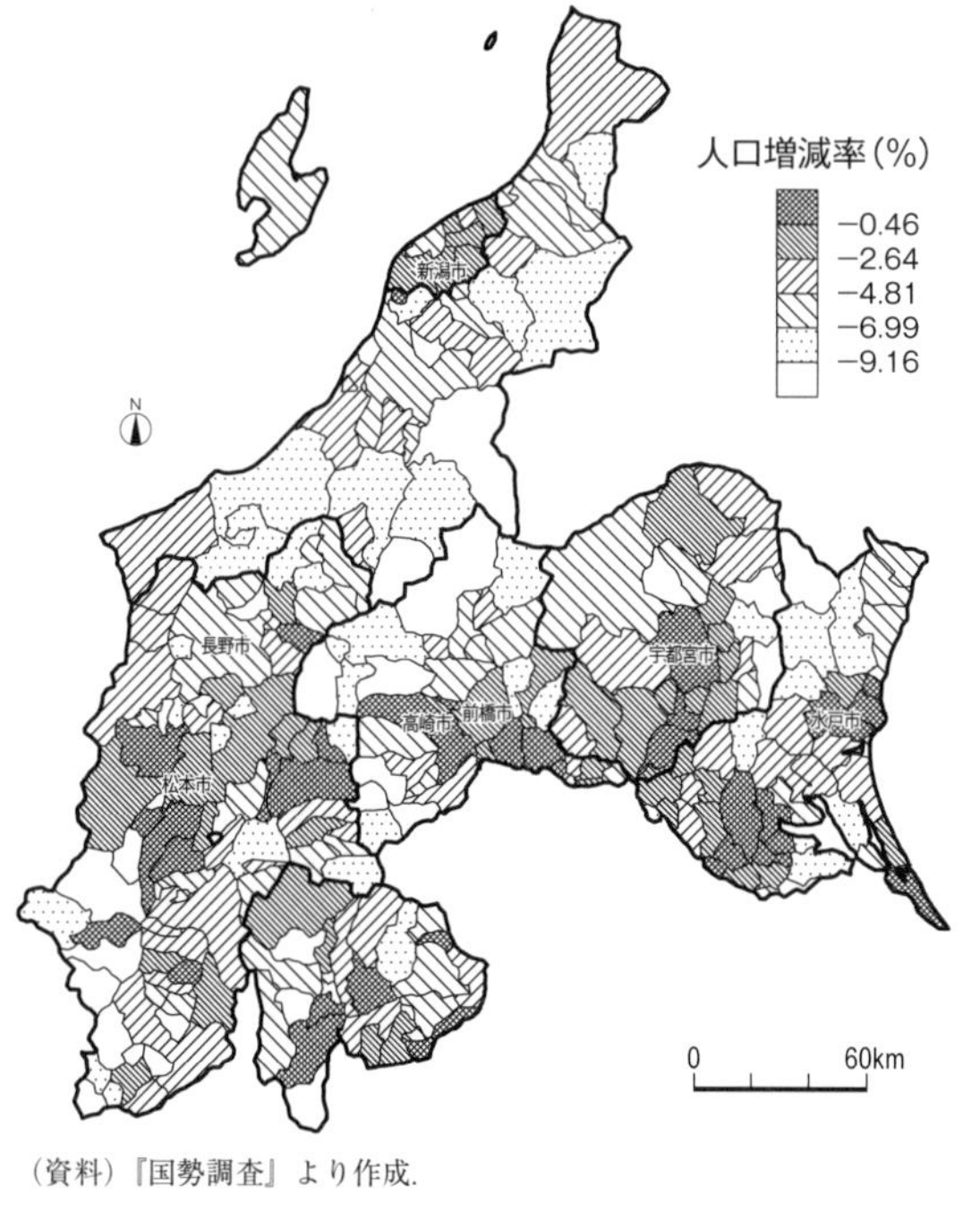

（資料）『国勢調査』より作成.

築されているとみなすことができよう。

二〇一五～二〇二〇年の五年間で、北関東および甲信越の人口は一二二一〇万人から一一七九万人へと、全体として緩やかに減少している。ただ、人口動態は一様ではなく、平野部のごく一部地域での増加と、大部分の自治体での過疎化・高齢化というように、地域ごとにその傾向は異なる（図4-5、図4-6）。

人口が増加している地域は大別して二つある。一つ目は、南関東に接する茨城県南部、群馬県南東部の平野部に分布する。特に、つくば市は五・六%、守谷市は五・七%と増加したが、成長自体は鈍化しつつある。これらの地域では、既存の交通手

図4-6　北関東・甲信越地方における市区町村別高齢化率（2020年）

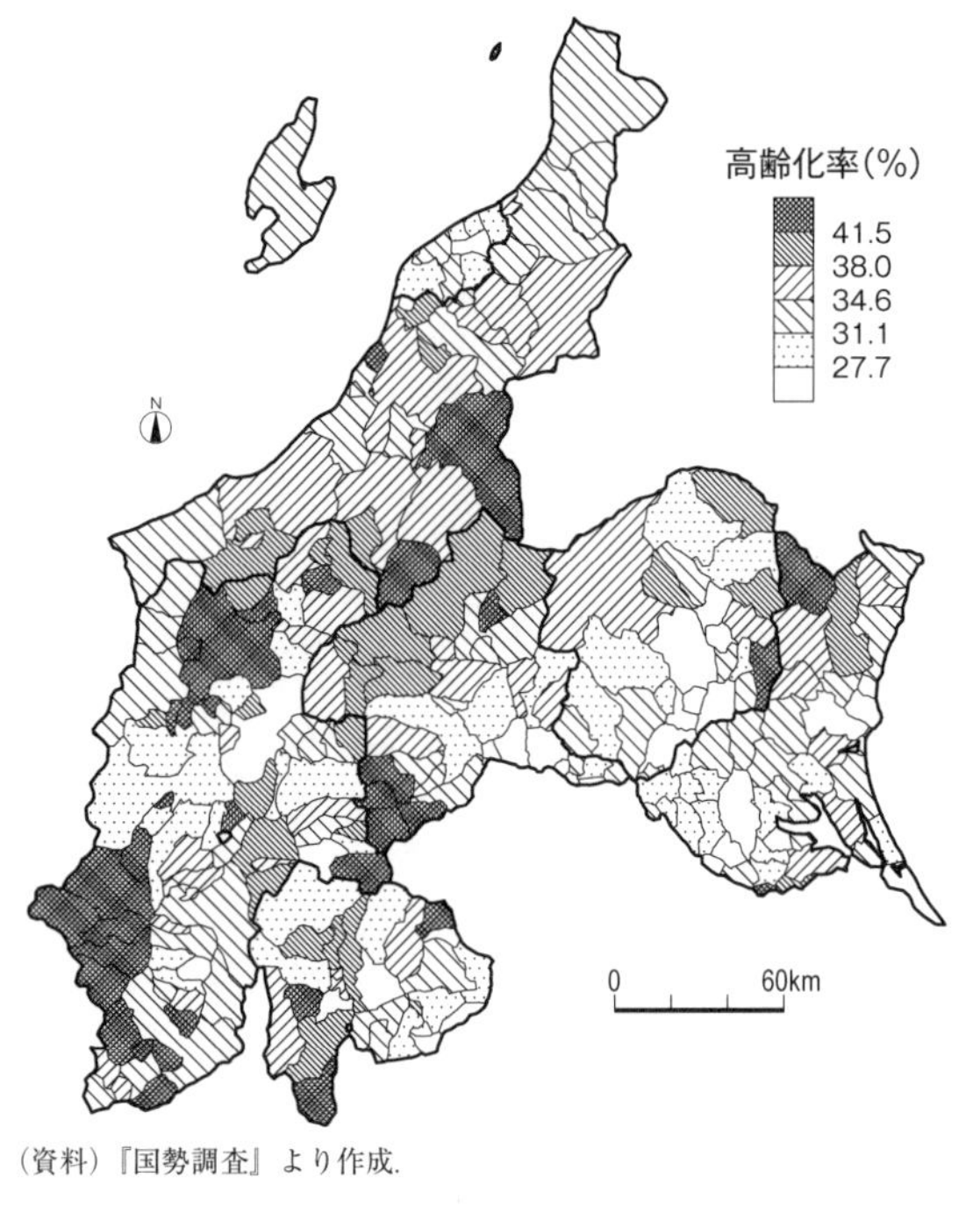

（資料）『国勢調査』より作成.

段に加え、つくばエクスプレス線など新規に鉄道交通網が整備された地域でもある。いま一つは、各県庁所在都市の近隣に位置する市町村である。甲府市に隣接する昭和町は七・二%、前橋市に隣接する吉岡町は三・四%、そして新潟市の近隣にある聖籠町は一・六%の人口増加をみせた。これらの市町村は中心市のベッドタウンとして人口が増加しているとともに、企業誘致等で就業機会が整備された地域でもある。また、わずかながら人口増加がみられる自治体が散見されるが、周辺の主要自治体からの転入人口や、軽井沢町のように北陸新幹線の延伸によって速達化したことで首都圏からの移住者が増加したことに由来するものもある。

一方、人口の減少地域はこの五年間にほぼ全域に拡大した。減少地域は、特に山地が卓越する茨城県北部、栃木県北部、群馬県西部、上信越国境付近や木曽・伊那谷南部に分布する。これらの地域は、同時に高齢化率（老年人口率）が極めて高い地域でもあり、過疎化と高齢化が連動している。この五年間の人口減少率が高い町村は、平谷村（二〇・〇%）、南牧村（一八・六%）、小川村（一六・九%）、神流町（一五・八%）、そして栄村（一五・〇%）であり、これらの町村は同時に高齢化率も高い。平谷村を除いて、高齢化率はそれぞれ六五・二%、四五・九%、六一・五%、五四・四%に達する。南牧村は高齢化率が全国一位を記録しているが、これらの地域では住民税収入の減少、公共サービスや社会福祉の財政負担など、人口構造の転換に伴う諸問題が深刻化している。その一方で、平谷村のように人口減少率は高いものの、一五歳未満の年少人口が増加している自治体もみられる。これらの自治体では、「まち・ひと・しごと創生」に由来する事業のほかに、独自の子育て支援、移住定住促進策を実施し、若年世帯の呼び込みに成功している。

2 高い土地生産性を誇る農業

北関東の農業は、第二次世界大戦前では自給的な米麦作とタバコ、コンニャク、落花生などの商品作物生産、そして養蚕が中心であった。第二次世界大戦後は、京浜地域を大市場とした野菜などの商品作物生産が発達した。甲信越では日本海沿岸で水稲作を中心とする水田稲作が行われ水田単作地帯を形成してきた一方、砂丘ではナシなどの果樹栽培も行われてきた。また、中央高地では冷涼な気候から稲作のみに頼らない多様な作物の栽培が行われてきた。第二次世界大戦後には、甲府盆地をはじめとした各地で桑からの転作で果樹栽培が拡大し、モモ、ブドウやリンゴなどの栽培が広まった。全

中郊農業地帯

近郊農業地帯とも輸送園芸農業（遠郊農業）地域ともいえない東京六〇〜八〇キロメートルの距離帯で、高い農業土地生産性を呈する集約的野菜生産地帯。地理学者、斎藤功らによって命名された。

表4-7　関東・甲信越地域における高生産性農業地域の分布（2020年）

	農業産出額（万円）		主業	経営体当たりの
	経営体当たり	反収	農家率（%）	耕地面積（a）
鉾田市	2,374	758.1	60.7	308.1
笛吹市	772	1,054.6	34.4	72.0
行方市	1,118	484.2	36.0	227.3
八千代町	2,197	369.4	44.5	585.3
松本市	622	324.9	22.3	188.5
嬬恋村	3,805	579.9	74.3	645.5
川上村	3,591	621.7	84.8	568.2

（資料）『市町村別農業出荷額（推計）』『農林業センサス』より作成.

国的には脱農化が進んだものの、北関東・甲信越地域では依然として農業の地位は高い。全国の生産農業所得に占める北関東の割合は、二〇二〇年に一〇・九%、東山（とうさん）（山梨県および長野県）は四・一%と、二〇一〇年代を経ても比較的高い水準を保っている。しかし、北関東で一様に農業が盛んであるわけではなく、全国平均を上回る所得を上げる高生産性農業地域が、局所的に分布する（表4-7）。

高生産性地域の一ヵ所目は、東京都から六〇〜八〇キロメートル圏に位置する中郊農業地帯である。茨城県鉾田市付近のメロンのほか、表外でも栃木県真岡市のイチゴは加温設備を備えたビニールハウスで栽培されている。また、茨城県鹿行（ろっこう）地域の行方（なめかた）市ではイモ類、茨城県西部の八千代町を中心とする地域ではハクサイの露地栽培が大規模に実施されている。さらに、これら以外に群馬県の旧・笠懸町（現・みどり市）付近では、ホウレンソウ、ナス、トマト、ゴボウなどが施設・露地を組み合わせて栽培されている。神栖市、旧笠懸町の一戸当たり経営規模は北関東の平均を下回るが、土地生産性を示す農地一〇アール当たりの生産農業所得は水稲作を主体とする地域を大きく超える。北関東では極めて集約度の高い野菜生産地域が、自給的・脱農化傾向農村に囲まれるかたちで島状に分布しているのである。

二カ所目は、北関東北西部山地や八ヶ岳山麓に分布する高冷地輸送園芸地域である。キャベツの一大産地である群馬県嬬恋村やレタス栽培を主力とする川上村などがこれに該当する。これらの地域では標高一〇〇〇メートル前後の火山灰性の山麓緩斜面に、戦後開拓によって畑地が造成された。中郊農業地域とは対照的に、この地域の農家は経営規模が大きい一方で、土地生産性はそれほど高くない。

三カ所目は中央高地に分布する果樹栽培地帯である。笛吹市や松本市はブドウ、モモ、リンゴなどの果樹自体の生産も行われているが、それらを加工した加工食品の生産も行われている。とりわけ、ブドウについてはワインの生産が著名である。これらの産地では、一九六〇~七〇年代にはレジャーブームに乗ってもぎ取り型の果樹園経営が広く行われたが、一九八〇年代以降には衰退した。それに代わって増加してきたのが、加工品の販売や飲食の場を提供する複合型の果樹園経営である。甲府盆地ではワインの提供を伴った農家レストランを併設する施設も増加している。

これらの野菜や果樹産地の多くは、農業生産に不利な地域であった。鹿島灘に面した鉾田市・神栖市は乏水性の砂質土壌であり、一九五〇年代まではアルコール原料用のサツマイモがほぼ唯一の商品作物であった。また、嬬恋村などの高冷地は、ブナ帯に属し、イネの栽培限界を超えた寒冷な気候であった。加えて、栄養分に乏しい火山灰質の土壌が卓越していた。しかし、それぞれの自然条件に適合する商品作物を選択し、高度な生産体系を構築することで、生産性の高い農業を行ってきたといえよう。

生産性が高い農業が展開するこれらの地域では、総じて主業農家率が高い。関東・甲信越の主業農家率は二一・四%にとどまるが、これらの市町村の主業農家率は平均で五一・〇%、鉾田市で六〇・

ブナ帯

中央日本の高地から東北日本の山地にかけては、ブナを極相林とする落葉広葉樹林帯である。縄文時代において、ブナ帯では堅果(けんか)類の採集やサケ・マスの漁撈(ぎょろう)を基盤とした文化複合が展開した。関東北部山地の場合、ブナ帯は標高一〇〇〇メートル以上の高地であり、稲作が不可能な地域であった。一方で、冷涼なブナ帯に位置する軽井沢・那須は、明治初期に来日した西洋人たちによって避暑地として開発された。

七%、嬬恋村で七四・三%、そして川上村では八四・八%に達する。これらの地域では、東京大都市圏を主要市場とし、多額の設備投資を行うことで効率的な生産を展開してきたが、近年ではそれとともに地域内の市場や近隣観光地を訪れる観光客をもその対象としている。これらの野菜産地には道の駅などの大規模な農産物直売施設が建設され、近隣ないしは各地の住民を市場として成立している。これらの施設では近隣の農家が生産した生鮮野菜・花き・果樹が販売されるが、専業農家以外に自給的農家で栽培されたものも販売されている。生鮮品以外に加工食品等も販売され、地域で生産される特産品を提供する飲食施設も併設されており、先の観光果樹園と同様に六次産業化といったより新しい農業経営モデルへの転換が進んでいる。

道の駅

通行者に対して安全で快適に道路を利用するための交通環境の提供、地域の賑わい創出を目的として設置された施設で、休憩機能、情報提供機能、地域連携機能の三つの機能を持つ。特に地域連携機能をもとに、各地のユニークな産物・資源に立脚した個性豊かな施設が建設されている。

機械工業を中心とする工業

関東・甲信越における工業出荷額は、一九九〇年代以降の長期不況下で進展した生産拠点の海外移転によって、一九九〇年代後半から二〇〇〇年代初頭にかけて一〇%程度減少した。その後の、IT景気等によって情報機器が牽引するかたちで回復基調へと移行した結果、二〇〇五年には一九九五年水準へと回復した。その後世界金融危機と東日本大震災の影響を受けて停滞したものの、二〇一〇年代の景気拡大傾向を受けて一二%強の成長を遂げた。

関東・甲信越における工業の中核部門は機械金属工業である。各県内における工業の構成を製造品出荷額に着目して対全国特化係数からみると、群馬県を除く五県に共通して一般機械系(汎用機器・生産用機器・業務用機器生産)で係数一を上回り、電気機械系(電子部品・デバイス・電子回路、情報通信機器生産)でも山梨県、長野県で著しい特化が認められる。群馬県では輸送用機器への特化が顕著である(表4-8)。これらは日立製作所、セイコーエプソン、日産自動車、本田技研工業、富士

中島飛行機

一九一七年に中島知久平らが設立した飛行機研究所を母胎として一九三一年に群馬県太田市に設立された。同社

表4-8　北関東・甲信越地域各県における産業中分類別にみた製造品出荷額の対全国特化係数（2019年）

	茨城県	栃木県	群馬県	新潟県	山梨県	長野県
食料品製造業	1.25	0.79	1.02	1.77	0.95	1.03
飲料・たばこ・飼料製造業	1.45	3.50	1.28	0.53	2.52	0.82
繊維工業	0.41	0.55	0.46	1.29	1.21	0.25
木材・木製品製造業（家具を除く）	1.53	1.28	0.94	0.75	0.41	0.55
家具・装備品製造業	0.80	0.94	0.78	1.43	0.48	0.63
パルプ・紙・紙加工品製造業	0.82	1.29	0.43	1.79	0.39	0.56
印刷・同関連業	0.68	0.45	0.59	1.12	0.53	0.75
化学工業	1.47	0.86	0.95	1.42	0.22	0.17
石油製品・石炭製品製造業	0.12	0.06	0.02	0.08	0.03	0.03
プラスチック製品製造業（別掲を除く）	1.60	1.66	1.52	0.96	0.91	0.77
ゴム製品製造業	0.60	1.66	0.53	0.30	0.89	0.23
なめし革・同製品・毛皮製造業	0.19	0.24	0.08	0.50	1.30	0.47
窯業・土石製品製造業	1.13	0.79	0.45	0.87	1.27	1.00
鉄鋼業	1.20	0.50	0.55	0.82	0.06	0.16
非鉄金属製造業	1.73	1.49	0.46	0.55	0.58	0.63
金属製品製造業	1.37	1.12	1.05	2.29	0.88	1.16
汎用機械器具製造業	1.33	1.02	0.82	1.20	1.09	1.72
生産用機械器具製造業	1.53	1.17	0.53	1.31	4.71	1.75
業務用機械器具製造業	1.00	1.54	1.95	1.37	2.07	3.09
電子部品・デバイス・電子回路製造業	0.74	0.55	0.52	1.55	2.03	2.73
電気機械器具製造業	1.17	1.90	0.88	1.13	0.75	1.06
情報通信機械器具製造業	0.22	0.91	0.49	0.71	2.55	8.49
輸送用機械器具製造業	0.37	0.69	1.77	0.23	0.20	0.31
その他の製造業	1.21	0.62	0.61	0.45	1.54	1.53
製造品出荷額等全国構成比（%）	3.90	2.78	2.78	1.54	0.77	1.91

（資料）『工業統計表』より作成.

重工業（現・SUBARU）、古河グループ各社などの主要生産拠点が北関東および甲信越地方の各地に立地してきたためである。これは、以下に述べるような特徴的な工業集積が形成されていることに由来している。

関東・甲信越において第二次世界大戦前からの歴史を有する、自立的な工業集積の核は、日立銅山に起源を持ち、モーター修理部門から独立して電気機械工業地域として発達した日立・勝田地区、および中島飛行機の系譜に連なり、自動車・電機の集積がみられる太田・大泉地区である。また、石油掘削との関わりから発展した長岡、農閑余業から発達した燕・三条地域の金属加工、長野県内各地の製糸業や両毛地区の機業は在来工業として知られてきたが、戦争中の工場疎開や周辺地区の工業化などの影響を受けて各種の機械工業が集積している。これらは先行産業を基盤として、関連業種が集積することで形成された。

一方、政策的な誘導によって工業化が図られた地域もあるが、その来歴は多様である。最も一般的な事例としては、首都圏整備法・工業再配置促進法などによる立地誘導である。その成果は栃木県真岡市、小山市、宇都宮市などにみられる内陸工業団地と、誘致企業の大規模工場というかたちで示された。これらの内陸工業団地は、農村部の若年労働力を吸収しつつ成長を遂げてきたが、一九九〇年頃からは中南米諸国から流入した日系外国人らに取って代わられた。特に、ブラジル・ペルーからの出稼ぎ労働者の流入は活発であり、二〇〇〇年代に入ってからも増加を続けた。彼らは、太田・大泉地区から茨城県西部までの北関東中央部や甲信越各地の工業集積地域にも定着している。当初は内陸工業団地の加工組立型の工場とその下請企業が彼らの多くを工場労働者として吸収してきたが、先に述べた集積とその周辺の中小零細企業でも不足する日本人労働力の代替として採用されている。しかし、彼らを取り巻く状況は厳しく、低賃金で過酷な労働環境や、間接雇用による不安定な労働形態、

は多くの軍用機を開発・製造し、第二次世界大戦中には機体製造工場の太田製作所に三万～四万五〇〇〇人の従業員を擁した。戦時中の生産機数は三菱重工業を上回り、日本最大の航空機メーカーに成長したが、敗戦とともに一五社に解体された。太田製作所の跡地は富士重工業（現・SUBARU）、小泉工場の跡地は三洋電機（現・パナソニック）の工場に転用されている。

内陸工業団地

関東地方には平地林を造成した内陸工業団地が多数分布する。多くは一九六〇～七〇年代にかけて造成されたもので、京浜からの移転企業の受け皿となった。電源・工業用水に加えて、道路・住宅などの周辺整備を進めることで、工業の地方分散化を推進した。

そしてそれらに起因する貧困が全国各地でも問題となっている。

第4節 北陸――日本海を臨むゲートウェイ

地域の概観

北陸地域は本州日本海側の中央部に広がる領域であり、富山県、石川県、福井県の三県で構成されている。二〇二二年一〇月時点の域内人口は約二八八・七万人、同年の域内総生産は約一二・七兆円であり、いずれも日本全体の二・五%程度を占める。北から西にかけての方角は海に面しており、能登半島の内浦や若狭湾などではリアス式海岸が、加賀地域や富山湾沿岸では潟湖（せきこ）が発達して、港湾として利用されてきた。一方、南から東にかけての方角は山地が発達しており、野坂山地、両白山地、飛驒高地、飛驒山脈などによって他地域から隔てられている。この海と山地の配置と季節風の影響により、冬季には多くの降雪がもたらされる。

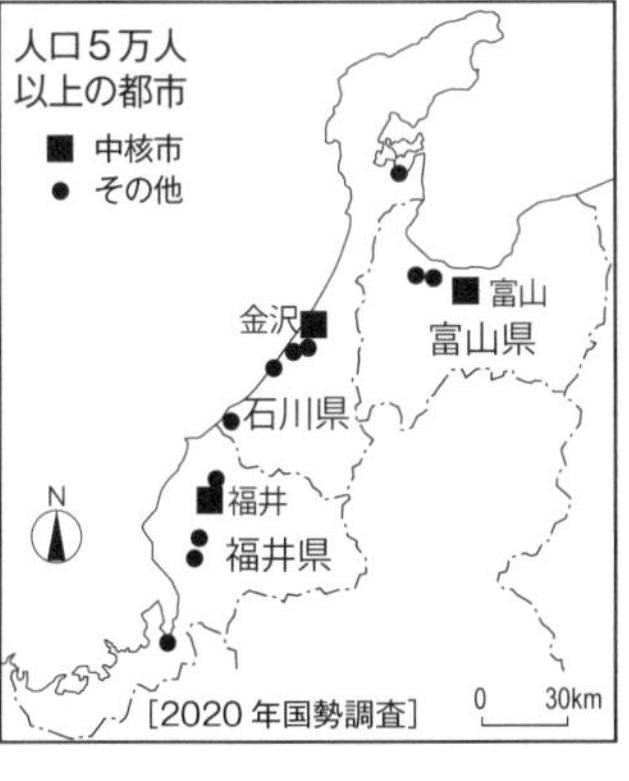

［2020年国勢調査］

高速交通網が発達する以前は、他地域からの隔絶性――特に太平洋側地域との隔絶――と、冬季の降雪が、経済的な発展を阻害してきたと問題視されてきた。そのためこの地域は近代以降、「裏日本」と呼ばれた歴史がある。一方で冬季の降雪は、夏季の水資源供給において安定性を与えることから、近世以降の段丘や扇状地での新田開発と相まってこの地域で米作中心の

裏日本

日露戦争以後、北陸地域および新潟県などで、この呼称が登場したと考えられている。当初は、太平洋側地域に比して自地域が経済的・社会的に後れをとっているとして、自称の形で用いられた。しかしその格差が社会的に意識されるにつれ、むしろ他者から用いられるようになる。一九六〇～七〇年代にかけて、この呼称を「差別的」と捉える声が高まり、次第に使われなくなった。

農業を発達させ、中心地域への食糧供給を担ってきた。また水資源の存在は富山県において、近代以降の電源開発と、アルミなどの非鉄金属工業に代表される重工業が発展する基礎となった。福井県・石川県では、農村部での羽二重生産を基礎として、繊維産業を中心に地場産業が形成された。

地域の産業と生活環境

北陸地域の人口は二〇〇一年以降、一貫して減り続けている（図4-7）。その減少率は石川県で約五%、富山県・福井県で一〇%近い。一方で就業者数割合をみると、表4-9に示すように第二次産業の割合が高く、特に富山県、福井県でその傾向が強い。

この地域は近代以降、有力な食糧供給地であったことから、地域の農産物、水産物は対外的にアピールされる商材となっている。加賀野菜、越前ガニ、氷見ぶりなどブランド化された商材も多い。しかしながら就業者数からみて第一次産業が地域の主力産業とは言えず、農業、水産業ともに担い手確保に課題を抱えている。農家の兼業比率も高く、農業構造

図4-7　北陸3県の人口推移（2001～22年）

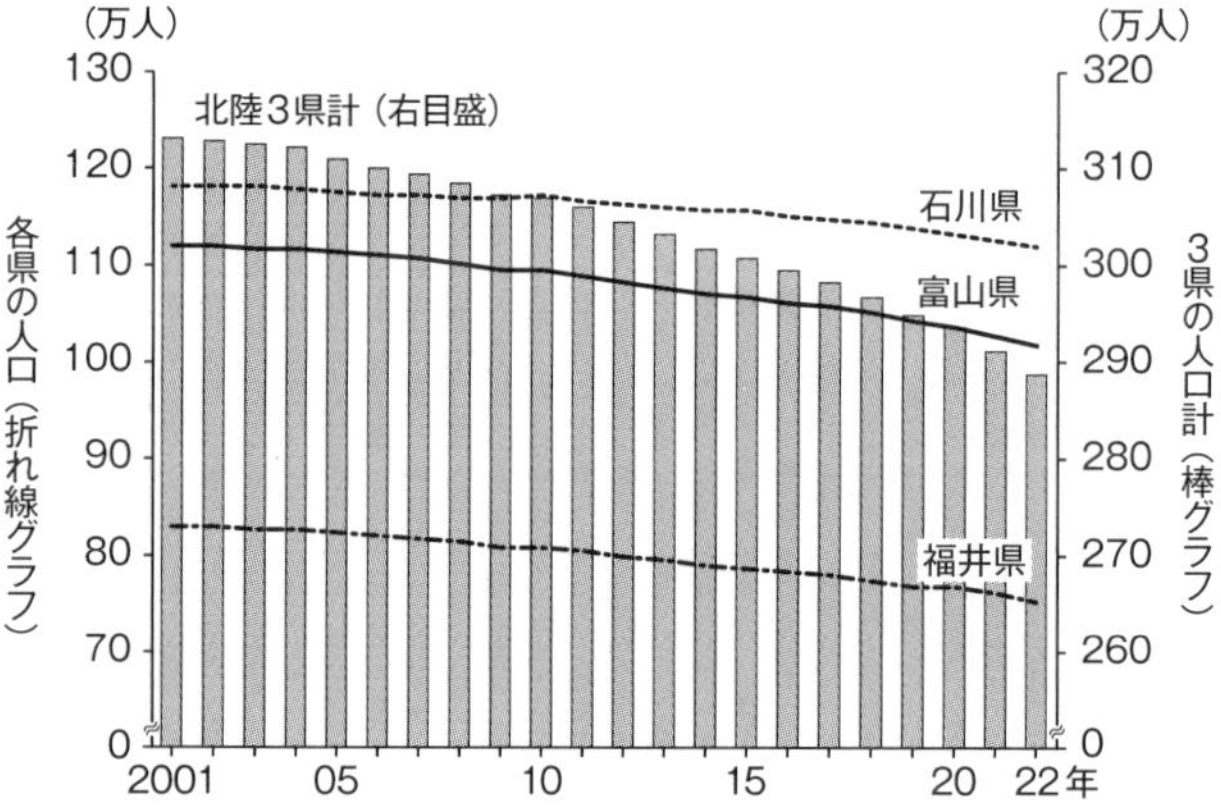

北陸3県計（右目盛）
石川県
富山県
福井県
各県の人口（折れ線グラフ）（万人）
3県の人口計（棒グラフ）（万人）
0 70 80 90 100 110 120 130
0 260 270 280 290 300 310 320
2001 05 10 15 20 22年

（資料）各県公表の推計人口（各年10月1日現在）より作成.

繊維王国・福井

福井県は現在も繊維産業が盛んであり、「繊維王国」とも呼ばれている。福井県の繊維産業は、農村部で家内制手工業の形で行われていた羽二重生産を、一九〇〇年代に機械化することで発展を遂げた。その後一九三〇年頃から合成繊維への転換を図り、現在も有力な産地となっている。

動態調査（二〇一八年）によれば富山県の兼業率は八五・二％（全国一位）、福井県は八二・六％（同三位）である。

第二次産業就業者数の割合はいずれの県においても一九八〇年以降、常に全国平均を上回っている。また全国においては、この就業者数割合が一九八〇年からの四〇年間で三三・六％から二三・四％へと約一〇ポイント低下したが、北陸地域のそれは約六ポイントの低下に止まり、第二次産業の雇用力の根強さがうかがえる。これが一因となって、有効求人倍率は他地域に比して高い水準で推移している（図4-8）。一方、従業員一人当たりの製造品出荷額は二〇〇一年以降、全国平均の六八〜七四％で推移していることから、より付加価値の高い製品の製造に向けた取り組みが課題といえよう。

第三次産業は域内において最大の就業者数を抱えるものの、一九八〇年以降その比率は常に全国平均に及ばない。二〇二〇年においては、富山県で一〇ポイント、石川県で四ポイント、福井県で八ポイント、全国値を下回る。域内市場が大きくないことに起因して第三次産業の成長が緩やかであり、第二次産業の求人が目立つ状況となっている。このことが女性、特にその若年層の転出につながっているとも考えられる。

一方で地域に残る女性の多くが就業しており、共働き率は約三〇〜三四％（二〇二〇年）といずれの県も全国平均を上回る。共働き率と第二次産業就業者数の割合が高い富山県は、二〇一一年以降、一人当たり県民所得が全国平均の一・〇一〜一・〇五倍程度で推移している。共働き率の高さは、自

表4-9　北陸地域における産業別就業者数割合（2020年）

（%）

	第1次産業	第2次産業	第3次産業	計
北陸地域	2.9	30.7	66.4	100.0
富山県	3.0	33.2	63.8	100.0
石川県	2.6	27.8	69.6	100.0
福井県	3.2	31.7	65.1	100.0
全国	3.2	23.4	73.4	100.0

（資料）『国勢調査』より作成.

女性・若年層の転出

地方からの若年層転出に加え、近年では女性の転出が注目されている。二〇二〇年一〇月から二一年九月にかけて、北陸からの転出人口を推計人口からみてみると、各県二五〇〇人程度の転出超過である。いずれの県もその約九〇％を一五〜三四歳の若年層がしめる。富山県と福井県は若年女性転出が若年男性転出の一・三〜一・五倍となっている。逆に石川県は若年男性転出が若年女性転出の一・七倍である。

コンパクトシティ

ＯＥＣＤによれば、①高密度で近接した開発形態、②公共交通機関でつながった市街地、③地域サービスや職場までの移動の容易さ、の特徴を持つ都市とされる。日本では、マイカー普及によって低密度な市街地が拡大し、都市インフラの維持が不効率となったことを是正する手段としても捉えられている。北陸の各県都でも、この考えが採り入れられ、まちづくり計画に反映されるようになった。

環日本海経済圏構想

一九九一年のソ連崩壊によるロシアの体制転換、韓国と中国の経済成長などの要素により、日本海を囲む日本・韓国・中国・ロシアとの経済関係が新たな局面を迎えるという期待が高まった。これを受けて構想された経

図4-8　北陸3県における有効求人倍率推移（2001～22年）

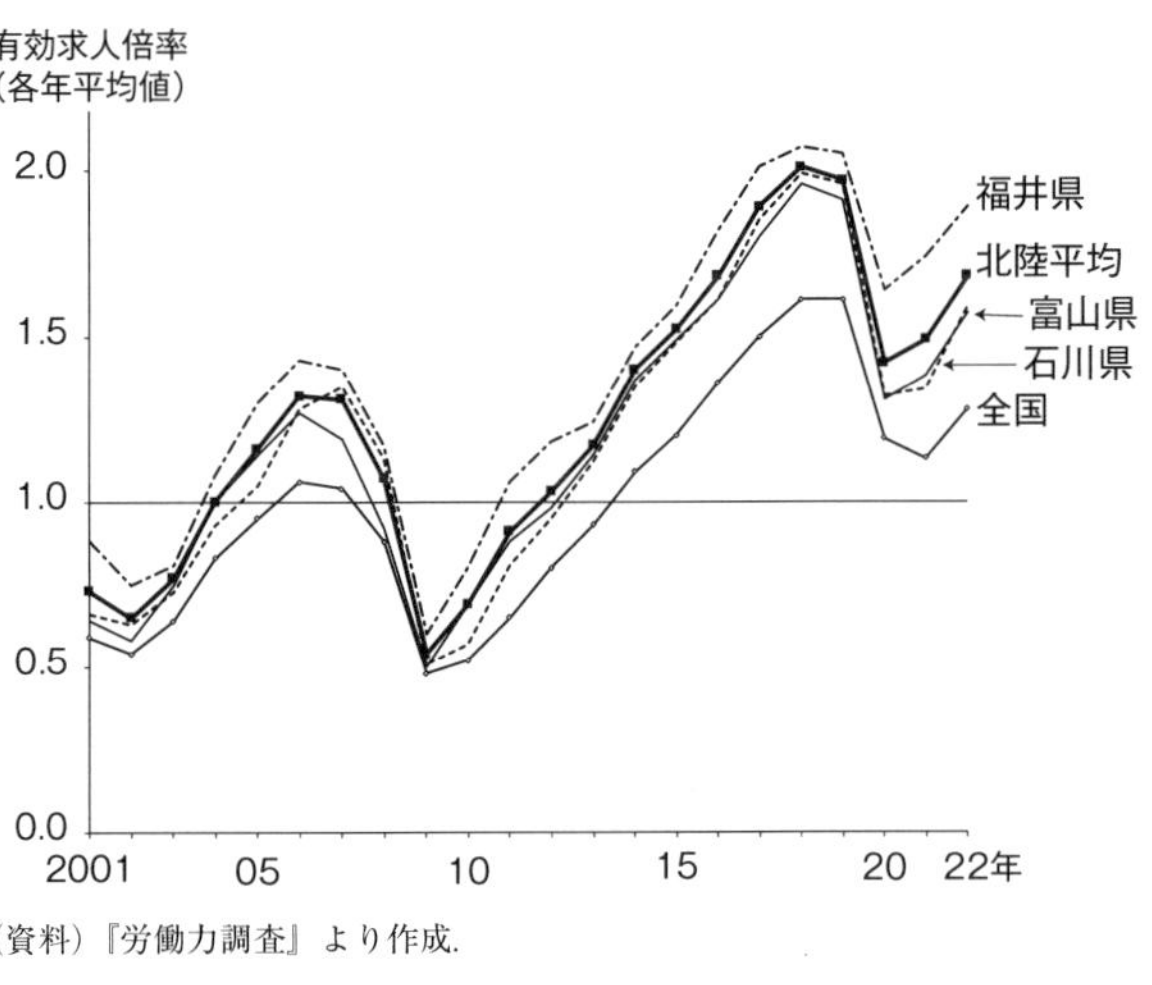

（資料）『労働力調査』より作成.

動車保有率や持ち家率の底上げに寄与していると考えられるが、そのことが公共交通の衰退と、マイカー依存の都市構造を生み出す元ともなった。現在は過度のマイカー依存がもたらす移動の制約を是正すべく、富山市、福井市などでＬＲＴ路線の整備など公共交通への再投資が行われ、それを軸としたコンパクトシティを形成する試みがなされている。

❸ 環日本海経済交流――中古車貿易を例に

一九九一年頃から、本州日本海側の各地域では、韓国・中国・ロシアとの経済交流の活発化を図る環日本海経済交流への期待が高まった。北陸地域でもその動きが経済界、行政ともにみられ、実際に地域内の各港湾における韓中ロとの貿易量は増大した。とはいえ、北陸地域が日本から韓中ロへの貿易拠点として、太平洋側諸地域にとって代わる地位を占めた訳ではなかった。しかしながら特定の品目・仕向地でみれば、北陸地域が大きな地位を占めた貿易がある。それが、ロシア向け

済圏が環日本海経済圏である。この構想の下、北陸をはじめ本州日本海側地域の経済界・行政は、韓中ロとの経済関係を充実させることによって、自地域の経済成長につなげようと企図した。

伏木富山港

全国に一八ある国際拠点港の一つ。同港は伏木地区、新湊地区、富山地区の3地区に分かれている。新湊地区は一般的に、「富山新港」と呼ばれる。

携帯輸出と旅具通関・業務通関

携帯輸出とは旅具通関によって貨物を輸出すること。通常の輸出にあっては所定の手続きによって輸出申告を行い、通関を行う。この通常の輸出における通関を業務通関と呼ぶ。それに対して旅具通関は、旅行者の手荷物と

図4-9　税関支所別にみたロシア向け中古乗用車輸出台数の推移

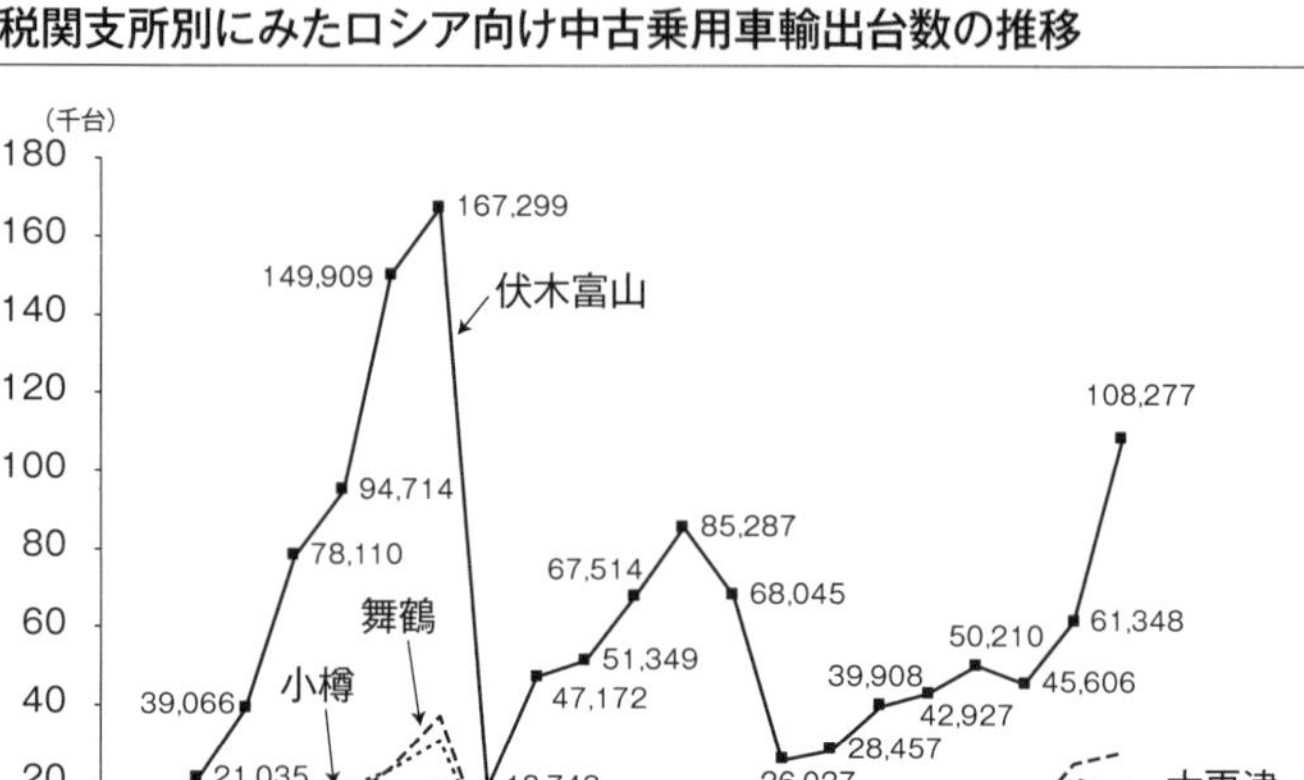

（資料）『貿易統計』より作成.

中古車貿易である。

北陸地域ではソ連への中古車輸出は伏木富山港において一九八〇年から開始されている（初例は新潟港から一九七七年に輸出されたもの）。一九九〇年には伏木富山港伏木地区のみで一〇〇〇〇台超が輸出され、その時点で日本海側最大の実績となった。

初期の輸出は価格が安い低年式車が主力であったため、ソ連の船員による携帯輸出がほとんどであった。当時の伏木富山港はソ連からの北洋材原木の輸入拠点であり、一九九四年の時点で全国輸入量の約四割を扱っていた。このため他港に比してソ連から在来船による来港が頻繁にあり、船員が来訪しやすかったのである。その上、原木を陸揚げした後は船の甲板が空いたため、帰路に中古車を積み出しやすかった。また、伏木富山港が輸出拠点化するにつれ、次第に港周辺に輸出業者が集積するようにもなった。

伏木富山港からのロシア向け中古車輸出は、二〇〇一年時点では、七九七五台であった（図4-9）。この数字は業務通関された台数のみを表しており、

みなした物品に対する簡易な通関手続きであり、口頭申告のみで良いとされている。

在来船とRo-Ro船

在来船とは、特定の積み荷に特化していない一般貨物船であり、船上にクレーンなどの荷役設備を備えることが多い。Ro-Ro船とは、Roll On-Roll Off船の略で、船前方または後方のランプウェイを使って、自動車などの自走する貨物の積み込みを容易にした船のことである。

旅具通関された台数は含まれていない。統計上実態が鮮明になるのは、自動車の旅具通関が認められなくなった二〇〇五年以降である。輸出は二〇〇八年にピークを迎え、日本全体からのロシア向け輸出台数の約三二%を占めた。一方で二〇〇七年から二〇〇八年にかけて、ロシア政府が北洋材原木の輸出関税率を大幅に引き上げたことから、北洋材原木の輸入が大きく減少した。この結果、北洋材原木を積んだ在来船の来港も減少して、「往路は北洋材、帰路は中古車」という輸送サイクルは機能しなくなる。二〇〇九年にはロシア政府による完成自動車に対する輸入関税率の引き上げと、世界同時不況に起因したロシアの経済不安により、中古車輸出が大きく落ち込んだ。その後、ロシア経済の回復とともに輸出台数が増加し、伏木富山港ではロシアとの定期Ro-Ro船航路が開設されるに至る。その後は、輸送手段の主力はRo-Ro船となった。二〇一五年にはロシアのクリミア侵攻に伴う西側諸国からの対ロ経済制裁で再び輸出は大きく減少したものの、まもなく増加基調に転じ、以降の数年は四万~六万台がコンスタントに輸出される状況となっていた。一方で伏木富山港以外の港は二〇〇九年以降、対ロ中古車輸出台数を回復させることはなかった。伏木富山港のシェアは拡大し、二〇二一年においては約四〇%である。日ロ間の定期Ro-Ro船航路を持つことが強みとなっている。

二〇二二年にはロシアのウクライナ侵攻に伴って、西側諸国が強い対ロ経済制裁を行った結果、ロシア国内で新車の供給制約が深刻となり、中古車輸出が増大した。伏木富山港は日本全国からロシアへ輸出された中古車台数の約五二%を扱ったことになる。日ロ間航路において、オペレーター（船舶運航会社）の判断や海上貨物保険付保の面から、一時的ではあるが太平洋側港湾への配船に制約が生じたため、そのような集中を生んだものである。

以上のように、ロシア向け中古車輸出という限られた貿易ではあるが、北陸地域が貿易拠点として今も機能している。環日本海経済交流が、期待にとどまらずに現実のものとなっている、数少ない例といえるであろう。

このことは、伏木富山港の周辺に、中古車輸出業者の集積を生み出した。またその集積においては、パキスタン人、ロシア人などの外国人業者の存在感が大きいことも特色である。たとえばパキスタン人業者については一九九一年に最初の立地がみられ、最盛期の二〇〇八年には二五〇社近くが立地していたと考えられる。しかしながらその後の輸出台数の減少と、ビジネスの収益源が売買差益からコミッションへ移行したことに伴って寡占化が進行し、二〇一五年頃には五〇社程度にまで減少した。しかしながらその後も同程度の集積は維持されている（ただし、その輸出先はロシアのみとは限らず、中東、アフリカなどに販路を広げている）。また、寡占化の過程で、ロシア人業者が存在感を増すようになった。

この外国人業者の集積は、地域社会に対しても変化をもたらしている。伏木富山港新湊地区を擁する富山県射水（いみず）市は、外国人居住者数が二〇二二年七月の時点で三・二五％（約九・三万人の市人口に対し約三〇〇〇人）となっており、富山県内の市町村の中で最も外国人の割合が高い。市内にはパキスタン人をはじめとしたムスリムが集まるモスクも建てられている。二〇〇六～〇八年にかけて、対ロ輸出が盛んであった時期には、中古車物流と地域住民の生活空間が輻輳して、外国人業者と地域住民との間で軋轢が生じた。そのような背景から、現在は外国人と日本人が同じ地域住民として共同で地域パトロールを行うなど、交流が図られている。近年では、学校に外国人子弟が在籍することが珍しくなく、外国人との共生が意識されるようになっている。

 高速交通網整備の効果と影

二〇一五年三月、北陸新幹線が金沢まで延伸開業した（図4-10）。開業前の時点ではその経済効果

が、投じた資金に見合うものか危惧する予測もあったが、日本政策投資銀行の報告によれば実際には予測を超えた経済効果があったとされている。入込観光客数の変化を延伸開業前後三年間で比較した調査によると、観光客数は黒部市で二二・二%、富山市で二一・一%、高岡市で五・九%、金沢地域で二四・四%増加した（二三年九月共同通信社まとめ）。また、一部の本社機能を北陸地域へ移転させる企業も現れた。

その一方で、北陸地域の人口は減り続けている。各県内においても新幹線、中でもその速達列車が停車する各県都の地価が上昇する一方、それ以外の地域では地価は下落・横ばいとなっており、新幹線効果の偏在がみられる。また、新幹線と並行する在来線がＪＲの経営から分離され、県と沿線市町村が中心となって出資した第三セクター鉄道会社へ運営が移管された。つまり、新幹線という長距離移動の手段が導入されることと引き替えに、地域の日常交通を担う交通手段の扱いが変わるという、不整合な事態が生じたのである。日常の交通を維持することは当然であるとはいえ、これにより地域住民は、今後の路線運営・維持に関し負担を抱えていくこととなった。

二〇二四年三月には、北陸新幹線の金沢～敦賀間延伸開業が控えている。石川県への経済効果は年間二七九億円、福井県へは年間三〇九億

図4-10　北陸新幹線のルートと開業年次

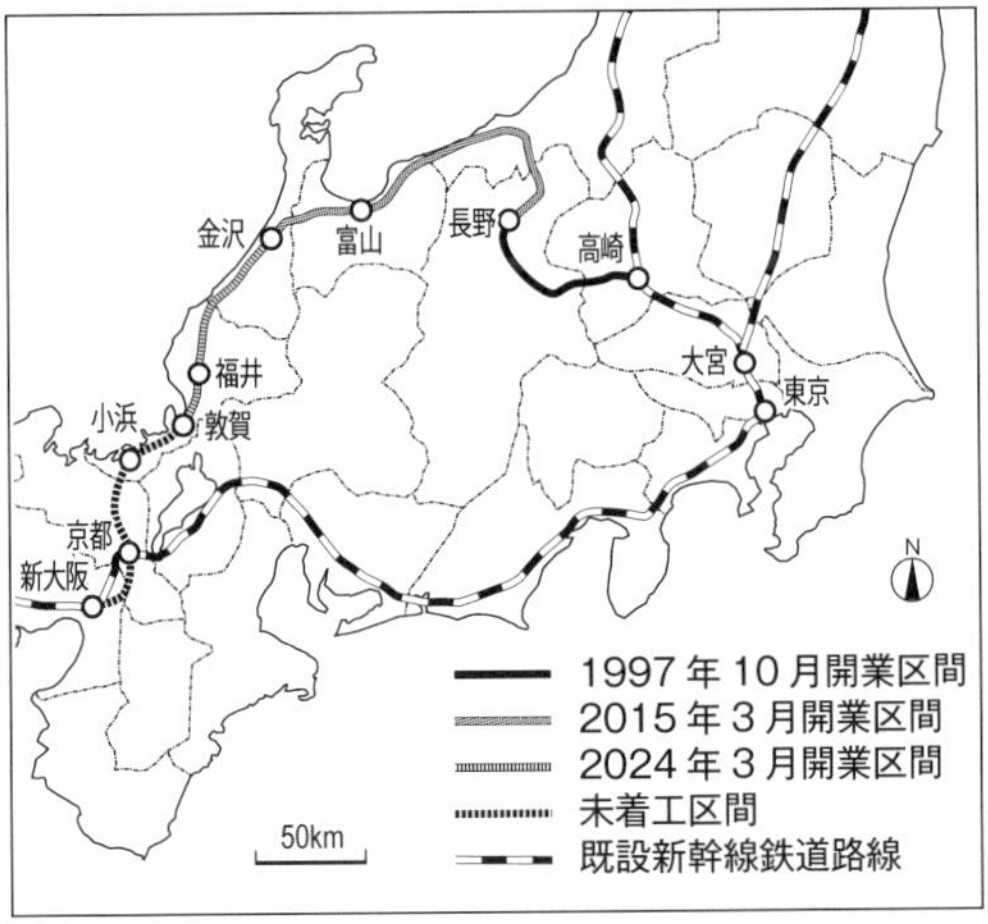

1997年10月開業区間
2015年3月開業区間
2024年3月開業区間
未着工区間
既設新幹線鉄道路線

（資料）筆者作成.

北陸新幹線金沢延伸の経済効果

金沢延伸開業に際し、日本政策投資銀行は二〇一三年に経済効果を、富山県は年間約八八億円、石川県は年間約一二四億円と推計した。しかし同行は開業後に推計し直し、富山県への経済効果は年間三〇四億円、石川県へは年間六七八億円とした。なお、地元建設費負担額は富山県が二三六〇億円、石川県が九三〇億円である。

並行在来線の経営分離

一九九〇年の「整備新幹線着工等についての政府・与党申合せ」および一九九六年の「整備新幹線の取扱いについて 政府与党合意」の二つが経営分離の根拠である。着工される新幹線に並行する在来線については、工事実施計画の認可前に沿線地方公共団体すべてとJRが合意して、新幹線開業時に経営分離されることが確定されねばならないとされた。ただし、分離区間の指定についてはJRの意向が優先されている。

と推計されている（日本政策投資銀行調べ）。一方で地元建設費負担額は、石川県が約七一〇億円と推計され、福井県が一七〇〇億円である。金沢延伸後に生じた比較的好調な経済効果を踏まえ、敦賀延伸時にも同様の効果が沿線に生じることが期待されている。

その一方で、敦賀延伸でも新幹線と並行する在来線が経営分離され、第三セクター鉄道に移管される予定である。つまり、地域住民に新たな負担が生じることとなる。また、首都圏との移動において利便が高まる一方で、金沢以南と関西圏・中京圏との移動においては所要時間が短縮されるものの新たに敦賀で乗り換えが生じるため、同方面との人流に影響が出るのではないかと懸念されている。このような負の側面への懸念は、整備新幹線建設に先だってあらかじめ予測されるべきものなのであるが、開業が迫ってから報道などでようやく市中に認識される傾向がみられる。地域の合意形成において大きな課題を抱えるといえよう。

整備新幹線の開業に際しては多くの場合、観光客の増加や新たなビジネスチャンスの発生などに対する期待が取り上げられる。確かにその方面での効果はみられる。しかしながら、富山県・石川県の新幹線沿線市に関し、金沢延伸開業時を境に、二〇〇七～一五年と二〇一五～二三年のそれぞれの九年間で人口増減を比べると、二〇二三年の人口が二〇一五年の人口を上回った市は一つもない。そして、二〇〇七～一五年の人口減少率より、二〇一五～二三年の人口減少率の方が緩やかとなった市もない。人口増減一つとっても改善はみられないのである。

本来、整備新幹線の建設は、国土計画などに掲げられた「国土の均衡ある発展」を目標として行われてきたものである。つまり、中央と半周辺・周辺との「発展」における格差を是正することが建設効果として期待されるべきものなのである。決して観光客の増加や、商取引充実のみを目標としているものではない。新幹線の敦賀延伸開業によって、北陸三県は高速道路と新幹線という、二つの高速交通網によって結ばれた地域となる。この利便性によって北陸地域全体としての競争力を高め、中央との格差是正にいかにつなげるかが問われている。

第5節　東海——ものづくりを軸とした経済地域

1 東海地方の概観

東海地方は静岡、愛知、岐阜、三重の四県を指すことが多いが、このうち静岡を除いた三県を東海地方、または東海三県と呼ぶこともある。四県を合わせた人口は一四九二万人であり、このうち愛知県が全国第四位の七五四万人、静岡県が全国第十位の三六三万人、岐阜県一九八万人、三重県一七七万人となっている。最大都市は名古屋大都市圏にて取り上げた名古屋市であるが、このほかに、いずれも平成の大合併を通じて市域を拡大させた静岡市と浜松市という二つの政令指定都市が存在している。このほかの主要都市は名古屋市周辺と、特に静岡県においては東海道本線の沿線に分布している。図4-11は東海四県における二〇〇〇年から二〇二〇年にかけての市町村別人口増減を示したものであるが、中心都市である名古屋市の周

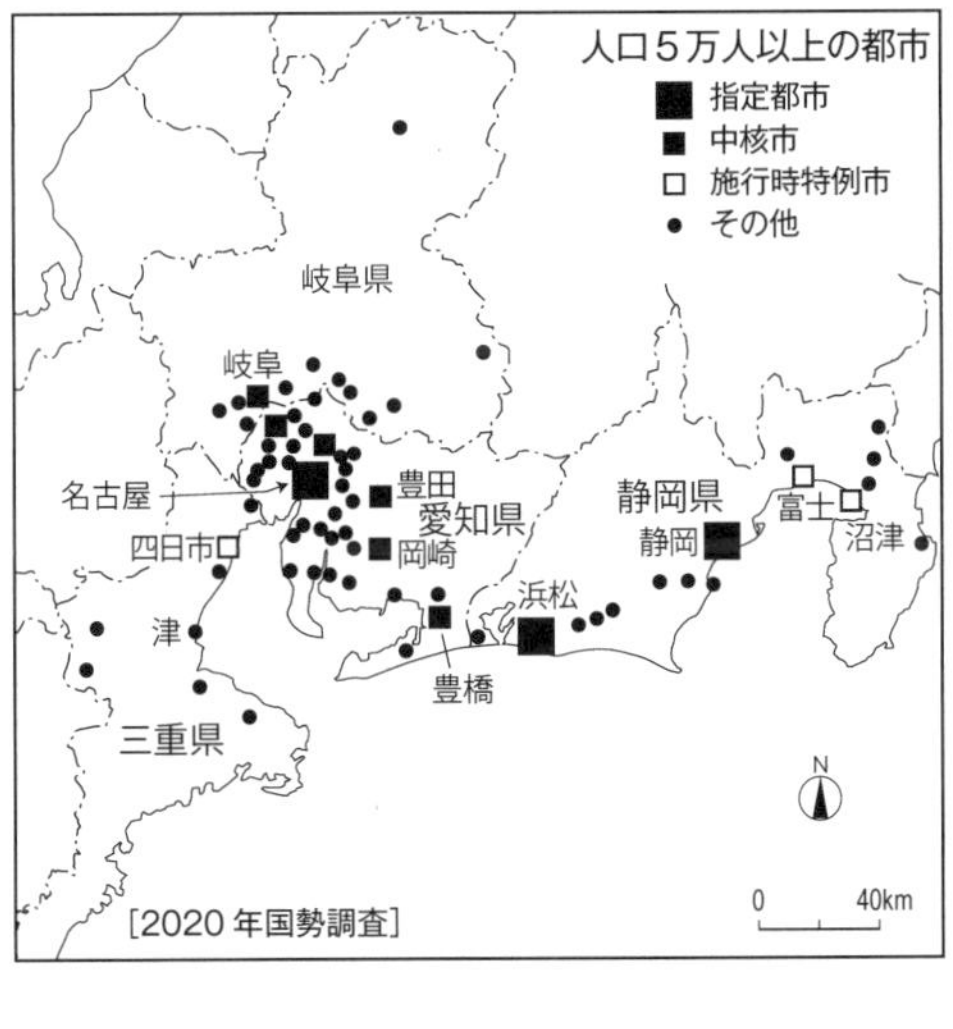

静岡市と浜松市

静岡市は二〇〇三年に旧静岡市と旧清水市の合併により誕生し、二〇〇五年に政令指定都市に移行した。その後、蒲原町と由比町も編入して現在の市域となっている。浜松市は二〇〇五年に浜北市、天竜市などの遠州地方の二市八町一村を編入し（ちなみにこの時に龍山村を編入したことで、静岡県から村が消滅した）、二〇〇七年に政令指定都市に移行した。人口は静岡市が六九万三〇〇〇人、浜松市が七九万一〇〇〇人（二〇二〇年）で県庁所在地である静岡市の方が少なく、またこれは全国の政令指定都市の中でも最小である。国勢調査では両市を中心都市とした静岡・浜松大都市圏が設定されているが、都市雇用圏としては別の都市圏となっている。

図4-11　合併前の市町村別にみた人口増減率（2000～20年）

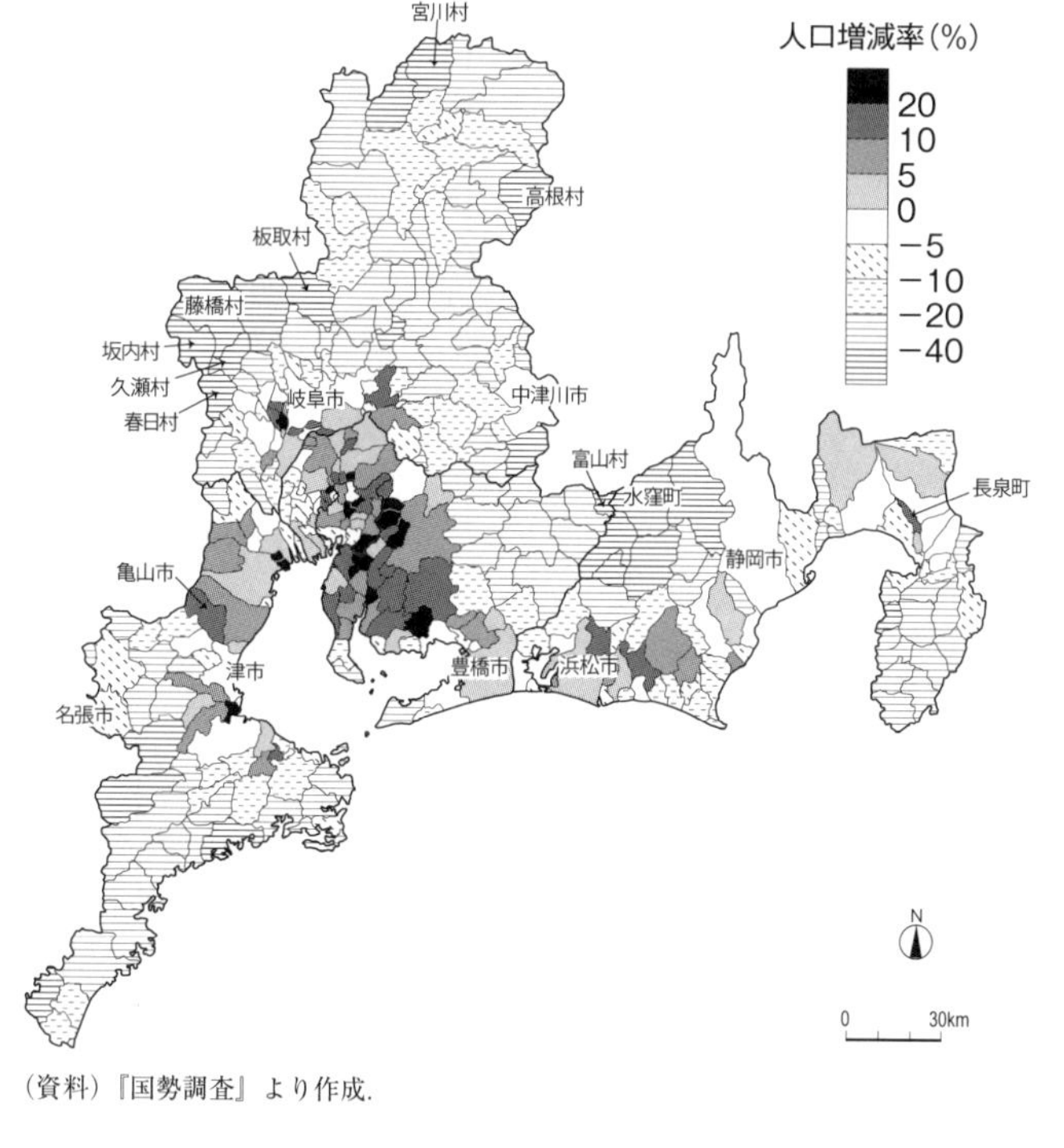

（資料）『国勢調査』より作成.

辺、特に名古屋市東部から南部にかけての地域では、人口が増加している。また三河地方から静岡県西部にかけての東海道本線沿線の地域でも人口は微増傾向にあり、五万人以上の都市においては、人口が集中する地域が増加する傾向にある。このほか、三重県では桑名市から鈴鹿市・亀山市にかけての沿岸部および内陸部の市町においても、人口が増加している地域がみられる。一方で、静岡県伊豆地方や遠州地方北部、愛知県奥三河、岐阜県西濃や飛騨地方、三重県南部など、いずれも山間部を中心として人口減少が顕著となっている。

次に、東海地方の経済活動

を概観すると、以下の項で述べるように、製造業を中心とした第二次産業に特徴がある。新型コロナウイルス流行前の二〇一八年度の各県「県民経済計算」によれば、四県合計の県内総生産における、第二次産業の全国に対する特化係数は一・五三と高く、また県別にみても全県で一を上回っている。一方、第一次産業と第三次産業の特化係数については、いずれも全県で一を下回っているが、三重県の第一次産業の特化係数は〇・九九と一に近い水準にあるほか、その他の地域でも農業出荷額の高い地域がみられる。これについては後述する。

2 経済の「礎」——川と治水・利水の歩み

前項で述べた東海地方の人と経済の活動とその歴史について考える上では、河川の存在とその治水・利水が強く関係している。東海地方の河川の中でも最も重要といえるのは、岐阜県を主な水源とし、愛知・三重県境付近で伊勢湾に注ぐ木曽川水系である。木曽川水系は主に木曽川・長良川・揖斐川の「木曽三川」からなり、肥沃な濃尾平野を形成すると同時に豊富な水といった恩恵をもたらした。そのことは江戸時代からの綿花栽培につながり、尾張地方を中心とした繊維産業の隆盛につながった。一方で、三川が合流する下流部は海抜ゼロメートル地帯となっており、中世から築堤による輪中集落が成立するなど、治水が行われていた。ただし、それでも洪水は頻発していたことから、明治期の三川の分流など、現代まで大規模な治水工事が行われている。

一方、上流部でも特に大正期以降ダムが建設されたが、戦後復興期においては、一九五一年の木曽特定地域総合開発計画の中で大規模な治水や水資源利用、電源開発が進められた。とりわけ木曽川では、治水・利水を目的としたダム建設に加え、世界銀行の融資により愛知用水が建設された。愛知用水は岐阜県八百津町から、尾張地方東部などを経て知多半島に至るもので、乏水地である尾張丘陵や

繊維産業

尾張地方は江戸時代以来の綿織物産地であり、特に一宮などには綿問屋が集積した。しかし一八九一（明治二四）年の濃尾地震が綿花栽培に打撃となり、それ以降は輸入生糸による絹織物産業も盛んになっていった。

特定地域総合開発計画

戦後、アメリカのTVA（テネシー川流域開発公社）を参考に、国土保全、資源開発と食糧増産、電源開発と工業立地条件整備を目的に行われた、多目的ダムを中心とした河川総合開発のこと。一九五〇年に制定された国土総合開発法に基づき、全国の二一地域で開発計画が策定された。

銑鋼一貫

鉄鉱石を高炉に投入して作られる銑鉄(せんてつ)は炭素を多く含むため、一般に建設資材などとして用いることはできない。銑鉄は転炉によって銑鉄を精製して製鋼し、そこでできた鋼塊を圧延し加工することで、広く使用可能な鋼材となる。こうした製銑・製鋼・圧延の作業を一貫して行うと、熱利用や運搬効率の観点からコスト削減可能かつ、品質向上を図ることができる。それゆえ、国内の製鉄所は基本的に銑鋼一貫工場となっている。

知多半島における水道用水の安定供給につながった。また同地域では農業用水として、臨海部などでは工業用水として利用されている。特に東海市には愛知製鋼、日本製鉄名古屋製鉄所、大同特殊鋼等が立地し、鉄鋼一貫コンビナートが形成され、鉄鋼業や化学工業などが発展した。

尾張地方を中心とした愛知用水に対し、東三河地方では豊川(とよがわ)用水による利水が進んだ。東三河地方から静岡県遠州地方、長野県南信州地域を合わせた三遠南信地域は、古くから塩の道での交流があり、豊川や天竜川の水運などを通じても結びついている。豊川用水の開発は一九四九年の宇連(うれ)ダム着工から開始されているが、一九五一年に豊川と天竜川の治水・利水を軸とした天竜東三河特定地域に指定されたことを契機として、天竜川からも取水するに至っている。豊川用水は三河地方東部から湖西(こさい)市にかけての地域に、水道・農業・工業用水として供給されており、中でも渥美半島は、豊川用水により乏水状態が解消されたことで、後述するような一大農業産地となった。

このほか、河川とものづくりとのつながりという点では、富士川下流域にあたる富士市での製紙業が挙げられる。富士川水系の芝川流域（現・富士宮市域）などでは、江戸時代より和紙生産が盛んであったが、明治期以降、富士市では富士川の豊富な水を生産用水と動力源とした、洋紙生産が盛んになった。富士市の製紙業は戦後、大きく拡大し、国内を代表する同産業の集積地となったが、バブル期をピークとして出荷額は大幅に減少している。

❸ 経済の「柱」——ものづくり産業

(A) 概況

図4-12は製造品出荷額等を県別に示したものである。これによれば、愛知の出荷額が突出し、以下、静岡、三重、岐阜と続いていることがわかる。また、高度経済成長期からバブル期にかけては各

図4-12　東海地方の県別にみた製造品出荷額等の推移（1960 ~ 2020年）

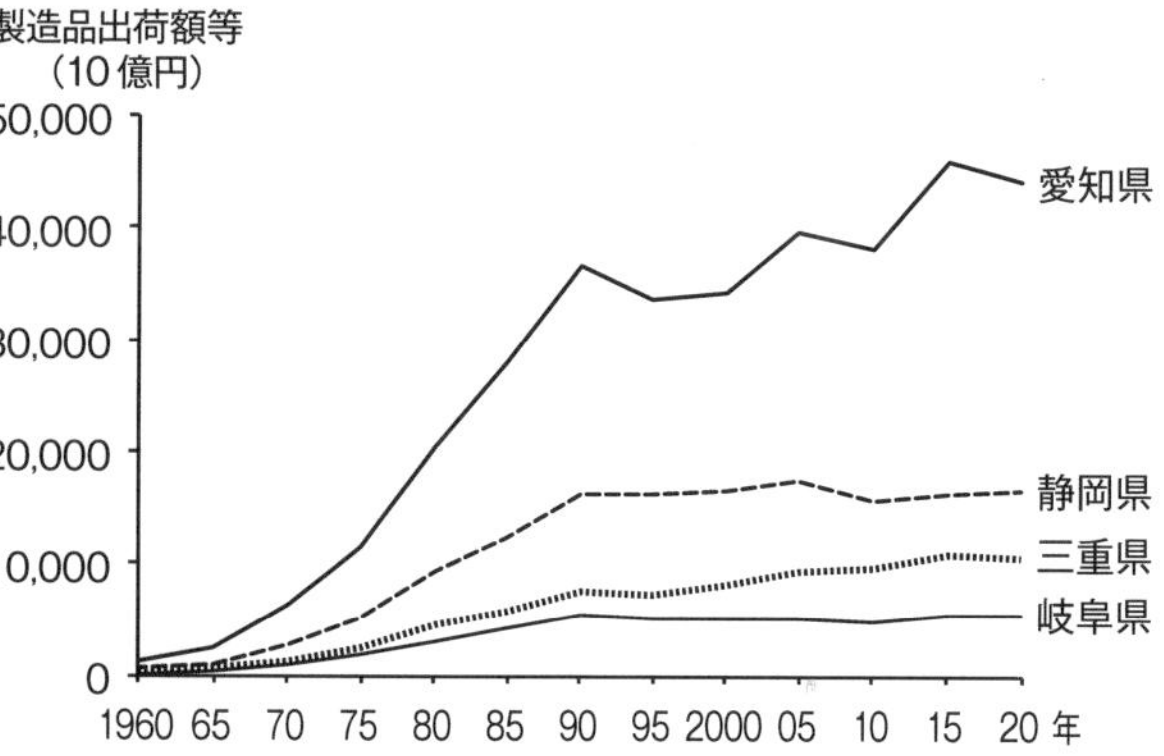

（資料）『工業統計表』『経済センサス-活動調査（製造業地域編）』より作成.

表4-10　県別品目群別出荷額と特化係数（2020年）

	岐阜県			静岡県			愛知県			三重県		
	品目群	出荷額（億円）	特化係数	品目群	出荷額（億円）	特化係数	品目群	出荷額（億円）	特化係数	品目群	出荷額（億円）	特化係数
首位	輸送用機械器具	10,159	1.11	輸送用機械器具	37,101	1.35	輸送用機械器具	144,599	2.46	輸送用機械器具	23,744	1.33
2位	プラスチック製品	4,394	2.08	化学工業製品	19,830	1.28	電気機械器具	27,325	1.41	電子部品・デバイス・電子回路	17,240	3.52
3位	生産用機械器具	3,933	1.20	電気機械器具	19,285	2.12	鉄鋼	20,424	1.22	化学工業製品	11,922	1.18
次点	金属製品	3,933	1.73	食料品	11,564	0.76	生産用機械器具	17,517	0.83	電気機械器具	6,836	1.15

（注）従業者4人以上の事業所.
（資料）『経済センサス-活動調査（製造業地域編）』より作成.

県とも出荷額が増加しているが、その後については、基本的に増加基調の三重、増減を繰り返しながら増加している愛知、ほぼ横ばいの静岡と岐阜と傾向が異なる。

続いて、各県の出荷額上位品目群に着目すると（表4-10）、輸送用機械器具が全県で首位となっており、全国に対する特化係数も一を超え、愛知では二を上回る。このほか、三重では電子部品・デバイス・電子回路が、品目群別出荷額では二位であるものの、特化係数は三・五となっている点が特筆される。この点については後述する。

（B）モビリティ産業

東海地方のものづくりを特徴づけるのは輸送用機械器具である。同産業は愛知県から遠州地方にかけて、殖産興業として繊維産業が拡大する中で、織機製造の技術から発展を遂げたもので、特に自動車生産が卓越している。東海地方にはトヨタ自動車、スズキ、本田技研工業、三菱自動車の四社の生産拠点が立地している。中でもトヨタ自動車は、子会社の生産拠点も含めて、豊田市内に八工場、その他の三河地方に七工場があり、これらのうち七工場が完成車工場である。また、同じ三河地方では三菱自動車岡崎製作所も自動車の生産・開発をしている。スズキとホンダはいずれも現在の浜松市にて創業した企業であるが、現在でも遠州地方を拠点としているスズキに対し、ホンダは船外機やトランスミッションの製造工場を除いて、主要な拠点は埼玉、鈴鹿、熊本へと移っている。なお、ホンダ鈴鹿製作所の設立は、浜松から鈴鹿への下請企業の移転も伴うものであった。このほか、遠州地方の輸送用機器産業としては、ホンダ創業者の本田宗一郎が端緒であるオートバイ産業も重要である。現在でも、この地域ではスズキとヤマハ発動機により製造が続くが、特に一九五〇年代前半には、多くの企業が開発・製造に乗り出しており、「やらまいか精神」と呼ばれる旺盛な企業家精神の表出としてみることができる。

やらまいか

「やってみよう」「やってやろうじゃないか」を意味する遠州地方の方言。新しいことに果敢に挑む精神を表しており、遠州地方に多くの起業家が現れた一つの要因とされる。

こうした自動車に加え、東海地方は航空機産業の集積地域でもある。日本の大手機体メーカーの内、三菱重工業、川崎重工業、ＳＵＢＡＲＵ（旧・富士重工業）の三社が立地しており、国内の機体製造の約六割を占めている。製造拠点は、小牧（三菱重工業）や各務原（川崎重工業）の内陸部の飛行場隣接地のほか、近年では名古屋港臨港地区（三菱重工業、川崎重工業）や半田市の臨海部（ＳＵＢＡＲＵ）への生産拠点の新設・増設が目立っている。そして、これら主要企業を軸として、拡大が期待される航空宇宙産業を新たな地域経済の柱とするべく、東海地方では「アジアＮｏ．１航空宇宙産業クラスター形成特区」の指定に基づき、産学官を挙げた航空宇宙産業の育成を目指している。

（Ｃ）その他の産業

東濃から尾張、北勢にかけての地域では、美濃焼、瀬戸焼、常滑焼、萬古焼などの窯業が盛んであり、前項で述べた繊維産業と合わせて、とりわけ戦前から高度成長期においてはこれら地域における重要産業であった。一方、静岡県においては木工に端を発した産業の発展がみられ、浜松のヤマハや河合楽器などのピアノ・楽器のほか、静岡市では駿府城築城に際して全国から集まった職人が木工業を発展させ、その技術から雛人形生産や、タミヤをはじめとするプラモデル生産といった地場産業の集積につながっている。

こうした地場産業としての集積に対して、誘致型大工場の存在が目立つのが三重である。同県の品目群別出荷額で三位の化学工業製品の生産における中心となるのは、一九五五年から開発が進められた四日市コンビナートである。同コンビナートは海軍燃料廠跡や埋め立て地などからなり、石油化学関連の工場が集積している。また、同県の出荷額二位の電子部品・デバイス・電子回路の代表的な工場として、キオクシア（旧・東芝メモリ）四日市工場や、シャープ亀山工場・同三重工場（多気町）がある。これら三つの工場はいずれも一九九〇年代以降に立地している。

航空機製造

航空機は機体、エンジン、装備品（内装品など）に分かれており、それぞれ製造するメーカーが異なる。日本の機体メーカーは機体の一部を製造し、主に米・ボーイング社などの海外の完成機メーカーに納入している。また、三菱重工業と川崎重工業は機体のほかにエンジンも製造している。

アジアＮｏ．１航空宇宙産業クラスター形成特区

名古屋―小牧―各務原を中心に東海地方および長野県を圏域として、アジア最大の航空宇宙産業の集積地形成を図るために、総合特別区域法に基づいて国から指定を受けた国際戦略総合特区。なお、東海地方全体が特区に指定されているのではなく、認定を受けた事業所ごとに特区の区域が指定されている。

地場産業に関しては安価な輸入品の台頭、人口減少による需要縮小などの課題を抱えながらも、高付加価値化などの取り組みにより生き残りを図っている。一方、誘致型大工場群の影響を強く受ける地域は、たとえば、四日市コンビナートの中核の一つである三菱化学（現・三菱ケミカル）が主力のエチレンプラントを停止させたことや、経営不振に伴いシャープが鴻海（ホンハイ）精密工業（台湾）傘下に収まったことなど、誘致企業の業績や意思決定によって地域経済が大きな影響を受けるため、自律的で持続可能な地域経済発展の枠組みが求められる。

農業と観光業

上述のように東海地方の経済は工業によって特徴づけられるが、しかしながらその他の産業の存在も見逃せない。農業では、都道府県別農業産出額において愛知県が全国第八位となっている。その生産の中心となっているのは、前述の豊川用水による灌漑によって、施設型の暖地性輸送園芸が発達した東三河地域である。とりわけ田原市は二〇二一年の市町村別農業産出額において全国二位となっている。産出額が大きい背景には、高付加価値品目の生産が盛んであることが挙げられ、特にキクやバラといった花き生産においては全国一位となっている。図4–13をみると、田原市を中心とした東三河地方から浜松市などの遠州地方において農業産出額が大きい。遠州地方の中心である浜松市も市町村別農業産出額において全国七位となっており、同市や袋井市、森町を中心に生産されている温室マスクメロンは「クラウンメロン」として、高級フルーツ店などで扱われている。このほか、静岡県は牧之原台地の乏水地における商品作物として茶の栽培が盛んであり、大井川中上流域の川根茶と合わせて、県を代表する農産品となっている。

また、工業以外の産業として、観光業も挙げられる。東海地方には静岡県と山梨県にまたがる「富

三菱化学四日市事業所（現・三菱ケミカル三重事業所）
二〇〇一年に主力事業であったエチレンプラントを停止させたことは、地域経済・産業に大きな影響を与えた。エチレンプラント停止により発生した遊休施設には、二〇〇八年に三重県が高度部材イノベーションセンター（AMIC）を設立し、研究開発の促進や中小企業の支援など産業活動の維持・再生に取り組んでいる。

鴻海（ホンハイ）精密工業
米アップルのiPhoneなどのスマートフォンをはじめとする電子機器を受託生産する台湾の世界的企業。二〇一六年に経営危機に陥っていたシャープを買収した。

暖地性輸送園芸

輸送園芸とは、トラックなどを用いて都市や国外に輸送・輸出することを前提とした園芸農業。東三河地方では、温暖な気候と高速道路網により、名古屋のほか、東京や大阪といった大都市への出荷を前提とした園芸農業が発達している。なお、高原地帯などにおいては高冷地性輸送園芸が行われている場合もある。

静岡の温室マスクメロン

クラウンメロンのほかに、磐田市、掛川市、菊川市、御前崎市を中心に生産される温室マスクメロンは「アローマメロン」というブランドで販売されている。

図4-13　市町村別にみた農業出荷額（2021年）とその変動

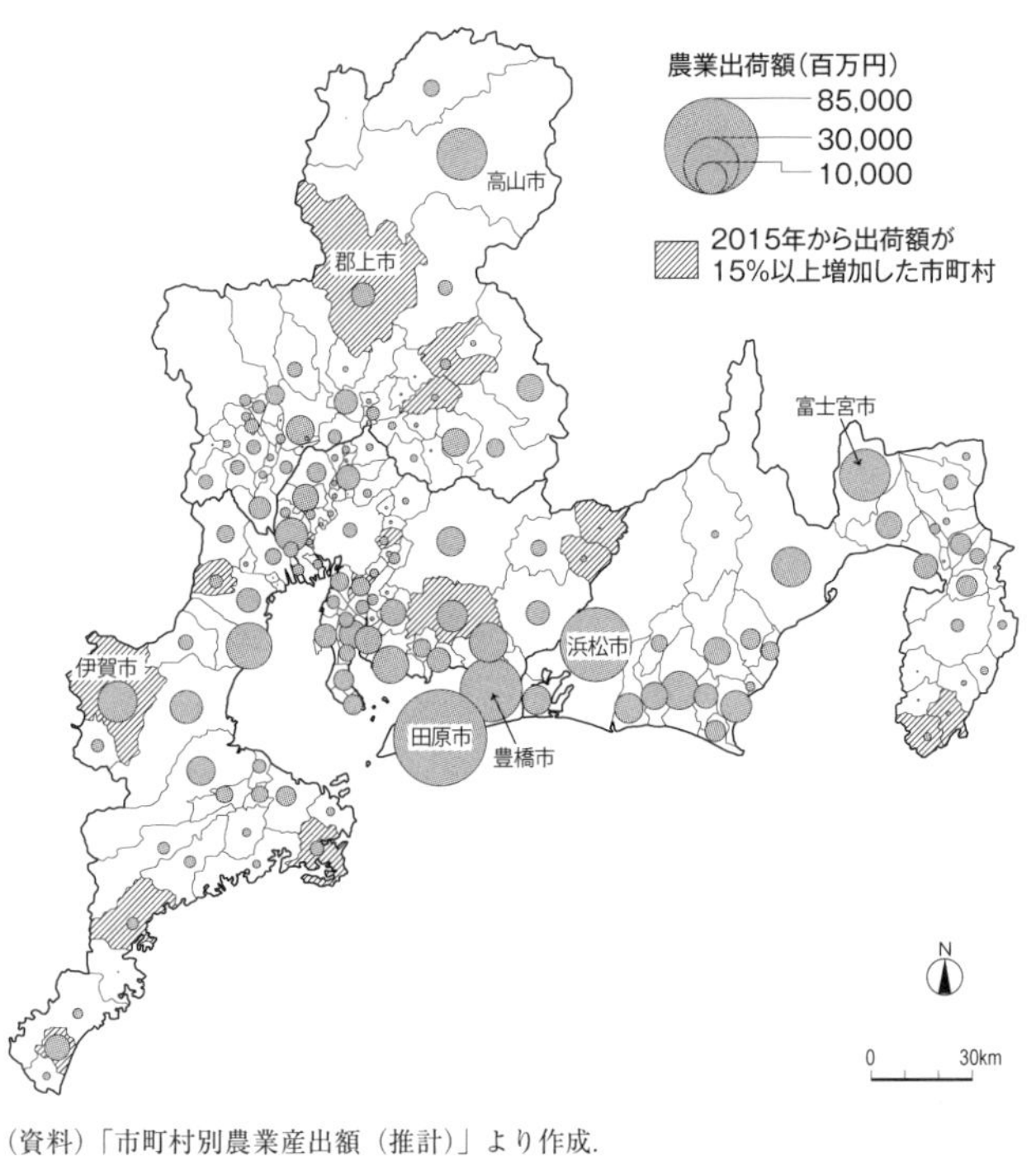

（資料）「市町村別農業産出額（推計）」より作成.

士山—信仰の対象と芸術の源泉」、岐阜県と富山県にまたがる「白川郷・五箇山の合掌造り集落」、三重県・奈良県・和歌山県にまたがる「紀伊山地の霊場と参詣道」という三カ所の世界文化遺産がある。このほか、工業を生かした観光、産業観光のスポットも挙げられる。大手自動車メーカーなどの工場見学のほか、名古屋市中心部には織機製造から自動車製造に至るまでのトヨタグループの歴史と生産技術を学べるトヨタ産業技術記念館や、陶器生産・輸出の歴史と美術品としての陶器を鑑賞できるノリタケミュージアムがある。このほか、窯業関連では瀬戸市や常

生活圏のラストワンマイル問題

最寄りの駅やバス停などから自宅までの道のりと、その間の移動困難性のこと。過疎化・高齢化の中で、バス路線の撤退など、公共交通の縮小が進む中で、高齢者でも利用可能な移動手段の確保が課題となっている。

表4–11　東海地方の主な外国人集住都市（2023年4月）

	総人口（人）	外国人人口（人）	外国人割合（%）	国籍別内訳		
				首位	2位	3位
浜松市	790,580	27,036	3.4	ブラジル	フィリピン	ベトナム
豊橋市	369,330	19,750	5.3	ブラジル	フィリピン	ベトナム
豊田市	416,747	18,740	4.5	ブラジル	ベトナム	フィリピン
小牧市	150,188	10,424	6.9	ブラジル	ベトナム	フィリピン
鈴鹿市	195,957	9,192	4.7	ブラジル	ペルー	中国

（資料）外国人集住都市会議資料による.

滑市、多治見市などに陶器の博物館が、航空機産業関連では小牧市や各務原市に航空機の展示もある博物館がある。

5 東海地方のこれから

東海地方の重要産業である製造業においては、外国人労働者も生産活動を支えている。中でも東海地方はブラジル人の割合が高く（表4–11）、そうした都市では、現地の料理や食材・雑貨を提供するエスニックビジネスが盛んである。その反面、ゴミ出しルールなどをめぐる日本人と外国人との間での軋轢も生じている。今後、少子高齢化に伴う労働力不足が予想される中で、外国人労働力の重要性は増すとされている。その中では、日本人と外国人との調和が求められる。

また、上述のモビリティ産業との関係においては、二〇二一年よりトヨタ自動車が、トヨタ自動車東日本・東富士工場跡地に「ウーブン・シティ」を建設している。ここでは自動運転車、ロボット、住宅などがインターネットでつながり、最適なサービスの提供が目指されている。既存のガソリン車を中心とした自動車産業は、環境保護の観点から、電気自動車や燃料電池車など、環境負荷の低い自動車への転換が迫られている。加えて、高齢化が進む中で安全機能の充実や、また生活圏におけるラストワンマイル問題への対応が求

空飛ぶクルマ

数人程度の定員で、自動車のように日常的に利用可能な空中を移動する乗り物。eVTOLと呼ばれる電動の無人垂直離着陸機が登場して以来、各国で有人機の実用化に向けた開発競争がし烈である。日本では、豊田市に本社を置くSkyDriveなどが開発を進めている。

められる一方で、空飛ぶクルマの開発競争も激しい。ウーブン・シティはこうしたモビリティに対する状況変化に対応するための大規模な取り組みとみることができるが、東海地方のモビリティ産業が今後も日本経済を牽引するためには、新たなニーズに柔軟に応えることが重要となるだろう。

第6節　近畿——生活の質の向上と産業の高付加価値化

1　近畿の地勢

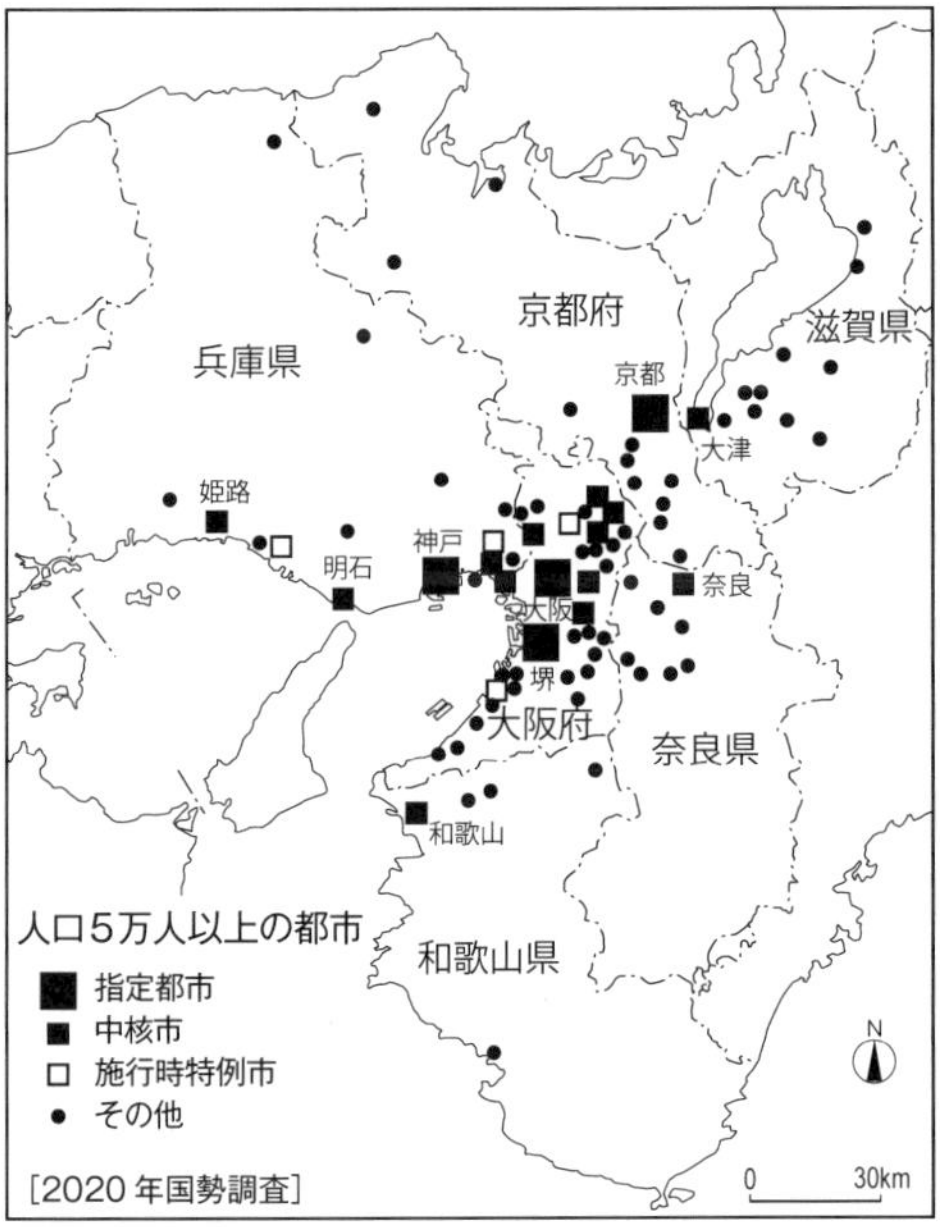

[2020年国勢調査]

近畿の「畿」はもともと「都」を意味しており、「近畿」は当時の都であった京都の周辺と位置づけられる。もともとは古代日本の律令制における「五畿七道（ごきしちどう）」の地域区分の「五畿（山城国、大和国、河内国、摂津国、和泉国）」が「畿内」とも呼ばれたことから、それが明治時代になって、畿内と周辺の地域を合わせて「近畿」と呼ぶようになった。現在では、近畿の範囲を京都府、大阪府、滋賀県、奈良県、和歌山県、兵庫県の二府四県とすることが一般的である。とはいえ気候や地勢は各地で大きく異なり、北部の丹後山地、丹波高原が広がる日本海側は、冬季の積雪量が多く、夏季には、フェーン現象により高温となりやすい日本海側気候であり、紀伊山地の南部は、冬季は比較的温暖で過ごしやすいものの、夏季には台風の影響を受けやすく、降水量の多い太平洋岸式気候となっている。一方、中部は琵琶湖、近江平野から大阪平野まで低地が広がっており、大阪湾周辺は、冬季も比較的温暖で降水量が少ない瀬戸内式気候である。豊かな自然環境は、時に豪雨による河川の氾濫や崖崩れなど災害につながる脅威となる一方、様々な恵みをもたらし、そこに暮らす人々の長年の営みによって多様な文化を醸成してきた。

2 農林漁業の現状と課題

経済活動の中心は平野部を中心とした京阪神大都市圏にあるが、大都市圏周辺にも多彩な活動がみられる。農山漁村が抱える課題は少子高齢化、耕作放棄地の増加など他地域と共通するものも多いが、大都市圏に近接しているメリットを生かしながら都市部との関係人口の増加を意図した活性化施策の取り組みが多くみられる。その代表的なものが農林水産物の地域ブランド化の推進である。

冬季になると城崎温泉をはじめ、日本海側の丹後温泉、夕日ヶ浦温泉などの温泉街には多くの観光客が訪れる。かに料理を求めて訪れるリピーターも多い。京都府漁業協同組合では「間人(たいざ)ガニ」「舞鶴かに」をともに地域団体商標に登録し、これらのブランド化に力を入れてきた。兵庫県においても「津居山(ついやま)」「柴山」「浜坂」「香住」の四漁港に水揚げされるズワイガニのそれぞれについてブランド化を図っており、品質ならびに知名度の向上に努めている。

図4-14には兵庫県におけるズワイガニおよびベニズワイガニの漁獲量と産出額の推移を示している。二〇〇七年と二〇〇九年をピークにズワイガニとベニズワイガニの各漁獲量は減少傾向にある。

関係人口

移住して定住するまでには至らないが、数回の観光だけにとどまらず、特定の地域に継続的に多様な形でかかわる人々のこと。

地域団体商標

商標法では、地域の名称と、商品または役務の名称を普通に用いられる方法で表示する文字のみからなる商標等が一部を除いて認められていなかったが、二〇〇六年に「地域ブランド」の保護による地域経済の活性化を目的として、地域団体からの申請があり、一定の周知性があれば商標の登録を認める改正がなされた。これにより大阪＋欄間や有馬＋温泉など、地域名＋一般名詞の商標登録が可能となった。

図4-14　兵庫県におけるズワイガニ・ベニズワイガニの漁獲量，産出額の推移

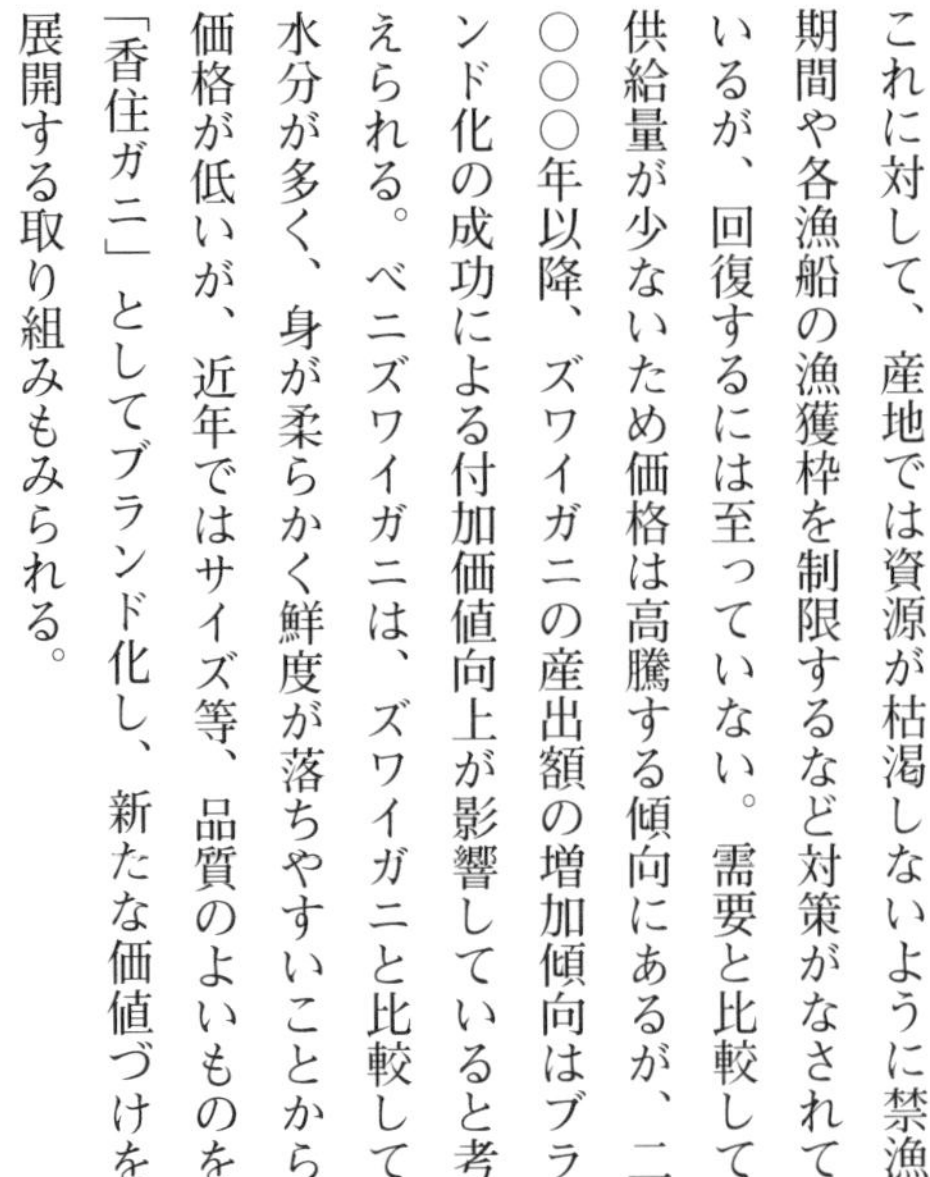

(資料) 漁獲量は「海面漁業生産統計調査」，産出額は「漁業産出額」より作成.

これに対して、産地では資源が枯渇しないように禁漁期間や各漁船の漁獲枠を制限するなど対策がなされているが、回復するには至っていない。需要と比較して供給量が少ないため価格は高騰する傾向にあるが、二〇〇〇年以降、ズワイガニの産出額の増加傾向はブランド化の成功による付加価値向上が影響していると考えられる。ベニズワイガニは、ズワイガニと比較して水分が多く、身が柔らかく鮮度が落ちやすいことから価格が低いが、近年ではサイズ等、品質のよいものを「香住ガニ」としてブランド化し、新たな価値づけを展開する取り組みもみられる。

このような水産資源のブランド化の取り組みは近畿各地でみられる。南あわじ市の福良港では二〇〇四年から沖合で養殖される「淡路島三年とらふぐ」が冬の味覚として親しまれるようになった。また、和歌山県串本町は近海マグロの水揚げ量が多く、新鮮な生マグロの産地として多くの観光客が訪れていたが、二〇〇二年に串本町に立地している近畿大学水産研究所大島実験場がクロマグロの完全養殖に成功し、〇四年から「近大マグロ」として販売を開始すると知名度が向上し、重要な観光資源の一つとなっている。これらの取り組みは食材を提供する地元の宿泊施設や飲食店の売り上げ増加にもつながり、海面養殖業とまちおこしが一体となった活性化施策となっている。

次に、かつては農業と同様に農山村の重要な収入源であった林業をみると、全国的に一九七〇年代をピークに木材需要の低迷や安価な輸入材の増加、さらには担い手の高齢化等によって急激に衰退している。地域団体商標に「吉野材」「吉野桧」「吉野杉」が登録されている奈良県においても一九七五年には一二三万四〇〇〇立方メートルあった主要部門別素材入荷量が八〇年代から減少し、二〇二〇年には一四万四〇〇〇立方メートルにまで落ち込んだ。この背景には一九八九年の一立方メートル当たりの木材（素材）価格でヒノキが一二万六八四九円、スギが五万四六一八円であったものが、二〇二〇年にそれぞれ二万二九三九円、一万二九六七円にまで急落していることが指摘できる（「奈良県林業統計」による）。

木材価格の低下は、これまでのような大規模経営型事業の継続を困難なものとし、一部の企業を除いて持続可能な林業への転換が迫られている。その新たな動きとして、奈良県吉野町では、これまでの大型機械で請負事業体に依存しがちであった短伐期皆伐事業（再造林施業）を中心とした林業から、長期にわたる多間伐施業を中心とした小規模で、山守らと協力しながら自立した自伐型林業への転換を実践する事業者の取り組みがみられる。適正規模の山林を確保し、無垢材等の高品質材生産を中心に付加価値の高い木材生産にシフトし、毎年間伐生産をしながら、長期的に経営を安定させる林業である。生活するための十分な収入を得ながら、他の副業と併せて、自然の中の暮らしを満喫するようなQOLの捉え方の変化によって、従事したいと思う若者の移住促進にもつながる取り組みとなっている。このような働き方に関する考え方の変化は他地域の農山村でもみられ、小規模で農業を営みながら、他の農家を手伝う「援農」や副業と組み合わせた農家スタイルを構築し、持続的な暮らしを可

短伐期皆伐事業（再造林施業）

一定の範囲で四〇～五〇年のサイクルで植林から伐採を行い、伐採後に再造林を行う方法。近年、作業者の高齢化や木材価格低迷により五〇年を過ぎた造林地で手入れが行き届かず森林の荒廃が進む課題がみられる。

QOL

「Quality Of Life」の頭文字。「人生の質」や「生活の質」と訳され、単に生きるだけではなく、どのように充実した人生を過ごすかといった考え方から、働き方の見直しや家族との過ごし方などをみつめ直すことで、豊かな生活とは何かを考える言葉として広まった。

図4-15　和歌山県3市町における企業オフィスの進出

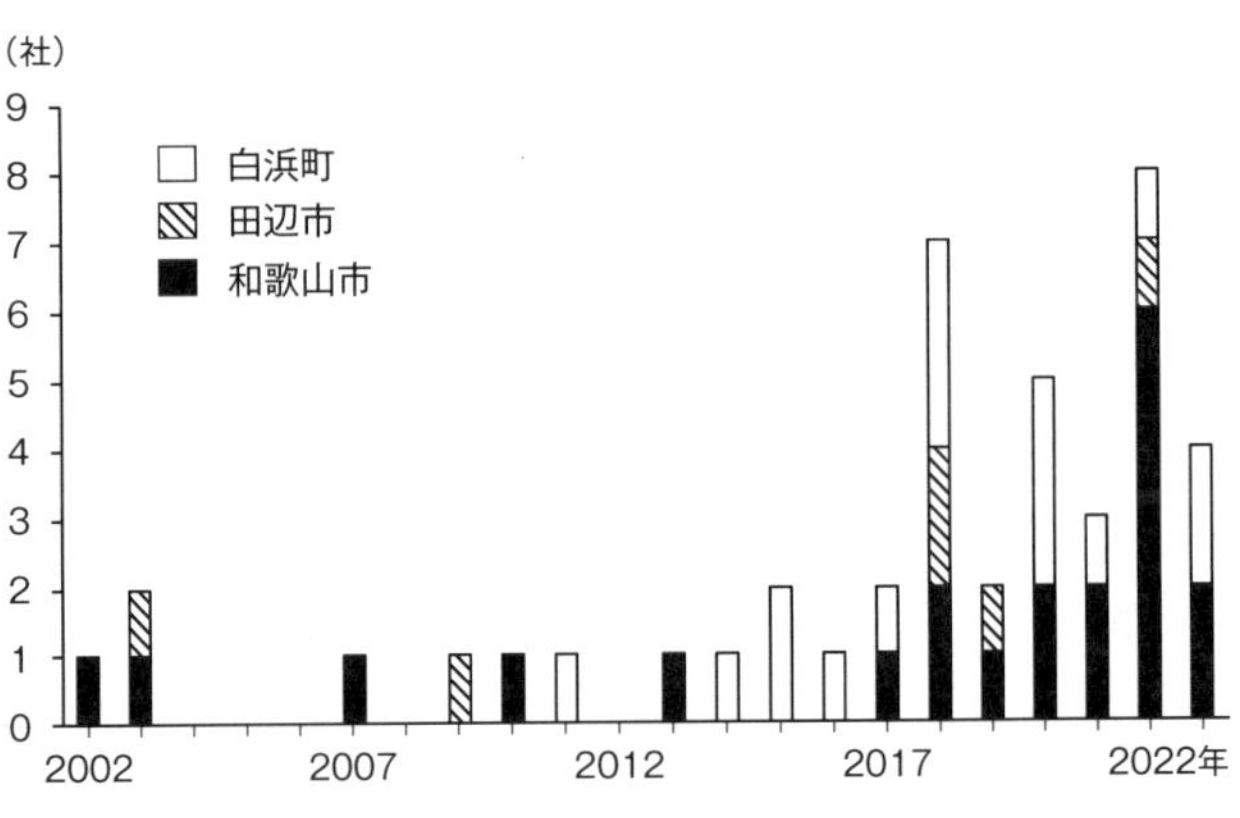

（資料）和歌山県商工観光労働部『アフターコロナ時代のNew Work×Life Style』より作成.

能とする働き方がみられるようになった。

❸ 移住者による地域活性化

都会での慌ただしい喧騒から抜け出し、自然環境豊かな場所で暮らすことを選択する人々が増えつつある。インターネットが普及し、地域間の情報格差が小さくなると、農村での暮らしの不便さが一部解消され、定住するためのハードルも低くなってきた。これに関して、和歌山県では週末や長期研修等に自然豊かな場所で従業員の心身のケアを図り、付加価値の高い業務に従事するサテライトオフィスの誘致に力を入れている。図4-15には和歌山県内の和歌山市、田辺市、白浜町における企業オフィスの進出状況を示している。人が密集していない地域への移住の関心が高まった新型コロナウイルス感染症拡大以前から、和歌山県には継続的に企業進出がみられ、二〇一八年以降多くの企業が進出している。

白浜町では「Work（ワーク）」と「Vacation（バケーション）」を組み合わせた「ワーケーション」の場としての優位性を打ち出しながらサテライトオフィスの

企業誘致活動を行っている。自然に囲まれたリゾート地である開放的な環境下で、休暇を兼ねてテレワークを行いたい企業の需要を見越し、海岸近くに入居企業同士の交流の場であるコワーキングスペースを設けた入居施設を設置している。新たな企業誘致のあり方ならびに働き方改革のモデル事業として関心が高まり、地域外からの視察が絶えない状況である。

加えて、和歌山県では企業誘致だけでなく、人の移住に関するサポートも手厚く行っている。県が実施しているマッチング事業で就職する場合や自分の意志でテレワークする場合などに対して、各世帯に一〇〇万円、単身であれば六〇万円を支給している。企画部地域振興局移住定住推進課では「わかやまＬＩＦＥ」というウェブサイトを立ち上げており、県内の移住に関する情報を一元化し、住まい、仕事、支援制度などについて移住を検討している人々に対してわかりやすく伝えている。中には那智勝浦町色川地区のように、積極的に移住者を受け入れ、約三二〇人の地区住民の半数を移住者が占めている地域もある。和歌山市も二〇二一年に新たに移住定住戦略課を創設すると、二〇二二年には一九四名の移住者を受け入れるまでになり、和歌山県への移住者全体の約半数を占めるまでになった。

農山村にとって域外からの移住者の定住はコミュニティを活性化させる起爆剤として大きな期待を寄せる存在であるが、現在のところ人口流出の流れを変えるまでには至っておらず、依然として就業機会の確保や空き家提供者の確保など課題は多い。

4 水際空間の変容

淡路島は「絵島」や「伊弉諾神宮」など「国生み神話」の舞台として有名であるが、一九九八年の本州と四国を結ぶ明石海峡大橋の開通や、二〇〇〇年の「淡路花博ジャパンフローラ二〇〇〇」の開

マイクロツーリズム

自宅から一〜二時間程度の近距離での宿泊や日帰り観光スタイルをさす。新型コロナウイルス感染拡大時に広がった。

図4-16　2015年以降の淡路島北部における主な企業による観光関連施設の立地

（資料）各企業のホームページより作成.

催を契機に、京阪神から多くの観光客が訪れる一大観光地として発展してきた。近年、島北部の淡路市を中心にさらなる観光開発が進んでいる。その牽引役となっているのが、地方創生事業として二〇〇八年から多額の投資を行っている株式会社パソナである。その範囲はテーマパークから飲食店、グランピングを含む宿泊施設まで幅広い（図4-16）。二〇二〇年には東京本社機能の一部を淡路島に移転させる計画を発表し、二〇二四年には社員約一二〇〇人の移住が予定されており、二〇二二年四月までに約三五〇人が移住している。

この動きと呼応するかのように、他の企業による淡路島北部への投資も相次いでおり、新たな観光施設の開発が進んでいる。交通渋滞や騒音問題などオーバーツーリズムの弊害も危惧されるものの、マイクロツーリズムの需要を見越した観光開発が急速に進展している。このような宿泊施設や飲食店の新規立地は淡路島だけの状況ではなく、琵琶湖湖畔や大阪湾岸の様々な場所で生じており、本物志向やコトづくりの体験型アクティビティなどの近年の旅行者の需要に合わせたインフラ整備が進んでいる。

第7節　中国――西日本の回廊地帯

 中国地方の概観

中国地方は、日本海側（山陰）の鳥取県、島根県と、瀬戸内海側（山陽）の岡山県、広島県、山陰・山陽の双方にまたがる山口県の五県で構成される。総面積は約三・二万平方キロメートルで日本の総面積の八・六%、総人口約七二五万人で日本の総人口の五・八%を占めている。

瀬戸内海に面する山陽と日本海に面する山陰では、自然環境が大きく異なる。瀬戸内海に面する山陽は、温暖で降水量も比較的少ない瀬戸内式気候であるのに対し、日本海に面する山陰は、冬期の降雪・降水が多い。また、中国地方に険しい山は少なく、最高峰の大山（だいせん）でも一七二九メートルとそれほど高くない。老年期山地である中国山地には緩やかな起伏の山が多く、津山、三次などの盆地が存在しているが、中山間

人口５万人以上の都市
■ 指定都市
■ 中核市
● その他（町を含む）
鳥取県　鳥取　松江　島根県　岡山県　岡山　倉敷　福山　広島県　広島　呉　山口県　山口　下関
0　40km
[2020 年国勢調査]

瀬戸内式気候

瀬戸内海沿岸一帯は北の中国山地と南の四国山地に挟まれ太平洋や日本海からの湿った大気が入りにくい。そのため晴天が多く、年間降水量が一〇〇〇～一二〇〇㎜程度で、降水量の多い西日本の中では小雨で温暖な気候が特徴である。このため水田灌漑用のため池が多い。また、かつては沿岸各地に塩田が多く展開した。瀬戸内海と陸地との間で海陸風が生じるが、夏季にはその風向が代わる夕方の無風状態が顕著で、蒸し暑い「瀬戸の夕凪」として知られている。

老年期山地

地形輪廻の考え方に基づくと、原地形が侵食を受けて幼年期地形となり、壮年期地形、老年期地形を経て準平原となる。中国山地は、このうち老年期地形に

あたる。侵食が進んでいるため、緩やかな起伏の山が多い。また、吉備高原は、小起伏の準平原になった土地が、再び隆起して高原状になった隆起準平原で、河川浸食により狭い急崖の谷筋が形成され始めるが、頂上部は平坦であり、かつては畑作地が広がっていた。

表4-12　中国地方の主要経済指標（2020年）

	中国地方	鳥取	島根	岡山	広島	山口
総面積（k㎡）	31,921	3,507	6,708	7,114	8,479	6,113
可住地面積（k㎡）	8,417	904	1,271	2,228	2,298	1,715
総人口（千人）	7,255	553	671	1,888	2,799	1,342
第1次産業就業者割合（%）	4.1	7.8	6.6	4.2	2.7	4.1
第2次産業就業者割合（%）	25.8	21.7	23.5	27.0	26.1	26.4
第3次産業就業者割合（%）	70.1	70.5	69.9	68.9	71.2	69.5
県内総生産（支出側）（億円）	297,056	18,199	25,757	76,064	115,554	61,481
農業産出額（億円）	4,577	764	620	1,414	1,190	589
製造品出荷額等（億円）	234,534	7,413	11,651	70,601	88,699	56,169
卸売年間商品販売額（億円）	141,845	6,443	7,223	32,312	81,534	14,333
小売年間商品販売額（億円）	78,544	5,805	6,353	19,650	30,465	16,272

（資料）『社会生活統計指標』(2021年)，『国勢調査』(2020年)，『県民経済計算』(2020年)，『生産農業所得統計』(2020年)，『経済センサス-活動調査（製造業地域編および卸売業，小売業産業編）』(2021年）による．

地域では過疎化が進行している。さらに、中国地方は平野が乏しく、可住地面積の割合も二五・五%で全国平均（三二・五%）よりも小さい。比較的大きな河川が流れる山陽東部にまとまった沖積平野が広がっているが、西部では、中国地方最大の都市である広島市でも、平野部を越えて山間地にまで市街地が拡大しているのが現状である。

中国五県の県内総生産の合計は、国内総生産の五・三%を占めている。県民総生産が最大の広島と比較すると、岡山は広島の三分の二、山口は二分の一、鳥取は六分の一、島根は五分の一程度である（表4−12）。県別の産業別就業者構成をみると、第一次産業は広島県以外の四県で全国平均を上回っており、特に山陰の鳥取、島根ではそれぞれ全国平均の二倍以上に達している。第二次産業は、島根が全国平均と同等であり、瀬戸内工業地域を含む岡山、広島、山口で全国平均を上回っている。一方、第三次産業はすべての県で全国平均を下回っており、中国地方における就業者構成は、相対的に第一次、第二次産業の割合が高い。

農業産出額は岡山が最も高く、広島はそれに次ぐ額だが、その他の県も岡山の四〇％以上の額を上げており、人口比と比較すればその差は小さい。しかし、全国の農業産出額に占める中国地方の割合は五％強に過ぎず、農村的な地域を多く抱える割には国の農業生産への貢献度は高くない。一方、中国地方の製造品出荷額等は全国の七・八％を占めているが、これには特に山陽で第二次産業が盛んであることが反映されている。年間商品販売額については、小売業が六％弱であるのに対し、卸売業はわずか三・六％に過ぎない。これは、中国地方全体を排他的に勢力圏とする中心性の高い都市が中国地方に存在せず、一部が関西圏や九州圏、あるいは東京圏の影響下にあるためである。

2 都市と高速交通網の発展

中国地方では、人口も都市も山陽に偏って分布している。広島市（約一二〇万人）と岡山市（約七〇万人）はともに政令指定都市である。人口五万人以上の都市の大半は山陽側に位置しており、一〇万人以上の都市となると、山陰では鳥取、米子、松江、出雲の四市に絞られる。広島市と岡山市の間には人口五〇万人弱を抱える倉敷市と福山市があり、福山市は広島県東部に加え、岡山県井笠地域を含む範囲の中心都市として機能している。

中国地方は、九州と近畿の間に位置し、両者の間を結ぶ重要な交通路が開かれた回廊地帯である。しかし、その陸上交通路は、ほとんどが山陽地域を貫くかたちで開かれてきた。第二次世界大戦後、東西交通の幹線として機能していたのは山陽本線と国道二号であったが、一九七五年に全通した山陽新幹線が、山陽本線に取って代わって鉄道旅客輸送の主役となり、高速交通網を有しない山陰との格差が大きくなった。中国自動車道は、地域間格差の縮小を図るべく、山陽と山陰からほぼ等距離に位置する中国山地を貫くかたちで整備され、八三年に全通したが、その後に山陽自動車道が開通する

図4-17　製造品出荷額等の都市別分布（2021年）と高速道路網

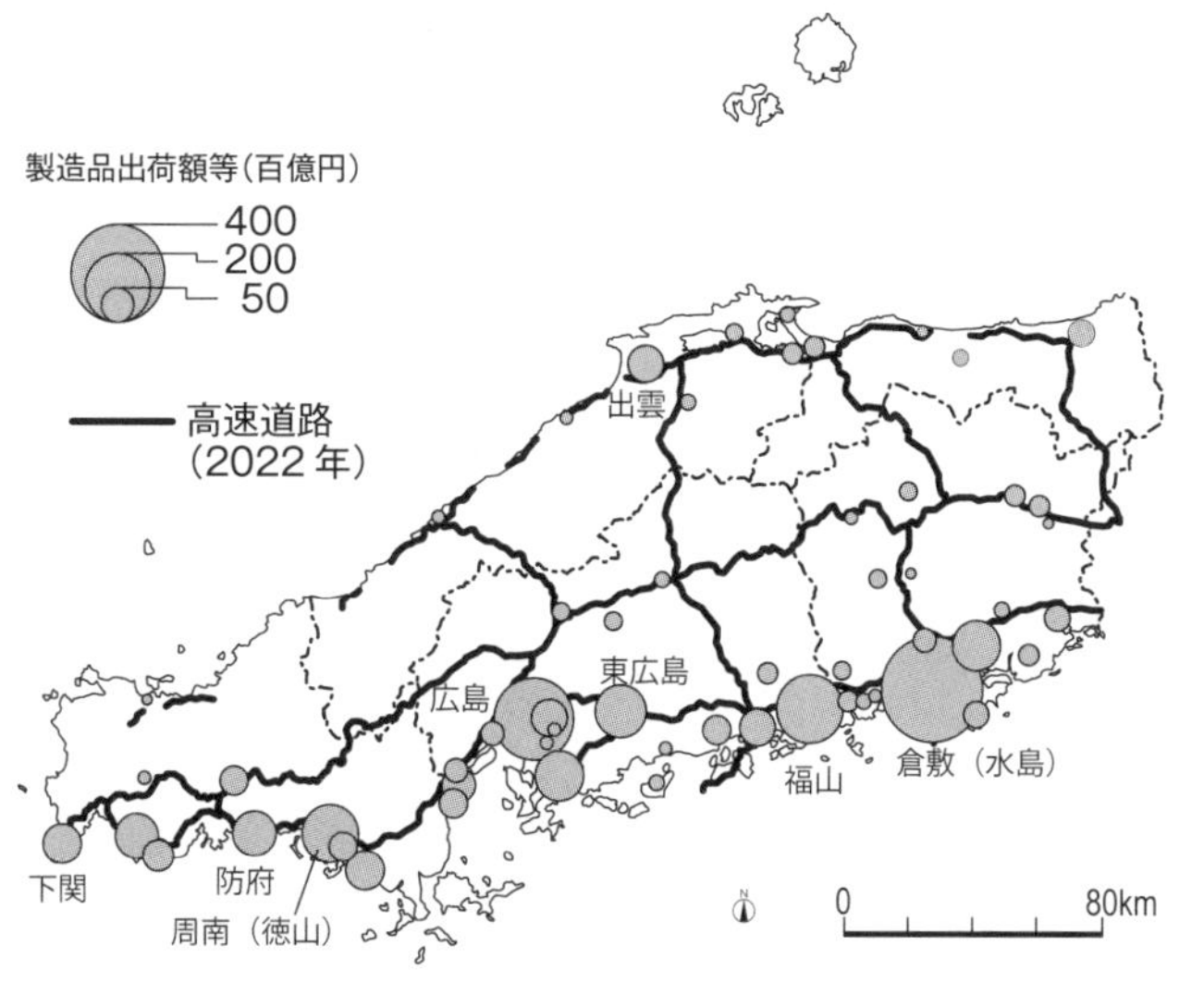

（資料）『経済構造実態調査（製造業事業所調査）』より作成.

と、自動車交通の主軸は山陽自動車道と山陰自動車道に移った。その後、中国自動車道や米子自動車道、松江自動車道と山陽自動車道を結ぶ浜田自動車道、鳥取自動車道、中国自動車道、岡山自動車道、尾道自動車道が開通した。これにより、鳥取県と島根県の大半の市が中国自動車道と山陽自動車道に高速道路で直結した（図4-17）。さらに、山陰自動車道も島根県内では二〇二五年度までに大部分、鳥取県内では二〇二六年度に全通する見通しである。こうして、中国地方内の都市間輸送網や物流網は、高速道路網の整備が進むことで構築されていった。

高速道路の相次ぐ開通により、旅客輸送においては、山陽の主要都市と山陰や四国の諸都市は高速バスによって結ばれるようになった。一方、鉄道網をみると、陰陽連絡路線として実質的に機能している鉄道は、特急列車が走るJR伯備線と山口線、第三セクター鉄道の智頭急行のみであり、かつて陰陽連絡を担っていたその他のJR在来線のうち、三江線は二〇一八年に廃止され、その他の路線も存続が危ぶまれている。JR西日本は、二〇二三年に輸送密度二〇〇〇人未満の一七路線三〇線区の収支を公表したが、その半数以上の一〇路線二一線区は中国地方に含まれていた。JR西日本は、今後は持続可能な地域交通体系を構築するための議論を進めたいとしている。

このように、中国地方の交通網は東西を結ぶ幹線交通と山陰の諸都市を結ぶかたちで整備されてきたが、この構図は、実は江戸時代から変化していない。山陰内の都市間のつながりは今も昔も弱く、参勤交代のための街道整備も、現代と同様のかたちでなされてきた。これはすなわち、近代化以前から人や物資の流れに大きな変化がないことを表しているといえる。

❸ 工業地域の動向

中国五県のうち、瀬戸内海に面する岡山県、広島県、山口県の三県は、工業県としての性格を有している（図4-17）。これは、戦後の産業立地政策において、瀬戸内海沿岸地域が工業整備特別地域に指定され、臨海コンビナートが整備されたことが大きい。この地域には輸送用機械（水島（倉敷）・広島・防府(ほうふ)：自動車、広島県：造船）の工場のほか、製鉄（水島、福山）、石油化学（水島、大竹、岩国、周南）といった素材型産業の工場が立ち並ぶ。山陽のうち広島県と岡山県の内陸部には、半導体産業や電気機械産業も立地している。産業別の県別製品出荷額は臨海地区の工業立地を反映しており、石油製品と化学工業は、石油化学コンビナートが立地する岡山県と山口県で出荷額とその割合が高い。鉄鋼業はJFEスチールの工場が立地する岡山県と広島県で高い。島根県で鉄鋼業の製造品出荷額の割合が比較的高いのは、「たたら製鉄」の時代からの系譜を有するプロテリアル安来製作所

輸送密度
交通機関の一日当たりの平均輸送量のことで、旅客と貨物の双方で使われる。旅客鉄道の場合、旅客営業キロ一キロメートル当たりの一日平均旅客輸送人員で算出される。国鉄分割民営化の際には、輸送密度二〇〇〇人未満の路線のほとんどはバス転換されたり、第三セクター鉄道に移行したりした。しかし、現在では輸送密度二〇〇〇人をはるかに下回るJRの路線・区間が多数存在する。

臨海コンビナート
戦後の全国総合開発計画により、新産業都市、工業整備特別地域などに指定された地域で、臨海部に海面埋め立て等で造成された大規模工業団地。鉄鋼、

石油化学など素材型重化学工業が多く立地し、原材料、中間製品の供給が行われることが多い。山陽では水島（倉敷市）、福山、徳山（周南市）などの臨海工場地帯が造成された。

表4-13　中国地方の工業構成（2021年）

	全国	鳥取	島根	岡山	広島	山口
製造品出荷額等（億円）	3,302,200	8,441	12,866	83,654	99,439	66,501
化学工業	317,082	53	381	12,743	3,833	22,817
石油製品・石炭製品	144,329	31	37	17,125	168	9,737
鉄鋼業	197,188	175	1,742	11,536	13,930	6,746
電子部品・デバイス・電子回路	164,424	1,750	3,106	2,297	6,937	815
電気機械器具	194,993	1,093	370	2,136	2,252	453
情報通信機械器具	61,345	225	1,626	102	41	X
輸送用機械器具	631,198	128	789	7,630	30,531	8,634

（資料）『経済構造実態調査（製造業事業所調査）』より作成.

（旧・日立金属安来製作所）などの存在に起因している。

工業が盛んな山陽に対し、製造品出荷額等が中国地方全体の約八％に過ぎない鳥取、島根の山陰二県は工業県とはいえないが、鳥取三洋電機（現・ＬＩＭＮＯ）やオムロン、島根富士通など、安価な労働力を求めて進出した電気機械器具の工場が立地してきたこともあり、両県の電気・電子機器工業への依存度は高い。実際、電子部品、電気機械器具では、出荷額は広島の方が高いものの、全製造品出荷額に占める割合は鳥取、島根で高く、情報通信機器は出荷額でも広島、岡山より高い（表4-13）。しかし、これらの産業の国内生産は、海外生産や韓国、台湾、中国といった海外メーカーの台頭に押されて低下してきており、電気・電子機器工業の企業再編も進む中で、両県は雇用を含めて経済面で深刻な状況にある。また、かつて国内の労働集約型工場での電気機械器具生産を中心としてきたが、より安価な労働力を求めて海外生産にシフトした結果、国内での電気機器生産を電子部品生産にシフトしたところも多く、山陰での製造業自体が変質してきている。

出荷額では重化学工業や電気・電子機器工業には遠く及ばないものの、中国地方には多くの地場産業が存在する。

岡山・児島（倉敷市）のデニム、広島の針、広島・熊野町の筆、広島・府中市の家具、福山の作業服、島根県石見地方の瓦（石州瓦）、奥出雲のそろばんなどは、現在でも国内生産で高いシェアを占めている。その一方で、中国製をはじめとする安価な海外製品に押されて苦境にある地場産業も多く存在する。

❹ 地域づくりの取り組み

中国地方には、中国山地の中山間地域を中心に「限界集落」が多く存在する。現在では人口流出は少なくなったものの、居住者の加齢による自然減が続いている。国土交通省が二〇〇七年に実施した「国土形成計画策定のための集落の状況に関する現況把握調査」によると、中国地方に存在する一万二五五一の集落のうち、一〇年以内に消滅する集落は七三、いずれ消滅するとされた集落は四二五あるとされた。その割合は四国よりも低いが、数は東北や四国よりも多く、消滅の危機にある集落が最も多い地方となっている。一方で、こうした過疎地域の困難な状況ばかりを強調するのではなく、「里山のある暮らし」を見直す動きもある。戦後、里山が次々と消失する中で、中国山地に残る「里山のある暮らし」を守るための取り組みがなされている。

以下、中国地方の過疎地域における地域づくりの取り組みをいくつか紹介する。岡山県西粟倉村は人口一五〇〇人程度の小さな村だが、都市部からの移住者を積極的に受け入れている。村民と村役場が出資する株式会社が、地元住民、森林組合などと連携して森林の間伐を進め、間伐材を使った木材加工品の製造・販売の機能を整備することで、雇用の確保にもつながった。林業を軸とした六次産業化による地域再生モデルとして注目を集めている。

岡山県真庭市では、移住支援を行っている。東京圏から真庭市への単身での移住者に六〇万円、世

限界集落

過疎化などで人口の五〇％以上が六五歳以上の高齢者になり、社会的共同生活の維持が困難になっている集落を指す。大野晃が二〇〇五年に称した概念で、その背景には集落の盛衰を動態的に捉え、集落の消滅を念頭に置いている。この用語の使用は多くの議論を呼んだが、マスコミで広く使用された結果、多くの国民が知るところとなり、近年では過疎地域のみならず都市部の小規模・高齢化地区においても用いられている。

里山

集落、人里に隣接した結果、人間の影響を受けた生態系が存在する山をいう。里山では、農作物を作り、その藁で蓑や草履、茅葺屋根などを作り、その役目が終わったら家畜の餌

にしたり、土に返したりするなどの資源の循環が自然とできていた。今でいう「持続可能なライフスタイル」を実現してきた里山での暮らしは、日本の原風景ともいえる。

帯での移住者に一〇〇万円を支給しており、さらに世帯の一八歳未満の者一人につき一〇〇万円を加算して支給している。ＳＤＧｓへの取り組みも盛んで、宝島社の『田舎暮らしの本』の「住みたい田舎」ベストランキング（二〇二一年）において、人口一〇万人以下の小さな市部門で全国六位になった。

島根県の離島、隠岐にある海士町では、一九九八年度に商品開発研修生制度をはじめ、研修生は島の基幹産業である水産資源の加工・販売などの業務経験を重ねつつ、「よそ者」だからこその「気づき」を商品化している。これまで数十人の移住者が「サザエカレー」や「ふくぎ茶」など、島の食文化を商品化してきた。二〇一五年度までに二五名が参画して特産品化に取り組みながら、そのうち七名が町に定住した。研修生には毎月一五万円の給与が支給され、格安の住居も提供される。これらの移住支援に加え、子育て支援を充実させたことも、移住促進につながっているという。

地域づくりの取り組みは移住支援ばかりではない。島根県雲南市吉田町は人口一五〇〇人ほどの町だが、かつて、たたら製鉄が盛んだった時代には約一万五〇〇〇人が住んでいたといわれる。開業医の居宅だった古民家を改築し、たたら製鉄の歴史と仕組みがわかる「鉄の歴史博物館」にしたほか、家族で遊べるスポット作りや観光林、古民家の宿など、吉田町を訪れてもらうための様々なプロジェクトが進んでいる。

島根県大田市大森は、かつて石見銀山の鉱山町であると同時に江戸時代に天領の支配のための代官所の陣屋町であった歴史があり、重要伝統的建造物群保存地区に指定されている。石見銀山が世界遺産に指定されマイカーで来る観光客が増加すると、集落内で交通渋滞が発生することで穏やかな生活空間が壊されることが懸念された。そこで、石見銀山の駐車場を集落の外れに設置し、そこから石見銀山までの二・三キロメートルの道のりを、歴史的な街並みを散策しながら歩いてもらうように工夫するなどして、石見銀山観光と一体化したまちづくりを目指している。

以上のように、中国地方では山陽と山陰で、自然的にも経済的にもその様相が大きく異なっているのみならず、地方全体を統括するほどの高い拠点性を有する都市が存在せず、地域的なまとまりは弱い。比較的経済力が高い中密度地域であり、性格が似通っている山陽の諸県も、東西に細長く延びる地理的形状のため統一性を欠いており、中国地方、あるいは山陽、山陰が一体となった地域経済の成長戦略が打ち出しにくいのも課題の一つである。

第8節 四国——関係人口拡大のための取り組み

四国の地形と地域的課題

四国北部には、国内で最も活動的な活断層の一つであり、全体として四四〇キロメートルを超える中央構造線断層帯がある。四国内の中央構造線断層帯の周辺では、四国山地と讃岐山脈の間に徳島平野が東西方向に細長く入り込み、また四国山地と新居浜平野や松山平野などとの境が直線的であることなどから、中央構造線断層帯がこの地域で繰り返し活動してきたことを示す明瞭で特徴的な地形がみられる。

四国は、中央構造線によって地質学的に内帯と外帯に区

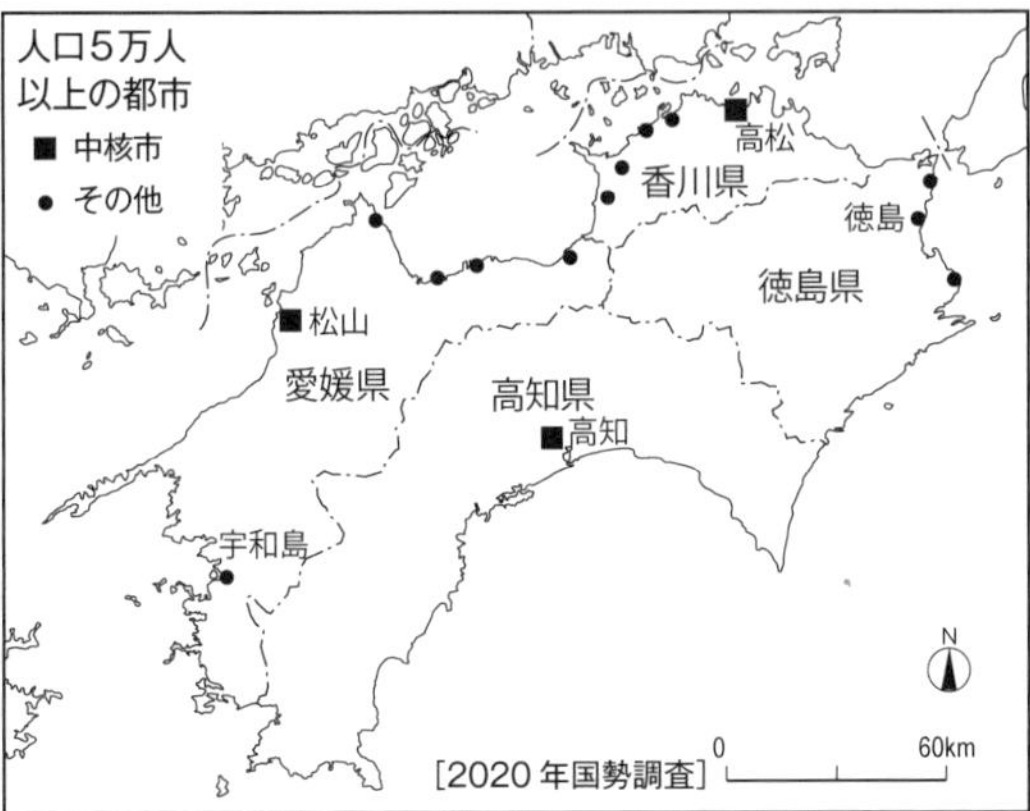

中央構造線
世界第一級の大断層であり、九州東部から関東地方にかけての西南日本を南北に二分する、約1億年前にできた地質境界。中央構造線を境にユーラシア大陸側を「内帯」、海溝側を「外帯」と呼ぶ。内帯は中生代白亜紀にマグマが上昇した花崗岩類から成る一方、外帯は海底でできた堆積物の付加体からなっている。中央構造線の一部は、現在も活断層となっている。

安政南海地震

一八五四（安政元）年一一月四日（旧暦）に発生した安政東海地震の三〇～三二時間後（翌日）に発生したマグニチュード八・四の地震。南海トラフが連動して活動したと考えられている。伊豆から四国までの地帯に死者数千人、倒壊家屋3万軒以上の被害をもたらし、土佐領内では推定波高五～八メートルの大津波が襲った。この地震での体験をもとに描かれた「稲むらの火」は和歌山県広川町に住む主人公が高台の稲むらに火をつけて夕闇の中で逃げ遅れた村民を誘導した物語で、地震後の津波への警戒と早期避難の重要性を説いている。

南海トラフ巨大地震

駿河湾から日向灘沖にかけてのプレート境界を震源域として、概ね

図4-18　四国地方の地形

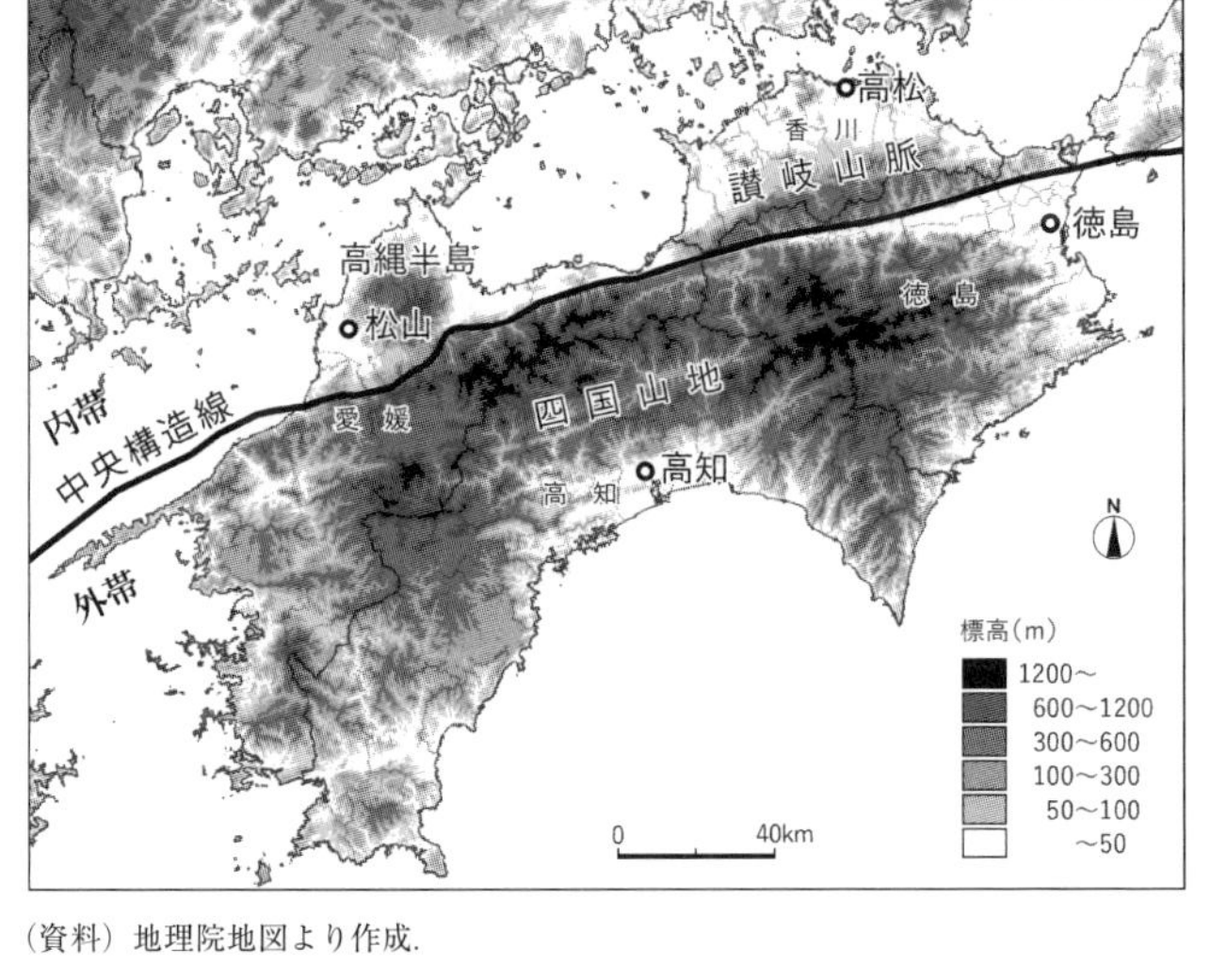

（資料）地理院地図より作成.

分される（図4-18）。内帯には中国山地や朝鮮半島の地質と類似した花崗岩類が分布し、その多くは深層風化が進行しているために、高縄半島の東三方ヶ森（標高一二三三メートル）、讃岐山脈の竜王山（標高一〇六〇メートル）など一二〇〇メートル未満の相対的に標高の低い山地が、外帯はフィリピン海プレートの沈み込みによる付加体でできており、砂岩・泥岩や、それらが圧縮されてできた結晶片岩からなる。東西に伸びる四国山地には、西日本最高峰の石鎚山（一九八二メートル）や剣山（一九五五メートル）をはじめとする一五〇〇メートルを超える山も多く、ほとんどは急峻である。四国山地を構成する岩石は、激しい地殻変動で圧縮されて頑丈な岩石となっているため、吉野川流域であっても山頂の高さは維持され、祖谷渓のような深い渓谷を作り出した。

また一八五四年の安政南海地震から一七〇年が経過し、今後三〇年以内の南海トラフ巨

大地震の発生確率は四〇％程度とされる。それは駿河湾から日向灘沖にかけてのプレート境界を震源域として概ね一〇〇～一五〇年間隔で繰り返し発生してきた大規模地震であり、四国全域が震度六以上となることが想定されている。また太平洋沿岸部に襲う津波は五メートル以上の地域と一〇メートル以上となる地域が混在している。内閣府は当地震により生じる資産等の被害を約一七〇兆円、経済活動への影響を約四五兆円と試算している。

また、国土交通省は四国圏が抱える課題として、①厳しい地勢・巨大地震や気候変動による自然災害のリスク、②産業・企業集積の不十分さ、高い物流コストや中小企業ウェイト、③社会経済面・生活利便性の格差（地域間の医療体制など）、④不十分なインフラの整備と既存インフラの老朽化、⑤四国圏内外との連携・交流の弱さ（人流・物流、観光交流など）、⑥人口減少・少子高齢化の進展（特に中山間地域・島しょ部、空き家・耕作放棄地の増加など）、⑦デジタル環境の地域格差、を指摘している。

これらの点を踏まえ、本節では四国における経済活動を、人口との関わりを中心に述べていくこととする。

四国の人口分布の特色

二〇二〇年の国勢調査によれば、四国の人口は約三七〇万人であり、これは全国比二・九％に相当する。しかし、四国の面積が全国比四・八％であるため、地域全体としての人口規模が小さいことも明らかである。また二〇一〇年の人口の対全国比が三・一％であったことから、四国の人口減少率は全国平均よりも一層高いといえる。また全面積に占める可住地面積の割合が全国平均の七五％に過ぎないことも、面積に対して人口規模が小さい要因となっている。

一〇〇～一五〇年間隔で繰り返し発生してきた大規模地震である。前回の地震が一九四四年（マグニチュード七・九）と一九四六年（マグニチュード八・〇）に発生したことから、次の地震発生の切迫性が高まっている。最大震度は七となる可能性があり、太平洋沿岸を中心とした広い地域では一〇メートルを超える大津波の襲来が想定される。東海地震、東南海地震、南海地震がこれに当たる。

四国の四県都の合計人口は約一五〇万人であり、その面積は一三〇五平方キロメートルである。すなわち面積比七・一％の土地に、四〇・八％の人口が集中していることになる。沿岸部の平野に位置する県都やそれに次ぐ諸都市に経済活動が集中する結果（図4–19）、雇用をはじめとした様々な機会で、山間部との格差が大きくなる。人口規模が小さくなることは域内の予算配分にも影響を及ぼし、それが社会資本の整備度の差異にもつながり、公共交通機関、教育機会の充実度にも地域差が生じる。特に教育機関や医療施設が地域内に十分に備わっていないことは、子育て世代の生活上の不安要

基準地域メッシュ

国の定める標準地域メッシュ体系のうちの一つで、緯度三〇秒、経度四五秒の間隔で区切られた区画。「第三次地域区画」とも言う。二万五千分の一地形図の一図葉の区画（第二次地域区画）を緯線方向・経線方向にそれぞれ十等分してできる区画で、一つのメッシュは約一平方キロメートルの面積である。

図4–19　四国地方における基準地域メッシュ別にみた人口分布（2020年）

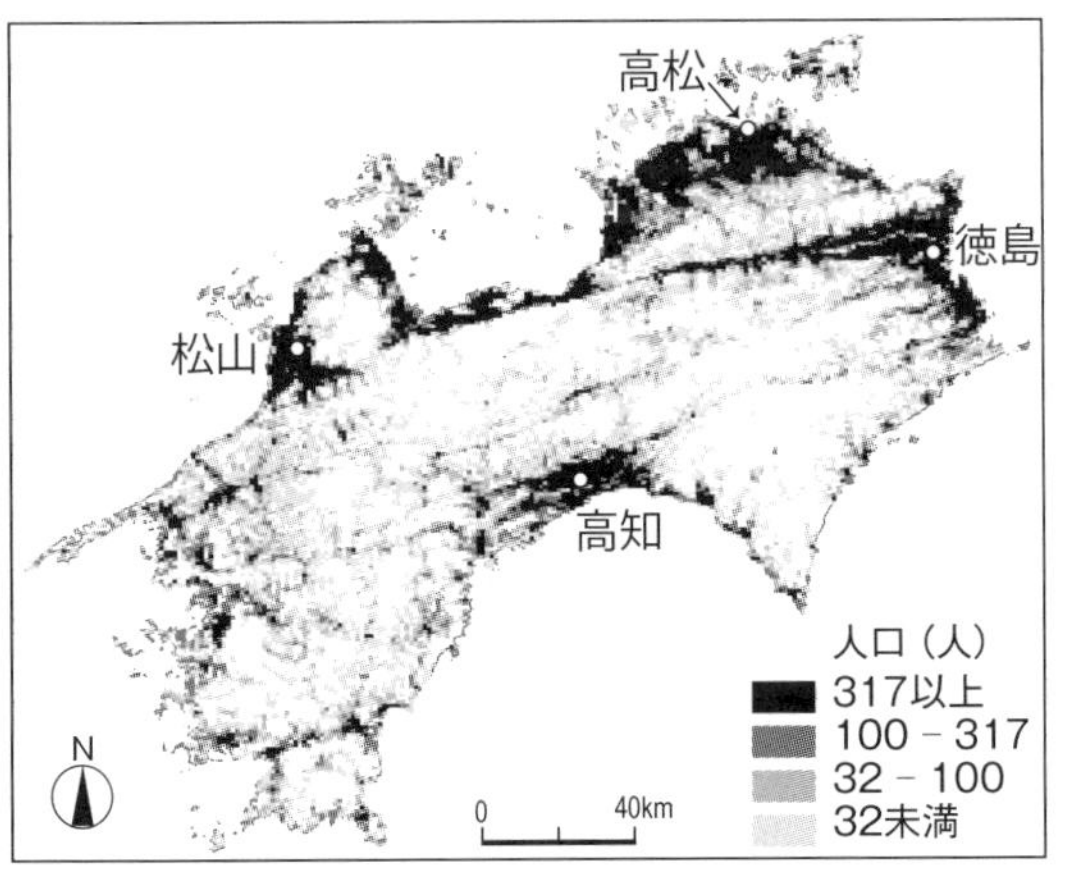

（資料）国勢調査地域メッシュ統計より作成.

図4–20　徳島県における基準地域メッシュ別にみた高齢化率分布（2020年）

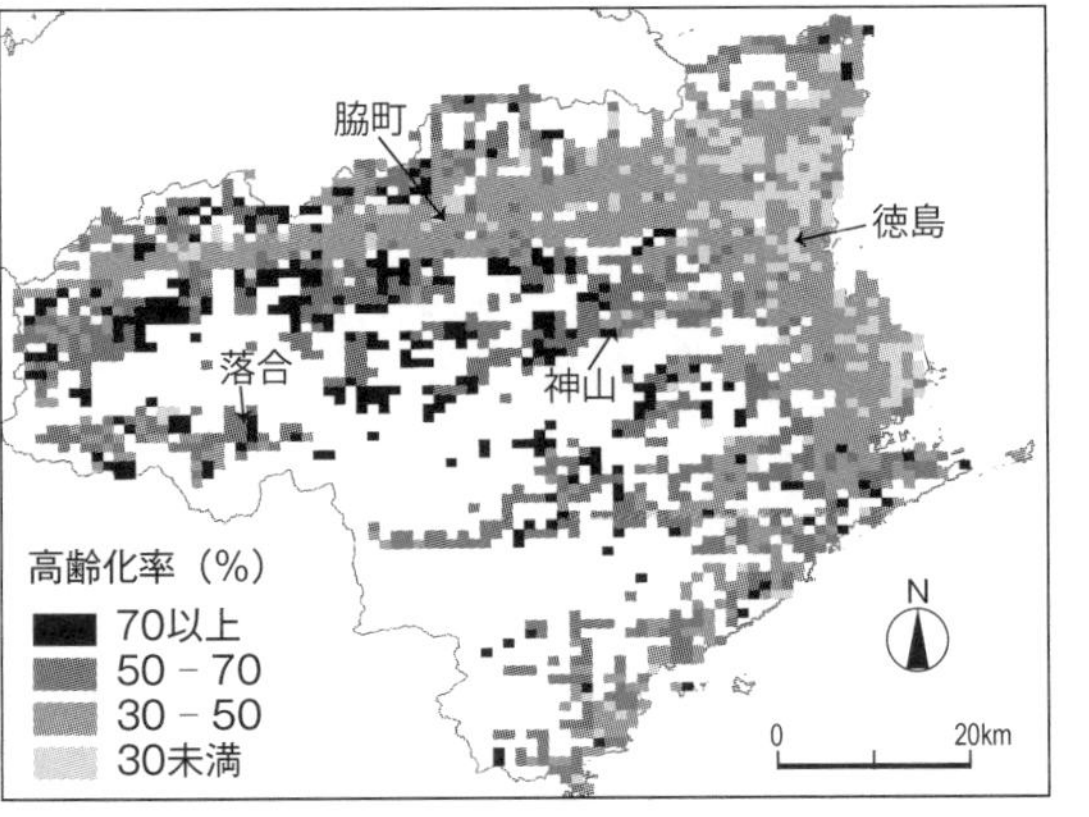

（資料）国勢調査地域メッシュ統計より作成.

(人, %)

2000年	2005年	2010年	2015年	2020年
824,108 (21.9)	809,950 (24.4)	785,491 (27.0)	755,733 (31.0)	719,559 (34.2)
1,022,890 (21.0)	1,012,400 (23.3)	995,842 (25.8)	976,263 (29.9)	950,244 (31.8)
1,493,092 (21.4)	1,467,815 (24.0)	1,431,493 (26.6)	1,385,262 (30.6)	1334841 (33.2)
813,949 (23.6)	796,292 (25.9)	764,456 (28.8)	728,276 (32.8)	691,527 (35.5)
268,218 (17.9)	267,833 (20.5)	264,548 (23.7)	258,554 (27.6)	252391 (30.7)
7,798 (39.2)	6,924 (44.1)	6,038 (46.4)	5,300 (49.5)	4,647 (49.4)
36,632 (27.6)	34,565 (30.0)	32,484 (31.9)	30,501 (35.5)	28,055 (35.3)
37,305 (32.2)	34,103 (35.9)	29,951 (38.0)	26,836 (41.0)	23,605 (41.3)
126,925,843 (17.4)	127,767,994 (20.2)	128,057,352 (23.0)	127,094,745 (26.6)	126,146,099 (28.6)

素となり、出産前あるいは子どもが中学生になった時点で都市部に移住するケースが多くなる。子どもの進学先の高校が決定した段階で移住することも可能であるが、都市部の中学校に入学し合格者の割当数が多い学区内区分で受験することで、好条件の進学先を決めることができる。

徳島県の高校を事例にとると、学区外合格者の割合は学区や高校によって八〜二〇％の幅があるものの、その枠で合格することは学区内合格者に比べれば狭き門といえよう。その結果、生産年齢人口と子育て世代の山間部からの流出傾向が強くなり、一層の人口減少が進行し、経済活動が停滞する結果、

表4–14　四国4県と事例市町における人口および高齢化率の推移

	1980年	1985年	1990年	1995年
徳島県	825,261 (12.0)	834,889 (13.3)	831,598 (15.6)	832,427 (18.9)
香川県	999,864 (11.9)	1,022,569 (13.3)	1,023,412 (15.4)	1,027,006 (18.2)
愛媛県	1,506,637 (11.6)	1,529,983 (12.9)	1,515,025 (15.4)	1,506,700 (18.5)
高知県	831,275 (13.1)	839,784 (14.5)	825,034 (17.2)	816,704 (20.6)
徳島市	249,343 (9.6)	257,884 (10.9)	263,356 (12.7)	268,706 (15.4)
神山町	11,156 (17.6)	10,542 (19.7)	9,468 (24.6)	8,614 (32.0)
美馬市	41,642 (14.6)	40,689 (15.9)	39,159 (19.0)	38,202 (23.4)
三好市	47,057 (15.8)	45,340 (17.3)	42,219 (21.0)	40,087 (26.9)
全国水準	117,060,396 (9.1)	121,048,923 (10.3)	123,611,167 (12.1)	125,570,246 (14.6)

(注) 上段が人口，(　) 内が高齢化（老年人口）率.
(資料)『国勢調査』より作成.

公共サービスの低下や生活利便性の悪化を通じて、さらに人口流出が加速することになる。徳島県内でみても山間部を中心に高齢化率が七〇％を超える集落が点在する（図4–20）。

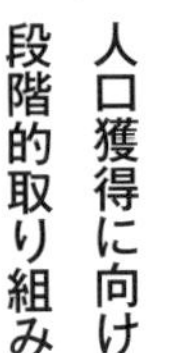

人口獲得に向けた段階的取り組み

表4–14に示すように、四国は全国平均より高齢化率が高く、そのため自然減の比率も高くなる傾向にある。また、一九八〇年代以降の四国と本州の架橋は人口流出を加速させたとされるが、社会減についてはヒトの意思が介在していることもあり対策を講じうるのではないか。特に四国地域としての経済活動を考えた場合、生産人口の

域外流出を阻止すると同時に、域外から流入させる仕組みづくりが重要である。以下では、徳島県内や香川県内での取り組みを中心に、交流人口、関係人口、定住人口を増加させることで域内の人口増加を図ろうとする試みをみてみたい。

(A) 交流人口の獲得

四国においては、域外からの移住者の獲得を最終目標とし、第一段階として交流人口の増加に努めている。ここでは観光資源としての集客力が高い重要伝統的建造物群保存地区(以下、重伝建地区)の二事例(徳島県美馬市脇町、徳島県三好市東祖谷山村落合集落)から交流人口獲得の取り組みに着目する。

徳島県美馬市脇町南町は一九八八年に重伝建地区に選定された。同町のうだつの町並みは、吉野川北岸の主要街道の撫養街道と讃岐への街道が交差する交通の要衝かつ吉野川に面するため、舟運の利用にも適した場所に位置する。脇城の城下町として成立し、江戸時代には藍、明治三〇年代以降は繭の集散地として発展を遂げ、現在は明治時代頃のものを中心とした江戸中期~昭和初期の八五棟の伝統的建造物が立ち並ぶ。町家の両端に本瓦葺きで漆喰塗りの「うだつ」が多くみられるため、「うだつの町並み」の通称で広く知られる。伝統的な町並みとして脇町南町が注目され、一九七〇年代後半から学術調査の手が入り、一九八四年に住民を中心とした「脇町の文化をすすめる会」が発足、その後「南町町並み保存会」が結成され、後の重伝建地区内を中心とした住民活動の受け皿として機能するようになった。住民の取り組みに呼応し、行政も周辺の景観に合うように既存の建物を大幅に増改築した。その後に手作り郷土賞、「日本の道一〇〇選」に選定され、重伝建地区への選定につなげた。

しかし、重伝建地区の住民にとって、伝統的建造物は日常的生活の場であるため、建物の保存と変

交流人口と関係人口

交流人口とは、通勤や通学、観光、レジャーなどで一時的に地域と交流する人々を指す。それに対し関係人口は、地域と深く関わりのある人々を指し、特定の地域にルーツのある人や過去に居住したことのある人、頻繁に行き来している人などが代表的な例である。地方圏は人口減少・高齢化により、地域づくりの担い手不足という課題に直面しており、関係人口の拡大による地域創生が期待されている。

重要伝統的建造物群保存地区

一九七五年の文化財保護法の改正により伝統的建造物群保存地区の制度が発足し、城下町、宿場町、門前町など全国各地に残る歴史的な集落・町並みの保存が図られるように

化する生活スタイルへの対応を両立させることは容易ではない。また歴史ある重伝建地区の景観保全にはコストもかかるが、行政も様々なバックアップの施策を講じており、景観整備という観点からは電柱の地中化、道路舗装の修景、街灯や橋に至るまで、可能な限り町並みに馴染むデザインの統一を図っている。その結果、重伝建地区は年間約二五万人が訪れる、西阿波を代表する観光地の一つとなり、ボランティアガイド連絡会が案内役を担っている。

次に、徳島県三好市東祖谷山村落合集落は二〇〇五年に重伝建地区に選定された。祖谷川と落合川の合流点より山の斜面にそって広がる集落で、集落内の高低差は約三九〇メートルであり、急斜面に位置している。集落の起源として平家の落人伝説や開拓伝承などが残されており、江戸の中期から明治期にかけて造られた急斜面に建つ茅葺屋根の民家が立ち並び、日本の原風景ともいえる山村景観、食文化、農耕に関連する伝統行事などが継承されている。傾斜地の畑では石が多く水はけのよい土壌を活用し、煮崩れしにくいじゃがいもが作られ、夏から秋にかけてはそばが栽培される。このじゃがいもは同じく地域で作られる岩豆腐とともに「でこまわし」、そばは「そば米雑炊」の材料として地域の食文化を語る上で欠かせない食材となっている。そして秋から冬にかけては、「コエグロ」と呼ばれる、周辺のカヤを刈り取って円錐状にまとめたものがみられる。これは茅葺屋根の材料ともなる植物で、乾燥させた後に細かく裁断して畑に入れることで、傾斜した畑の土砂の流出を防ぎ、一方で肥料となり土の乾燥も防ぐ、風土に根付いた伝統農業である。この伝統的な独自の傾斜地農耕システムは、二〇一八年、国連食糧農業機関（ＦＡＯ）によって、「世界農業遺産（ＧＩＡＨＳ）」に認定された。このように文化庁が認定する重伝建地区への指定、ＦＡＯによる世界農業遺産に認定されることで、その地域は国の公式ホームページで紹介されるだけでなく、旅行会社や出版業界もその点に注目した広報をすることで地域の知名度が一層上がる。地域の情報に触れる機会が向上することで、そ

なった。市町村は伝統的建造物群保存地区を定め、国はその中から価値の高いものを重要伝統的建造物群保存地区として選定し、市町村の保存事業への財政的援助や必要な指導または助言、さらに管理、修理、修景などに対して補助を行っている。

世界農業遺産

社会や環境に適応しながら何世代にもわたり継承されてきた独自性のある伝統的な農林水産業と、それに密接に関わって育まれた文化、ランドスケープおよびシースケープ、農業生物多様性などが相互に関連して一体となった、世界的に重要な伝統的農林水産業を営む地域のこと。国際連合食糧農業機関（ＦＡＯ）により認定され、伝統的な農業のシステムを周囲の環境や文化、技術、景観な

どを含めて保全し、次世代に引き継ぐことを目的とする。

限界自治体
高齢化率が五〇％以上の、行財政運営が危ぶまれる自治体のこと。税収低下による自治体の自主財源の減少、高齢者にかかる扶助費増加による自治体財政の逼迫、世代別人口構成

れ以前は当該地域についてほぼ知らず関心もなかった人々の関心を引き付けることが可能になる。さらに、全国旅行支援事業やふるさと納税などの制度も交流人口を増加させる上では一定の効果があるといえよう。

（B）関係人口から定住人口へ

しかし、住民の高齢化や空き家の増加など、交流人口だけでは地域が抱える人口減少の課題解決にはつながらず、そこから関係人口につなげていくことが必要である。次に関係人口の増加に積極的に取り組む小豆島の事例に紹介したい。小豆島においては土庄町（とのしょうちょう）と小豆島町の二自治体がＮＰＯ法人トティエと協力して移住促進事業を推進している。ここでは自治体は空き家バンクや「島ぐらし体験の家」の運営、求人情報の提供、地域おこし協力隊の受入れ、住宅取得支援費の拠出などを行う。一方、トティエは移住促進に関わるイベントやツアーの企画実施や自治体が行う空き家バンク制度のサポートなど、移住促進のためのプロモーション面を担っている。また移住を検討する人に対し、自治体とトティエが一体となってオンライン相談に応じることもある。その際には、移住検討者に寄り添い、上辺だけではない生活環境の実態を伝え、移住前に想定していた生活と移住後の生活に乖離が生じないように工夫することで、定住率の向上に努めている。

また、人口減で就業者数が減ってしまえば地域の経済活動も衰退するため、地域の経済力を維持するためにも人口の維持、そして新たな転入者の獲得が喫緊の課題である。最後に関係人口を獲得するための徳島県神山町の取り組みをみてみたい。

徳島県神山町は徳島市から約二〇キロメートル西に位置する一七三・三平方キロメートルの自治体で、町域の約八六％が標高三〇〇～一五〇〇メートルの山林となっている。一九五五年に五村の合併により創設され、当初の人口は二万五〇二人であったにもかかわらず、段階的な人口減少と高齢化率

の上昇の結果、二〇一五年には限界自治体と位置づけられるようになった。しかしながら日米親善人形の里帰りやアダプト事業などを機運に発展したNPO法人グリーンバレーが主導役となって、人々を魅了する自然環境づくりと他者を受け入れる力により、関係人口を増やすことに成功した事例である。

従来、徳島県では大部分の地域が大阪発信のテレビ放送を視聴していたが、二〇一一年の地デジ移行による難視聴対策として県下全域に対する光ファイバー網を敷設したことにより実現した高速ブロードバンド環境を集落再生に活用した。「とくしま集落再生プロジェクト」の一環として、二〇一二年より「とくしまサテライトオフィスプロジェクト」が開始され、二〇二三年現在でサテライトオフィスの立地件数は県全体で一〇五社、神山町で一五社を数え、一定程度の移住者、さらに地元雇用の創出につながった。

神山町の試みの特色は、移住者を希望順に受け入れるのではなく、地域が必要とする人材、具体的にはスキルのある人や子育て世代など町の未来に必要な人を逆指名することで、町が自らの地域と将来を「創造」していることにある。この制度の背景には、移住者を受け入れることは地域にとりプラスの要素だけではなく、ストレスになることもあるため、地域が必要とする納得できる人を選択的に受け入れ、その一方で受け入れた以上は地域住民も生活上の支援などに積極的に関わることで、定住率の向上と持続可能な地域創生に取り組むことがある。このような試みが実現した背景には、官民連携型の柔軟かつ弾力的な移住政策、地域と移住希望者双方の期待を事前に明確にした上でのマッチング、神山バレー・サテライトオフィス・コンプレックスなどに代表される一時的に現地でスペースをレンタルして体験できる仕組みが整っていることがある。

のアンバランスによる産業の空洞化、学校など地域に人の集まる施設の減少による地域活力の衰退、耕作放棄地や手入れのされない森林の増加による地域全体の荒廃が懸念される。これら自治体内の集落の多くは限界集落で、日常生活上の課題も多い。

アダプト・プログラム

市民と行政が協働で進める清掃活動をベースとしたまち美化、環境保全プログラム。アダプト（Adopt）とは英語で「〜を養子にする」の意味で、市民と行政が合意書を交わした上で実施する。道路や河川など一定区画の公共の場所を養子に見立て、市民がわが子のように愛情をもってケアし、行政がこれを支援する制度で、神山町は日本におけるアダプト・プログラムの第一号である。

4 定住人口の獲得と新たな地域創生に向けて

四国では定住人口の増加を最終目的として、まず地域を知ってもらい、その上で地域に訪れてもらう交流人口、地域への愛着と継続的な関係性を持つ関係人口への移行と拡大による移住促進政策を採っている。政府も「まち・ひと・しごと創生基本方針二〇一九」において、関係人口の創出・拡大の意義を強調した。つまり、少子化や働き手の都市部への流出などによって、人口が減少、高齢化している地方において、いかに関係人口を増やすかが、地域の活性化、さらには地方創生を実現する重要な鍵となると捉えている。最後に神山町の新たな取り組みを紹介したい。神山町では二〇二三年に全寮制の「神山まるごと高専」を開校し、起業家の育成に地域を挙げて取り組んでいる。定員は一学年四〇名で、初年度は全国から応募がありその数は定員の九倍であった。二七年度の完成年度以降は常に二〇〇人以上の若者が神山の地に住むことになり、これは消費の拡大、地域の活性化にもつながることが期待される。四国でこのような新しい試みが成功する要因として、地域に根づくお遍路さんに対するお接待の文化を看過することはできない。そこで培われた異質なものへの慣れや他者を受け入れる力が、これらの取り組みへのチャレンジを大きく後押しする要因となっている。予測不能な将来を生きていく上で、既存の価値観にとらわれず他者と協働し解決していく姿勢など、四国は種々の可能性を提示している。

第9節　九州——地域資源を基盤とした産業発展

1 九州経済の地域性

九州（福岡・佐賀・長崎・熊本・大分・宮崎・鹿児島の七県）は日本の南西部に位置し、九州島と周辺の島嶼部からなる。人口、面積、主要な経済指標で全国の一割前後を占めることから「一割経済」といわれる。二〇一九年度の域内総生産額（名目）は四四三二億米ドルで、オーストリアやアラブ首長国連邦と同程度の経済規模に達する。

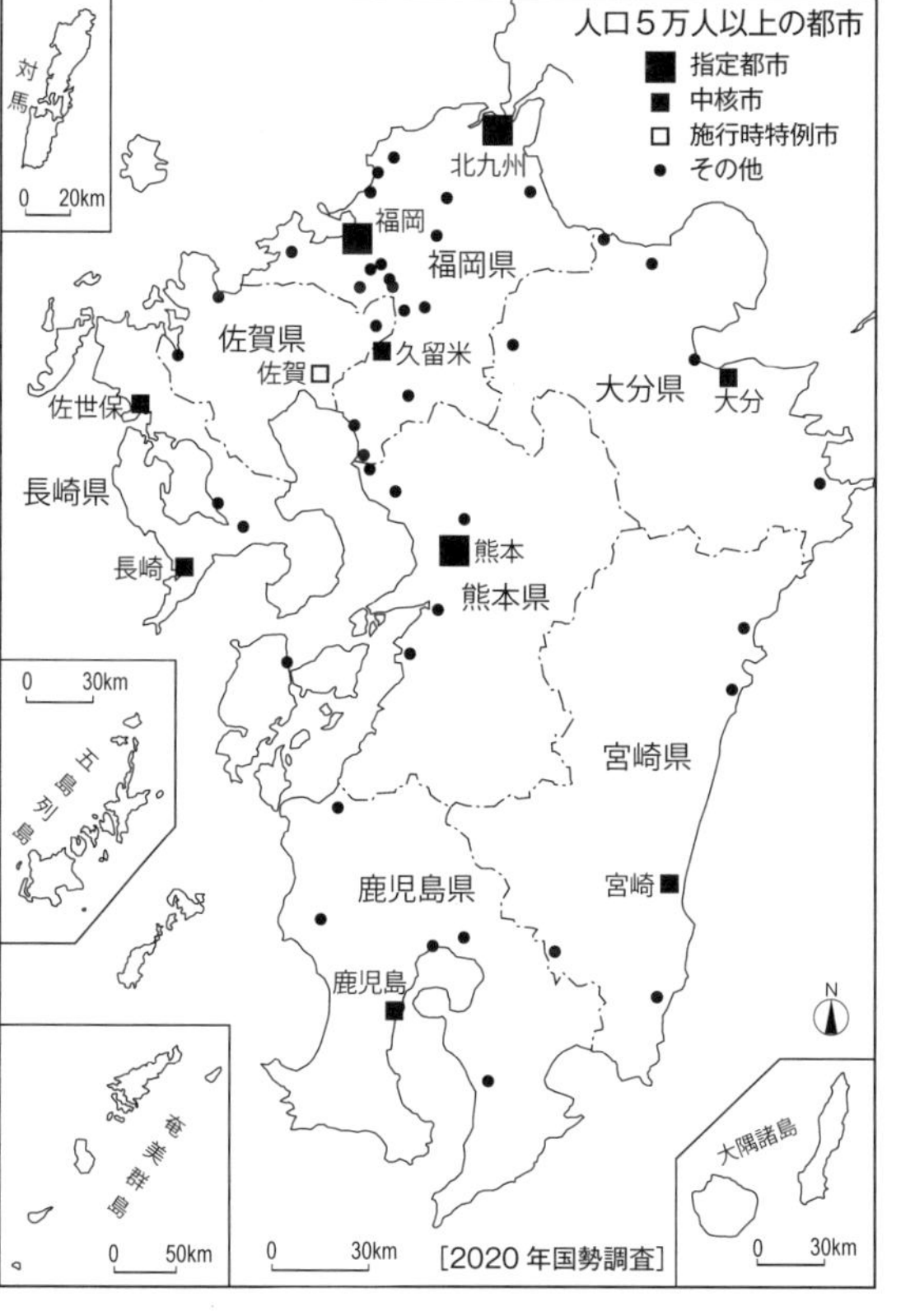

二〇一五年から二〇二〇年までの五年間の人口動向をみる（図4－21）。増加地域は福岡市とその周辺、熊本市とその周辺などに限られる。増加率の上位はいずれも福岡県の福津市（一四・〇％）、

都市の沿革

九州の主要都市の多くは江戸時代に大藩の城下町であった（福岡・小倉（北九州市）・佐賀・熊本・鹿児島など）。それ以外では、鎖国体制で唯一の貿易港であった長崎、廃藩置県後に県庁が置かれて成長した宮崎、小藩の城下町から工業都市に転換した大分、海軍の軍都として栄えた佐世保、官営八幡製鉄所の立地とともに発展した八幡（北九州市）などがある。

図4-21　九州における市区町村別人口増減率（2015～20年）

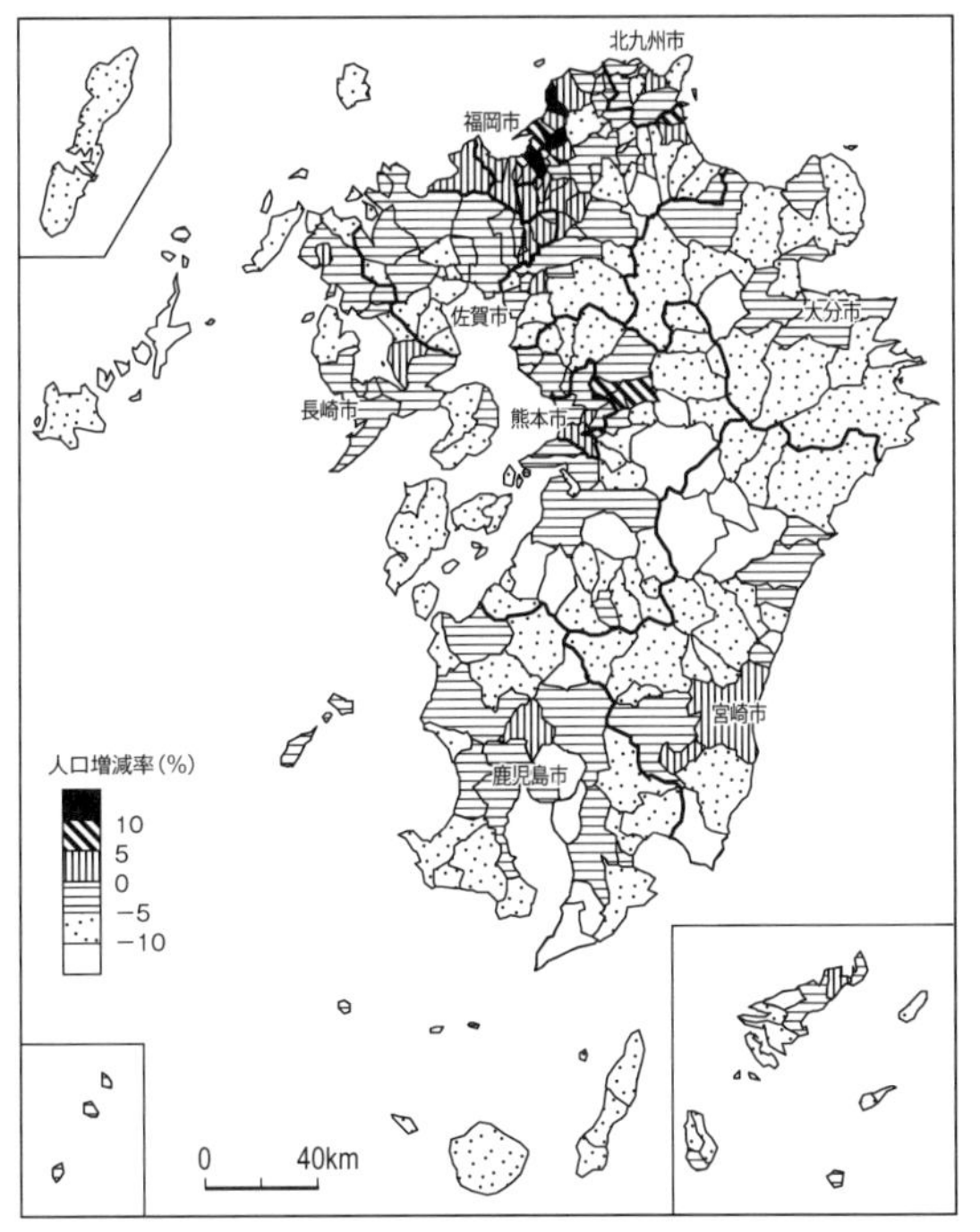

（資料）『国勢調査』より作成.

福岡市博多区（一〇・三%）、久山町（一〇・二%）などである。しかし九州山地や半島部・離島部などでは五年で一割を超える大幅な人口減少地域が広がる。中でも二〇二〇年の令和二年七月豪雨で球磨（くま）川が氾濫した熊本県球磨村では三四・二%もの激しい人口減少を記録した。これら人口減少地域では過疎化と少子高齢化への対応が課題である。

九州最大の都市は福岡市で、二〇二〇年の人口は一六一・二万である。福岡市には国の出先機関や大企業の九州支店・営業所が多数配置されるとともに、小売業・サービス業・大学等の高次都市機能が集積しており、九州全体では福岡市への一極集中が顕著である。福岡市以外の都市では、北九州市（九三・九万）、熊本市（七三・九万）、鹿児島市（五九・三万）、大分市（四七・六万）、長崎市（四〇・九万）、宮崎市（四〇・一万）などが続く。各県ともに県庁所在地への人口集中が著しい。

九州は国土縁辺部にあり、交通インフラの整備が地域振興において重要である。空港は各県に整備され、東京・大阪・名古屋・沖縄など国内の遠隔地を結ぶとともに、東アジアを中心に国際線も有する。壱岐・対馬・五島・天草・種子島・屋久島・奄美大島・徳之島などの主な離島にも空港が整備され、住民や来訪者の貴重な足となっている。

新幹線は一九七五年に山陽新幹線が博多まで延伸した。九州新幹線は二〇〇四年に新八代―鹿児島中央間が先行開業した後、二〇一一年に博多―新八代間が開業し、新大阪―鹿児島中央間の直通運転が始まった。これにより利用客が飛躍的に増加し、沿線の熊本駅や鹿児島中央駅の周辺では商業施設・ホテル・オフィスビルなどが集積した。二二年九月には西九州新幹線が武雄温泉（佐賀県）―長崎間で暫定開業した。博多―武雄温泉間は在来線特急で接続し、博多―長崎間が最速一時間二〇分で結ばれ、開業前より三〇分短縮された。

高速道路網は、一九七一年の九州自動車道植木―熊本間の開通を端緒として次第に南北に延伸し、一九九五年に北九州市―鹿児島市間が全通した。東西方面には鳥栖市―長崎市間の長崎自動車道と、鳥栖市―大分市間の大分自動車道が整備された。東西南北を結ぶ高速道路が鳥栖ＪＣＴで交差し、鳥栖市周辺は物流拠点として発展した。加えて福岡市と各都市を結ぶ高速バス網が充実した。しかし東九州の南北を貫く東九州自動車道の整備は遅れ、北九州市―宮崎市間が全線開通したのは二〇一六年で、九州を東西に貫く九州中央自動車道（熊本県嘉島町―宮崎県延岡市）の整備は緒に就いたばかり

西九州新幹線

博多―長崎間は一九七三年に整備計画が決定したが、二〇〇八年にようやく武雄温泉以南で着工された。新鳥栖―武雄温泉間は在来線を利用し、フリーゲージトレイン（ＦＧＴ）で博多―長崎間を直通運転する計画であったが、技術開発の難航によりＦＧＴの導入は断念された。国とＪＲ九州は佐賀駅経由で全線フル規格の整備を求める一方、佐賀県は在来線特急廃止の懸念や多額の費用負担から反対しており、二三年時点で整備方式が未定である。

である。東九州は新幹線も未整備であり、交通インフラ整備が立ち後れている。

地域経済を牽引する工業

九州には江戸時代から在来工業が各地で発展したが、明治以降の近代工業の萌芽は官営工場で、その端緒は幕府直営長崎鎔鉄所（官営を経て現在の三菱重工長崎造船所）であった。一九〇一年に官営八幡製鉄所が洞海湾に面した八幡（北九州市）に立地した。筑豊炭田からの石炭と中国からの鉄鉱石の輸送の利便性が重視されたものであった。

第二次世界大戦前の九州の工業化は地元の資源（特に石炭）を利用するものが多く、八幡の製鉄以外にも、北九州市の安川電機・ＴＯＴＯ・三菱ケミカル黒崎、大牟田市の三井化学など、化学工業・窯業・炭坑機械などが九州北部において発展した。他方、南・東九州では戦前期には水力発電による豊富な電力を利用した化学工業として、延岡市の旭化成や水俣市の日本窒素肥料（現・ＪＮＣ）などが散発的に立地した。第二次世界大戦後も鉄鋼や化学などの基礎素材型産業は九州の工業を牽引し、中でも一九六四年に新産業都市に指定された大分市では新日鐵（現・日本製鉄）、昭和電工（現・レゾナック）、九州石油（現・ＥＮＥＯＳ）などが立地する鉄鋼・石油化学コンビナートが建設され、工業都市として人口が急増した。

高度成長期以降、九州には加工組立型産業が急成長し工業構造を大きく変化させた。特に一九六〇年代後半以降に半導体関連企業、一九九〇年代以降に自動車関連企業が活発に域外から進出した点が特徴である。九州の工業の九〇年時点の業種構成をみると（表4-15）、一位が電気機械、三位が輸送用機械、七位が一般機械など、加工組立型産業の比重が高まっており、特に半導体を含む電気機械のシェアが高いことがわかる。二〇一九年になると、電気機械に代わって輸送用機械が一位になった。

在来工業

九州では陶磁器業（有田焼・唐津焼・三川内焼・波佐見焼・薩摩焼・小石原焼・小鹿田焼など）、織物業（博多織・久留米絣・本場大島紬）、木工業（八女福島仏壇・川辺仏壇）などが発展した。陶磁器業は陶土・陶石の存在に加えて朝鮮出身の陶工が先進的な技術を伝えたことが産地の形成に重要な役割を果たした。

九州のテクノポリス

高度技術集積都市。旧通産省が一九八〇年に提唱した構想で、産・学・住が調和したまちづくりによって、創造的技術立国と三全総による定住構想を実現しようとした。一九八三年にテクノポリス法が施行された。全国二六地域のうち九州では六地域（久留米・鳥栖地域、環大村湾地域、県北国東地域、熊本地域、宮崎地域、国分隼人地域）が指定された。しかしいずれも程度の差こそあれ、産業開発は順調には進まなかった。

表4-15　工業の業種構成の変化

順位	1990年 産業中分類	出荷額（億円）	(%)	2019年 産業中分類	出荷額（億円）	(%)
1位	電気機械器具	25,944	14.2	輸送用機械器具	50,220	20.5
2位	食料品	23,671	13.0	食料品	32,982	13.5
3位	輸送用機械器具	16,293	8.9	電子部品・デバイス・電子回路	17,699	7.2
4位	鉄鋼業	14,773	8.1	鉄鋼業	17,207	7.0
5位	飲料・飼料・たばこ	13,982	7.7	飲料・たばこ・飼料	15,500	6.3
6位	化学	13,799	7.6	化学	15,399	6.3
7位	一般機械器具	13,209	7.2	生産用機械器具	12,474	5.1
8位	窯業・土石製品	10,450	5.7	金属製品	10,864	4.4
9位	金属製品	9,181	5.0	非鉄金属	9,046	3.7
10位	繊維	6,660	3.7	窯業・土石製品	8,668	3.5
	その他	34,406	18.9	その他	54,750	22.4
	計	182,370	100.0	計	244,810	100.0

（資料）『工業統計表』による．

九州の工業の主導産業がこの間、半導体から自動車へと移行したことを物語っている。

九州の半導体産業は、一九六七年に三菱電機が熊本市に進出した後、八〇年代までに各県に大手メーカーが進出し、九州は「シリコンアイランド」と呼ばれるようになった（図4-22）。その背景として、豊富な若年女子労働力の存在、質・量ともに優れた水の確保、空輸の利便性、テクノポリス政策などによる行政の積極的な誘致などが挙げられる。その結果、九州は一九八〇年代には世界屈指の半導体生産地となった。加えて半導体関連の部材メーカーや製造装置メーカーも九州各県に立地し、産業集積の厚みを増した。一九九〇年代以降は韓国・台湾・中国企業の台頭とアメリカ企業の復活などにより日本の半導体産業の国際競争力が低下し、九州の半導体産業も縮小傾向となった。特に二〇〇八年のリーマンショック後、半導体工場の閉鎖や他社への売却が多発し、従業員の離職と他地域への転出が相次いだ。二〇一〇年代に入りスマートフォン用のイメージセンサーや車載用半導体の需要増により回復基調にある。

近年は米中経済対立の激化やコロナ禍を経て、戦略物資としての半導体の重要性が高まった。日本政府は半導体を国内で安定的に調達するため世界最大手の半導体受託製造企業TSMCの誘致に動き、熊本県菊陽町に半導体工場を建設し二〇二四年に稼働することに

TSMC 正式名称は台湾積体電路製造。同社は半導体の設計はせず製造・組立のみを受託する「ファウンドリ」で世界

図4-22 九州における半導体工場の分布（2022年）

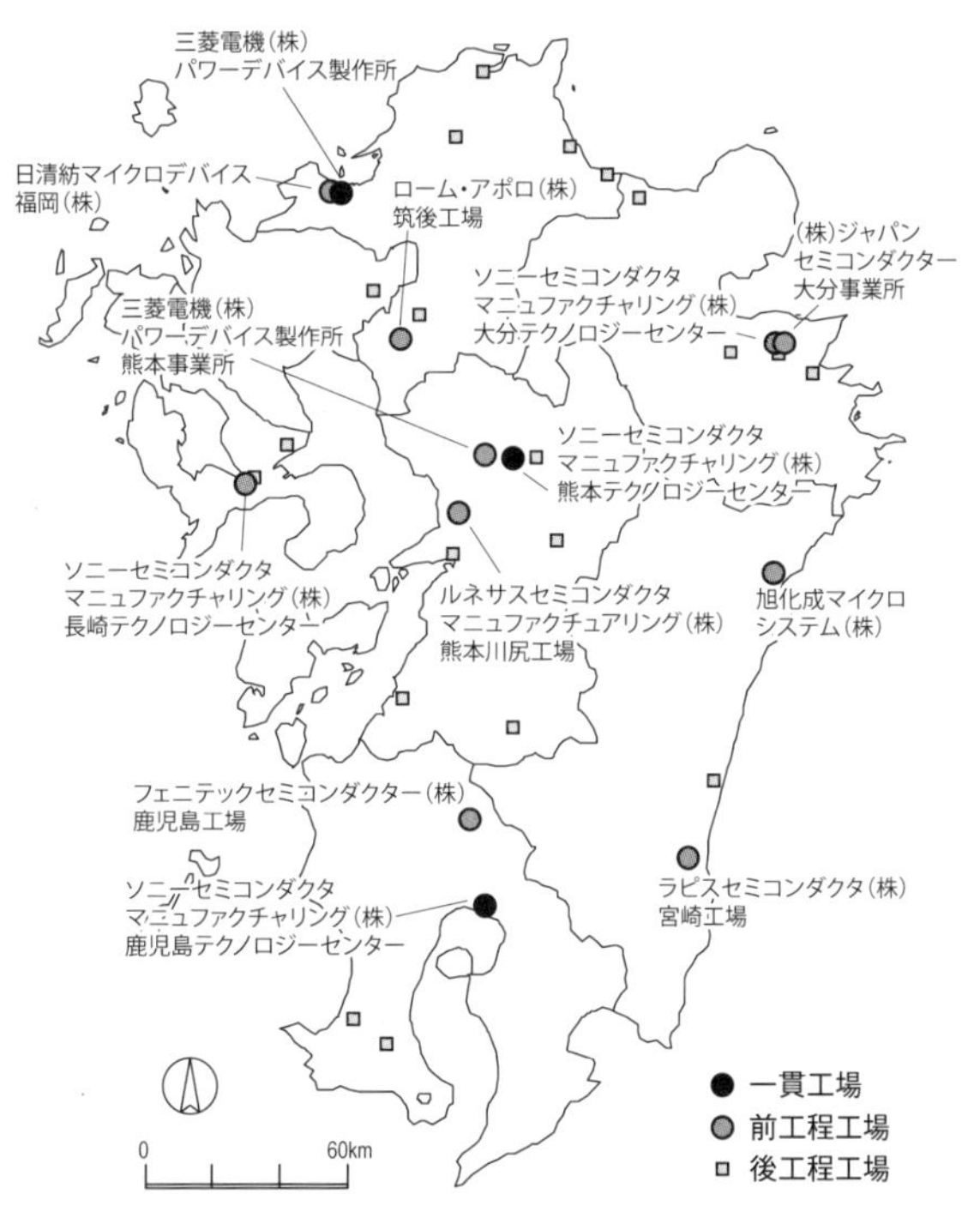

（資料）産業タイムズ社『半導体工場ハンドブック2023』による.

シェアの五割以上を占める。本社は台湾新竹市に置き、工場は台湾のほかに中国本土、シンガポール、アメリカに立地し、さらに日本（熊本県）、アメリカ（アリゾナ州）、ドイツ（ザクセン州）に工場建設を進めている。熊本県の工場はTSMCのほかソニーとデンソーが出資する合弁会社JASMが運営し、投資総額約一兆円の約半額を日本政府が補助金として交付する。

表4-16　九州の四輪車組立工場

工場名	所在地	生産開始年	生産能力
日産自動車九州	福岡県苅田町	1976	53万台
トヨタ自動車九州宮田工場	福岡県宮若市	1992	43万台
ダイハツ九州中津工場	大分県中津市	2004	46万台
日産車体九州	福岡県苅田町	2009	12万台

（資料）九州経済産業局『九州経済の現状2022年版』による.

なった。すでに関連企業の熊本県内外への進出が活発化し、シリコンアイランド復活の期待が高まっている。台湾人技術者とその家族ら数百人の転入が見込まれ多文化共生も課題である。

九州の自動車産業は、一九七六年に日産自動車が福岡県苅田（かんだ）町に進出したことに始まる（表4-16）。同社に加えてトヨタ自動車九州、ダイハツ九州、日産車体九州の四つの完成車組立工場が九州に立地した。二〇二二年の生産台数は一一四・七万台で、全国の一四・六％を占め、九州は東海、関東に次ぐ国内第三の自動車生産拠点となり、「カーアイランド」とも呼ばれる。またエンジンなどの基幹部品工場も立地するようになった。二〇〇五年のトヨタ自動車九州苅田工場（エンジン）、〇八年の同小倉工場（ハイブリッド部品）、二〇〇八年のダイハツ九州久留米工場（エンジン）などである。加えて自動車部品工場も、福岡県や大分県など九州北部を中心に集積が形成され、九州経済を牽引する役割を果たしている。

❸ 発展する観光業

九州は温暖で豊かな自然と歴史・文化など数多くの観光資源に恵まれ、観光業は九州の基幹産業の一つとなっている。第二次世界大戦前には温泉地として開発された別府（大分県）、長崎在住外国人の避暑地として開発された雲仙（長崎県）が代表的な観光地であった。高度成長期

テーマパーク

九州で代表的なものは一九九〇年開業のスペースワールド（北九州市）、一九九一年のハーモニーランド（大分県日出町）、一九九二年のハウステンボス（佐世保市）、一九九三年の有田ポーセリンパーク（佐賀県有田町）、一九九四年のシーガイア（宮崎市）などである。

九州の世界遺産

九州七県には世界自然遺産として、「屋久島」（鹿児島県）、「奄美大島、徳之島、沖縄島北部及び西表島」（鹿児島県・沖縄県）の二

表4-17　九州の人気観光地満足度ランキング

順位	観光地名	県名	満足度（%）
1	ハウステンボス	長崎県	74.0
2	由布院温泉	大分県	71.5
3	別府（別府八湯）	大分県	70.9
4	嬉野温泉	佐賀県	65.2
5	指宿温泉	鹿児島県	62.8
6	雲仙温泉	長崎県	60.4
7	南阿蘇（南阿蘇村・西原村・高森町）	熊本県	60.0
8	黒川温泉	熊本県	59.6
9	宮崎市（宮崎リゾート温泉など）	宮崎県	59.5
10	高千穂・五ヶ瀬	宮崎県	59.0

（注）満足度は過去1年間に各観光地を宿泊旅行で訪れた人の「もう一度行きたい」割合.
（資料）「『じゃらん』人気観光地満足度ランキング」（2023）による.

には団体観光が盛んとなり、別府―由布院―阿蘇―熊本―雲仙―長崎を結ぶ九州横断ルートや、宮崎―霧島―鹿児島―指宿（いぶすき）の南九州ルートが定着した。バブル期には全国的にリゾート投資が活発化し、九州でもテーマパークが数多く建設された。しかしバブル崩壊後に過剰投資の負担から観光施設の閉鎖や経営破綻が相次いだ。

九州の観光地はハウステンボスのようなテーマパークに加えて、由布院・別府・嬉野・指宿・雲仙・黒川など各地の温泉地が人気を博している（表4-17）。その背景には観光行動の多様化により家族・友人ないしは個人といった少人数での観光が人気を高めていることがある。また新しい観光形態として、エコツーリズム、グリーンツーリズム、産業観光、ヘリテージツーリズムなどの「ニューツーリズム」が台頭してきた。世界遺産への登録により新たに脚光を浴びる観光地も近年増加している。

九州はアジアに近いことから、韓国・中国・台湾を中心に外国人観光客の誘致に力を入れている。九州への入国外国人数は、ビジット・ジャパン・キャ

ンペーンが始まった二〇〇三年には四五・五万人であったが、二〇一〇年代に急増し一八年には過去最高の五一一・六万人に達した。宿泊者に占める外国人の割合は九州全体で一七％（二〇一九年）に及び、インバウンド・ツーリズムの活況がホテル建設の活発化など他産業にも波及効果をもたらした。また一〇年代以降、九州の地理的近接性を生かし、中国などからの外国クルーズ船の寄港が増加した。

二〇二〇年以降、新型コロナウイルスの影響により観光旅行は大きな影響を受けた。特に外国人観光客は激減したが、二〇二二年一〇月の水際対策緩和以降は回復基調にある。国内旅行では、観光需要の喚起のため政府によるＧｏ Ｔｏトラベル事業が推進され、自宅から一～二時間程度の移動圏内の近場で観光するマイクロツーリズムが活発となった。福岡県南東部に位置するうきは市や朝倉市は、福岡市の日帰り観光地であり、道の駅を核として特産の果物や自然を満喫する観光行動で賑わいをみせた。九州経済調査協会の調べによると、両市の二〇二〇年の来訪者数は前年比で約一割の減少にとどまっており、全国の減少率（マイナス四九・七％）に比べても新型コロナの影響は少なかった。

4 地域資源の活用の取り組み

九州は日本の食糧供給基地であり、農業産出額は一・八兆円（二〇二一年）、全国の約二割を占める。県別では鹿児島県が全国二位、熊本県が五位、宮崎県が六位と、南九州が上位に位置する。産出額の内訳は畜産が四八・九％を占め、野菜（二三・一％）、米（八・二％）と続く。

畜産は第二次世界大戦後に成長し、宮崎県南西部から鹿児島県大隅半島にかけての地域は、肉用牛、豚、ブロイラーの国内最大産地である。一九七〇年代以降、鹿児島市や志布志市に配合飼料工場が立地し、農協系統および食肉加工資本などによる畜産インテグレーションが進行し、畜産業の拡大

件、世界文化遺産として「明治日本の産業革命遺産 製鉄・製鋼、造船、石炭産業」（福岡・佐賀・長崎・熊本・鹿児島・山口・静岡・岩手の八県）、『神宿る島』宗像・沖ノ島と関連遺産群」（福岡県）、「長崎と天草地方の潜伏キリシタン関連遺産」（長崎県・熊本県）が登録されている。

クルーズ船観光

インバウンド需要の高まりを受け、九州の各自治体は積極的な誘致を図っている。コロナ以前の二〇一九年の寄港回数は博多港が二二九回で全国二位、次いで四位に長崎港、八位に鹿児島港、一〇位に佐世保港がランクインした。その他にも、別府港、八代港、唐津港、細島港（日向市）、油津港（日南市）なども外国クルーズ船を受け入れている。

と大規模化が進展した。一方、畜産の大規模化により家畜伝染病に対するリスクも高まっている。

南九州は稲作に不向きな火山灰土壌が卓越し、水田開発は進まず畑作や畜産が中心である。鹿児島県はカンショの全国生産の四割を占め、茶の全国二位の生産県である。奄美群島などの島嶼部ではサトウキビ栽培が盛んである。熊本県や宮崎県では温暖な気候条件の下で、野菜の促成栽培を中心とした施設園芸が発達した。熊本県ではトマト（八代市など）やスイカ（熊本市の旧植木町など）など、宮崎県では宮崎平野でキュウリやピーマンの主産地がみられる。対照的に、北九州では筑紫平野などの低地部を中心に稲作に果樹や野菜などを組み合わせた小規模複合経営が多い。福岡県や佐賀県は米・麦の産地が形成され、福岡県南部を中心にイチゴなどの施設園芸も盛んである。長崎県では島原半島を中心にバレイショ生産が多い。大分県では干しシイタケやカボスなどが特産品となっている。ミカンなどの柑橘類は熊本・長崎・大分各県の沿岸部の傾斜地を中心に栽培されている。

九州は広大な農村空間を抱え、農村の資源を活用した地域づくりの取り組みが多面的に展開されている。農家民泊を中心とするグリーンツーリズムは、大分県宇佐市安心院町の先駆的な取り組みをはじめ、九州各地で推進されている。特産品の活用例としては、嬉野茶や嬉野温泉で知られる佐賀県嬉野市で、旅館・茶農家・陶芸家が連携してお茶の体験と宿泊を組み合わせた「ティーツーリズム」を推進している。

また農山漁村への若者の移住者も近年増加傾向にある。鹿児島県本土の西方の東シナ海上に浮かぶ甑島列島は、一九五〇年には人口二万強であったが、近年は約五〇〇〇人にまで減少した。雄大な自然とキビナゴをはじめとする漁業が盛んな離島であるが、列島内に高校はなく中学卒業後にはほとんどが島外に転出する島である。しかし個人または家族で移住する二〇歳代や三〇歳代の若者が近年目立っている。移住者は自然や人付き合いに魅力を感じているとともに、先行移住者や行政による仕

安心院のグリーンツーリズム

日本での先駆的実践として知られる。安心院町はブドウ栽培が盛んであったが、人口減少と高齢化に対する危機感から、一九九〇年代初期から少数の農家が農家民泊を始め、約六〇戸の農家に広がり年間一万人ほどが来訪するに至った。農家民泊は一日一組を原則として、農作業や料理づくり、食事などを通じて、農村のあるがままの暮らしを体験する。その教育的効果が評価され修学旅行や研修旅行の受け入れも多い。

事・住宅・生活への様々な支援も寄与している。

九州は豊かな自然に恵まれる一方、災害にもしばしば見舞われる。台風の常襲地帯であり、梅雨期を中心に集中豪雨も頻発しており、洪水・土砂災害・高潮災害などが多発している。近年でも二〇一二年と二〇一七年の九州北部豪雨、二〇二〇年の「令和二年七月豪雨」では各地で甚大な被害が生じた。地震災害では二〇〇五年の福岡県西方沖地震、二〇一六年の熊本地震で大きな被害が生じた。発生が想定される南海トラフ巨大地震では宮崎・大分・鹿児島県など太平洋側を中心に震度七の揺れと一〇メートルを超える津波が予想されている。また火山活動も活発であり、雲仙普賢岳・新燃岳・口永良部(くちのえらぶ)島などで噴火に伴う災害が発生した。自然の恵みを生かし共生していくことが九州の発展の課題である。

第10節　沖縄——周辺地域の中の大都市域

1 南西諸島の中の沖縄島

九州島と台湾島の間に広がる海域には、約一〇〇〇キロメートル以上にわたって島々が弧状に点在し、それらは南西諸島とも呼ばれる。そのうち有人島は鹿児島県離島部と沖縄県全域とで約七〇あり、あわせて約一六一万人（二〇二〇年国勢調査）が居住する。多くは高齢化と人口減少とが進む島々であり、鹿児島県離島部はすべて過疎市町村となっている。ただし、点在する島々の中に大都市を抱える島があることも見逃せない。南西諸島の約八割の人々（一三四・二万人）が居住する沖縄島である。

熊本地震

二〇一六年四月一四日以降に発生した一連の地震で、一六日の「本震」はマグニチュード七・三を観測した。最大震度七を同地点（益城町）で二度観測したのは観測史上初であった。人的被害は直接死五〇人、関連死を含めると計二七三人、重軽傷者は二七二五人に上った。被災地は益城町・熊本市などの都市的地域や、西原村・南阿蘇村などの農山村地域に広がり、産業部門への影響も農業・工業・商業・サービス業など幅広く及んだ。

島の人口

二〇二〇年の国勢調査で南西諸島の人口を島別に確認してみると、沖縄島に次いで多いのが奄美大島（五・九万人）であり、次いで宮

かつて南は八重山から北は奄美にまで版図を広げた琉球王国は、沖縄島の首里地区を拠点とし、一七世紀初頭には薩摩藩の影響下に置かれたとはいえ、独自の発展を遂げた。明治政府が一八七九年に「琉球藩」を廃し沖縄県を設置したことでその幕を閉じたものの琉球王国時代の「旧慣」はしばらく続き、沖縄県は明治以降も他府県とは異なる状況下に置かれていた。加えて一九四五年の沖縄戦による米軍占領の後、南西諸島の島々は米国の施政権下に置かれ、そのもとで一九五二年に琉球政府が設立され独自の行政機構が整備された。与論島以北の「奄美群島」の施政権が日本政府に「返還」されたのは一九五三年であったのに対して、「沖縄県」は一九七二年を待たねばならなかった。現在の沖縄県庁は琉球政府を引き継ぐもので、他府県のそれとは同一視できない背景を持つ。「亜熱帯」という自然環境によって説明されがちな沖縄の地理的な特性には、一方で「大和ぬ世からアメリカ世、アメリカ世からまた大和ぬ世」とも歌われるように、制度的な境界とその内実の変化が大きく影響を及ぼしている。

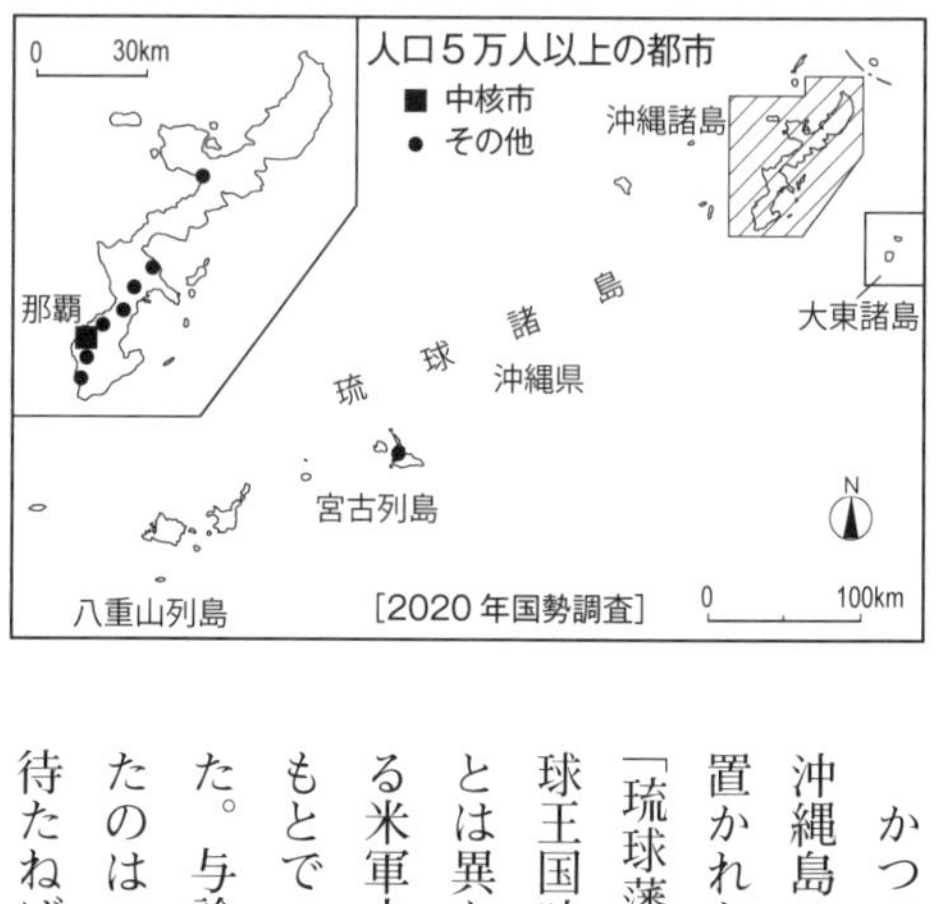

ところで人口減少に転じた日本において、沖縄県は二〇一〇～一五年に二・九%、二〇一五～二〇年に二・四%と相対的に高い人口増加率を示した。二〇一五～二〇年において人口増加がみられたのは一都七県であり、沖縄県の増加率は神奈川県や埼玉県を上回り、東京都に次ぐ値を示した。ただし離島や沖縄島北部では人口減少が続き、増加がみられるのはもっぱら沖縄島中南部である。二〇二〇年の人口分布を市町村別にみると、県庁所在地の那覇市（三一万八〇〇〇人）が最も多い。那覇市に

古島（五・三万人）、石垣島（四・八万人）と続く。人口の集中度という点で沖縄島が突出していることがわかる。

琉球処分

明治政府は一八七二年に「琉球藩」を設置し、一八七九年にそれを廃して「沖縄県」を設置した。

図4-23　沖縄島および周辺離島における町丁字別にみた人口分布（2020年）

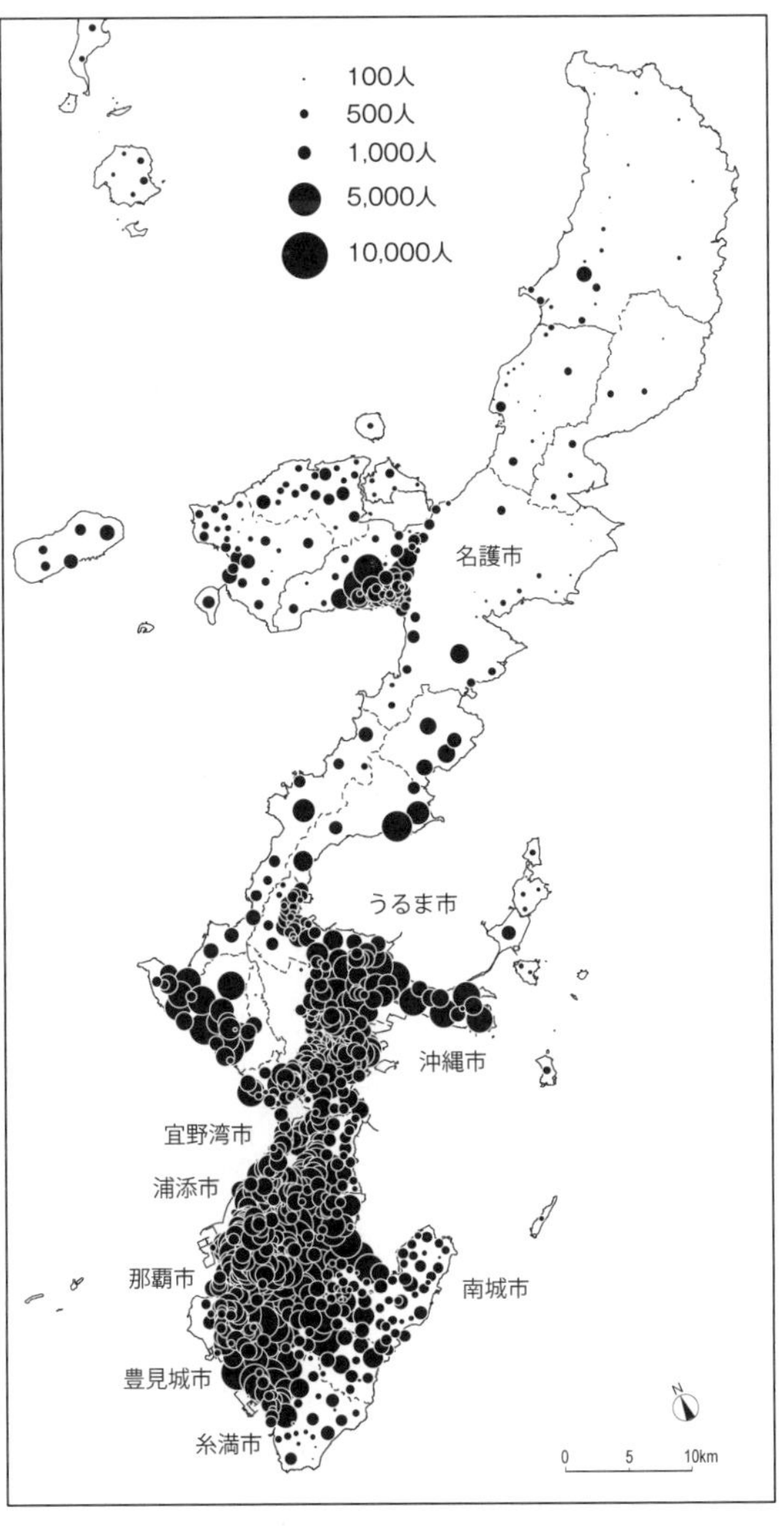

（資料）『国勢調査』より作成.

図4-24　沖縄島および周辺離島における駐留軍用地および返還跡地

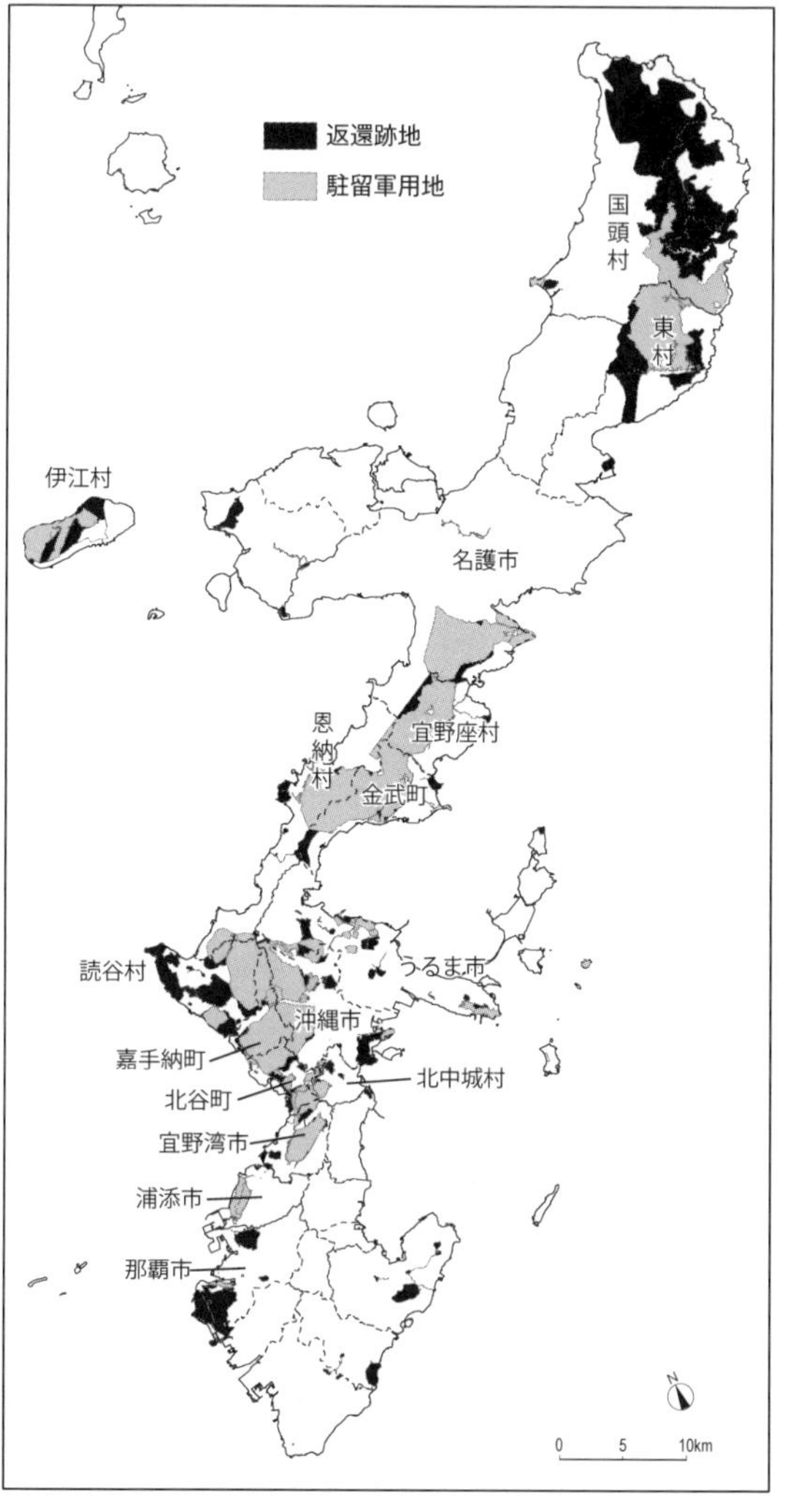

（資料）沖縄県地図情報システム オープンデータ『駐留軍用地返還跡地』より作成.

は数多くの都市機能が集積するとともに港湾や空港が整備され、交通ネットワークの中心となっている。ただし沖縄島の人口を市町村別でのみ把握すると、その地理的な現実を見誤る。市街地は那覇市を中心に行政界を越えて広がっており、周辺市町村とともに一つの大都市圏を形成しているからである（図4-23）。事実、沖縄島中南部の人口は、うるま市以南の八市九町村を合計すると一二二万人にもなる。これは政令指定都市である広島市の人口と同規模であり、仙台市や千葉市のそれを大きく上回る。

沖縄県の各地には、米国の陸軍、海軍、空軍、そして海兵隊の基地がある（図4-24）。徐々に返還が進められているとはいえ、沖縄本島の北部にも広大な演習場が残り、中部には港湾、倉庫、飛行場、兵舎などの施設が、かつて「軍道」と呼ばれた国道五八号に沿って比較的平坦な土地に市街地を分断するかたちで存在する。沖縄島中南部の人口密度は基地面積を含めても一平方キロメートル当たり約二五〇〇人と高く、これは神戸市（約二七〇〇人）を少し下回るものの、相模原市（約二二〇〇人）を上回る。このような人口稠密（ちゅうみつ）な地域に米軍基地の多くが存在することは、返還後の街づくりに多大な影響を及ぼしてきた。跡地開発のために、まず区画整理事業を行わなければならず、そのためには多数の地権者の合意が不可欠である。また事業費の調達だけでなく、その回収を見込んだ施設配置を進めなければならない。基地返還後にも様々な取り組みと多大な努力とが必要なのである。

2 沖縄県経済の構造と変化

米国施政権下の沖縄では一九四八年から「B円」が、一九五八年から「米国ドル」が法定通貨として用いられていた。一九七二年の「復帰」に伴って通貨が「円」へと「統一」されるまで、経済循環という点において沖縄経済は日本経済から完全に切り離されていた。こうした違いが、沖縄経済の性

基地跡地の開発

たとえば那覇市中心部に隣接する「那覇新都心地区」は、かつて米軍に強制収容され、米軍の住宅地として利用されていた。一九八七年に全面返還された後、一九九二年に区画整理事業が開始され、二〇〇五年に総額一一一〇億円をかけ完了した。現在では大型ショッピングセンターや各種施設、オフィスビル、ホテル、マンションなどが建ち並ぶ商業中心地の一つとなっている。分割返還されたため最初の返還開始（一九七五年）から事業が着手されるまで一七年も要し、当該地域は沖縄戦の激戦地でもあるため事業期間中に多数の不発弾処理も行われた。

沖縄経済の戦後復興は「基地依存型輸入経済」として進んだ。これは基地建設・維持のために投下される「強い」ドルを用い、沖縄で必要とされる様々な物資を可能な限り日本を含む国際市場から「安価」に、しかも無税もしくは低関税で輸入するものであった。こうした構図のもと、第一次産業や第二次産業は対外的な競争力を確立することができぬまま、第三次産業に大きく依存する沖縄の経済が形づくられた。

一九七二年度時点での県内総生産（名目、約四七〇六億円）の構成をみると、第一次産業七・一%、第二次産業二七・二%、第三次産業六五・七%であった。その後、製造業の振興が試みられるとはいえ第三次産業の割合は拡大を続け、二〇一二年度（名目、約三兆二一一四億）には八六・八%に達する。その後、建設業の大幅な伸長が第二次産業の割合を押し上げたこともあって、二〇一八年度（名目、約三兆六六二五億円）の第三次産業の割合は八〇・九%まで低下するものの、第三次産業の優勢な経済の構造は維持されたままである（図4–25）。産業別就業者数でみても沖縄県の全就業者（七三・一万人、二〇二〇年国勢調査の不詳補完値による）の八割を第三次産業（五九・七万人）が占める。地域別にみると、当該就業者数の八割強が沖縄島中南部に集まり、特に「情報通信業」および「金融業、保険業」では九割を超える。その一方で一次産業や二次産業、三次産業の中でも「宿泊業、飲食サービス業」や郵便局や農協・漁協などの「複合サービス事業」の割合は低い（表4–18）。中心性を持つ都市的な機能が沖縄島中南部に集中している様子をみてとれる。

沖縄県経済は「基地」、公共事業と関連の深い「建設業」、そして「観光」によって特徴づけられてきたとされる。しかし「基地」の影響力は低下してきている。一九七二年度の沖縄県の県民総所得に占める基地関連収入の割合は一五・五%にものぼり、また米軍基地就業者は約二万人を数えた。しか

沖縄振興開発計画

国による総合的な振興開発計画であり、「本土との格差是正」などを計画目標とし、一九七二年から三次にわたって策定された。二〇〇二年には、「民間主導の自立型経済の構築」などを基本方針とする「沖縄振興計画」が新たに策定された。二〇一二年に策定主体は国から沖縄県へと変更され、県が具体的な施策等を定めるかたちとなった。

図4–25 沖縄県の県内総生産（生産側，名目）の構成比の推移（1972 ~ 2018年度）

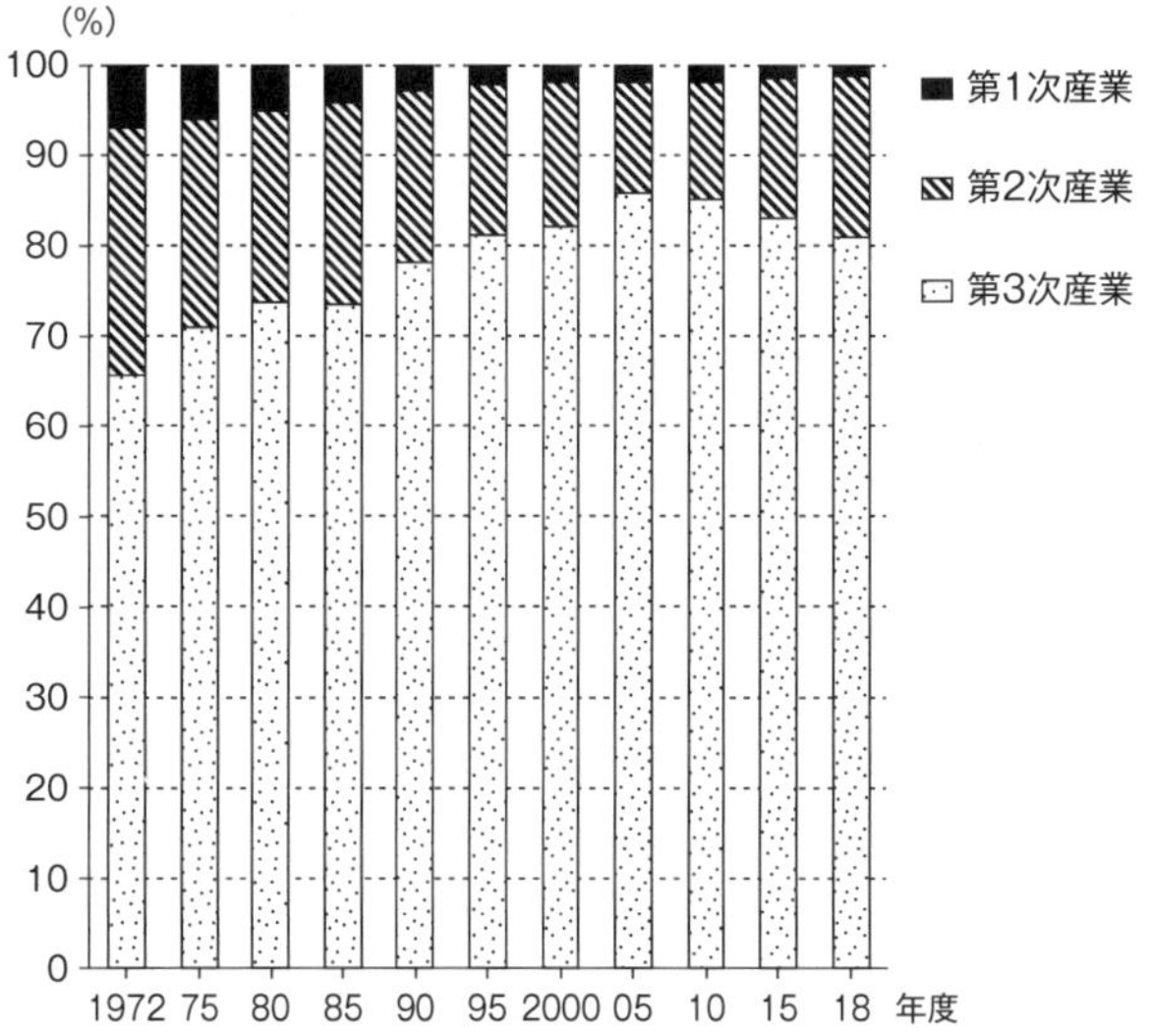

（資料）沖縄県統計資料WEBサイト『平成30年度県民経済計算』『長期時系列統計データ 県民経済計算』による．

し、関連収入の割合は一九八〇年代後半には五%台まで、基地就業者は一九八〇年代前半に七〇〇〇人台にまで減少し、二〇一九年度ではそれぞれ五・五%、九〇〇〇人弱となっている。軍用地料や軍雇用者所得等の基地関連収入額は増加の傾向にあるものの、他産業の成長がみられたことで基地の沖縄県経済に対する直接的なインパクトは相対的に弱まりつつある。建設業は、沖縄振興開発計画等のもとでの道路、下水、港湾、離島への架橋など公共事業の拡大によって成長してきた。沖縄国際海洋博覧会の開催された一九七五年についてみてみると、建設業は県内総生産の一四・三%を、全就業者数の一二・七%を占めていた。県内総生産に占める割合は二〇一二年度に七・一%にまで落ち込むものの、その後、拡大に転じ、二〇一八年度では一三・

表4-18　沖縄県および沖縄島中南部の産業別就業者（2020年）

産業大分類		沖縄県		沖縄島中南部		B/A
		就業者数（人）A	構成比（%）	就業者数（人）B	構成比（%）	（%）
1次	農業，林業	25,347	3.5	11,270	1.9	44.5
	漁業	2,876	0.4	1,336	0.2	46.5
	小　計	28,223	3.9	12,606	2.1	44.7
2次	鉱業，採石業，砂利採取業	356	0.0	186	0.0	52.2
	建設業	69,398	9.5	57,352	9.5	82.6
	製造業	35,633	4.9	29,710	4.9	83.4
	小　計	105,387	14.4	87,248	14.5	82.8
3次	電気・ガス・熱供給・水道業	4,094	0.6	3,488	0.6	85.2
	情報通信業	19,191	2.6	17,995	3.0	93.8
	運輸業，郵便業	33,919	4.6	29,288	4.9	86.3
	卸売業，小売業	108,285	14.8	94,037	15.6	86.8
	金融業，保険業	14,509	2.0	13,470	2.2	92.8
	不動産業，物品賃貸業	17,820	2.4	15,823	2.6	88.8
	学術研究，専門・技術サービス業	24,591	3.4	21,521	3.6	87.5
	宿泊業，飲食サービス業	62,082	8.5	45,749	7.6	73.7
	生活関連サービス業，娯楽業	29,128	4.0	23,416	3.9	80.4
	教育，学習支援業	44,875	6.1	36,916	6.1	82.3
	医療，福祉	119,119	16.3	100,327	16.6	84.2
	複合サービス事業	6,243	0.9	4,726	0.8	75.7
	サービス業（他に分類されないもの）	67,154	9.2	59,410	9.9	88.5
	公務（他に分類されるものを除く）	46,334	6.3	37,063	6.1	80.0
	小　計	597,344	81.7	503,229	83.4	84.2
総　数		730,954	100.0	603,083	100.0	82.5

（注）ここでの沖縄島中南部とは，次の市町村を指す．那覇市，宜野湾市，浦添市，糸満市，沖縄市，豊見城市，うるま市，南城市，読谷村，嘉手納町，北谷町，北中城村，中城村，西原町，与那原町，南風原町，八重瀬町．
（資料）『国勢調査』の不詳補完値より作成．

首里城跡

世界文化遺産として二〇〇〇年に勝連城跡や斎場御嶽などとともに「琉球王国のグスク及び関連遺産群」として登録された。かつて国宝であった首里城は沖縄戦によって灰燼に帰し、その跡地には琉球政府によって琉球大学が設置された。同大学が西原町に移転した後に国の事業として首里城正殿などの復元が行われ、その周囲を含め一九九二年に国営沖縄記念公園首里城地区として開園した。二〇一九年一〇月の火災によって正殿をはじめとする九施設が焼失し、「令和の復元」が進められている。

四%と回復している。ただし、全国平均を上回るものの就業者数に占める割合は低下しており、二〇二〇年では一〇%を下回る。担い手の確保が課題となっている。

観光分野について、当初は沖縄戦慰霊の旅という性格が強く、また沖縄県の一九七二年の入域観光客数は外国からも含めてわずか四四万人ほどであった。その後、ビーチ・リゾートなどの自然を軸とした開発が進められ、また航空会社の沖縄キャンペーン、国による航空機燃料税の軽減措置などによる割安な航空運賃の設定等もあり二〇〇三年には五〇〇万人を超えた。さらに、アジアからの訪日客に対するビザ要件緩和もあり、沖縄県の入域観光客数はコロナ禍前の二〇一九年に一〇〇〇万人を初めて超え、年間の観光収入も七〇〇〇億円台の規模にまで成長した。

もちろん課題もある。「本土復帰二〇周年」を記念した国営公園として首里城が復元されたり、二〇〇〇年にユネスコの世界文化遺産に「琉球王国のグスク及び関連遺産群」が登録されたりしたことを活かし、琉球王国の歴史や文化を軸とした開発も進められている。こうした動きはビーチ・リゾートを楽しめる八月に偏りがちな繁忙期を沖縄島においては平準化するのに役立っているとはいえ、やはり冬場に入域観光客数は減少する。また大型クルーズ船の寄港や国際航空路線の拡充などにより国外からの観光客は大幅に増加したものの、コロナ禍ではゼロとなった。

観光客数の著しい増加は、自然環境や地域住民の生活環境の持続性に悪影響を及ぼし、観光客の満足度を低下させる。加えて、観光客数の変動は、ただでさえ非正規雇用の割合の高い当該産業の安定雇用を大きく妨げる。こうしたこともあり、二〇二二～三一年度を計画期間とする第六次沖縄県観光振興基本計画において「社会、経済、環境の三側面において調和が取れた沖縄観光の実現」が目指される。そこでは、観光産業全体の収入額だけでなく、就業者の平均収入額も目標値として設定された。観光産業は労働集約的な性格を持つこともあって、観光客一人当たり消費額の増大や、観光に付

情報通信関連産業

沖縄県はソフトウェア開発だけでなく、「情報通信技術」を用いてサービスを生産したり提供したりする事業も「情報通信産業」としている。ここにはコールセンター、アニメやゲームなどのコンテンツ制作なども含まれ、各種助成等の対象となっている。

表4-19　沖縄県における就業者数および完全失業率の推移

年	就業者数（千人）			完全失業率（%）			
	総数	男	女	全国（総数）	総数	男	女
1972	359	221	139	1.4	3.7	3.9	3.4
1975	376	240	136	1.9	5.3	6.0	4.2
1980	431	277	154	2.0	5.1	5.1	4.9
1985	477	298	180	2.6	5.0	4.8	5.3
1990	539	328	210	2.1	3.9	4.1	3.7
1995	538	325	213	3.2	5.8	6.3	5.3
2000	579	343	236	4.7	7.9	8.3	7.5
2005	598	344	254	4.4	7.9	8.5	7.0
2010	622	350	272	5.1	7.6	8.4	6.2
2015	664	365	299	3.4	5.1	5.9	4.2
2020	727	394	333	2.8	3.3	3.9	2.6

（注）値は年平均.
（資料）沖縄県統計資料WEBサイト『長期時系列統計データ 労働力調査』より作成.

随するサービスの高付加価値化などへの取り組みがなされることになる。成長著しい観光産業ではあるが、取り組むべき課題は山積している。

ところで沖縄県の完全失業率は、労働力人口の増加に対して就業者数の増加が十分に追いつかず、恒常的に全国よりも高い値を示してきた。二〇〇〇年代は高い水準で推移したものの、二〇一〇年に七・六%であった完全失業率は、二〇二〇年には三・三%にまで低下している（表4-19）。就業者の増加数・率ともに女性が男性を上回っており、就労に積極的な女性の姿をみてとれる。こうした動きは、「医療、福祉」といった分野だけでなく「情報通信関連産業」での女性就業者の増加と関連している。前者は全国と同様に人口高齢化の中で医療・福祉関連の就業機会が増加していること、後者はコールセンターの立地が進んだことなどを、その要因として指摘できる。

❸ 情報通信関連産業の集積と成長

一九七二年以降に急速に高まった失業率を解消するために、国と沖縄県は「沖縄振興開発計画」のもと、企業誘致による工業開発や観光開発を試みる。しかし航空機や船舶に限られる輸送手段、荷物の保管や積み替えによる追加的な費用、また東京大都市圏といった世界的にも大規模な市場からの遠隔性などにより、安定的な雇用を提供するような製造業の沖縄県への立地は進まなかった。

こうした障壁にとらわれない立地を期待できるのが、沖縄県が観光と並ぶ「リーディング産業」として位置づけた情報通信関連産業であった。中でもコールセンターや人事・総務・経理といったバックオフィス業務などを行う情報サービス（データ入力業務やBPO業務を含む）は多くの雇用を生み出し、沖縄の経済社会を特徴づける新たな産業として成長した。事実、沖縄県に立地する情報通信関連企業は二〇一一年度末において四八七社、雇用者数が三万一八四五人であったものが、二〇二一年度末では九一二社（うち沖縄県外からの進出企業は五〇一社）、四万二一八五人の規模にまで拡大した（表4-20）。当該産業の雇用者数の約六割がコールセンターおよび情報サービスのものであり、これらの多くは首都圏など沖縄県外に本社を置く企業が新たに事業所を設置することでもたらされた雇用である。アウトソーシングされた業務を受託する業界大手の企業は事業拠点を沖縄島中南部に複数設置しており、中には従業員一〇〇〇名を超える大規模なセンターもある。ただし、コールセンターや情報サービスの雇用者一人当たりの売上高はソフトウェア開発の六割程度にとどまり、相対的に労働集約的な姿をみてとれる。

沖縄県へのコールセンターの立地は一九九〇年代後半から始まり、県は国と連携し誘致を進めてきた。その端緒が、「沖縄における情報通信産業の振興・集積による自立的な経済発展」を第一の目的

コールセンター

販売・商品・サービス等に関する問い合わせや注文受付などを行ったり、勧誘による販売などを行ったりする事業所を指し、電話だけでなくEメールやチャット等で対応する場合もある。コンタクトセンターとも呼ばれ、顧客と企業との接点としての機能を持つ。個人情報を取り扱うことから、セキュリティの完備されたオフィス内において業務を行うことが多い。その設立形態は大きく二つに分かれる。一つは、自社内の顧客サポート部門として設立されたものであり、保険会社や証券会社などが直接に運営するものである。もう一つは他社からアウトソーシングされた業務の受託を主な事業とする企業が運営するものである。表4-20にはこの両者が含まれる。

通信インフラ

情報通信関連産業の立地にあたっては、通信インフラの整備が進められたことも見逃せない。九州や本州と沖縄島とを結ぶ海底光ケーブルの敷設だけでなく、首都圏とフィリピン、香港、マレーシア、シンガポールを結ぶ大容量海底光ケーブルが沖縄島に陸揚げされ、二〇一六年に共用が開始された。通信インフラという点で沖縄島の立地上の優位性を高めている。

表4-20　沖縄県における情報通信関連産業（2022年3月末現在）

分野	企業数（社）			雇用者数（人）			売上高（億円）		
	総数	進出企業	県内企業	総数	進出企業	県内企業	総数	進出企業	県内企業
コールセンター	92	84	8	16,826	16,663	163	1,005	1,000	5
情報サービス	133	100	33	8,728	7,770	958	492	411	80
コンテンツ制作	210	92	118	2,996	1,922	1,074	262	169	92
ソフトウェア開発	336	164	172	9,957	3,728	6,229	968	319	649
通信・ITインフラ	29	17	12	1,370	687	683	989	179	810
その他	112	44	68	2,308	680	1,628	545	73	471
合計	912	501	411	42,185	31,450	10,735	4,261	2,151	2,109

（注）値は推計値．分野は「おきなわSmart Hub 構想」による旧分類．売上高について四捨五入のため総数に一致しない．
（資料）沖縄県商工労働部『おきなわITセンサス報告書』2023年より作成．

として一九九八年に策定された「沖縄県マルチメディアアイランド構想」であり、コールセンターを重点分野の一つとして位置づけた。また二〇〇二年度には「沖縄県情報通信産業振興計画」が策定された。具体的には、「情報通信産業振興地域」や「情報通信産業特別地区」の設定、当該企業の新規立地や事業拡張に対する国税・地方税の優遇措置、県外との通信費の低減化支援、若年者雇用促進奨励金による助成、進出企業の入居を念頭においたインキュベーション施設の整備、さらに情報通信関連産業に関わる人材の掘り起こしや育成への取り組みなどが進められてきた。

沖縄県での情報通信関連産業の集積は、全国最低水準にある賃金と若年層の「失業率の高さ」とがリンクした結果でもあった。沖縄県の「人材の豊富さ」は、労働力を指向するコールセンターにとって立地上の魅力の一つで、特に沖縄島中南部は政令指定都市なみの大都市圏を形成しており、コールセンターの立地にあたっては、こうした条件が有利に作用した。というのも、コールセンター業務はオペレーターから顧客への電話を用いた対人サービスの提供である。さらにコールセンターの効率的な運営には、勤務時間を綿密に計画し必要に応じて従業員数を増減させる必要がある。たとえば集中的な販売促進を行う通信販売や期間限定的な世論調査業務などの場合、多くのオペレーターが必要となるものの、その期間は一日、一週間といった短期であり、その後オペレーター数は再び減少する。このうした増減はオペレーターを非正規のパートタイム従業員として雇用することで可能となる。このように賃金の低さだけでなく、人口規模が大きく労働移動も活発なことが沖縄におけるコールセンターの運営に有利に働いたのである。

しかし、自動応答やチャットなどによる顧客接点の多様化は、これまでのコールセンターのあり方に大きな変革を迫っている。生産性を高めるために、電話対応力だけでなくサービス開発、データ分析といった新たなスキルが求められている。こうした課題も念頭に置きながら、二〇一二年に策定された「おきなわSmart Hub構想」の後継計画として、二〇二二年に「おきなわSmart産業ビジョン」が策定された。そこでは労働生産性が高く「稼ぐ力」を持った産業への高度化や転換が目指されている。

4 沖縄県での新たな取り組み

新たに注目されたのが、国際物流拠点としての沖縄島の役割である。二〇二〇年から第二滑走路の共用が新たに開始された那覇空港は、東南アジアや中国の大都市に地理的に近く、また日本の大都市圏や地方の空港とも結ばれている。こうしたことから、国内各地から集荷した荷物を那覇空港で東南アジアや中国の大都市向けに仕分けし、航空機で配送する物流事業が二〇〇九年より開始された。特に那覇空港は二四時間運用可能であるため配送時間を短縮できることが、那覇空港を国際物流拠点とするメリットとして指摘されている。ただし、物流の中継地点のみの機能では地域経済への直接的な波及効果は小さい。そのため沖縄県は、電子部品や医薬品メーカー、Eコマース・通販会社の物流倉庫など国境を越えた航空物流の利用が期待できたり、アジア市場向けに「流通加工」で付加価値を高め輸出したりする企業の誘致に取り組んでいる。また全国の特産品を集荷し、輸出することも試みたりしている。コロナ禍で貨物取扱量の大幅な縮小を経験したとはいえ、沖縄島と他地域とを結びつける役割が期待されている。

いずれにしても、沖縄県経済の振興のために導入される新たなビジネスモデルが内実を持つものとなるのかどうか、一九七二年以降、様々な「期待」を込めて進められてきた振興策と照らし合わせながら理解を深めることが大切であろう。「沖縄」の地理的な特徴は、様々な制度のもとで展開される取り組みの中で形作られている部分も少なくないからである。

第5章　持続可能な国土・地域づくりに向けて

第1節　日本の国土政策の歩み

国土政策の基点

日本においては古代より、都城・国府の造営や条里制の農地開発、また治水利水を中心とした国土開発・国土保全の取り組みが重ねられてきた。一五世紀以降になると、築城土木や河川改修が盛んに行われるようになり、江戸時代には、五街道のような交通体系の整備が行われるとともに、利根川の東遷事業、葛西用水路や見沼代用水、玉川上水、稲生川の開削など、治水利水事業も大規模化し、干拓事業や台地上での新田開発も進捗した。

明治期初期の大久保利通の七大プロジェクトは殖産興業と士族授産を目標にした、東北日本限定とはいえ、広域的な国土計画の走りであった。他方で中央官衙地区計画から東京市区改正事業に至るまで首都東京の建設が営々と取り組まれた。近代化期には、そのほか琵琶湖疎水、木曽三川の分流工事、明治用水はじめ個別事例には事欠かないが、各地の荒廃山地を対象に明治末期から始まった治山事業は国土保全の面で非常に有益な取り組みであった。

大久保利通の七大プロジェクト

殖産興業や士族授産のために一八七八年に大久保利通が構想した東日本における広域交通計画。①野蒜築港と北上運河の開削、②新潟港の整備、③上越国境（清水峠）の道路整備、④那珂湊―涸沼―北浦間の水路整備、⑤阿武隈川の改修と貞山運河の開削、⑥阿賀野川改修、⑦印旛沼―検見川間の水路開削。これらの土木事業によって外洋航路を極力用いずに新潟県を含む東北地方と東京を結ぶ物流ルートを確立しようとした。

資本主義的な公共政策としての国土・地域開発としての色合いを深めるのは、昭和恐慌後の一九三〇年代であろう。一九三二年になると各地の地域経済が困窮をきわめ、全国の町村長会や農会で相次いで農村救済決議を表明していた。こうした求めに応じる形で同年六月には臨時議会が招集された。この議会は、救農議会とも時局匡救議会ともいわれるが、そこで方向づけられた事業の一つが、時局匡救事業であった。時局匡救事業では、三二年度から三四年度にかけて、総額約八・六億円が河川、道路、港湾整備に関わり政府事業、府事業補助、町村事業補助に配分された。三三年は第二次道路改良計画がまとめられ、自動車交通に対応した国道の近代化が進められた。

また、河水統制事業も本格化するようになり、一九四〇年には錦川に日本最初の多目的ダムである向道ダム（山口県周南市）が竣工した。流域総合開発として本格的なものとしては相模川河水統制事業が知られる。四七年に竣工した相模ダムは当時としては日本最大級の多目的ダムであった。神奈川県電気局が一体的に管理して、水力発電に加えて、横浜市・川崎市の上水道および工業用水道、相模原台地上の畑地かんがいに用水が供給された。これらの取り組みは、日本版ニューディール、河水統制に限定すれば日本版ＴＶＡの嚆矢と呼ぶべきものであった。

一方、昭和恐慌前後における産業界の取り組みとして、大河内正敏率いる理研重工業（現・リケン）等による農村工業化の取り組みがあった。大河内は、合衆国におけるヘンリー・フォードの実践を見習って大都市に集積する機械工業を農村地域に分散させれば、経営側にも、それを受け入れる農村の側にも利益がもたらされると考えた。実際に新潟県柏崎をはじめとする上信越地方に、分工場や農村共同作業所を展開した。こうした加工組立型工業における企業内地域間分業を形づくりながらの地方分散は第二次世界大戦後、特に一九六〇年代後半以降になって、広く認められるようになった。

一九三〇年代末期からは、全国二三地域に新興工業都市建設事業が進められた。これは土地区画整

河水統制事業
旧河川法の時代に実施された河川の総合開発事業のこと。大正末期に内務省土木研究所長を務めた物部長穂によって多目的ダム建設による河川の総合的な開発が構想され、一九三七年に調査費、一九四〇年から河水統制事業補助として府県事業への補助金が支出された。戦局の悪化によって中断した事業が少なくないが、戦後の特定地域総合開発事業に引き継がれていくこととなった。

ＴＶＡ
テネシー川流域開発公社の略。テネシー州などテネシー川流域地域は、森林が荒廃し洪水害が多発し、合衆国において最貧困の地域であった。世界恐慌後のニューディールの一環として、流域に約五〇の多目的ダムを建設

理の手法によるもので、海軍工廠や陸軍工廠、またこれらに中間財を供給するような工場が位置する都市が重点的に選ばれた。たとえば、相模原では軍都化を目指して、一七七〇ヘクタールに及ぶ区域が都市計画の対象となり、八町村の大合併によって相模原町が四一年に新設された上、陸軍造兵廠の置かれた相模原駅（同年開設）付近には新しい街路網が生み出された。

総合的な国土計画への足掛かりとなったのは、一九四〇年、第二次近衛内閣の下で企画院によってつくられた「国土計画設定要綱」である。同要綱によると、国土計画の種別は朝鮮半島や台湾にまで及ぶ中央計画と日満支計画に大別される。また、国土計画の内容は鉱工業配分計画、農林畜水産業配分計画、交通計画、動力計画、治山治水利水計画、人口配分計画よりなるものとされた。この要綱に基づいて、四三年には「中央計画素案」が示された。もちろん、時局が切迫する中、素案で示された内容が事業を通じて具体化したわけではない。

国土総合開発法下の全国総合開発計画

第二次世界大戦の終結後、一九五〇年に国土総合開発法が制定され、日本の国土計画の体系が示された。国土計画の内容は基本的には「国土計画設定要綱」を引き継ぐものであったが、国土開発計画の種別は、①全国総合開発計画、②地方総合開発計画、③都府県総合開発計画、④特定地域総合開発計画、の四種に整理された。

四種のなかで直ちに策定されたのが、特定地域総合開発計画である。これは河川水の多角的な利用を通じた国土保全と資源利用、工業立地の基礎条件整備が目的で、基本的には戦前の河水統制事業を引き継ぐものであった。一九五七年までに全国二二地域が特定地域に指定され（うち対馬地域は指定解除）、多目的ダムの建設を主軸とする地域開発が進捗した。たとえば、木曽特定地域の総合開発で

し、治水、利水、発電を通じた総合開発を図った。その担い手となったのが同公社である。TVA方式といった場合には、多目的ダムの建設を核とした地域開発方式を意味する。

大河内正敏（一八七八－一九五二）

大多喜藩主の大河内正質の長男として生まれる。東京帝国大学工科大学教授、貴族院議員を務めるとともに、理化学研究所の第三代所長、また、理化学研究所で生み出された発明を産業化する理研産業団の総帥でもあった。著書に『工業経営総論』『農村の工業』『農村の機械工業』などがあり、産業立地論の発展にも貢献した。

は、木曾川水系の上流部に牧尾ダム（長野県）を建設し、流量を安定させた上で、犬山頭首工（とうしゅこう）から知多半島地域に至る愛知用水を開削して、伊勢湾沿岸の工業地域と知多半島地域等の農業地域の水需要に応えるというものであった。愛知用水事業は一九五七年に世界銀行から七〇〇万米ドルの融資を得て着手され、一九六一年に通水した。

全国総合開発計画の策定は、根拠法が制定されてから一二年後の一九六二年のことであった。これだけの年数を要したのは、省庁間の調整に難航したからだとも、経済成長政策が優先されたからだともいわれている。この間、石油化学工業の育成対策、鉄鋼業第二次合理化計画などによって、太平洋沿岸への重化学工業の立地が既成事実化されたのであった。太平洋ベルトへの積極的な投資は新長期経済計画や国民所得倍増計画によっても正当化された（本書第2章第3節第3項）。

国土総合開発法を根拠法とする全国総合開発計画は一九六二年の第一次から九八年の第五次までが策定された。各次の計画のあらましは次の通りである（表5−1）。なお、総合開発計画のうち、地方総合開発計画や都府県総合開発計画は実際に策定されることはなく、前者は、各地方の開発促進法を根拠とする開発促進計画によって事実上代替された。

（A）全国総合開発計画と新産業都市

一九六二年に策定された全国総合開発計画（一全総）は、大都市の過密化防止と地域格差の是正を大きな課題とするものであり、手法としては拠点開発方式をとった。それは、具体的には既存工業地帯の再開発を推進するのと並行して地方の開発拠点を設け、これらを有機的に結合させることによって地方の発展を図ろうとする、いわば選択的集中を前提とした開発方式であった。この開発方式を実現するための柱として当初導入されたのが新産業都市で、主として低開発地域に導入されるものであった。しかし、その構想が発表されるや否や関係地方自治体の熱狂的な誘致合戦が起き、また、構

表5-1　全国総合開発計画の変遷

	閣議決定	背景	基本目標	開発方式等	関連立法
全国総合開発計画（一全総）	1962年	1 高度成長経済への移行 2 過大都市問題，所得格差の拡大 3 所得倍増計画（太平洋ベルト地帯構想）	地域間の均衡ある発展	【拠点開発方式】 東京等の既成大集積と関連させつつ開発拠点を配置し，交通通信施設によりこれを有機的に連絡させ相互に影響させると同時に，周辺地域の特性を生かしながら連鎖反応的に開発をすすめ，地域間の均衡ある発展を実現する．	国土総合開発法（1950年） 工業等制限法（1959年） 新産業都市建設促進法（1962年） 工業整備特別地域整備促進法（1964年）
新全国総合開発計画（新全総）	1969年	1 高度成長経済 2 人口，産業の大都市集中 3 情報化，国際化，技術革新の進展	豊かな環境の創造	【大規模プロジェクト構想】 新幹線，高速道路等のネットワークを整備し，大規模プロジェクトを推進することにより，国土利用の偏在を是正し，過密過疎，地域格差を解消する．	農村地域工業等導入促進法（1971年） 工業再配置促進法（1972年）
第3次全国総合開発計画（三全総）	1977年	1 安定成長経済 2 人口，産業の地方分散の兆し 3 国土資源，エネルギー等の有限性の顕在化	人間居住の総合的環境の整備	【定住構想】 大都市への人口と産業の集中を抑制する一方，地方を振興し，過密過疎問題に対処しながら，全国土の利用の均衡を図りつつ人間居住の総合的環境の形成を図る．	高度技術工業集積地域開発促進法（テクノポリス法，1983年）
第4次全国総合開発計画（四全総）	1987年	1 人口，諸機能の東京一極集中 2 産業構造の急速な変化等により，地方圏での雇用問題の深刻化 3 本格的国際化の進展	多極分散型国土の構築	【交流ネットワーク構想】 多極分散型国土構築のため，①地域の特性を生かしつつ，創意と工夫により地域整備を推進，②基幹的交通，情報・通信体系の整備を国自らあるいは国の先導的な指針に基づき全国にわたって推進，③多様な交流の機会を国，地方，民間諸団体の連携により形成．	多極分散型国土形成促進法（1988年） 地方拠点都市法（1992年）
21世紀の国土のグランドデザイン（五全総）	1998年	1 地球時代（地球環境問題，大競争，アジア諸国との交流） 2 人口減少・高齢化時代 3 高度情報化時代	多軸型国土構造形成の基礎づくり	【参加と連携】――多様な主体の参加と地域連携による国土づくり（4つの戦略） 1 多自然居住地域の創造 2 大都市のリノベーション 3 地域連携軸の展開 4 広域国際交流圏の形成	地域産業集積活性化法（1998年） 中心市街地活性化法（1998年） 新産業都市建設促進法等廃止（2001年） 工業等制限法廃止（2002年） 国土形成計画法（2005年） 工業再配置促進法廃止（2006年）

（資料）国土交通省資料に加筆．

想を推進する経済企画庁と、通産省、労働省、与党自民党、財界にそれぞれの思惑の違いがあって、工業整備特別地域という名称で既存の集積の経済に比較的恵まれた地域をも拠点開発の対象に加えた。このような経緯でスタートしたのが「新産業都市」と「工業整備特別地域」のプロジェクトで、結果として、一五もの新産業都市と六の工業整備特別地域が指定されることとなった。

富山新港、新潟東港、鹿島港といった掘込式の港湾の出現は、拠点開発を景観的に象徴するものであった。しかしながら、新産業都市に関しては、岡山県南地区（水島）を除けば、企業進出という意味では必ずしも順調な推移は示さなかった。一方、工業整備特別地域は東駿河湾地区を除けば、概ね順調に企業進出が進んだ。東駿河湾地区でも三島・沼津地区にコンビナートが計画されていたが、ここでは住民運動によって外来型の開発をはねのけたという歴史がある。拠点開発に伴う地域環境の悪化と社会変動は相当なものであった。

（B）新全総と大型プロジェクト

高度経済成長の後半ともなると、様々な歪みが生じ、一層の地域間格差是正策が求められるようになる。一九六九年の新全国総合開発計画（新全総）では、これまでの中央地帯（太平洋ベルト）への経済集中を改め、北東日本、西南日本に分散させていくことが基本的な問題意識となった。そのための策として提案されたのは、全国を七ブロックに分け、各ブロックを高速交通機関によって結合させながら開発を進め、日本列島が南北二〇〇〇キロメートルにわたって一体となって機能することを目的とした。また、そうした空間的結合の中で、「国土の利用が一部の地域に過度に偏して、効率を低下せしめることのないよう、全国土を有効に活用するため、開発の基礎条件を整備して、開発可能性を全国土に拡大し、均衡化すること」もしくは「それぞれの地域の特性に応じて、それぞれの地域が独自の開発整備を推進することによって、国土利用を再編成し、効率化すること」といった計画文中

七ブロックの広域経済圏
北海道圏、東北圏、首都圏、中部圏、近畿圏、中四国圏、九州圏の七ブロックであった。

での文言が示すように、国土の中での徹底的な地域間分業を推し進めて規模の経済を生み出すことをねらいとしていた。

そうした目的のために、大規模産業開発プロジェクトが構想され、大規模工業基地、大規模食糧基地、大規模畜産基地、大規模酪農基地、大規模発電基地、大規模石油輸入基地、大規模石油貯蔵基地、大規模海洋性リクリエーション基地などが示された。この中で、大規模発電基地の候補として例示されるのは、女川（宮城県）、大熊（福島県）、能登半島、若狭湾、山陰、伊万里であった。原子力発電所立地を推進するため電源三法が一九七四年に成立した。また、大規模工業基地に関して計画文中に周防灘、志布志湾、陸奥湾・小川原（おがわら）湖周辺などの地名が挙がり、実際に苫小牧東部（北海道）、むつ小川原（青森県）で巨大規模での土地買収と造成が行われた。しかし、これらの大規模プロジェクトはその後の石油危機によって、原子力発電所建設を除いて推進力を失うことになった。

新全総で提起されたもののうち有効に機能したのは、右のような大規模プロジェクトではなく、一つには階層的生活圏域の発想であり、もう一つは既成大工業地帯からの都市型工業を含む工場分散という発想であろう。前者に関しては地方生活圏、広域市町村圏という形で具体化し（第2章第6節参照）、後者に関しては、工業再配置促進法に基づく工業再配置計画に具体化した。

(C) 三全総と定住構想

右でも示した通り、一九七三年の第一次石油危機以後は、経済成長は鈍化し、深刻化する環境面での制約も強まり、新全総は再検討を迫られることになる。このような状況を背景に、国土庁（一九七四年設置）により策定された一九七七年の第三次全国総合開発計画（三全総）は、従来の「工業開発優先」から「人間生活の重視」へと発想の転換が行われている点に大きな特色があった。三全総によると、人口の大都市集中の結果、土地や水など資源の壁に突き当たり、その居住環境はさらに悪化す

電源三法

電源開発促進税法、電源開発促進対策特別会計法（現・特別会計に関する法律）、発電用施設周辺地域整備法の総称。これら三法によって、発電所が立地する地方公共団体には各種の交付金が交付される仕組みが作られた。

むつ小川原開発

青森県のむつ市から十和田市・おいらせ町に至る一二市町村にまたがる地域が対象となった地域開発計画。計画面積は当初一・七万ヘクタールに及んだが、その後、六ヶ所村から三沢市北部に至る「むつ小川原開発地区」の五一八〇ヘクタール（うち開発用地が三二九〇ヘクタール）に縮小された。当初、鉄鋼業などを含む基礎素材型産業の工業基地として計画されたが、後

る。他方、地方においては、生産年齢人口の減少が続き、地域社会の活力が失われてしまう恐れがあり、そのため、地方圏への人口定着が必要であるとした。そこに生まれたのが定住構想である。定住構想実現のための空間的枠組みが定住圏で、都市と農山漁村を一帯とした圏域で、二〇〇から三〇〇の定住圏で国土が形成されると考えられた。また、それぞれの定住圏は、居住区（五〇～一〇〇世帯）―定住区（小学校区が基本的な単位）―定住圏（定住区の複合）という階層的な編成の上に成り立つものとされた。この点からすれば、定住圏の考え方は、新全総における階層的生活圏域の考え方を進化させたものであった。その推進のために、七九年以降八一年度までに、北海道、神奈川県、沖縄県を除く全国四四都府県にモデル定住圏が設定された。

三全総では産業開発的な要素は希薄であったが、一九八三年からテクノポリス計画がスタートし、全国二六地域がテクノポリス地域に指定された。これは、高度技術に立脚した工業開発を地元の大学等と先端技術を有する企業が一体となって進め、併せて快適な住宅を整備することによって、強力な地方工業都市の発展を導いて国民経済の均衡ある発展に資することにねらいがあった。テクノポリス計画の成功事例として浜松地域テクノポリス計画がしばしば言及される。

（D）四全総と多極分散型国土の形成

一九八七年に策定された第四次全国総合開発計画（四全総）は、プラザ合意に伴う円高以後の急速なわが国経済の国際化、生活ニーズの高度化と多様化、度重なる強力な政策にもかかわらず進む経済機能の東京圏への一極集中といった状態を踏まえ、多極分散型国土の形成と交流ネットワークの構築を目的としたものであった。

四全総推進のための法的根拠として制定された多極分散型国土形成促進法は、①国の行政機関等の移転、②地方の振興開発、③大都市地域の秩序ある整備、④住宅等の供給の促進、⑤地域間の交流の

に、原子力関連施設や石油備蓄基地など、エネルギー産業の基地へと開発目的が変化した。

国の行政機関等の移転

省庁の関東地方を統括する支分部局、省庁の施設等機関・特別機関、国立大学や研究機関、特殊法人（それぞれ東京都区部に立地することが適当なものを除く）が対象となった。移転先は、さいたま新都心、横浜みなとみらい地区、立川基地跡地など、業務核都市内が多かったが、東京外国語大学（府中市）などのようにそれ以外の地域に移転した機関もある。

促進という大きく五本の柱となった。特に目玉となったのは③であり、業務核都市を東京の郊外に整備して（第3章第1節参照）、そこに民間企業のオフィス機能を誘導するとともに、①で示されたような国の省庁および関係法人の分散の受け皿とした。一方、②については振興拠点地域という制度を導入し、二〇〇四年度までに全国九地域で基本構想がまとめられた。また、交流ネットワーク構想を体現するのが⑤であって、全国に約一万四〇〇〇キロメートル（既設・既計画分七七八〇キロメートル）の高規格幹線道路網の計画に結びついた。

既章でも一部は示したが、四全総の問題点として、①東京の問題を解決するというよりはバブル経済、地価高騰を助長したこと、②多極分散型国土というより東京圏の多極分散型構造への再編へと矮小化されてしまったこと、③新たな高速道路計画によって財政上の負荷の増大に結びついたこと、④多極分散、交流ネットワークの形成に目がうばわれ、グローバル化が進行しつつある状況にありながらも各地域における地道な産業づくりという視点を著しく欠いていたこと、などが指摘できる。

(E) 五全総と多軸型国土構造構想

一九九八年に策定された「全国総合開発計画」は、第五次とせず「二一世紀の国土のグランドデザイン」を謳っていたが、「五全総」と通称されている。この計画では、一九九〇年代に入り、バブル経済が崩壊し、低成長がつづき、一方でグローバル化が急速に進む中で、二一世紀半ばを見据えたグランドデザインを示すとした。その柱となっている理念は、価値観の転換と住民参加、投資余力の減少と財政制約、自然環境の保全と回復である。「参加と連携」を基本コンセプトに、「多自然居住地域の創造」「大都市のリノベーション」「地域連携軸の展開」「広域国際交流圏の形成」を四つの戦略として、これらの戦略を推進することが「多軸型国土構造」への転換の端緒を開くものとされた。

地域連携軸とは、日常の生活圏域や都道府県境を越えて結びつく「軸上の連なりからなる地域連携

高規格幹線道路

国土開発幹線自動車道建設法に基づいて計画された路線（計画が具体化した時点で高速自動車国道と呼ぶ）に加えて、一般国道の自動車専用道路、本州四国連絡道路の総称。圏央道、三遠南信道、中部縦貫道などは高速自動車国道ではなく一般国道の自動車専用道路として建設が進められている。

のまとまり」を意味し、諸機能の効率的配置やその効果的利用をもたらすだけではなく、連携と交流によって自地域の持つ個性の自覚と新しい文化や価値をもたらす創造的空間として機能するものである。地域連携軸として例示されるのは、岩手―秋田、宮城―山形、東三河―遠州―南信州、長野県中央部―飛騨―福井などであるが、こうした地域連携軸が国土の縦断方向に長く連なったものが国土軸なのだといえる。五全総では既存の西日本国土軸（太平洋ベルト）に加え、北東国土軸、日本海国土軸、太平洋新国土軸を提唱し、多軸型国土構造への転換を掲げる。また、こうした地域連携軸や新国土軸の実現のために、高規格幹線道路や地域高規格道路、整備新幹線の建設促進の必要性を示している。太平洋新国土軸構想実現のための、伊勢湾口道路、紀淡連絡道、豊予海峡道路も地域高規格道路として位置づけられることになる。参加と連携を強調しつつも、インフラ整備重視の色が濃かったことは否めない。

むしろ五全総において目新しかったところは、「国際的に魅力ある立地環境の整備」を掲げ、国土の均衡ある発展のみならず、国際的な立地競争力を確保する必要性を高々と宣言し、大都市圏を含む産業集積の活用と活性化を重要施策に位置づけたことであろう。

❸ 国土形成計画法下における全国計画

以上のように、第二次世界大戦後、わが国の地域開発は、一貫して工業など産業の地方分散をその柱として推進されてきた。その結果、日本の各地に工業の立地が進行し、地方都市を中心に地方経済は発展をみた。しかし一方で、大都市域、特に東京圏への諸機能の集中度はかえって高まる傾向にあり、相対的にみて非大都市圏における地域経済の弱体化が二一世紀に入ってますます顕著になってきた。また、非大都市圏にあっては、地方中枢都市と周辺部、周辺部の中でも都市部と農村部との格差

地域高規格道路

高規格幹線道路以外で、地域間の連携・交流強化に資する道路で、一九九四年以降、計画路線が指定された。東京湾横断道路も地域高規格道路である。自動車専用道路の場合と一般道の場合がある。

が拡大しつつある。また、五全総の策定以降に本格化した構造改革の中で、国土計画の制度に関しても総合的点検見直しが行われ、二〇〇五年には国土総合開発法を全面改正の上、国土形成計画法が制定された。

これは、人口減少時代を迎えている今日では、従来の開発基調、量的拡大に指向するのは時代に合わなくなったとし、「開発主義からの転換」と「国と地方の協働によるビジョンづくり」の二点が制度改正にあたっての大きなポイントとなった。この結果、新法に基づく国土形成計画は、全国を対象とした計画（全国計画）と広域ブロックを対象とした計画（広域地方計画）の二層で構成されることになった。

後者の広域地方計画は全国を八ブロック、すなわち政令で定められた東北圏、首都圏、北陸圏、中部圏、近畿圏、中国圏、四国圏、九州圏に分けて、それぞれについて策定される。この策定にあたっては、国と地方のパートナーシップが尊重され、圏域ごとに、国の地方行政機関、都府県、政令指定都市等からなる広域地方計画協議会での協議を経て策定・推進するものとされている。また、中部圏と北陸圏、中国圏と四国圏のそれぞれの間では合同協議会ももたれるなど、圏域を越えた連携も行われている。なお、北海道、沖縄については、従来通り別体系で、それぞれ北海道開発法に基づく北海道総合開発計画、沖縄振興特別措置法に基づく沖縄振興計画が策定されているが、沖縄については二〇一二年の法改正によって、従来は国であった計画の策定主体が県に変更となった。

全国計画に関しては、二〇二三年までに三次にわたる計画が策定済みである（表5－2）。

（A）第一次国土形成計画――「新たな公」と広域ブロックの自立的発展

二〇〇八年七月、福田康夫内閣によって閣議決定となった最初の「国土形成計画（全国計画）」は、まず新しい国土像として、広域ブロックがアジアをはじめとする諸地域との交流・連携を進めて、自

表5-2　国土形成計画（全国計画）の変遷

名称〈閣議決定年〉	背景	基本目標	主要な取り組み方向
国土形成計画 （全国計画） 〈2008年〉	1 経済社会情勢の大転換（人口減少・高齢化，グローバル化，情報通信技術の発達） 2 国民の価値観の変化・多様化 3 国土をめぐる状況（一極一軸型国土構造等）	• 多様な広域ブロックが自立的に発展する国土を構築 • 美しく暮らしやすい国土の形成	（5つの戦略的目標） 1 東アジアとの交流・連携 2 持続可能な地域の形成 3 災害に強いしなやかな国土の形成 4 美しい国土の管理と継承 5「新たな公」を基軸とする地域づくり
第二次国土形成計画 （全国計画） 〈2015年〉	1 国土を取り巻く時代の潮流と課題（急激な人口減少・少子化，異次元の高齢化，巨大災害切迫，インフラの老朽化等） 2 国民の価値観の変化（ライフスタイルの多様化，安全・安心に対する国民意識の高まり） 3 国土空間の変化（低・未利用地，空き家の増加等）	対流促進型国土の形成	【重層的かつ強靱な「コンパクト＋ネットワーク」】
第三次国土形成計画 （全国計画） 〈2023年〉	「時代の重大な岐路に立つ国土」 1 地域の持続性，安全・安心を脅かすリスクの高まり（未曾有の人口減少，少子高齢化，巨大災害リスク，気候危機） 2 コロナ禍を経た暮らし方・働き方の変化（新たな地方・田園回帰の動き） 3 激動する世界の中での日本の立ち位置の変化	新時代に地域力をつなぐ国土 ――列島を支える新たな地域マネジメントの構築	【シームレスな拠点連結型国土】 （重点テーマ） 1 デジタルとリアルが融合した地域生活圏の形成 2 持続可能な産業への構造転換 3 グリーン国土の創造 4 人口減少下の国土利用・管理 5 国土基盤の高質化 6 地域を支える人材の確保・育成

（資料）国土交通省資料による．

らの資源を最大限に生かした特色ある地域戦略を描くことによって、地域全体の成長力を高め、また複数のブロックが相互に交流・連携してその相乗効果によってつくられる活力ある国土というものをイメージしている。そうした国土づくりを進めることが、一極一軸型の国土構造の是正につながるのだという。そのような国土像の実現のために、①東アジアとの円滑な交流・連携、②持続可能な地域の形成、③災害に強いしなやかな国土の形成、④美しい国土の管理と継承、⑤「新たな公」を基軸とする地域づくり、の五点を戦略的目標に掲げた。その中でも、「『新たな公』を基軸とする地域づくり」は、他の四つの目標を推進するための横断する視点であり、地縁型コミュニティ、NPO、企業、行政等が連携して、地域経営システムや課題解決システムの構築を目指すものとされた。また、「持続可能な地域の形成」というのも本計画の根幹をなすものであり、集約型都市構造への転換、地域資源を生かした産業の活性化、地域間での人の交流を通じた地域づくりの担い手となる人材の確保などが提起される。全体として、二〇〇七年に福田内閣によってまとめられた「地方再生戦略」とも親和性の高い計画となった。高規格幹線道路、地域高規格道路、整備新幹線、中央新幹線、苫小牧東部地域・むつ小川原地域の活用などといったことも強調されるが、全体としては柔らかい雰囲気にまとめられたのが、第一次国土形成計画であった。

(B) 第二次国土形成計画――コンパクト+ネットワークの対流促進型国土

続く「第二次国土形成計画(全国計画)」は、安倍政権時の二〇一五年に策定されたものである。この計画はその前年に国土交通省によってとりまとめられた「国土のグランドデザイン二〇五〇～対流促進型国土の形成」の内容が大きく反映されたものとなった。また、すでに地方創生が動き始めていた時期であり、「まち・ひと・しごと創生総合戦略」との重なり合いも看取できる。第二次国土形成計画の基本構想は「対流促進型国土の形成」である。ヒト、モノ、カネ、情報の活発な流れ自体が地域に活力をもたらすとともに、個性同士が対流によって融合することによりイノベーションを創出し、それを通じて生産性の向上等をもたらし得るものととらえている。この場合の対流とは、大都市圏と地方の対流、地方都市間の対流、大都市圏間の対流のいずれも含むものである。三者は性格づけが全く異なり、大都市圏と地方の対流は二地域居住や二地域就労に伴うもの、地方都市間の対流は高次都市機能の役割分担に伴うもの、大都市圏間の対流とは三大都市圏が結びついて一体化することに

地方再生戦略
福田内閣下の地域活性化統合本部で二〇〇七年に策定された。増田寛也総務大臣(当時)が中心となって取りまとめたことから「増田プラン」とも通称される。地域再生の五原則を掲げた上で、地方都市、農山漁村、基礎的条件の厳しい集落の三類型に分けて施策を提示した。

よってイノベーションを引き起こすものとされる。特に大都市圏間の対流の促進には、リニア中央新幹線の敷設が有力な手段になり、同新幹線を軸にしたスーパー・メガリージョンの形成が期待できるとする。「稼げる国土」を形成する上で大都市圏が成長エンジンとして、経済をけん引し、活力を維持・発展させる力を持っているからである。

また、第一次計画で「集約型都市構造」としていたものが「コンパクト＋ネットワーク」という表現に改められ、ヒト、モノ、カネ、情報の対流を結節する場所が、コンパクトで密度が高いことで、新しい価値を創造できるものとして説明されている。具体的にいえば、中山間地域では「小さな拠点」を作り周辺集落とをコミュニティバス等の交通ネットワークでつなぐ取り組み、地方都市での立地適正化計画制度の活用によるコンパクトシティ化の取り組みなどが提起されるのである。コンパクト＋ネットワークは、連携中枢都市圏や定住自立圏（第2章第6節参照）においても同様であり、中心市をコンパクトなものにしていく一方で、ネットワークによって周辺地域との対流を作り上げていくことがイメージされる。

全体として、「対流」と「コンパクト＋ネットワーク」という二つのキーワードに見事なまでに貫かれた計画なのであるが、大都市圏に関しては郊外の空き家問題などを指摘しつつもコンパクト化は語られずに、「リニア新幹線はメガリージョンの地下鉄」とばかりに、超巨大都市化のようなものが語られることに大きな違和感を覚えることを禁じ得ない。

（C）第三次国土形成計画——デジタル時代の地域生活圏とシームレスな連結型国土

岸田政権下に策定された第三次計画は、同政権の提起するデジタル田園都市国家構想の影響を多分に受けたものとなった。

本計画をまず印象づけていることは、「時代の重大な岐路に立つ国土」として、これまでにない危

小さな拠点
主に過疎地域などの低密度居住地域において、日常生活に必要な諸施設を徒歩圏内に集めた区域を整備しようという構想。二〇一五年前後から、ふるさと集落生活圏（国土交通省）、集落ネットワーク圏（総務省）という形で具体化してきた。

立地適正化計画
地方都市のコンパクト化を導くための計画。各市町の立地適正化計画では、実現を目指すべき将来の都市像を明記するとともに、都市機能誘導区域および居住誘導区域を定め、また、都市機能誘導区域に立地を誘導すべき都市機能増進施設を明示する。

機意識から計画書が始まっていることである。そこで語られていることは、未曾有の人口減少、少子高齢化がもたらす地方の危機、巨大災害リスクの切迫、インフラ老朽化、気候危機の深刻化、生物多様性の損失、激化する国際競争、緊迫化する国際情勢、エネルギー・食料の海外依存リスクの高まりなど、まさに「国土、地域の持続性を脅かす危機」である。その一方で、コロナ禍を経て、デジタル利用が高まるとともに、場所に縛られない暮らし方・働き方をする人々が増加し、新たな地方回帰・田園回帰の動きが生じていること等を踏まえて、「人口減少下においても国土全体にわたって人々が生き生きと安心して暮らし続けることができるよう、地域の諸課題を克服するため、地域の資源を総動員して、地域の力を結集するとともに、各地方の地域力を国土全体でつなぎ合わせ、また、未来へとつなげる持続可能な国土を目指す」ことが表明されている。このことを「新時代に地域力をつなぐ国土」と表現している。

右のような議論の上に国土構造の基本構想として描かれるのは、「シームレスな拠点連結型国土」である。継ぎ目のない国土とはいかなるものか容易には想起できないが、「デジタルとリアルの融合により、暮らしや経済活動の実態に即して、行政界を超えて、サービスや活動が継ぎ目なく展開される」状況を示しているようである。その構築を通じて、広域レベルの高次の都市機能から、生活に身近な地域のコミュニティ機能まで、重層的な生活・経済圏域の形成を通じて、持続可能な形で機能や役割が発揮される国土構造が実現できるのだという。そのためには、まず、中枢中核都市等を核とした広域圏の自立的発展を図り、日本海側と太平洋側の二面を活用しつつ、広域圏間の連結強化を図る「全国的な回廊ネットワーク」が必要となる。その中には、三大都市圏を結ぶ「日本中央回廊」も含まれる。結局のところ、第一次国土形成計画でいわれた「連携」、第二次計画でいわれた「対流」が、「シームレスな連結」に置き換えられ、五全総にあった「多軸の国土構造」は「全国的な回廊ネット

とめで使われていたものの最終版では姿を消し、「日本中央回廊」に置き換えられた。

第三次国土形成計画を特徴づける、もう一つの要素は、重点テーマの一つに掲げられた「デジタルとリアルが融合した地域生活圏」である。ここでは「新たな発想」から地域生活圏を形成することが強調され、従来の固定的な圏域の発想から脱却し、人口一〇万人以上を想定しつつも、小さな拠点を核とした小規模な取り組みまでを包含して、多様な官民パートナーシップの取り組みが重層的に重なる柔軟な範囲、すなわち市町村界にとらわれない柔軟なエリアだとされる。しかも、そこでは生活サービス提供の効率化・自動化等が図られ、場所や時間の制約で実現できなかった生活サービスの実現可能性が高められる。そのためには、デジタルインフラの整備を計画的に推進するとともに、様々な先端技術サービスの社会実装等を加速させる必要があるというのである。

「デジタルとリアルの融合」というのは理解しにくい表現である。また、各地で人々の生活圏が自然生的に存在しているにもかかわらず、改めて「地域生活圏の形成」といわれても何のことなのか解し難いというのも多くの人々が感じるところであろう。そこで提起されていることは、人口減少と財政逼迫が進む中で従来のような広域市町村圏やモデル定住圏のようなスケールではもはや生活圏整備を進められず、リスケーリングの上、高規格道路網とデジタル技術の力でもって従来よりさらに広域での生活圏整備を進めるべきということのように読み取れる。なお、「地域生活圏」という用語は大平正芳が一九七九年一月二五日に第八七回国会の施政方針演説で用いた語である。

第2節 「地方創生」の展開

「地方創生」とは何か

右では、日本の国土・地域政策の歩みをみてきたが、国土形成計画への移行後は、こうした総合計画が以前に比して非常に目立たない存在になってきたというのも事実であろう。実際、新しい国土形成計画が発表されてもひっそりと報道される程度である。

むしろ、この間、時の政権が華々しく発表する地方再生、地方創生、デジタル田園国家といったことの方がはるかに話題を集めるようになってきた。また、国土交通省による「国土のグランドデザイン二〇五〇」もそれなりに話題を集めた。これらの傍らで、国土形成計画は、後知恵的に理念をつけて諸施策の有効性を確認するという程度のものに過ぎなくなっている感がある。

さて、「地方創生」という語であるが、もはや一般社会では地域づくりであるとか地域活性化と区別なく使われるようになっている。厳密には、安倍政権が「まち・ひと・しごと創生法」を制定して以降の一連の施策群を地方創生関連施策（もしくは、まち・ひと・しごと関連施策）というべきである。岸田政権になってから策定されたデジタル田園都市国家構想総合戦略も、まち・ひと・しごと創生法を根拠法とするものなので、看板の掛け替えが生じたとはいえ、これも地方創生関連施策の中に位置づけることができる。

一方で地方創生の前段階も重要な位置づけがなされるべきである。前段階というのは、一つには地域再生法の成立、もう一つには福田政権時の「地方再生戦略」が挙げられるであろう。具体的な施策としては、自民党の下野直前に始まった地域おこし協力隊制度や農商工連携、企業立地促進法など、また、民主党政権時に制定された六次産業化・地産地消法や総合特別区域法、環境未来都市構想などが挙げられる。地方創生の成功例と語られる事例には実のところ、狭義の地方創生の前段階での取り組みが功を奏したという場合が少なくない。厳密にいえば、政府のいう「地方」も、行財政システム上の「中央」に対する「地方」の場合も、「大都市圏」に対する「地方（非大都市圏）」の場合もあるが、ここでは、政府の地域再生本部が置かれて以降の一連の地域活性化施策を「地方創生」と表現することにしたい。

 地域再生制度の導入

前段階までを含めて、「広義の地方創生」と表現するとすれば、その発端としては三位一体の改革後の地域再生制度の導入がある。地域再生制度とは、二〇〇三年に政府に地域再生本部が置かれた後、二〇〇五年公布・施行の地域再生法を根拠とする諸施策である。同法第二条の基本理念によれば、「地域における創意工夫を生かしつつ、潤いのある豊かな生活環境を創造し、地域の住民が誇りと愛着を持つことのできる住みよい地域社会の実現を図ることを基本とし、地域における地理的および自然的特性、文化的所産並びに多様な人材の創造力を最大限に活用した事業活動の活性化を図ることにより魅力ある就業の機会を創出するとともに、地域の特性に応じた経済基盤の強化および快適で魅力ある生活環境の整備を総合的かつ効果的に行う」取り組みである。政府は「地域再生基本方針」を定め、一方、地方公共団体は政府の定めた基本方針に基づいて「地域再生計画」を作成して、これが内閣総理大臣から認定された場合に、政府より交付金や利子補給といった支援を得ることができる。後の「狭義の地方創生」の開始後の諸施策も、地域再生制度というプラットフォーム上で動いているものが少なくなく、政府の「地域再生基本方針」も営々と更新され続けている。

二〇〇五年の地域再生法の成立以後は、めまぐるしい展開があった。二〇〇七年二月には地域再生本部が「地域再生総合プログラム」を決定、一一月には地域活性化統合本部が「地方再生戦略」を決定、〇八年には鳩山総務大臣名で「地域力創造プラン」が発表になった。この間に実に様々な施策群が打ち出されるとともに、規制緩和、構造改革、行財政改革期以降の日本の地域政策のやり方というのがかなりの程度まではっきりしてきた。

まち・ひと・しごと創生

第二次安倍改造内閣下で取り組まれるようになったのがまち・ひと・しごと創生（地方創生）である。閣議決定によって二〇一四年九月三日にまち・ひと・しごと創生本部が設置されたのを始まりとしている。日本創成会議が同年五月に公表した提言「ストップ少子化・地方元気戦略」において、子育て支援にとどまらない総合的な取り組みの必要性を示した上で、将来の人口減少を踏まえた「長期ビジョン」と「総合戦略」を国が策定し、また、「地方版長期ビジョン」と「地方版総合戦略」を地方自治体が策定する必要性を提案したことは政府の方針に直接的な影響をもたらした。かくして、二〇一四年一一月二八日に「まち・ひと・しごと創生法」が公布・施行となった。同法は、「人口の減少に歯止めをかけるとともに、東京圏への人口の過度の集中を是正し、それぞれの地域で住みよい環境を確保して、将来にわたって活力ある日本社会を維持していく」ことを念頭に、そのためには、「一人一人が夢や希望を持ち、潤いのある豊かな生活を安心して営むことができる地域社会の形成、地域社会を担う個性豊かで多様な人材の確保および地域における魅力ある多様な就業の機会の創出を一体的に推進すること」の重要性を指摘している。「まち・ひと・しごと創生」とは、そうした一体的推進を意味している。この推進のために、政府および都道府県・市町村が講ずべき施策の計画（まち・

人口オーナス

総人口のうち、生産年齢人口（労働力人口）の割合が低下して、社会保障上の負荷が上昇することで経済成長を阻害すること。人口ボーナスの反意語。

表5–3　まち・ひと・しごとの創生に向けた政策の4つの基本目標と主要成果指標

基本目標	主要な成果指標
①地方にしごとをつくり，安心して働けるようにする	2020年までの5年間で累計30万人の地方における若者雇用創出
②地方への新しい人の流れをつくる	2020年までに地方・東京圏の転出入均衡
③若い世代の結婚・出産・子育ての希望をかなえる	安心して結婚・妊娠・出産・子育てできる社会を達成していると考える人の割合40%以上
④時代に合った地域をつくり，安心なくらしを守るとともに，地域と地域を連携する	立地適正化計画を作成する市町村数 150市町村

（資料）「まち・ひと・しごと創生総合戦略」2016年改訂版より作成.

ひと・しごと創生総合戦略）の作成等を定めたのが同法である。

同法に基づき、同年一二月二七日には、「まち・ひと・しごと創生長期ビジョン」および「まち・ひと・しごと創生総合戦略」が閣議決定した。「総合戦略」はその後、二〇一五〜一八年の毎年、改訂版が閣議決定され、一九年には「長期ビジョン」が改訂されるとともに、「第二期」の「総合戦略」がスタートした。

二〇一四年に閣議決定した「長期ビジョン」では、まず、日本の人口問題に対する基本認識を示し、人口減少には地域性があり、人口減少は地方に始まり大都市へと広がって行くこと、それは日本の経済社会に人口オーナスをもたらすだけではなく地方の地域経済社会の維持を困難にすること、低い出生率の東京圏に若い世代が集中することが一層人口減少の要因になることなどを提起する。その上で、①「東京一極集中」の是正、②若い世代の就労・結婚・子育ての希望の実現、③地域の特性に即した地域課題の解決という三つの基本的視点に立って人口減少に歯止めをかける必要性を説いた。そして、地方創生が目指すのは、人々が自らの地域の未来に希望を持ち、個性豊かで潤いのある生活を送ることができる地域社会を形成することであり、そのためには都市部から地方への人の流れを強くし外部の人材を取り込んでいく必要性が指摘される。

図5-1　第2期「まち・ひと・しごと創生総合戦略」の基本目標

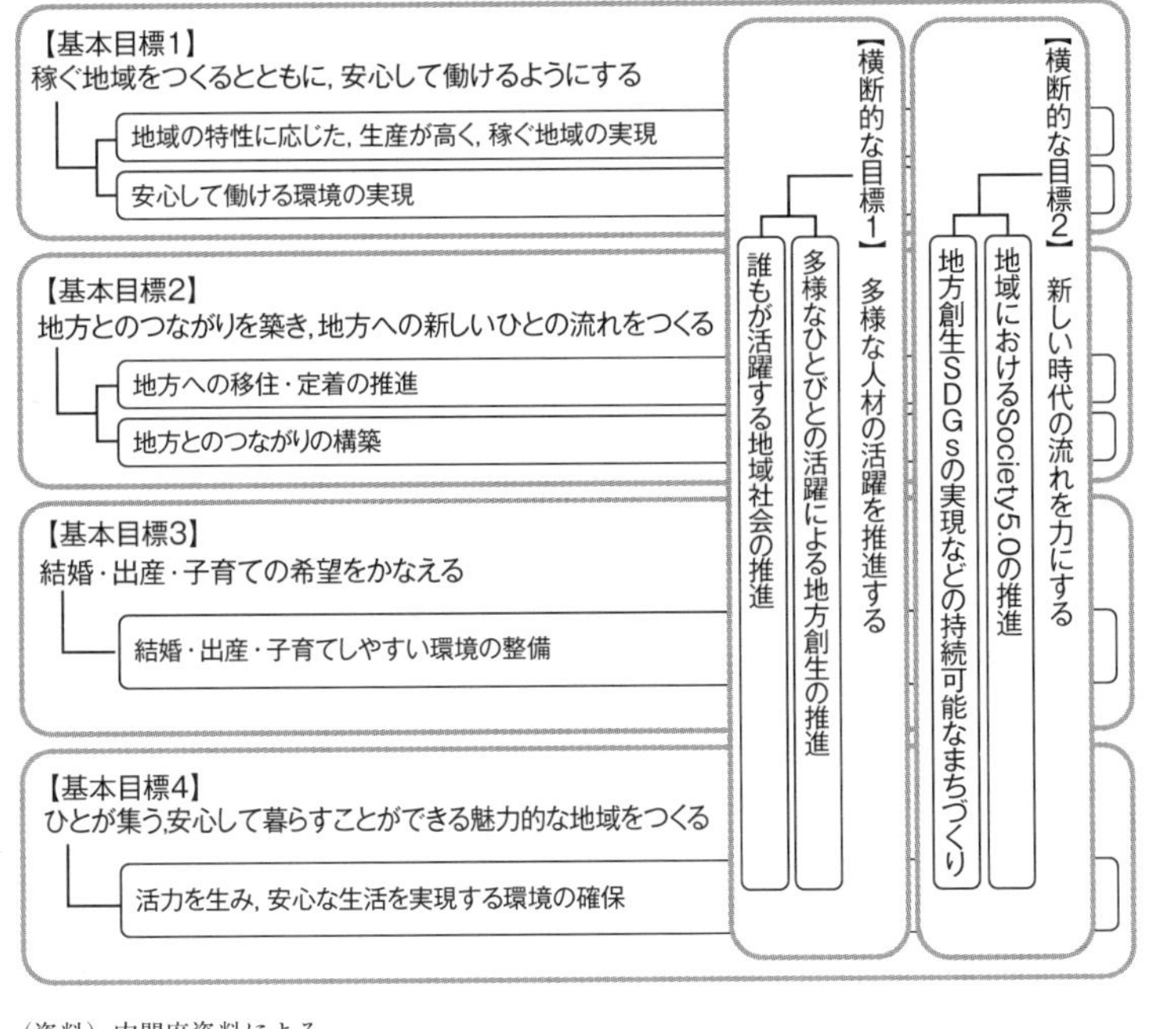

（資料）内閣府資料による.

こうした長期ビジョンを踏まえて、表5-3に示すような基本目標を掲げた。基本目標を踏まえて、地方が「地方版総合戦略」を策定実施していくにあたって必要な「政策パッケージ」が掲げられる。政策パッケージに沿って、都道府県および市町村が取り組む事業に対しては、地域活性化・地域住民生活等緊急支援交付金（地方創生先行型）（二〇一五年度）、地方創生加速化交付金（二〇一六年度）、地方創生推進交付金（二〇一六年度〜）、地方創生拠点整備交付金（二〇一七年度〜）などの交付金が外部有識者による評価の上、交付される仕組みである。

第二期の「総合戦略」（図5-

1）は、基本目標をみる限り第一期のそれと大きく変わるものではないが、基本目標2に「地方とのつながりを築く」という観点が加えられて、関係人口の創出・拡大や企業版ふるさと納税の見直しといったことが強調されるようになった。これに加えて、基本目標4には「魅力ある地域」という観点が追加され、そこでは地域資源を最大限に活用して、新たな価値を創造することが重要とされている。

4 デジタル田園都市国家構想

岸田政権は二〇二一年一〇月に誕生したが、岸田総理大臣が二〇五回国会の所信表明演説で、「新しい資本主義」実現のための一つの柱に掲げたのがデジタル田園都市国家構想である。岸田総理にとっての宏池会の先輩である大平正芳が提起した田園都市国家構想（第1章第1節参照）に「デジタル」を冠したものである。内閣官房に置かれた同実現会議事務局の説明によれば、地方の個性を生かしながら社会課題の解決と魅力の向上を図り「地方に都市の利便性を、都市に地方の豊かさを」を実現して、全国どこでも誰もが便利で快適に暮らせる社会を目指すという構想である。二二年六月には「デジタル田園都市国家構想基本方針」が、一二月には「デジタル田園都市国家構想総合戦略」が閣議決定した。

前述した通り、根拠法となるのはまち・ひと・しごと創生法であり、同法第八条第六項の規定に基づき、第二期「まち・ひと・しごと創生総合戦略」（二〇二〇年改訂版）を変更したものが「デジタル田園都市国家構想総合戦略」である。同総合戦略では、従来の総合戦略の基本目標を引き継いで①地方に仕事をつくる、②人の流れをつくる、③結婚・出産・子育ての希望をかなえる、④魅力的な地域をつくる、の四つが「取組方針」の「⑴デジタルの力を活用した地方の社会課題解決・魅力向上」

宏池会
自由民主党内の派閥名称。池田勇人らが一九五七年に立ち上げ、その後、大平派や鈴木派、宮澤派などを経て、岸田派へと受け継がれた。自民党の中では、リベラル派の議員が多く保守本流の派閥とみなされている。名称は後漢の学者・馬融の「高光の榭に休息して宏池に臨む」という故事に由来している。

に据えられる。ほかに、「(2)デジタル基盤整備」「(3)デジタル人材の育成・確保」「(4)誰一人取り残されないための取組」が取り組み方針である。その上で、これまでの総合戦略と同様、実に多様な施策群が記載されるが、スタートアップ・エコシステム拠点都市、地方創生起業支援事業、地域生活圏の形成、デジタル田園都市国家インフラ整備計画、デジタル人材育成支援事業、地域ＩＣＴクラブ、スーパーシティ、デジタル田園健康特区など第二期総合戦略には無かった新たな施策が加えられた。

一九世紀の終わりにエベネザー・ハワードによって提起された田園都市論は、大都市の郊外住宅地開発の理念として定着したが、単に都市と農村の利点を兼ね備えた衛星都市という以上に、社会思想的な先見性を有していた。それを想起するとき、「本家」田園都市と「大平流」田園都市、そして、「岸田流」田園都市の相互間に理念的な接続性はあまり感じられない。また、一九七〇年代以降に生まれた世代にとっては「大平流」田園都市さえ知るはずもない。「デジタル地方創生」と銘打った方がはるかにわかりやすかったのではあるまいか。

ハワードの田園都市論

イギリスのエベネザー・ハワード（一八五〇～一九二八）が著書『明日──真の改革に至る平和な道』（一八九八年）に提起した都市計画思想であり、社会改良思想。大都市の郊外に職住近接型の新都市を建設することで、大都市問題を解決しようとした。土地所有の共同化を図ることで投機的土地売買を阻止し階級融合型のコミュニティを形成しようとし、住民参加で環境に配慮したまちづくりを進めようとした。

第3節 「地方創生」の成果と課題

「地方創生」にとっての「成功」とは？

「地方創生は成功したのか」と問われることがしばしばある。しかし、これに答えるのは非常に困難であって、漠然と地方創生といわれるもののうち、どこの部分を切り取って評価するかで、全く違った答え方になってくる。

評価の視点の一つは仕組みづくりの観点である。すなわち、国が総合戦略や基本方針を定めて、地方公共団体も地方版総合戦略を定め、国の施策メニューの中から選択して交付金を得るという仕組みである。この仕組み自体には、そもそも使途限定の交付金で、本当の意味で地方の自主性を尊重した地域づくりができるのかという根本的な自己矛盾を感じないわけではない。そのことを別とすれば、総合戦略を策定していない市町村がほとんどないという点からすれば、仕組みづくりという点では成功しているのだといえる。ある市の担当者が「当市はコンサルの力を借りずに総合戦略をまとめ上げました」と誇らしげにしていたことを思い出すが、各市町村がそのような気概でのぞんでいるのであれば、基礎自治体レベルで自地域の資源や長所・短所を発見して、自地域の将来像を真剣に考えていくことは非常に重要なことだとも考える。

第二は、国の総合戦略がそこで掲げる基本目標に照らして、どこまで順調に推移したのかという視点である。これに関しては、第二期「総合戦略」の冒頭に、第一期の総括がなされており、基本目標1に関わる「地方における若者雇用創出数」、基本目標4に関わる「立地適正化計画を作成する市町村数」等については、有識者会議において「目標達成に向けて進捗している」と評価されたという。一方で、基本目標2に関わる「東京圏から地方への転出入均衡」等、基本目標3に関わる「若い世代の結婚・出産・子育ての希望をかなえる」等については、「各施策の進捗の効果が現時点では十分に発現するまでに至っていない」であったとされる。

特に東京圏の転出入均衡は、第2章でも述べたように実現には程遠い状況にある。そもそも、そうした目的のために政府自らが掲げたはずの政府関係機関の地方移転は文化庁の京都移転を除けば目立った成果をあげておらず、地方拠点強化税制も東京都区部企業の地方移転を促すには至っていない。むしろ、地方への人の流れは引退後のUターンか強い志をもった人々の「田園回帰」といわれるような移住によって支えられているとみて良いであろう。

政府関係機関の地方移転

二〇一四年一二月に閣議決定した「まち・ひと・しごと創生総合戦略」を受けて、一五年より着手された取り組み。最初に道府県に対しての誘致の提案募集が行われ、これに対して、四二道府県から六九機関の誘致提案があったとされる。実際には、文化庁の京都市への全面移転が二三年に完了したほか、消費者庁の消費者行政新未来創造オフィスの徳島市への開設（一七年）、総務省統計局の統計データ利活用センターの和歌山市への開設（一八年）などにとどまった。

地方拠点強化税制

雇用の創出を通じて地方への新たな人の流れを生み出すことを目指して、地方活力向上地域において特定業務施設（本社等の事務所、研究所、研修所）を有する施設を整備する事業に関する計画について都道府県知事の認定を受けた事業者に対し、課税の特例等の優遇措置を講ずる制度。二〇一五年度から開始された。移転型と拡充型とがあり、前者は東京都区部から地方に本社機能等を移転する場合、後者は地方から地方への移転もしくは地方拠点の整備の際に適用され前者の方が手厚い優遇を受けられる。

合計特殊出生率が大幅に回復した市町村
岡山県奈義町（一九年＝二・九五）、静岡県長泉町（二〇年＝一・八〇）、千葉県流山市（一八年＝一・六七）、兵庫県明石市（二〇年＝一・六二）などが知られる。

評価視点の三つめは、個々の施策レベルでどこまで成功したのかという点であるが、数多ある施策群の逐一をここで検討するのは困難であるし、複数の市町村に特定の施策を適用した取組みがなされたからといってそれをもって成功とみるのか、それが有効に機能したのをもって成功とみるのかという問題もある。また、地域づくりの取組みというものはすぐに芽が出てくるものの方が稀で、数年の単位でのKPI（重要評価指標）の検証に馴染むものでもない。ある市町村で子育て支援の制度を充実させたら転入者が増加して出生率が大幅に回復したといったわかりやすい例の方がむしろ稀である。立地適正化計画を策定したとしても、その成果が出てくるのは数十年後であって、現段階での評価は定め難い。あるいはまた、地域資源を活用する企業が現れても一過性の話題づくりに終始してはあまり意味がない。こう考えていくと、どこまで持続的な取り組みになり得るかが鍵となってくる。

また、何よりも、地方創生が本来理想とすることは、個々の取組みが相互に結びついて因果関係的に上向きのスパライルを形成し、衰退した地域ないし衰退しかけた地域が「より良い方向性」への軌道に乗り、全体として、国の総合戦略が掲げるような目標を達成するということである。評価視点の四つめは、まさにこうしたシナジーが発揮されているのかということであろう。

しかしながら、こうしたシナジー効果が生み出されるためには根本的な土台の部分での大きな変化があることが前提になろう。翻って考えてみると、過疎の出現というのはエネルギー革命とともにあった。それまでの期間というのは、薪炭材や建築用材の供給源として森林は不可欠の存在であった。禿山化することこそあったが、山々に人が入って林野を再生してきた。そして、山は貴重な水源ともなった。もちろん、森林に限った問題ではない。食料資源を確保するために、平野部のみならず、傾斜地に至るまで農耕地が拡大し、土地との間でバランスのとれた経済活動が行われていた。そして、そうした生産活動に従事する人々が居住する集落が発達し、そして、多数の集落群に商品やサービスを供給し、また、流通・物流の拠点となる地方都市が発達し、地方都市を中心とする資源循環、資金の循環というものが生じた。ところが、石油エネルギーへの転換、輸入木材や輸入食料への依存が高まる中で、国内での土地が生み出す資源と結びついた経済循環の役割が大幅に縮小し、山は荒れ、荒廃農地が増加する一方となった。

低炭素社会の実現に向けてＳＸ（サステナビリティ・トランスフォーメーション）というものが標榜されるのであれば、まずは木質バイオマスエネルギー活用や国産材の活用に本腰をいれて推進していかなければならないであろう。同時に食料生産分野でも、条件不利地域を含めて農業的土地利用を維持する方策を考え、食料安全保障との問題とも結びつけていかなければならない。「デジタル」の力を重点的に投入すべきは、林野や農用地管理、また、スマート林業、スマート農業といった生産活動の領域なのであろう。そこで用いられる機材が国産であれば、様々な連関効果を通して新しい経済循環も生まれよう。おそらくはそれほどの「大転換」がなければ本来的な地方創生は達成できないのであろうし、「新しい資本主義」なるものもそのような方向で推進されるべきなのであろう。

あるいは別のシナリオ（もしくは並行したシナリオ）は、ワークライフバランスの考え方が浸透し、フランスのバカンス並みの長期休暇が人々に保障され、また、リモートワークが一層許容される状況がつくられることが発端となる。これらを前提に二拠点居住やテレコミューティングが当たり前となる状況である。大都市から離れた地域で働く人々が、その土地で社会的な関係性を築き、創造的な地域づくりに積極的に参画する。こうしたシナリオはアルビン・トフラーが『第三の波』で描いた大転換に他ならないのであるが、「デジタル田園都市」のイメージもこのあたりに源があるのかもしれない。

「地域創生」の諸モデルから学ぶ

あるいはまた、「地方創生に成功している地域を教えて欲しい」という問いにもしばしば遭遇する。これも答えに窮する質問である。それは先に示したように「地方創生」という語自体があいまいに使われているということ、また仮に上手く推移している地域があったとしても、政府の施策が要因になっているとも限らず、むしろ、「地方創生」と呼ばれる前からの取組みが功を奏している場合の方が多いからである。ここでは政府が音頭をとってきた「地方創生」と区別するために「地域創生」と表現することにしたい。

首都圏において移住者を引きつけている町としてしばしば言及されるのは、神奈川県真鶴町や埼玉県小川町である。真鶴町では、リゾートマンション等の建設から地域景観を守るために、「美の基準」と呼ばれるまちづくり条例を一九九三年に制定した。その制定から二〇年以上を経て、「美の基準」の理念に共感する人々が多数流入するようになった。一方、小川町では、一九七〇年代来、下里地区で有機農業の取り組みが始まり、「霜里農場」の農場主の金子美登（よしのり）氏が多数の研修生を育て、やがて、有機農業の理念は、集落や町に共有されることになった。そうした理念に共感した人々が今や移住者として流入しているのである。

人口数千人規模の町の取り組みとしては、他にも、第4章第8節で取り上げたような徳島県の神山町や美波町のストーリーが取り上げられる。今やサテライトオフィス誘致によって知られる両町であるが、神山町ではアダプト・プログラムや日米親善人形の里帰り運動などを通じて町づくりの担い手となるグループが形成され、そこからNPO法人グリーンバレーへ展開していくことになった。美波町では、一九九〇年代、一漁村の伊座利地区で小中学校の廃校を機に住民たちが立ち上がり、漁村留学を受け入れ、地域づくり活動団体を結成した。伊座利地区の取組みと今日のサテライトオフィス誘致との直接的な関係はないものの、伊座利地区の実績が県に評価されて美波町がサテライトオフィスの社会実験の場に選ばれたのだとも聞く。同じく徳島県の上勝町もまた極端な高齢化に直面してきたが、ゼロ・ウェイスト宣言や高齢者が担い手となる「葉っぱビジネス」に取り組んで以降、そうした活動に共感する若年者層の移住・起業が目立つようになった。

北海道十勝地方の東端のまち浦幌町では、道立浦幌高等学校の廃校を前に、関係者が一丸となって「浦幌スタイル」と呼ばれる教育を実践し始めた。「自らの住む地域は自らが創る」ということを念頭に、地域への愛着を育む、農村のつながりを体験する、子どもたちの想いを実現する、といった様々な事業が、地域おこし協力隊員の力も借りて推進されてきた。こうした教育実践が、人々の共感を呼び、人々の移住を惹きつけるとともに、一般社団法人十勝うらほろ樂舎を窓口に域外の民間企業が地域づくりや事業づくりに参画する仕組みをつくり上げている。

人口数百人の村でも際立った動きをみせている村が少なくない。長野県売木村（二〇二〇年国勢調査で五四八人）は、一九八三年以来、山村留学の小学生を受け入れている村である。農地荒廃も進んでいたが、村の有志たちが農業生産法人を二〇〇五年に設立し、農業体験を行ったり、新規就農者を呼び込んだあたりから新しい村づくりの取り組みが始まった。その後、地域おこし協力隊や集落支援員という形で移住した人々が村づくりの重要な担い手となり、夏でも冷涼な気候を生かした「走る村うるぎ」プロジェクトが進められるとともに、コワーキングスペース兼シェアハウスを運営する一般社団法人木の芽が村の内外の人々をつなぐ役割を担っている。現在では村の人口のうち三〜四割ほどが移住者世帯であるという。また、東京に近い山梨県丹波山村（同五三〇人）も山村留学に一九九二年より取り組んでいる。地域おこし協力隊の受け入れが転機になって、山村留学から定住に至った

ゼロ・ウェイスト宣言

廃棄物の発生自体を減らすために各自治体が廃棄物ゼロにするための具体的方策を宣言するもの。上勝町は二〇〇三年に宣言し、家庭から排出される不用品を三四種類に分別してリサイクルする仕組みを作った。

葉っぱビジネス

一九八一年の大寒波によってみかんの木が全滅して以降の取り組みで、山林に自生する木々や栽培する木々の「葉っぱ」を料亭等の需要に応じて出荷するというもの。第三セクターの株式会社いろどりと農協と生産者（主に高齢者）が連携して事業を進めている。

人々とも結びつき、様々な村づくりの動きが生じた。過疎地有償運送や放課後丹波っ子クラブ、カフェ・ギャラリー兼コワーキングスペースであるTABA CAFÉの運営など、それぞれ移住者を中心に設立された法人が取り組んでいる。

3 持続可能な未来のために

国の「総合戦略」(二〇一八年改訂版以降)のなかで非常にひっそりとした扱いしかされていないが、それでいて極めて重要な考え方だといえるのは環境省由来の「地域循環共生圏」の考え方である。

地域循環共生圏とは、中央環境審議会の二〇一四年の意見具申「低炭素・資源循環・自然共生政策の統合的アプローチによる社会の構築～環境・生命文明社会の創造～」に示された考え方で、同具申は、①環境と経済の好循環の実現、②地域経済循環の拡大、③健康で心豊かな暮らしの実現、④ストックとしての国土価値の向上、⑤あるべき未来を支える技術の開発・普及、⑥環境外交を通じた新たな二一世紀型パラダイムの展開、という六つの基本戦略に対する統合的アプローチとして、「都市と農山漁村の各域内において、地域ごとに異なる再生可能な資源(自然、物質、人材、資金等)が循環する自立・分散型の社会を形成しつつ、都市と農山漁村の特性に応じて適切に地域資源を補完し合う『地域循環共生圏』」を提起した。この考え方は、二〇一八年四月に閣議決定された第五次環境基本計画にも組み込まれ、そこでは「各地域がその特性を活かした強みを発揮し、地域ごとに異なる資源が循環する自立・分散型の社会を形成しつつ、それぞれの地域の特性に応じて近隣地域等と共生・対流し、より広域的なネットワーク(自然的なつながり(森・里・川・海の連関)や経済的つながり(人、資金等))を構築していくことで、新たなバリューチェーンを生み出し、地域資源を補完し支え合いながら農山漁村も都市も活かす『地域循環共生圏』を創造していく」と再定義されている。

地域循環共生圏とは何か、非常に有効な事例を示しているのが宮城県気仙沼市である。気仙沼市は、海面養殖業から沿岸漁業、遠洋漁業までの各種漁業の拠点として日本でも有数の水産クラスターを形成してきた地域である。それでいながら、三陸沿岸道路で仙台都市圏とつながるまでは、陸上交通のアクセシビリティにはすぐれず、海からの恵みをもとに独自の経済圏・文化圏をつくり上げてきた。水揚げされた海産物が各種加工業に送られ、遠洋漁船から上陸した船乗りたちが町にお金を落とし、世界とつながりながらも非常に強固な地域経済循環が形づくられてきた。

一方、唐桑半島の西の付け根にあたる舞根(もうね)湾や大島の沿岸、大川の河口部などでは無給餌の牡蠣養殖業が大正期以来盛んであるが、一九六〇年代から七〇年代にかけて水質汚濁の影響を受けることが頻発するようになった。そうしたことがきっかけとなって、一九八〇年代末より取り組まれているのが「森は海の恋人運動」である。同運動は河川で上流から運搬される養分が海で植物プランクトンを育むという考えから気仙沼湾に注ぐ大川の上流域に落葉広葉樹の森をつくろうという活動である。植林活動を中心に環境教育や広く環境保全運動にも展開し、二〇〇九年にはNPO法人森は海の恋人が発足した。また、こうした運動のなかで「森・里・川・海の連関」という考え方が持続可能な地域づくりのために有力なものとして浮かび上がってきた。

さらに二〇〇三年頃、ESD（持続可能な開発のための教育）やスローフード運動といった取り組みが相次いで始められる。このうちESDに関しては、市内の小学校、中学校、高等学校のほぼ全てが一丸となった取り組みを続けており日本の中でも先進地である。また、スローフード運動とは、ファストフードに対して、地域の伝統的な食文化を見直す運動で、二〇〇三年に気仙沼市は国内初の「スローフード都市宣言」を行い、まちづくり団体「スローフード気仙沼」が発足した。スローフード運動から派生して、個人林業家から間伐材等を地域通貨で買い取ってバイオマスエネルギー活用の

ESD（持続可能な開発のための教育）

二〇〇二年の「持続可能な開発に関する世界首脳会議」で日本が提唱した考え方。同年の国連総会で国際枠組み「国連持続可能な開発のための教育の一〇年」（〇五—一四年）が採択された。国立教育政策研究所によれば、持続可能な社会づくりを構成する概念を軸に構成され、①批判的に考える力、②未来像を予測して計画を立てる力、③多面的・総合的に考える力、④コミュニケーションを行う力、⑤他者と協力する力、⑥つながりを尊重する態度、⑦進んで参加する態度、といった「七つの能力・態度」を身につけさせるものとされている。

取り組みも始まり、ここでも森と里の連関が生まれている。

スローフード運動の本質を「食がつないでいる関係を見つめ直すこと」だと説明する気仙沼市商工会議所会頭の菅原昭彦氏によれば、持続可能な地域づくりとは、①その場しのぎ、一時的なものではなく生活の場を継続して維持できること、②人と人、人とまちがつながり、新たなチャレンジの循環が生まれていくこと、③地域の強みを最大限に活用して地域外市場から稼ぐ力を高め、地域内において効率的な経済循環を創り出すこと、④世代を超えて環境・経済・(人間) 社会の三要素がバランスのとれた社会をつくること、の四点に集約できるという。

東日本大震災で気仙沼市も甚大な被害を受けた。同年一〇月にまとめられた復興計画の表題は「海と生きる」である。被災による直接的な人口減に加えて、その後も人口の自然減が続く。そのような中にあって、同市が共有する固有の価値観に共鳴した人々が続々と移住者として流入している。そして、地元の人たちと移住者が一緒になって「まちの未来」のための学び合う場「ぬま大学」が市の担い手育成事業として重ねられている。

索引

【A ~ Z】

【ア行】

【カ行】

【サ行】

【タ行】

【ナ行】

【ハ行】

【マ行】

【ヤ行】

【ラ行・ワ行】

【編著者紹介】

小田宏信（おだ　ひろのぶ）

1966年生まれ。

成蹊大学経済学部教授、博士（理学）。

専攻：経済地理学。

主著：『現代日本の機械工業集積』、『変動するフィリピン』（共著）、『経済地理学への招待』（共編著）、『経済地理学キーコンセプト』（共訳）、『空間の経済地理』（分担執筆）他。

日本経済地理読本（第10版）

2024年3月19日発行

編著者――小田宏信
発行者――田北浩章
発行所――東洋経済新報社
〒103-8345　東京都中央区日本橋本石町1-2-1
電話＝東洋経済コールセンター　03(6386)1040
https://toyokeizai.net/

装　丁…………吉住郷司
DTP…………アイランドコレクション
印刷・製本……丸井工文社
編集協力………パプリカ商店
編集担当………矢作知子

Printed in Japan　　ISBN 978-4-492-10039-4